뉴텝스 공식 기출문제집

출제기관이 제공한 뉴텝스 기출문제로 구성된 NEW TEPS 공식 수험서.
뉴텝스 시행 이후 최초로 출간된 공식 기출문제집으로,
기출문제 4회분과 해설서 수록!

뉴텝스 고득점 필수 기본서

초단기 400+ 고득점을 위해 최빈출 출제포인트와
실전 전략을 알기 쉽게 정리한 영역별 기본서.
뉴텝스 기출문제가 일부 포함된 실전문제 풀이로
출제포인트 확인하여 고득점 직행!

시원스쿨 텝스 기본서

1 뉴텝스 **공식 기출문제 & 기출변형문제 수록!**

출제포인트 학습 후
기출문제로 확인

고득점 직행!

2 기본부터 실전까지 **이 한 권으로 완전 끝**!

기본기

문제 유형

문제풀이 전략

고득점 테크닉

실전 연습

3 **완벽한 실전 마무리!** 실전 모의고사 2회분 수록

TEPS
실전
모의고사

TEST 1

TEPS
**실전
모의고사**

TEST 2

시원스쿨
NEW TEPS
독해

시원스쿨 LAB

시원스쿨 텝스
독해

개정 1쇄 발행 2021년 11월 11일
개정 5쇄 발행 2024년 4월 1일

지은이 시원스쿨어학연구소·이용재
펴낸곳 (주)에스제이더블유인터내셔널
펴낸이 양홍걸 이시원

홈페이지 www.siwonschool.com
주소 서울시 영등포구 영신로 166 시원스쿨
교재 구입 문의 02)2014-8151
고객센터 02)6409-0878

ISBN 979-11-6150-527-5 13740
Number 1-110201-02020400-06

머리말

뉴텝스, 독해로 시작해 독해로 끝난다!

1. 600점 중 240점! (40%)
뉴텝스에서 독해 영역은 600점 중 240점으로 거의 절반의 비중을 차지합니다. 더구나 청해나 어휘·문법에 비해 열심히 연습하면 비교적 빨리 효과가 나타나는 영역이기 때문에 가장 집중적으로 학습해야 합니다.

2. 시간이 부족해도 너무 부족해!
문항당 풀이시간이 1.14분밖에 되지 않기 때문에 긴장감과 속도감이 엄청납니다. 고수들조차 시간이 모자라서 쩔쩔맬 정도입니다.

3. 맙소사, 모두 정답 같아!
텝스 독해는 지문을 아주 정확히 읽지 않으면 오답이 정답과 구분이 되지 않을 정도로 오답의 완성도가 높습니다. 문제 당 1.14분만에 정답을 고르기 위해서는 지문을 빠르게 읽고 선택지를 스캔한 뒤 바로 정답을 골라야 하는데, 모두가 정답 같아 보이는 선택지들 사이에서 방황하기 시작하면 제한 시간 내에 반도 풀지 못하는 불상사가 일어납니다.

이렇게 만만치 않은 뉴텝스 독해의 문제를 해결하고자 기출문제를 밤낮없이 분석하여 뉴텝스 독해에 최적화된 독해 전용 교재, 「시원스쿨 텝스 독해」를 내놓게 되었습니다.

첫째, 본서에 총 300문항의 독해 기출변형 문제를 수록하였습니다. 이는 독해 실전 테스트 약 9회분에 달하는 충분한 분량이므로, 기출 유형별로 최대한 많은 문제를 집중해서 풀어 볼 수 있습니다.
둘째, 전문가의 문제풀이 시뮬레이션을 통해 가장 빠르고 정확하게 정답을 찾는 과정을 직접 보여 드립니다. 이 과정을 차근차근 따라해 보고 문제에 적용하는 연습을 꾸준히 한다면 실전에서 문제당 1분 컷을 이룰 수 있게 됩니다.
셋째, 뉴텝스 독해의 오답 제작 원리를 낱낱이 보여드립니다. 출제 유형별로 오답들이 구성되는 방식을 체계적으로 제시함으로써, 최소한의 노력으로 빠르고 정확하게 오답을 구별해 내는 능력을 기를 수 있게 해드립니다.

「시원스쿨 텝스 독해」를 파트너 삼아 최단 시간 안에 목표 점수를 달성하고, 진정한 영어 구사 능력과 독해 능력까지 덤으로 길러 여러분의 오랜 꿈을 성취하시기를 진심으로 바랍니다.

이용재·시원스쿨어학연구소

목차

Section 1. 문제 유형별 접근

Section 2. 지문 유형별 접근

부록

TEPS 완벽 가이드

TEPS는 어떤 시험이에요?

TEPS(Test of English Proficiency developed by Seoul National University)는 서울대학교 언어교육원에서 개발하고, TEPS 관리위원회에서 주관하는 국가 공인 영어 시험입니다. 국가공무원 선발 및 국가 자격시험에서 영어 과목을 대체하고, 대학(원) (편)입학 및 졸업 기준으로 쓰이는 등 다양한 용도로 활용되고 있습니다.

영역	문제 유형	문항 수	제한시간	점수범위
청해	**Part 1** 문장을 듣고 이어질 대화로 가장 적절한 답 고르기 (문장 1회 청취 후 선택지 1회 청취)	10	40분	0~240점
	Part 2 짧은 대화를 듣고 이어질 대화로 가장 적절한 답 고르기 (대화 1회 청취 후 선택지 1회 청취)	10		
	Part 3 긴 대화를 듣고 질문에 가장 적절한 답 고르기 (대화 및 질문 1회 청취 후 선택지 1회 청취)	10		
	Part 4 담화를 듣고 질문에 가장 적절한 답 고르기 (1지문 1문항) (담화 및 질문 2회 청취 후 선택지 1회 청취)	6		
	NEW 신유형 **Part 5** 담화를 듣고 질문에 가장 적절한 답 고르기 (1지문 2문항) (담화 및 질문 2회 청취 후 선택지 1회 청취)	4		
어휘	**Part 1** 대화문의 빈칸에 가장 적절한 어휘 고르기	10	NEW 통합 25분	0~60점
	Part 2 단문의 빈칸에 가장 적절한 어휘 고르기	20		
문법	**Part 1** 대화문의 빈칸에 가장 적절한 답 고르기	10		0~60점
	Part 2 단문의 빈칸에 가장 적절한 답 고르기	15		
	Part 3 대화 및 문단에서 문법상 틀리거나 어색한 부분 고르기	5		
독해	**Part 1** 지문을 읽고 빈칸에 가장 적절한 답 고르기	10	40분	0~240점
	Part 2 지문을 읽고 문맥상 어색한 내용 고르기	2		
	Part 3 지문을 읽고 질문에 가장 적절한 답 고르기 (1지문 1문항)	13		
	NEW 신유형 **Part 4** 지문을 읽고 질문에 가장 적절한 답 고르기 (1지문 2문항)	10		
합계	14개 Parts	135	105분	0~600점

▶ 출처: https://www.teps.or.kr/Info/Teps#

TEPS는 어떻게 접수하나요?

▹ 서울대텝스관리위원회(www.teps.or.kr)에서 접수 일정을 확인하고 접수합니다.
▹ 접수 시 최근 6개월 이내 촬영한 jpg 형식의 사진이 필요하므로 미리 준비합니다.
▹ 텝스 응시료는 (2024년 3월 기준) 정기 접수 시 46,000원, 추가 접수 시 49,000원입니다.

왜 「시원스쿨 텝스 독해」인가?

1 뉴텝스 기출문제로 확인하는 출제포인트

서울대 TEPS관리위원회 제공 공식 기출문제를 각 유닛의 <기출 Check-up TEST>에 실어, 학습한 출제포인트를 기출문제를 통해 확인하도록 하였습니다. 기출문제보다 더 좋은 문제는 없습니다. 기출문제로 확인한 출제포인트는 쉽게 잊혀지지 않으며, 텝스 출제원리도 확실히 이해할 수 있기 때문에 고득점에 절대적으로 유리합니다.

출제포인트 학습   **기출문제 풀이**

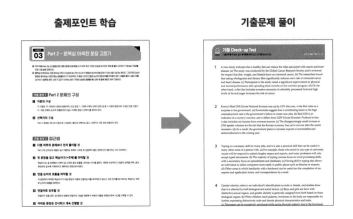

2 뉴텝스 분석 결과 완벽 반영

뉴텝스 기출문제 분석을 통해 자주 출제되는 문제 유형과 문장 구조, 어휘와 구문을 모든 문항에 적용하였습니다. 시험에 가장 많이 나오는 것들만 빠르게 공부하여 시간과 에너지 낭비 없이 목표 점수를 달성할 수 있습니다.

분석 과정 다음과 같은 심층 분석으로 모든 출제 유형에 뉴텝스 출제 빈도 및 중요도를 반영

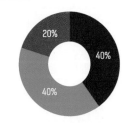

- 유형 1: 빈칸이 지문 서두에 있는 경우
- 유형 2: 빈칸이 지문 후반에 있는 경우
- 유형 3: 빈칸이 지문 중반에 있는 경우

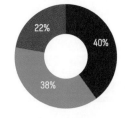

- 유형 1: 반대 논리가 전개될 경우 연결어
- 유형 2: 같은 논리가 전개될 경우 연결어
- 유형 3: 기타 연결어

- 유형 1: 대의 파악 1 - 주제
- 유형 2: 대의 파악 2 - 목적
- 유형 3: 대의 파악 3 - 제목

③ 초고속 정답 찾기 과정 시뮬레이션 체험

본서의 모든 문제는 텝스 기출문제의 포인트를 그대로 살려 변형된 것들이며, 텝스에 자주 나오는 어휘를 사용하여 구성하였습니다. 이 문제들을 통해 문제의 핵심을 정확히 파악하고 단서를 포착하여 초고속으로 정답을 찾아내는 방법을 순서대로 안내합니다. 동시에 실전에서 오답 함정에 빠지지 않는 비법까지 명쾌하게 설명하여 출제자의 의도를 꿰뚫어 볼 수 있는 안목을 기를 수 있도록 해 줍니다.

④ 실전에서 바로 통하는 실전형 기본서

너무 기초적인 내용이나, 실제 시험에서는 출제되지 않는 요소들은 배제하였습니다. 그 대신, 본서를 공부하고 나면 텝스 독해의 문제풀이 과정이 몸에 배도록 풀이과정을 단계별로 제시하여 설명하였고, 모든 출제 포인트를 출제 빈도순으로 제시하였습니다. 또한, 실전에서 바로 적용 가능한 실전 전략을 상세히 소개하였으며, 배운 전략을 실전 문제에 적용해 보는 연습을 되풀이하여 가능한 한 빨리 목표 점수를 달성할 수 있도록 하였습니다.

⑤ 뉴텝스 실전 모의고사 2회분 수록

최신 뉴텝스 시험과 난이도 및 유형 면에서 거의 유사한 실전 모의고사 2회분을 제공합니다. 도서 내 쿠폰을 이용해 텝스 독해 고득점 전문 이용재 강사의 해설강의도 무료로 들을 수 있습니다.

⑥ 고득점 특급 자료

텝스 독해의 주제별 최빈출 어휘를 총정리하여 제공합니다. 이 PDF 파일을 휴대폰에 넣고 다니면서 언제 어디서든 간편하게 텝스 독해 어휘를 암기할 수 있으며, 시험 당일 시험장에 가는 도중에, 그리고 시험 시작하기 전까지 빠르게 독해 필수 어휘들을 훑어볼 수 있습니다.

이 책의 구성과 특징

기출 빅데이터로 출제 우선 순위 학습

뉴텝스의 기출 빅데이터를 토대로 산출한 출제 비중을 표시하고 출제 비중이 높은 유형부터 학습하므로 학습 초반부터 점수 향상을 경험할 수 있습니다.

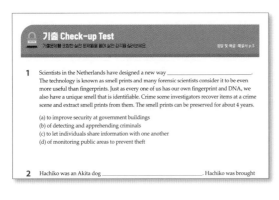

기출문제로 출제포인트 바로 확인

해당 Unit의 학습이 끝나면 기출문제가 포함된 실전 문제를 풀면서 학습이 잘 되었는지 점검합니다. 채점 후 맞은 개수를 기록하고, 틀린 문제는 오답노트에 기록하여 취약한 부분을 완전히 보충하고 넘어가야 합니다.

전문가의 시간 단축 독해 비법

텝스 독해는 지문의 일부만 노리고 읽으면 실패 확률이 높고, 한 문장씩 독해를 하면 시간이 부족합니다. 이러한 딜레마를 해결하기 위해 전문가의 문제풀이 시뮬레이션을 제공합니다. 문제의 핵심과 단서를 포착해 초고속으로 정답을 찾는 비법을 친절히 안내해 드립니다.

오답 선택지 제작 원리

텝스는 지문을 정확히 읽지 않으면 오답이 정답과 구분이 되지 않을 정도로 오답의 완성도가 높습니다. 각 출제 유형에 따라 오답들이 구성되는 원리를 체계적으로 제시함으로써 최소한의 노력으로 빠르고 정확하게 오답을 구별해 내는 능력을 기르도록 하였습니다.

기출 분석 3 오류 선택지의 제작 원리

1 글의 어조 전환

전체적인 글의 흐름상 주제와 부합하는 듯 보이지만, 사실은 특정 부분의 어조가 어색하게 바뀌어 정답으로 만드는 상당히 고난도 유형이다. 예를 들어, 긍정적인 내용이 부정적인 내용으로 바뀌거나, 혹은 그 반대의 경우도 종종 사용된다.

예시 In his inauguration speech in 1961, John F. Kennedy spoke words that are still remembered to this day. (a) He told the American people **not to ask what their country could do for them, but to ask what they could do for their country.** (b) His words were full of **optimism** at that time.

분석 (a)는 국민들에게 수동적인 국가관을 버리고(not to ask what their country could do for them), 적극적이고 능동적인 참여를 호소하는(but to ask what they could do for their country) 매우 비판적이고, 엄중한 어조를 띄고 있다. 그런데, 선택지 (b)의 optimism이라는 단어는 앞의 비판 또는 엄숙함과는 반대로, 즐겁고, 긍정적인 어조인 단어다. 즉, optimism이라는 단어 하나를 통해서 전체 흐름에 어긋나는 정답을 만든 것이다.

해석 1961년 대통령 취임 연설에서 존 F. 케네디는 오늘날까지 기억에 남는 말을 했다. (a) 그는 미국인들에게 국가가 그들을 위해 무엇을 해줄 수 있는지 묻지 말고, 그들이 국가를 위해 무엇을 할 수 있을지를 물으라고 말했다. (b) 당시에 그가 한 말은 매우 낙관적이었다.

상세한 어휘 해설

텝스 독해는 지문의 곳곳에 포진한 초고난도 어휘가 관건이지만, 워낙 방대하여 따로 공부하기가 쉽지 않습니다. 따라서 본서에서는 어휘를 따로 공부할 필요가 없도록 모든 지문들마다 정확하고 상세한 어휘 해설을 실었습니다.

시험 응시 준비 완료!
뉴텝스 실전 모의고사 2회분 제공

뉴텝스 최근 시험 경향을 반영하여 실제 시험과 거의 같은 난이도의 실전 모의고사 2회분을 제공합니다. 도서의 쿠폰을 이용하여 해설강의를 무료로 수강할 수 있습니다.

Part I Questions 1~10

Read the passage and choose the option that best completes the passage.

1. Pizza, a traditional Italian dish, _____. Early precursors of pizza were simply flatbreads with various toppings sprinkled on top. These flatbreads were not only limited to Italy. While the Italians enjoyed a flatbread called focaccia, the Greeks added toppings to their pita breads, and Lebanese did the same to their manoush bread. Modern pizza was developed in Naples in the 18th century when tomato was added to the flatbread. Surprisingly, until the late-19th century, the majority of pizzas had been sweet rather than savory. Indeed, cheese did not become a common pizza ingredient until a Neapolitan pizza-maker included mozzarella on a pizza to honor the Queen consort, Margherita of Savoy.

(a) is unavailable in certain countries
(b) was favored by noble men and women
(c) has gone through many changes over the years
(d) was influenced by Greek cuisine

2. We all know that protein is essential to good health, and high-protein diets have become popular among athletes. Although the Recommended Daily Allowance (RDA) for protein is a modest 0.8 grams of protein per kilogram of body weight, scientists are now recommending that people aim for double their personal RDA. However, some people make the mistake of

파트별 문제 맛보기

Part 1

▷ 단일 지문을 읽고 빈칸에 들어갈 적절한 선택지를 고르는 문제입니다.

▷ [1번-10번] 문제가 이 유형에 속합니다. 이 중에 2문항(9번-10번)은 문장과 문장 사이를 이어주는 연결어를 찾는 문제입니다.

▷ 글의 대의를 파악하면서 빈칸이 있는 부분까지 빨리 읽고, 빈칸이 들어 있는 문장과 앞뒤 문장을 정확히 읽어서 전체의 대의 안에서 부분의 논리를 완성하는 방법으로 접근하는 것이 좋습니다.

---

1. Rotheram City Council is pleased to inform local residents that Walton Road will undergo major improvements next month! Serving as a busy commuter route through the city center, the 2-lane road is used by thousands of motorists every day. Many residents feared frequent traffic jams on the road once the new National History Museum opens early next year, so we decided to take action to alleviate such concerns. Plans are underway to widen the road to accommodate four lanes of vehicles. We hope that this pleases local residents who _____.

    (a) were concerned about increased traffic congestion
    (b) were upset about the lack of parking space
    (c) wanted the council to attract more tourists to the city
    (d) felt that the condition of the road surface had worsened

정답 1. (a)

▹ 5개의 문장으로 구성된 단일 지문을 읽고 글의 흐름상 어색한 문장을 찾는 유형 문제입니다.

▹ [11번-12번] 문제가 이 유형에 속합니다. 지문 맨 앞의 도입 문장은 물론 각 문장 간의 전후 맥락을 종합적으로 고려할 수 있어야 합니다.

11. A recent decision by the Indonesian government could potentially have negative consequences on indigenous animals in the region of Western Java. (a) Last week, government officials announced that it would open up the entire Ujung Kulon National Park to visitors for the first time. (b) The park, most of which was previously inaccessible, is the last known refuge for several species such as the Javan rhinoceros. (c) Efforts to boost tourism in the region have largely focused on the area's picturesque coastal beaches and mountains. (d) Environmentalists are concerned that the inevitable increase in visitors will have a catastrophic impact on many endangered species in the park.

정답 11. (c)

11

Part 3

▷ 1개의 단락으로 이루어진 지문을 읽고 주어진 질문에 대해 가장 적절한 답을 고르는 문제입니다.

▷ [13번-25번] 문제가 이 유형에 속합니다. 질문을 먼저 읽고 질문의 유형에 따라 지문에 접근하는 전략이 효과적입니다.

▷ 세부사항을 묻는 문제의 경우 전체를 다 읽지 말고 문제에서 요구하는 부분을 빠르게 찾아내어 읽어야 시간을 절약할 수 있습니다.

13. When my son was nearing the end of high school, he began to express doubts and confusion about his future career. So, I decided to buy tickets for both of us for a seminar hosted by director Steven Spielberg, thinking it might provide motivation for him. Mr. Spielberg spoke about his own doubts as a student, and described the importance of pursuing a career in a subject that makes you feel truly happy. Attending the talk turned out to be a really eye-opening experience, not only for my son, but also for me.

Q: What can be inferred about the writer from the passage?
(a) His son did not find Mr. Spielberg's advice very useful.
(b) His son encouraged him to sign up for a seminar.
(c) He hoped that attending a talk would be inspirational.
(d) He had attended a lot of seminars while he was a student.

정답 13. (c)

Part 4

▹ 2단락 이상으로 구성된 160~200단어 내외의 단일 지문을 읽고 빈칸에 들어갈 적절한 선택지를 고르는 문제가 2개씩 출제되는 1지문 2문항 유형으로, [26번-35번] 문제가 이 유형에 속합니다.

▹ 질문을 먼저 읽고 질문의 유형에 따라 지문에 접근하는 전략을 사용해야 합니다.

▹ 주제 문제는 나중에 푸는 것이 효과적입니다. 세부내용 파악 및 추론 문제를 먼저 풀면서 선택지와 지문의 내용을 확인하는 과정에서 지문의 내용이 자연스럽게 파악되기 때문입니다.

Questions 26-27

Liam Boyle – August 16

Dear Councilmen,

I was happy that you highlighted the issue of people letting their dogs run freely around Maple Park at all hours of the day at the council meeting. This practice is becoming increasingly common, even though there are signs at each park entrance clearly stipulating the off-leash hours. Dog owners are permitted to let their dogs off the leash from 5 a.m. to 9 a.m., and from 9 p.m. until the park closes at midnight. However, it is common to see unleashed dogs in the park in the middle of the day.

This poses many dangers to other people who enjoy the park throughout the day. First and foremost, dogs should not be running around the children's play areas, where they could easily knock children over and injure them. Secondly, many people enjoy jogging, roller skating, biking, and skateboarding on the paths that run through the park. Dogs can easily cause these people to fall down. Lastly, I have also noticed an increase in dog excrement in the park, making it a generally less pleasant place to visit. I truly hope the city council takes more steps to enforce its policies more firmly within the park.

26. Q: Which of the following is correct according to the letter?
    (a) People have been ignoring the park's off-leash hours.
    (b) Maple Park has opened a designated area for dogs.
    (c) Dog owners have complained about park facilities.
    (d) Maple Park is open to visitors 24 hours a day.

27. Q: What is the main purpose of the letter?
    (a) To suggest penalties for those who disobey park rules
    (b) To applaud the council's efforts to improve the park
    (c) To urge the council to take care of potential risks of unaccompanied dogs
    (d) To call for improvements to children's play areas

정답 26. (a) 27. (c)

13

초단기 학습 플랜

- 아래 캘린더의 학습 진도를 참조하여 30일간 매일 학습합니다.
- 만일 사정이 생겨 해당일의 학습을 하지 못했더라도 앞으로 돌아가지 말고 오늘에 해당하는 학습을 합니다.
  그래야 끝까지 완주할 수 있습니다.
- 교재의 학습을 모두 마치면 뉴텝스 최신 경향이 반영된 <시원스쿨 텝스 독해 실전 모의고사 1, 2>를 꼭 풀어보고,
  시원스쿨랩 홈페이지(lab.siwonschool.com)에서 이용재 강사의 명쾌한 해설강의를 들어보세요.

30일 완성

Day 1	Day 2	Day 3	Day 4	Day 5
Unit 1	Unit 1	Unit 2	Unit 2	Unit 3

Day 6	Day 7	Day 8	Day 9	Day 10
Unit 3	Unit 4	Unit 4	Unit 5	Unit 5

Day 11	Day 12	Day 13	Day 14	Day 15
Unit 6	Unit 6	Unit 7	Unit 7	Unit 8

Day 16	Day 17	Day 18	Day 19	Day 20
Unit 8	Unit 9	Unit 9	Unit 10	Unit 10

Day 21	Day 22	Day 23	Day 24	Day 25
Unit 11	Unit 11	Unit 12	Unit 12	Unit 13

Day 26	Day 27	Day 28	Day 29	Day 30
Unit 13	Unit 14	Unit 14	TEST 1	TEST 2

- 교재를 끝까지 한 번 보고 나면 2회독에 도전합니다. 두 번째 볼 때는 훨씬 빠르게 끝낼 수 있습니다.
  텝스 독해는 천천히 한 번 보는 것보다 빠르게 2회, 3회 보는 것이 훨씬 효과가 좋습니다.
- 복습을 할 때는 다음과 같이 합니다.
  - ∨ 잘 안 외워져서 체크(∨) 표시해 놓은 어휘/구문 다시 외우기
  - ∨ 틀린 문제 다시 풀기
  - ∨ 오답노트 작성하기

15일 완성

Day 1	Day 2	Day 3	Day 4	Day 5
Unit 1	Unit 2	Unit 3	Unit 4	Unit 5

Day 6	Day 7	Day 8	Day 9	Day 10
Unit 6	Unit 7	Unit 8	Unit 9	Unit 10

Day 11	Day 12	Day 13	Day 14	Day 15
Unit 11	Unit 12	Unit 13	Unit 14	TEST 1, 2

시원스쿨 텝스
독해

Section 1
문제 유형별 접근

Part 1 - 빈칸 완성

☑ TEPS 독해 Part 1은 75~90단어 내외의 지문에 빈칸을 만들고, 빈칸에 가장 알맞은 어구나 절을 골라넣는 유형이다. 총 10문항으로 구성되는데, 그 중에 8문항은 구나 절을 고르는 문제이고, 나머지 2문항은 문장 사이의 연결 관계를 나타내는 연결어(접속부사)를 찾는 문제이다.

☑ 이 유형은 글의 논리 흐름을 파악하는 것이 관건이므로, 빈칸 앞뒤만 선별하여 해석하거나, 글의 내용 흐름을 고려하지 않고 영어를 우리말로 옮기기만 하는 일대일 해석 방식의 독해는 별 도움이 되지 않는다.

☑ 글의 서두에 나오는 빈칸은 글의 주제(주장), 글의 중반에 나오는 빈칸은 주장의 근거(예시), 글의 후반에 나오는 빈칸은 글의 결론(주장)을 묻는 등 빈칸의 위치에 따라 정답의 성격이 달라지므로 차별적인 독해 접근법이 요구된다.

☑ Part 1은 다른 독해 파트에 비해 쉬운 편이므로, 집중도가 좋은 초반에 고난도 파트를 먼저 푼 후에 마지막에 Part 1을 푸는 것이 효과적일 수 있으며, 한 문제를 1분 이내에 풀어야 승산이 있다.

기출 분석 1 빈칸의 위치

❶ 지문 서두에 빈칸이 나오는 경우

보통 지문의 첫 문장 또는 두 번째 문장에 빈칸이 위치한다. 이 경우, 주제나 목적이 서두에 드러나는 두괄식 구조의 지문에 해당하므로, 지문의 주제나 목적을 나타내는 키워드(keyword)가 포함된 정답을 골라내야 한다.

❷ 지문 중반에 빈칸이 나오는 경우

지문의 서두에 등장한 주제를 상세하게 설명하고 예시 등으로 근거를 제시하는 부분에 주로 빈칸이 위치하게 된다. 서두에 등장한 주제와 맥락을 같이 하는 단어나 어구가 포함된 선택지를 정답으로 골라야 하는데, 주제어가 포괄적이고 추상적인 성격의 단어나 어구라면, 중반에 위치한 빈칸에 들어갈 어구는 그보다 더 구체적인 성격을 띄게 된다.

❸ 지문 후반에 빈칸이 나오는 경우

지문의 서두에 등장한 주제를 다시 한 번 강조하거나, 결론 및 해결책을 제시하는 후반부 또는 마지막 문장에 주로 빈칸이 위치하게 된다. 정답을 고를 때는 빈칸 앞뒤 문장의 해석도 중요하지만, 주제나 목적을 포함하고 있는 서두의 문장을 다시 한 번 읽어보고, 이와 맥락을 같이 하는 어구가 포함된 선택지를 정답으로 고르는 것이 더 효과적이다.

기출 분석 2 오답 선택지의 제작 원리

❶ 핵심 대상 바꾸기

지문의 핵심 대상을 주제와는 상관없는 다른 대상으로 바꾸거나 핵심 대상과 의미상 혼동될 만한 대상으로 바꾸어 착각을 유도하는 방식이다.

> 지문 Take steps to organize my workspace 내 업무 공간을 정리하는 조치를 취하다
>
> 오답 Organize my co-workers' desks for them 동료들을 대신해 그들의 책상을 정리해 주다
>
> ❍ 핵심 대상인 나(my)를 내 동료(my co-worker's)로 바꾼 오답!

② 핵심 대상 이외의 지엽적 단어 바꾸기

핵심어구는 올바르지만, 시간이나 장소 등 지엽적인 정보를 다른 것으로 슬쩍 바꾸어 착각을 유도하는 방식이다.

> 지문 Take steps to organize my **workspace** 내 업무 공간을 정리하는 조치를 취하다
>
> 오답 Apply my new organizational tactics **at home** 새로운 정리 기술을 집에 적용하다
>
> ❷ 지문의 내용은 '직장' 업무 공간의 정리인데, 정리하는 대상을 '집'으로 바꾼 오답!

③ 키워드를 포함하지 않거나 근거가 없는 단어들로 선택지 구성하기

지문의 핵심 대상도 잘못되어 있으며, 지문의 흐름과 관련 없는 어구를 등장시키는 경우

> 지문 Take steps to **organize my workspace** 내 업무 공간을 정리하는 조치를 취하다
>
> 오답 **Ignore** the advice of **my co-workers** 내 동료들의 충고를 무시하다
>
> ❷ 지문의 내용은 'workspace(업무 공간)'의 정리인데, 이것을 철자가 유사한 'co-workers(동료)'로 바꾸고, '정리'와는 상관없는 동사인 ignore(무시하다)를 등장시킨 오답!

기출 분석 3 접근법

① 소재 파악

지문의 첫째 또는 둘째 문장에서 지문의 소재들을 파악한다. 소재란 글에서 다루어지는 필수적 내용 요소들을 말한다.

② 흐름 파악

소재를 파악하고 난 후에는, 그 소재를 어떤 방향으로 끌고 갈지를 나타내는 흐름상의 단어나 어구를 파악해야 한다. 이 흐름상의 단어나 어구는 글의 처음부터 끝까지 내용과 논리에 일관성을 부여하는 중요한 역할을 한다. 소재와 흐름상의 단어는 문장마다 등장하게 되는데, 초반에는 포괄적이고 추상적인 성격을 띄고, 중후반으로 갈수록 세부적이고 구체화된 표현으로 이어지게 된다.

③ 전체 흐름과 빈칸의 연결

선택지 중에서 소재와 흐름상의 논리적 연결이 가장 자연스러운 것을 정답으로 선택한다.

Healthy baby teeth are essential in order to help children chew properly, speak clearly, and smile confidently. **If a child's baby teeth are not cared for properly, their permanent teeth might not come in correctly. This responsibility lies with the parents of the child**, and it is more important than some people realize. While most parents are attentive to the more obvious needs of their child, many of them neglect the oral health of their young one. Research shows that dental disease among young children is significantly increasing, with approximately 30 percent of toddlers having cavities in their baby teeth. However, tooth decay is **almost totally avoidable**, as long as _____.

(a) children refrain from eating sugary snacks
(b) parents pay attention to their child's teeth
(c) children retain their baby teeth
(d) parents have a history of strong teeth

● 지문 파악 순서

① 소재: healthy baby teeth (건강한 유치)

② 주제: If a child's baby teeth are not cared for properly, their permanent teeth might not come in correctly. (유치 관리를 못할 경우, 영구치 생성에 문제가 있을 수 있다)

= If a child's baby teeth are ~~not~~ cared for properly, their permanent teeth might ~~not~~ come in correctly. (유치 관리를 잘 하면, 영구치가 정확하게 올라올 수 있다)

③ 흐름: This responsibility lies with the parents (유치 관리 책임자는 부모)

④ 결론: tooth decay is almost totally avoidable (충치는 거의 완벽한 예방이 가능하다) ▶ 주제와 일치

⑤ 결론과 빈칸의 연결 관계가 전제 조건(as long as)이므로 빈칸은 주제의 조건문과 상통한다.

⑥ 그러므로 빈칸에는 영구치가 유치 관리 상태의 영향을 받는다는 ②의 내용과 관리 책임이 부모에게 있다는 ③의 내용이 통합된 (b)가 정답으로 가장 적절하다.

● 해석

건강한 유치는 아이들이 음식을 제대로 씹고 명확한 발음으로 말을 하며 자신감 있게 웃을 수 있도록 돕는 데 매우 중요하다. **만약 유치가 제대로 관리되지 않으면, 영구치가 제대로 나지 않을 수도 있다. 그 책임은 아이의 부모에게 있으며,** 이는 사람들 일부가 인식하고 있는 것보다 더욱 중요한 일이다. 대부분의 부모들은 자녀가 명백히 필요로 하는 부분에 더욱 주의를 기울이지만, 부모들의 상당 수가 자녀의 구강 건강을 등한시하고 있다. 연구에 따르면, 어린이들 사이에 구강 질환이 상당히 늘고 있으며, 유아들의 약 30%가 유치에 충치를 갖고 있다. 하지만, **부모들이 자녀의 치아에 관심을 기울이기만 해도**, 충치는 거의 완전히 예방할 수 있다.

(a) 어린이들이 설탕이 함유된 과자를 자제한다
(b) 부모들이 자녀의 치아에 관심을 기울인다
(c) 어린이들이 유치를 계속 유지한다
(d) 부모들이 건강한 치아력을 지니고 있다

유형 1 빈칸이 지문 서두에 있는 경우   **40%**

난이도 ●●○○○

It may come as a surprise for some people to learn that _____. Ancient kings had tattoos to demonstrate their rank and authority, and they have long been recognized for their aesthetic beauty in many parts of the world. But in recent decades tattoos haven't enjoyed wide acceptance. Tattoos have often been associated with gang members and convicts. However, tattoos have started to catch on again as a fashion and a personal statement since many celebrities have embraced them with eagerness.

(a) tattoos have always been popular with young people
(b) wearing tattoos has been restricted in many parts of the world
(c) tattoos have served as rites of passage
(d) tattoos have been around for centuries

해석: 본서 p.24

풀이과정 맛보기

① 첫 문장에 빈칸이 있으므로, 지문의 주제를 나타내는 키워드가 포함된 선택지를 골라야 한다는 것을 알 수 있다. 그리고 이 키워드가 지문 전체의 흐름을 연결할 것임을 예측한다.

② 두 번째 문장부터 마지막 문장까지 계속 tattoo(문신)가 소재로 등장하고 있음을 파악한다.

③ 2번째 문장의 시점: Ancient kings (먼 과거)
3번째 문장의 시점: in recent decades (가까운 과거)
즉, 과거부터 현재까지 시간의 흐름을 중심으로 문신이 사용된 사례를 열거하고 있다.

④ 따라서, 과거에서 현재까지의 긴 시간을 나타내는 키워드인 for centuries(수백 년간)가 포함된 선택지 (d)가 정답이다.

정답 (d)

오답 선택지 분석

(a) with **young** people ▶ 문신을 하는 사람들의 연령대는 나타나 있지 않다.
(b) has been **restricted** (제한된) ▶ 지문 속의 recognized(인정받은)를 상반된 단어로 바꾸어 놓았다.
(c) served as **rites of passage** (통과의례) ▶ 지문에 언급되지 않은 내용이다.

⭐ **필수어휘**

come as a surprise 놀랍게 여겨지다 **tattoo** 문신 **be around for centuries** 수세기 동안 존재하다 **ancient** 고대의 **demonstrate** 보여주다 **rank** 계급 **authority** 권위 **long** 오랫동안 **be recognized for** ~로 인정받다 **aesthetic** 미학적인 **recent** 최근의 **decade** 10년 **enjoy wide acceptance** 널리 통용되다 **be associated with** ~와 연계되다 **gang** 조직폭력단 **convict** 전과자 **catch on** 인기를 얻다 **personal** 개인적인 **statement** 표현 **since** ~이므로 **celebrity** 유명인 **embrace** 이용하다, 받아들이다 **with eagerness** 열정적으로 **popular with** ~에게 인기 있는 **wear** ~을 몸에 지니다, 새기다 **restrict** 제한하다 **serve as** ~의 역할을 하다 **rite of passage** (성인식 등) 통과의례

난이도 ●●◑○○

It has been a long-held belief among many economists that it is businessmen who come up with new ideas and innovations, professor John Edwards said. In fact, he said, consumers often come up with a variety of creative and innovative ideas, and companies frequently delve into these ideas to see if they have mass appeal. Recently, social networking sites such as Twitter and Facebook _____. because these sites let people swap ideas easily and rapidly.

(a) have been struggling to survive in the increasingly competitive market
(b) have emerged as important investment destinations
(c) have since been widely sought by young gamers
(d) have been credited with spawning new ideas

해석: 본서 p.24

풀이과정 맛보기

① 첫 문장에서 새로운 아이디어(new ideas)와 혁신(innovations)이 소재로 제시되어 있다.

② 전체 흐름: 첫째 문장(businessmen) ➡ 둘째 문장(consumers) ➡ 셋째 문장(social networking sites)
새로운 아이디어와 혁신의 주체가 시대에 따라 달라지고 있음을 말하고 있다.

③ 빈칸 뒤에 원인을 나타내는 접속사 because절이 나왔으므로 빈칸에는 swap ideas easily and rapidly(아이디어를 쉽고 빠르게 교환하다)가 가져오는 결과가 나오는 것이 논리적이다.

④ 따라서, '생각을 쉽고 빠르게 교환하는' 결과로써 '새로운 아이디어들을 쏟아낸다'고 할 수 있으므로 이 같은 의미를 담고 있는 spawning new ideas가 포함된 (d)를 정답으로 선택한다.

정답 (d)

오답 선택지 분석

(a) struggling to **survive** (생존하다) ▶ businessmen에서 competitive market 또는 survive를 연상할 수는 있겠지만, 지문에 언급되지는 않았다.

(b) **investment** destinations (투자 대상) ▶ 이 글은 투자 등 금융 관련 주제와 거리가 멀다.

(c) sought by **young gamers** (젊은 게이머들에게 각광받는) ▶ social networking sites에서 young gamers를 연상할 수는 있겠지만, 게임은 이 글의 소재가 아니다.

⭐ 필수어휘

It has been a long-held belief among ~사이에서 오랫동안 정설로 여겨지다 **come up with** ~을 만들어내다, 제기하다 **innovation** 혁신 **in fact** 사실상 **consumer** 소비자 **often** 종종 **a variety of** 다양한 **creative** 창의적인 **innovative** 혁신적인 **frequently** 빈번하게 **delve into** ~을 파고들다 **see if** ~인지 확인하다 **mass appeal** 대중적 매력 **recently** 최근에 **such as** ~와 같은 **be credited with** -ing ~에 대한 공을 인정받다 **spawn** ~을 쏟아내다 **swap** ~을 교환하다 **rapidly** 빠르게 **struggle** 힘겹게 노력하다 **survive** 생존하다 **increasingly** 점점 **competitive** 경쟁적인 **emerge** 출현하다, 등장하다 **investment** 투자 **destination** 목적지, 목표 **since** 그 이후로 **widely** 널리 **be sought by** ~로부터 각광받다

난이도 ●●●○○

Vitamin D has many benefits. It not only prevents rickets but helps reduce incidence of potentially fatal diseases like cancer and heart disease. Yet it seems clear that we have sold short the importance of this precious nutrient. A recent report shows that _____.
Vitamin D is not abundant in food and we have depended on sunlight for our vitamin requirement. Since we spend much of our time indoors, regular intake of vitamin D is highly recommended to ensure that our bodies receive enough of this beneficial vitamin.

(a) most people exceed the recommended daily dose of Vitamin D
(b) many outdoor workers enjoy food rich in Vitamin D
(c) most of us have low blood levels of vitamin D
(d) Vitamin D could potentially harm pregnant women

해석: 본서 p.24

풀이과정 맛보기

① 첫 문장에서 지문의 소재가 Vitamin D임을 알 수 있고, benefits(이점)에 대한 긍정적 내용을 예상할 수 있다.

② 그런데 세 번째 문장에서 역접 접속사 Yet(그러나)이 제시되므로 이후에 지문의 흐름이 부정적인 내용이 이어지고 있다.

③ A recent report shows that을 보고 빈칸의 내용이 연구 보고서의 결론이라는 것을 알 수 있다. 따라서 그 뒤에 제시되는 문장들은 이 결론을 지지하기 위한 세부 사실에 해당한다는 것을 알 수 있다.

④ 빈칸 뒤에 제시되는 Vitamin D is not abundant(비타민 D가 많지 않다)와 regular intake of vitamin D is highly recommended(비타민 D의 주기적인 섭취가 매우 권장된다)에서 공통된 내용을 이끌어내면, 비타민 D가 부족하다는 것이므로 이 의미를 나타내는 (c)가 정답이다.

정답 (c)

오답 선택지 분석

(a) **exceed** (초과하다) the recommended daily dose ▶ 비타민 결핍과 반대되는 단어이다.
(b) many **outdoor workers** (야외 근로자들) ▶ 지문 전체의 대상이 we(일반적인 사람들)이므로, 특정 직종인 근로자들을 대상으로 한 연구 결과가 나오는 것은 논리적 오류이다.
(d) harm **pregnant women** (임산부) ▶ 지문 전체의 대상이 we(일반적인 사람들)이므로, 특정 조건인 임산부들을 대상으로 한 연구 결과가 나오는 것 또한 논리적 오류이다.

⭐ 필수어휘

benefit 이득 **not only A but (also) B**: A뿐만 아니라 B도 **prevent** ~을 방지하다 **rickets** 구루병 **reduce** 감소시키다 **incidence** 발생 **potentially** 잠재적으로 **fatal disease** 치명적 질병 **like** ~처럼 **cancer** 암 **heart disease** 심장 질환 **yet** 하지만 **sell short+명사**: ~의 가치를 잘 모르다 **importance** 중요성 **precious** 귀중한 **nutrient** 영양소 **recent** 최근의 **have low blood levels of** ~의 혈중 농도가 낮다 **abundant in** ~에 풍부한 **depend on** ~에 의존하다 **sunlight** 햇볕 **requirement** 필요량 **since** ~이므로 **spend** 소비하다 **indoors** 실내에서 **regular** 정기적인, 주기적인 **intake** 섭취(량) **highly** 매우 **recommended** 권장되는 **ensure that** 꼭 ~하도록 하다 **beneficial** 이로운 **exceed** 초과하다 **recommended daily dose** 하루 권장량 **outdoor** 야외의 **rich in** ~이 풍부한 **harm** ~에 해가 되다 **pregnant** 임신한

기출유형정리 해석

빈칸이 지문 서두에 있는 경우

해석 어떤 사람들은 **문신이 수 세기 동안 존재해왔다**는 사실에 놀랄 수 있을 것이다. 고대의 왕들은 신분과 권위를 과시하기 위해 문신을 했으며, 세계 여러 나라에서 문신은 오랫동안 미적 가치를 높게 평가받아 왔다. 하지만, 최근 수십 년 동안 문신은 널리 환영받지 못했다. 문신은 종종 조직폭력배들이나 전과자들과 연관지어져 왔다. 그러나, 최근 많은 유명인사들이 앞다투어 문신을 하면서, 문신이 다시 패션과 개성의 표출 방식으로 인기를 얻기 시작했다.

(a) 문신이 젊은 층에서 항상 인기를 누려 왔다
(b) 문신을 하는 것은 세계 여러 지역에서 제한되어 왔다
(c) 문신이 통과의례의 역할을 해왔다
(d) 문신이 수 세기 동안 존재해 왔다

유형 2 빈칸이 지문 후반에 있는 경우

해석 존 에드워즈 교수에 의하면, 새로운 아이디어와 혁신을 제시하는 주체가 기업가들이라는 것이 많은 경제 전문가들 사이에서 오랫동안 정설로 여겨져왔다. 사실, 종종 소비자들이 창의적이고 혁신적인 여러 아이디어를 내놓으면, 기업들이 빈번하게 그 아이디어가 대중성이 있는지 자세히 검토한다고 에드워즈 교수는 말했다. 최근 트위터나 페이스북 같은 소셜 네트워킹 사이트가 **새로운 아이디어들을 쏟아내는 것으로 인정받고 있는데**, 그 이유는 이 사이트들이 사람들이 쉽고 빠르게 아이디어를 교환하도록 하기 때문이다.

(a) 점점 경쟁이 심화되는 시장에서 생존을 위해 몸부림치고 있다
(b) 주요 투자 대상으로 떠오르고 있다
(c) 그 이후로 젊은 게이머들로부터 널리 각광받고 있다
(d) 새로운 아이디어들을 쏟아내는 것으로 인정받고 있다

유형 3 빈칸이 지문 중반에 있는 경우

해석 비타민 D는 많은 이점을 지니고 있다. 구루병을 예방할 뿐만 아니라, 암이나 심장병과 같은 치명적일 수 있는 질병의 발병을 줄이는 데 도움을 준다. 그러나 우리가 이 소중한 영양소의 중요성에 대한 가치를 제대로 알지 못했던 것이 분명한 것 같다. 최근의 한 연구 보고에서, **우리의 대부분이 혈중 비타민 D 수치가 낮다**고 밝혀졌다. 비타민 D는 식품에 많이 들어있지 않으며, 우리는 햇빛에 의존해 필요한 비타민을 얻어 왔다. 우리가 실내에서 많은 시간을 보내기 때문에, 우리 몸이 이 유익한 비타민을 충분히 얻을 수 있도록, 주기적인 비타민 D 섭취가 적극 권장된다.

(a) 대부분의 사람들이 비타민 D의 일일 권장 섭취량을 초과하고 있다
(b) 많은 야외 근로자들은 비타민 D가 풍부한 음식을 즐겨 먹는다
(c) 우리의 대부분이 혈중 비타민 D 수치가 낮다
(d) 비타민 D는 임산부에게 해가 될 가능성이 있다

1 Scientists in the Netherlands have designed a new way _____.
The technology is known as smell prints and many forensic scientists consider it to be even more useful than fingerprints. Just as every one of us has our own fingerprint and DNA, we also have a unique smell that is identifiable. Crime scene investigators recover items at a crime scene and extract smell prints from them. The smell prints can be preserved for about 4 years.

(a) to improve security at government buildings
(b) of detecting and apprehending criminals
(c) to let individuals share information with one another
(d) of monitoring public areas to prevent theft

2 Hachiko was an Akita dog _____. Hachiko was brought to Tokyo in 1924 by his owner, Eizaburo Ueno, a college professor. Each and every day, the dog saw him off from the front door and walked to the Shibuya station to greet him at 4 o'clock sharp. This simple act alone is a good testament to his unwavering loyalty to his owner, but that's not the end of it. Their routine was disrupted one day in 1925 when Professor Ueno died of a stroke and never returned to the station where his loyal companion was waiting. With no knowledge of the death of his owner, Hachiko continued to wait for him at the exact same place and time for the next 10 years.

(a) recognized as the oldest dog in the world
(b) commemorated for his heroic death while protecting his owner
(c) respected for saving the lives of many people
(d) remembered for an unbreakable bond with his owner

3 It is well known that _____. At lunchtime, they grab a quick bite to eat such as a sandwich or a hot dog. And in the evening, they often grab some fast food or have a microwavable meal at home. These poor eating habits are starting to take a toll on their bodies. No wonder Americans are generally some of the largest people on earth and the government has declared a war on obesity. Health officials have gone so far as to ban vending machines selling junk food and sugary drinks in schools, but that has had very little effect. It is clearly evident that old habits die hard.

(a) American workers are increasingly gravitating towards nutritious food
(b) most Americans prefer to eat dinner together as a family every night
(c) many Americans suffer from conditions related to poor dietary habits
(d) American schoolchildren have been provided with nutritious meals

4 Ventura Boulevard was once the place to go for celebrities and socialites in Los Angeles looking to shop and wine and dine, but it resembles a ghost town of empty buildings these days. It used to be crammed with happy shoppers carrying bags of designer shoes, bags and clothes. Glamorous ladies rarely left the boulevard without purchasing a pair of shoes or clothes. The restaurants were buzzing with diners eating and boozing 24/7. These days, however, the commercial units that line the streets _____.

(a) are catering to only the richest customers
(b) have "for lease" signs in the windows
(c) have been expanded to reflect their rising profits
(d) have enjoyed a surge in popularity thanks to social media

5 Melting glaciers could spell disaster for hundreds of millions of people in Pakistan and the surrounding regions which rely solely on glaciers for fresh water. Many experts claim that the main culprit is global warming and, as a result, water is fast becoming a scarce resource. At the United Nations Climate Change Conference in Copenhagen, the delegations from Pakistan walked out midway through the negotiations, claiming that rich countries were not doing enough to combat the effects of climate change. They pleaded that action be taken to _____.

(a) provide humanitarian aid in regions hit by drought
(b) avert the looming water shortage before it is too late
(c) prevent the extinction of endangered indigenous species
(d) make more arable land available for farming

6 Since prehistoric ages, drums have been used not only as a musical instrument, but also _____. The drums of African tribes can imitate the inflections and pitch variations of a spoken language and are used for sending messages over great distances. In China, the military utilized drums to motivate troops, to help set a marching pace, and to call out orders or announcements. For example, during a war between Qi and Lu in 684 BC, drums were used to convey a sense of strength and unity to friendly soldiers, thereby raising their morale before battle.

(a) as a way to intimidate enemy troops
(b) as a symbol of diplomacy between countries
(c) as a tool in religious rituals
(d) as a means of communication

7 기출 Ocean Gourmet Buffet takes pride in allowing our customers to enjoy as much quality seafood as they wish. At the same time, we want to stay environmentally friendly by reducing the amount of food waste our restaurant produces. We know our customers do too, which is why we're introducing a new policy. From May 1, a 10% surcharge will be added to the bills of customers who _____.

(a) leave uneaten food on their plates
(b) stay past the maximum time limit
(c) are caught taking food with them
(d) break dishes or damage utensils

8 People typically associate pigs with uncleanliness and filth, and they attach outright negative connotations to the word. On the contrary, studies have shown that pigs are clean and intelligent animals. Pig lovers believe that the outdated practice of breeding pigs in factory farms _____. These days, however, pigs are usually raised in a free-range environment, where they are kept well-fed and have separate, clean sleeping and defecation areas. Furthermore, pigs do not have sweat glands, which lends no credibility to the statement that pigs are smelly and dirty.

(a) provides an optimal environment for pigs
(b) is responsible for the misconceptions surrounding the animal
(c) is turning pigs into a social and agreeable animal
(d) acts as a catalyst to instigate aggressive behaviors

9

Dear Mr. Ivankovick,

I am writing to let you know that you have an exceptional employee, Isobelle Smithson, in your department. I wish to commend her for the way she handled the problem I had when returning a defective product to your business yesterday. She was very polite and friendly as she made a dozen telephone calls on my behalf, not giving up until she had traced the right person to contact regarding my refund. Such patience and professionalism are uncommon nowadays. As a result of Ms. Smithson's actions, _____ .

Very truly yours,

Mrs. Chelsea Marie Ferreira

(a) I no longer wish to frequent your business
(b) I was able to locate your business premises without any difficulty
(c) you can count on me being a regular customer
(d) your transaction was processed quickly and accurately

10 For the vast majority of people, the teenage years _____ .
This is the phase where one typically still has somewhat childish and naive thoughts and behaviors, but is gradually maturing and preparing for adulthood. Frequently, teenagers may feel that they should not be treated as children anymore, but they lack the knowledge and experience that comes with being an adult. This results in a feeling of frustration and a lack of self-identity. However, this is also the time when a teenager will figure out their own strengths and weaknesses and begin to form goals and ambitions that will carry them forward into the future.

(a) are a period marked by confusion and self-discovery
(b) present a series of obstacles that some people may not overcome
(c) represent a time in their lives where physical activity is key
(d) are the best time to gain valuable work experience in a part-time job

11

Here at *Gadget World*, our strategy when it comes to reviewing high-definition televisions (HDTVs) differs from that employed by the majority of tech Web sites because we feel _____. These days, most of the user interfaces on HDTVs are designed by only a handful of software developers. This means that the menus are generally the same across all brands of HDTV. Therefore, our reviews ignore features such as screen ratio options and audio settings and emphasize more important aspects such as image quality and screen size.

(a) HDTV reviews should include more pictures
(b) the most popular brands are not worth it
(c) all HDTVs share similar menu features
(d) consumers should use their computers instead

12 Workers at sales-oriented companies often work hard to stand out from their co-workers by achieving higher sales figures and attracting a greater number of clients. Some people might assume that this drive to be better than one's peers only exists in low-level workers, while supervisors with job security are content to take their foot off the gas. But working at the management level actually gives rise to greater feelings of competitiveness among workers, causing them to work longer hours and strive harder than ever to meet or exceed targets. In effect, given a position of seniority within a sales-oriented company, employees often have a stronger desire to _____.

(a) delegate tasks to subordinates
(b) meet with clients directly
(c) outperform their colleagues
(d) work fewer hours each week

☑ TEPS 독해 Part 1의 9번과 10번 문제는 빈칸에 알맞은 연결어[접속부사]를 고르는 문제이다. 이를 위해서는 여러 연결어들을 연결 논리에 따라 묶어서 정리하는 것이 가장 확실한 학습 방법이다.

☑ TEPS에서 출제되는 대표적 연결 논리에는 인과, 양보, 예시, 역접, 추가 등이 있는데, 빈칸 앞뒤의 문장들을 읽고 어떤 연결 논리인지를 빠르게 파악하는 훈련을 많이 해두어야 한다.

☑ 문항 수가 2개, 즉 출제 비중이 6%이기 때문에 중요도가 떨어지는 것처럼 보이나, 매 시험마다 고정으로 출제되며, 방법만 익혀 두면 독해 풀이 시간을 상당히 줄일 수 있기 때문에 전략적으로 매우 중요한 출제 유형이다.

기출 분석 1 연결어의 종류

1 추가

- furthermore 더욱이
- also 또한
- similarly 마찬가지로
- incidentally 덧붙여서
- indeed 실제로
- in effect 사실상

- moreover 게다가
- equally 동일하게
- additionally 또한
- in other words 다시 말해
- in fact 사실은

- in addition(=additionally) 또한
- likewise 마찬가지로
- in the same sense 유사하게
- in the same vein 같은 맥락에서
- admittedly 솔직히

2 예시

- specifically 특별히
- for example 예를 들어

- especially 특히
- for instance 예를 들어

- in particular 특히
- as an illustration 예를 들어

3 결과/결론

- therefore 그러므로
- hence 이런 이유로
- in sum 요컨대
- in a nutshell 한마디로
- eventually 결국

- thus 그러므로
- as a result 결과적으로
- in short 요컨대
- ultimately 결국
- in turn 결과적으로

- accordingly 이에 따라
- consequently 결과적으로
- to sum up 요컨대
- finally 결국

4 역접/반전

- by contrast 반대로
- nevertheless 그럼에도
- granted 그렇기는 하지만
- for all that 그럼에도
- still 그럼에도 불구하고

- in contrast 반대로
- nonetheless 그럼에도
- meanwhile 한편
- otherwise 그렇지 않으면
- unfortunately 불행히도, 안타깝게도

- however 그러나
- even so 설사 그렇더라도
- instead 대신에
- conversely 정반대로

접근법

1 유형 파악

문제를 풀기 전에 먼저 선택지가 연결어들로 되어 있음을 확인하고 지문을 읽는다.

2 빈칸 앞 내용 파악

빈칸을 중심으로 앞문장을 핵심어 위주로 파악한다.

3 빈칸 뒤의 내용 파악

빈칸 앞의 내용을 생각하면서 빈칸 뒤의 문장을 파악한다.

4 빈칸 앞뒤 문장의 연결 논리 관계 파악

빈칸 앞뒤 문장의 내용이 연결되는 논리를 파악한 뒤 [기출 분석 1]의 연결어 유형 중 알맞은 것을 정답으로 선택한다.

기출 맛보기 **지문 파악 직접 해보기**

Dear Mr. Silverstone,

I would like to inform you that I'm **leaving** Silverstone Arts and Crafts Corporation, effective November 30. I have had the immense pleasure of working with everyone and have learned a great deal as a project manager. You have provided me with countless opportunities for professional and personal growth, as well as supported me on every step of my endeavor during my 15 years of tenure in the company. I **regret any inconvenience** that this will cause, and **will do everything to make the job transition as easy as possible** for my replacement. _____, I **will do my best to finish my current assignments** one week before my last day.

Sincerely yours,
Jennifer Ann Moore

(a) Incidentally
(b) Instead
(c) Nevertheless
(d) Even so

● 지문 파악 순서

① 첫 문장에서 지문의 핵심 소재를 파악한다.
  • 소재: leaving (회사를 그만두겠다)
② 회사를 그만두면서 보내는 편지글의 특성에 따라 내용 전개 방향을 예측한다.
  • 소감: immense pleasure (엄청난 즐거움) & learned a great deal (많이 배웠다)
  • 감사: countless opportunities (수많은 기회) & supported me (지지)

③ 연결어는 빈칸 앞뒤의 논리적 연결 관계를 나타내므로 빈칸 앞과 뒤를 해석해본다.

   (빈칸 앞) will do everything to make the job transition as easy as possible

         자신의 퇴사로 인한 회사의 불안을 해소 ▶ 순조롭게 업무를 인계하겠다

   (빈칸 뒤) I will do my best to finish my current assignment

         자신의 퇴사로 인한 회사의 불안을 해소 ▶ 현재 맡은 일은 다 끝내겠다

④ 빈칸 앞과 뒤의 내용이 자신의 퇴사로 인한 회사의 불안을 해소시켜주는 것을 목적으로 하는 같은 맥락이다.

⑤ 그러므로 빈칸에는 같은 맥락의 내용을 추가할 때 필요한 연결어인 (a) Incidentally가 들어가야 한다.

● 해석

실버스톤 씨께,

11월 30일자로 실버스톤 공예사를 그만두겠다는 말씀을 드리고자 합니다. 모든 분들과 함께 일하면서 엄청난 즐거움을 느꼈고, 프로젝트 관리자로서 정말 많은 것을 배웠습니다. 사장님께서는 저에게 전문적인 그리고 개인적인 성장을 이룰 수 있는 수많은 기회를 주셨을 뿐 아니라, 제가 회사에서 근무한 15년간 제 모든 노력을 지지해 주셨습니다. 제 퇴사로 인해 발생할 모든 불편에 대해서 죄송스럽게 생각하며, 제 후임에 대한 인수인계가 최대한 원만히 이뤄지도록 모든 노력을 아끼지 않을 것입니다. **덧붙여 말씀드리면**, 제가 퇴사하기 일주일 전까지 제가 현재 맡고 있는 업무를 완료하도록 최선을 다하겠습니다.

안녕히 계세요.

제니퍼 앤 무어 드림

(a) 덧붙여 말씀드리면
(b) 그 대신
(c) 그럼에도 불구하고
(d) 설령 그렇더라도

유형1 반대 논리가 전개되는 경우   40%

난이도 ●●●○○

Germany has recently banned the growing and selling of genetically modified (GM) maize, citing that the crop may do harm to the environment. Opinions are divided about whether GM produce is safe, but today's science community cannot guarantee its safety, and we cannot afford to disregard the possibility that it may present health risks and threats to the environment. For these reasons, Australia does not permit the growing of GM crops and makes it mandatory to label the contents of GM products when they account for 3 percent or more of any imported food products. _____, labeling is not required when GM beans and GM corn are used as ingredients for processed foods.

(a) In short
(b) However
(c) Specifically
(d) In other words

해석: 본서 p.36

풀이과정 맛보기

① 첫 문장을 소재(genetically modified maize)와 흐름(banned the growing and selling) 중심으로 파악해 보면, 유전자 변형 곡물(GM)을 금지한다는 내용이다.

② 빈칸 앞의 내용은 mandatory to label the contents(내용물 표시 의무화)라는 일반적인 상황이다.

③ 빈칸 뒤의 내용은 labeling is not required(내용물 표시가 요구되지 않는다)라는 예외 상황에 해당한다.

④ 빈칸을 중심으로 앞 문장은 꼭 해야 하는 의무 사항을, 뒤 문장은 하지 않아도 되는 예외 사항이 설명되므로, 서로 상반되는 연결 관계임을 알 수 있다. 따라서 상반되는 내용을 연결하는 양보 접속부사 (b) However가 정답이다.

정답 (b)

오답 선택지 분석

(a) In short (요컨대) ▶ 앞 문장을 요약한 결론을 제시할 때 사용한다.
(c) Specifically (특히) ▶ 아주 구체적인 예를 들 때 사용한다.
(d) In other words (다시 말해서) ▶ 앞 문장의 내용을 다른 표현으로 돌려서 부연 설명할 때 사용한다.

⭐ 필수어휘

recently 최근 **ban** 금지하다 **growing** 재배 **selling** 판매 **genetically modified** 유전자가 변형된 **maize** 옥수수 **cite** (이유, 예를) 인용하다, 언급하다 **crop** 곡물 **do harm to** ~에 피해를 입히다 **environment** 환경 **produce** 농산물 **guarantee** 보장하다 **afford to do** ~할 여유가 있다 **disregard** 무시하다 **possibility** 가능성 **present** 야기하다 **risk** 위험 **threat** 위협 **for these reasons** 이러한 이유로 **permit** 허용하다 **mandatory** 의무적인 **label** 상표(인식표)에 적다 **content** 내용물 **account for** ~만큼의 몫을 차지하다 **bean** 콩 **corn** 옥수수 **ingredient** 재료, 원료 **processed** 가공된 **in short** 한마디로, 요컨대 **specifically** 특히, 분명히 말하면(=especially) **in other words** 달리 말하면, 다시 말해서

난이도 ●●◑○○

Illegal online trading of medication is now prevalent in our society, and this has also become a global trend. _____, this news comes as no surprise given that you can even purchase poison over the Internet. The list of drugs traded ranges from painkillers and impotence drugs to weight loss medications. It is fair to say that a lack of proper drug education has led to people growing increasingly complacent about the dangers of unauthorized use of drugs. The abuse of medications has always been an issue. However, the stakes are now much higher with the soaring volumes of online trading. And the bigger problem is that people buy medicines through the Internet from other countries, which makes it tricky to launch a campaign to crack down on illegal drug dealers.

(a) Instead
(b) In fact
(c) For instance
(d) On the contrary

해석: 본서 p.36

풀이과정 맛보기

① 빈칸 앞의 첫 문장을 소재(medication)와 흐름(illegal online trading) 중심으로 파악해 보면, 온라인을 통한 불법 의약품 거래가 세계적으로 만연한 현상을 지적하고 있다.

② 빈칸 뒤의 내용 흐름은 한마디로 even purchase poison(심지어 독극물까지 구매 가능)으로 요약된다.

③ 빈칸 앞뒤의 연결 관계를 살펴 보면, 앞에서는 일반적인 의약품(medication)을 나타내고, 빈칸 뒤에서는 예상 밖의 구매 대상인 독극물(poison)이 언급되고 있다.

④ 따라서, 빈칸에는 기대에 반하거나 뜻밖의 사물이나 상황을 제시할 때 사용하는 접속부사 (b) In fact가 들어가는 것이 옳다.

정답 (b)

오답 선택지 분석

(a) Instead (대신) ▶ 앞 문장에서 언급된 특정 사항을 거부한 후에, 그것에 대한 대안을 제시할 때 사용한다.

(c) For instance (예를 들어) ▶ 구체적인 예를 들 때 사용한다. 만약 불법적인 의약품의 구체적 이름들이 열거된다면 가장 매력적인 오답이 될 수도 있다.

(d) On the contrary (반대로) ▶ 앞 문장과 반대되는 논리가 전개될 때 사용된다. 앞 문장과 뒤 문장이 모두 불법 의약품 구매에 관련된 내용이므로 오답이다.

⭐ 필수어휘

illegal 불법의 **trading** 거래 **medication** 약(물) **prevalent** 만연한, 널리 퍼진 **global** 세계의 **trend** 동향, 추세 **come as no surprise** 놀라운 일이 아니다 **given that** ~인 점을 고려할 때 **purchase** 구매하다 **poison** 독약 **range from A to B**: 범위가 A에서 B에 이르다 **painkiller** 진통제 **impotence** 발기부전 **drug** 약 **weight loss** 체중 감량 **It is fair to say that** ~이 타당하다 **a lack of** ~의 부족, 결여 **proper** 올바른 **grow** 증가하다 **increasingly** 점점 **complacent** 무감각한, 현실에 안주하는 **unauthorized** 무허가의 **use** 사용 **abuse** 남용, 오용 **issue** 문젯거리 **however** 하지만 **stakes are high** 위험성이 높다 **soaring** 급상승하는 **volume** 부피, 양 **tricky** 까다로운 **launch** 개시하다 **crack down on** ~을 단속하다 **dealer** 판매상

난이도 ●●○○○

Manpower Services

At Manpower Services, we understand that the people you hire are important to your company. That's why we only help place the most qualified people for temporary jobs. Many similar companies send anyone to a place of employment, just to get a referral fee. We at Manpower Services don't do that. _____, we carefully examine the résumés and employment histories of everyone who comes to us in search of a job. Then, when we get a request from a company for a temporary worker, we carefully go through our database and find the person who is the ideal match for the position.

(a) In the same vein
(b) Indeed
(c) For all that
(d) Instead

해석: 본서 p.36

풀이과정 맛보기

① 첫 문장을 소재(Manpower Services)와 흐름(hire, temporary jobs, a referral fee)을 나타내는 핵심어구로 파악해 보면, 임시직 채용 서비스 업체를 소개하는 광고 글이다.

② 첫 문장의 흐름을 생각하면서 빈칸 앞의 내용을 파악해 본다.

③ 인력 채용 방법에 대해 맨파워(place the most qualified people)와 일반 업체들(send anyone)의 차이점을 비교한 후에 '우리는 그렇게 하지 않는다(We don't do that)'라고 거부하고 있다.

④ 빈칸 뒤의 내용은 맨파워가 사용하는 채용 방식을 구체적으로 설명하는 것인데, 빈칸 앞에서 타 업체들의 방식을 거부한 것에 대한 대안이라고 할 수 있다.

⑤ 따라서, 앞에 언급된 것을 거부하고 대안을 제시할 때 사용하는 접속부사 (d) Instead가 정답이다.

정답 (d)

오답 선택지 분석

(a) In the same vein (같은 맥락에서) ▶ 앞 문장과 뒤 문장이 같은 논리로 연결될 때 사용한다.
(b) Indeed (사실은, 정말로) ▶ 앞 문장의 서술 내용을 강조하거나 보충할 때 사용한다.
(c) For all that (그럼에도 불구하고) ▶ 앞 문장의 내용을 시인하면서도 그에 반하는 양보적 내용을 제시할 때 사용한다.

⭐ **필수어휘**

hire 채용하다 **That's why ~** 그런 이유로 ~하다 **help do** ~하는 데 도움이 되다 **place** 찾아주다, 구해주다 **qualified** 자격을 갖춘, 적합한 **temporary** 임시의, 비정규직의 **similar** 유사한 **referral** 소개, 위탁 **fee** 수수료 **examine** 검토하다 **résumé** 이력서 **employment history** 취업 이력 **in search of** ~을 찾아서 **then** 그리고 나서 **request** 요청 **go through** ~을 조사하다, 살펴보다 **ideal** 이상적인 **match for** ~에 꼭 맞는 사람 **in the same vein** 같은 맥락에서 **indeed** 사실은, 정말로 **for all that** 그럼에도 불구하고 **instead** 그 대신

기출유형정리 해석

유형 1 반대 논리가 전개되는 경우

해석 최근, 독일에서는 유전자 변형(GM) 옥수수가 환경에 위협을 줄 수 있다는 이유로 재배와 판매를 전면 금지했다. 유전자 변형 농산물의 안전성에 대해서는 다양한 의견들이 있으나, 현재 과학계는 그 안전성을 보장할 수 없으며, 우리는 그것이 건강상의 위험을 제기하고 환경을 위험에 빠뜨릴 가능성을 무시할 수 없다. 이러한 이유로, 호주에서는 유전자 변형 곡물의 재배를 금지하고, 모든 수입 제품에 대해 유전자 변형 곡물이 3% 이상 섞여 있을 때 이를 상표에 표시하도록 의무화하고 있다. <u>**하지만**</u>, 유전자 변형 콩과 옥수수가 가공식품의 원료로 사용되었을 경우에는 상표 표시가 요구되지 않는다.

(a) 요컨대
(b) 하지만
(c) 특히
(d) 다시 말해서

유형 2 같은 논리가 전개되는 경우

해석 요즘 온라인을 통한 불법 의약품 거래가 우리 사회에 만연해 있으며, 이는 또한 세계적인 추세가 되었다. <u>**사실**</u>, 인터넷으로 독극물까지도 구입할 수 있다는 것을 감안하면, 이런 소식은 그리 놀랄 일도 아니다. 유통되는 불법 의약품들로는 진통제와 발기부전 치료제에서 체중감량 제품에 이르기까지 다양하다. 올바른 의약품 교육의 부족 때문에 사람들이 점점 무허가 의약품 사용의 위험에 무감각하게 되었다고 하는 편이 옳다. 의약품 오남용은 항상 제기되어 온 문제이다. 하지만, 온라인 거래량이 급증하면서 그 위험이 훨씬 더 높아지고 있다. 또한, 더 큰 문제는 사람들이 인터넷을 통해 해외에서 약품을 구입하는 것인데, 이렇게 되면 불법 약품 판매상들을 단속하는 활동을 펼치기가 까다로워진다.

(a) 대신
(b) 사실
(c) 예를 들어
(d) 반대로

유형 3 기타 연결어

해석 **맨파워 서비스**

저희 맨파워 서비스는 귀사가 채용하는 직원이 회사에 중요하다는 것을 잘 알고 있습니다. 바로 그 이유로, 저희는 임시직에 가장 적합한 사람들만 뽑는데 도움을 드리고 있습니다. 타 유사 업체들은 그저 소개료나 챙기기 위해 사람을 구하는 자리에 아무나 보내줍니다. 저희 맨파워 서비스는 그렇게 하지 않습니다. <u>**대신**</u>, 저희를 찾는 모든 구직자들의 이력서와 경력을 꼼꼼하게 검토합니다. 그리고 나서, 기업으로부터 임시 직원에 대한 요청을 받으면, 저희 데이터베이스를 면밀히 검색하고, 그 자리에 가장 이상적인 사람을 찾아냅니다.

(a) 같은 맥락에서
(b) 사실은
(c) 그럼에도 불구하고
(d) 대신

1   The outbreak of bird flu has had an adverse effect on the global economy and the negative results are even being felt in the badminton world. The Chinese government has culled millions of geese in an effort to prevent the further spread of the virus, and this has led to a shortage of feathers used to make top-grade shuttlecocks. Normally, feathers plucked from geese in northern China are considered to be of the finest quality. _____, manufacturers are rushing to snap up the remaining supply of Chinese goose feathers, which is pushing up the prices of premium shuttlecocks.

(a) As a result
(b) Nevertheless
(c) Furthermore
(d) For instance

2   In a recent episode of ABC's TV drama, "Eli Stone", a lawyer assists a young mother who believes mercury in a vaccine is the cause of her son's autism. The episode has angered many pediatricians, and some of them have come forward to air their grievances. They said in a statement: "We have sat back and waited until the science would speak for itself, but we believe now is the time for us to speak up and be heard." They went on to firmly state that autism has no connection to vaccines and the evidence is so clear that it cannot be refuted. _____, many parents who have seen their children become ill after being vaccinated are sticking to their guns, arguing that there is a clear correlation between vaccines and conditions such as autism.

(a) Rather
(b) For example
(c) In contrast
(d) Notwithstanding

3 For several centuries, the vast majority of Asians lived mainly on a diet of rice, fish, vegetables and fruits. This diet, which might seem meager to today's younger generation, was highly nutritious and left Asians less prone to physical problems such as heart disease and diabetes. _____, with globalization, Asians acquired some Western habits. Advertisements showing men and women eating unhealthy foods, smoking, and drinking alcohol gradually spread throughout Asia, influencing the old and young alike. As a result, Asians adopted some habits that were detrimental to their health and the incidence rate for heart disease rapidly began to rise.

(a) Unfortunately
(b) Conversely
(c) Otherwise
(d) Furthermore

4

Several economists have warned that the job market will not necessarily improve just because the economy is currently strong. They argue that a period of "jobless growth" is expected to continue unless special efforts are made to boost employment. The rise in unemployment has partly resulted from technical innovation and factory automation, two factors that contribute toward increased productivity. _____, labor-focused manufacturing is giving way to technology-focused production, with automobiles, tablet computers, cell phones and other high-tech products now comprising the vast majority of American exports.

(a) Indeed
(b) Even so
(c) After all
(d) Granted

5 Most ex-convicts have many obstacles to contend with in today's society, so we should reach out to them to help them re-integrate into our communities. If all we do is turn them away, they are highly likely to revert to their old life of crime, which in turn makes our communities less safe. Ex-convicts often face extreme prejudice when they attempt to re-enter the workforce. Individuals with convictions are passed over for jobs and offered false reasons as to their rejection. This only serves to ostracize them further and foster feelings of contempt. _____, if members of a community do not accept ex-convicts back into the community, there will be negative consequences for everyone.

(a) In a nutshell
(b) In contrast
(c) For example
(d) On the other hand

6 Taking into account all the stinging insects that we are familiar with, wasps are said to be the most hazardous of all. The stinger of a wasp is unlike that of a honeybee in that it can sting its prey over and over again. It builds its nest in the attics or rooftop crawlspaces of houses or sheds, or other similar places. The wasp is especially dangerous to those who are allergic to the toxin transferred by its stinger. _____, it is important that you inspect your home on a regular basis. Should you notice a large number of wasps, then it is imperative that you take immediate steps to get rid of them and their nests. However, it is always recommended that you have a professional carry out this task.

(a) Otherwise
(b) Therefore
(c) In fact
(d) Specifically

7 In this modern age, most people lead hectic lives and find themselves constantly relying on their cellular phones to communicate with friends and colleagues. As a result, cell phone manufacturers need to continually develop new technologies in order to improve their mobile phones and remain competitive in the market. A perfect example of this is the hands-free set and Bluetooth functionality that comes as standard with modern handsets. It is common to see people with wireless headsets behind their ears, talking on the phone without needing to hold the handset to their ear. _____, one can just simply leave their cellular phone in their pocket the whole time.

(a) Likewise
(b) Instead
(c) Also
(d) In effect

8 Like rainforests, oceans play a crucial role in absorbing man-made carbon dioxide from combustible fuels. Last year alone, oceans took up a record 2.3 billion tons of carbon, which greatly contributed to slowing down global warming. _____, concerns are being raised about the ocean's diminishing ability to absorb carbon. Marine biologists have expressed fears that the oceans provide a beneficial service to humans at their own expense. The scientists argue that the greenhouse gas is acidifying the waters, which in turn puts marine ecosystems at greater risk.

(a) Otherwise
(b) In addition
(c) However
(d) Furthermore

9 Industrialization is a key factor in any country's economic development. But while people tend to focus on the material gains brought by industrial development, they often turn a blind eye to the significant degradation of ecosystems that occurs as a result. For instance, the conversion of forest ecosystems into agricultural land damages the ecosystem and deprives animals of their natural habitat. Another factor is continuous commercial logging, because the logging companies fail to replace trees that are being removed. _____, the degradation of marine ecosystems mainly occurs due to the dumping of toxic waste into rivers and coastal areas. In other words, although industrialization brings many benefits, we should always consider the harm it causes to our environment.

(a) On the other hand
(b) Granted
(c) Hence
(d) In the end

10 Greenville's current $500 million waterfront redevelopment is the most expensive project our local government has ever undertaken. The city will clear away multiple abandoned buildings along a huge stretch of Lakeshore Boulevard. It will then construct a wooden walkway for pedestrians and a paved path for cyclists. _____, it will create public sports and fitness facilities, including basketball courts and an outdoor gym. The project is scheduled for completion by next year.

(a) Instead
(b) Regardless
(c) Furthermore
(d) Consequently

11

At Peace with Persistent Stains?

Have you ever tried to remove a stain from furniture or clothing and ended up making it worse? A lot of people fail to realize that different types of stain require different chemicals in order to be removed. _____, not all stains are successfully removed by typical store-bought cleansers. That's why you should always keep a bottle of Stain Wizard in your home for any mysterious stains that you cannot properly identify. Stain Wizard uses a unique combination of chemicals that can remove any and all stains! Visit www.stainwizard.net today to sign up for a free 500 *ml* sample.

(a) Nonetheless
(b) Similarly
(c) For that reason
(d) However

12

The Novia 600 is the latest smartphone in Novia's budget range, and it contains a wealth of new improvements over the previous model, the Novia 550. The 600 offers a higher-quality camera, boosted performance speed, and almost double the number of pre-installed applications. Admittedly, this means that the handset is slightly bulkier than previous entries to the series. _____, the Novia 600 cell phone marks a clear step forward for the Novia series of phones and it can be compared quite favorably to many of the bestselling handsets on the market.

(a) Accordingly
(b) Moreover
(c) Even so
(d) Meanwhile

☑ TEPS 독해 Part 2는 단 2문항으로 다른 파트에 비해 문항 수가 아주 적고 구조도 단순해 보이지만, 독해 중 풀이 난이도가 가장 높고 오답률 또한 가장 높은 파트이다.

☑ 문맥상 어색하다는 것은 해석상 의미가 이상하다는 것이 아니라 각 문장의 논리적 연결 관계가 자연스럽지 않다는 뜻이다. 그러므로 단순히 문장만 해석하는 수준으로는 정답을 찾기가 어려우며, 각 문장 사이의 긴밀한 논리적 연결 관계를 파악해야 한다. 내용은 옳으나 글의 흐름 상 위치가 잘못된 경우, 어조가 갑자기 바뀌는 경우, 주제와 상반된 결론을 맺는 경우 등 출제 패턴도 매우 다양하다.

기출 분석 1 Part 2 문제의 구성

1 지문의 구성

각 지문은 75~90단어 내외의 분량이며, 도입 문장 1~2개와 4개의 선택지 문장 등 총 5~6개의 문장으로 구성된 단일 지문이다. 지문 전체의 논리적 흐름에 맞지 않는 어색한 문장(=선택지)을 찾아야 한다.

2 선택지의 구성

Part 2 문제는 하나의 지문으로 구성되며, 별도의 선택지는 없고, 선택지가 지문 속에 포함되어 있다.

기출 분석 2 접근법

1 다른 파트의 문제보다 먼저 풀이할 것

Part 2의 난이도와 배점이 높기 때문에, 독해가 시작된 후 집중력이 좋은 초반에 먼저 풀이하는 것이 유리하다.

2 첫 문장을 읽고 핵심어구(=주제)를 파악할 것

핵심어구는 글 전체에서 다루어 질 소재와 글의 흐름을 나타내는 어구를 말한다. 대부분 추상적이고 포괄적 성격을 띠며, 글의 후반부로 갈수록 구체적이고 세부적인 표현으로 바뀐다.

3 연결 논리의 흐름을 파악할 것

각 문장마다 파악한 핵심어구가 다음 문장과 어떻게 연결되는지를 파악하면서 읽는다. 모든 단어를 읽기보다는 핵심어구 위주로 논리적 흐름을 파악한다.

4 연결어로 유추할 것

연결어가 있을 경우, 앞 문장의 내용에 연결어의 기능을 적용해 뒤 부분의 내용을 추론함으로써 시간을 단축할 수 있다.

5 어려운 문장은 건너뛰고 계속 진행할 것

지문을 읽다가 단어가 어렵거나 구조가 복잡하여 제대로 파악할 수 없는 문장이 나올 때, 중단하고 다시 앞 문장을 읽거나 너무 오래 시간을 지체하면 전체의 흐름이 깨져서 다시 읽어야 한다. 이해되지 않는 문장은 과감히 제쳐 놓고 다음 문장을 읽는 것이 좋다. 만약 전체의 흐름에 이상이 없다면 건너뛴 문장이 정답이고, 다른 문장에 정답이 있다면 그만큼 시간을 절약할 수 있다.

오류 선택지의 제작 원리

■ 글의 어조 전환

전체적인 글의 흐름상 주제와 부합하는 듯 보이지만, 사실은 특정 부분의 어조만 어색하게 바꿔서 정답으로 만드는 상당히 고난도 유형이다. 예를 들어, 긍정적인 내용이 부정적인 내용으로 바뀌거나, 혹은 그 반대의 경우도 종종 사용된다.

> **예시** In his inauguration speech in 1961, John F. Kennedy spoke words that are still remembered to this day. (a) He told the American people **not to ask what their country could do for them, but to ask what they could do for their country.** (b) His words were full of **optimism** at that time.
>
> **분석** (a)는 국민들에게 수동적인 국가관을 버리고(not to ask what their country could do for them), 적극적이고 능동적인 참여를 호소하는(but to ask what they could do for their country) 매우 비판적이고, 엄중한 어조를 띠고 있다. 그런데, 선택지 (b)의 optimism이라는 단어는 앞의 비판 또는 엄숙함과는 반대로, 즐겁고, 긍정적인 어조의 단어다. 즉, optimism이라는 단어 하나를 통해서 전체 흐름에서 어긋나는 정답을 만든 것이다.
>
> **해석** 1961년 대통령 취임 연설에서 존 F. 케네디는 오늘날까지 기억에 남는 말을 했다. (a) 그는 미국인들에게 국가가 그들을 위해 무엇을 해줄 수 있는지 묻지 말고, 그들이 국가를 위해 무엇을 할 수 있을지를 물으라고 말했다. (b) 당시에 그가 한 말은 매우 낙관적이었다.

■ 소재의 전환

> **예시** Your **wedding flowers** represent your personal style and can tie your whole wedding theme together. (a) It is important to take time to choose your **bridal gown** carefully.
>
> **분석** 이 글은 첫 문장에서 wedding flowers라는 소재를 언급하고 있다. 여기서 주목할 점은 소재가 결혼(wedding)이 아닌 꽃(flowers)이라는 점이다. 그런데 선택지 (a)에서는 웨딩드레스(bridal gown)를 언급함으로써 주제에서 벗어난다. 각 문장의 중심 소재가 무엇인지를 정확히 확인해야 엉뚱한 소재를 교묘히 삽입하는 이런 함정에 빠지지 않는다.
>
> **해석** 결혼식장의 꽃은 여러분의 개인적 취향을 나타내면서, 결혼식 주제 전체를 하나로 묶을 수 있습니다. (a) 시간을 내서 웨딩드레스를 신중하게 고르는 것이 중요합니다.

■ 내용상 흐름의 전환

> **예시** Tyrannosaurus was the largest of the carnivorous dinosaurs. (a) It had a **massive body** with a powerful tail, a large head and small arms. (b) Its first complete skeleton was **found in Montana** in 1902. (c) Its **mouth** was its principal weapon.
>
> **분석** 첫 줄에서 이 글의 중심 소재가 공룡 티라노사우르스(Tyrannosaurus)임을 알 수 있다. (a)에서는 이 공룡의 크기를 이야기하면서, 신체적 특징을 자세히 설명하고 있다. (b)에서는 공룡 뼈가 처음 발견된 장소를 언급하고 있다. 그리고 (c)에서는 무기로 사용된 입에 대해 이야기하는데, 이는 공룡 티라노사우르스(Tyrannosaurus)의 신체적 특징이라는 주제에 부합하는 설명이다. 내용 흐름상 어색한 선택지를 하나 골라야 한다면, 공룡의 신체적 특징 설명과 뼈의 발견 장소는 다른 성격의 내용이므로 뼈의 발견 장소를 언급한 (b)가 글의 흐름을 벗어났다고 할 수 있다. 따라서 내용 흐름이 다른 성격으로 전환된 (b)가 정답이다.
>
> **해석** 티라노사우루스는 가장 큰 육식 공룡이었다. (a) 이 공룡은 거대한 몸집에 강력한 꼬리와 커다란 머리, 그리고 작은 팔들을 가지고 있었다. (b) 이 공룡의 완전한 골격은 1902년 몬태나에서 최초로 발견되었다. (c) 이 공룡의 입은 주요 무기였다.

Walt Disney World in Orlando, Florida, is mourning the death of one of its most beloved safari animals. Betsy, a 12-foot-tall giraffe, had been with Disney since 1998 and is the first animal to die from a lightning strike at the Animal Kingdom Lodge. (a) The storm came through quickly and without warning while many animals were still grazing outside in their enclosures. (b) Employees are usually quick to move all of the animals indoors so that they can be protected from the inclement weather. (c) It was a quick death for Betsy, as the lightning strike killed her instantly. (d) It seemed like an unusual occurrence, but an on-site veterinarian confirmed that lightning deaths at animal parks and in the wild are a relatively common cause of death.

● 지문 파악 순서

① 첫 두 문장을 읽고 글의 소재와 흐름을 나타내는 핵심어구를 파악한다.

- 소재: Betsy
- 흐름: to die from a lightning strike
- 요약: 사랑받던 동물인 벳시가 낙뢰로 사망

② 파악한 소재와 흐름을 나타내는 어구를 염두에 두고 다음 문장들을 읽어 내려가며 연결 관계를 확인한다.

(a) **The storm** came through **quickly** and **without warning** ~
  ▸ 앞 문장에 언급된 낙뢰(lightning)의 발생 배경을 구체적으로 진술하고 있다.

(b) **Employees** are usually quick to move all of the animals indoors ~
  ▸ 기상 악화 시에 직원들의 일반적인 대응 절차를 언급하고 있지만, 낙뢰와의 연관성은 보이지 않는다.

(c) It was a **quick death for Betsy**, as the **lightning strike killed her instantly**.
  ▸ (a)에서 언급한 낙뢰의 특성과 상통한다.

(d) It seemed like an unusual occurrence, but an on-site **veterinarian** confirmed that **lightning deaths** at animal parks and in the wild are a relatively common cause of death.
  ▸ 현장 수의사의 의견을 통해, 낙뢰로 인한 동물 사망 사건의 발생 정도를 알려주고 있다.

③ 지문 전반적으로 낙뢰라는 특정 기상 상황과 관련된 동물 사망을 다루고 있지만, (b)는 일반적인 기상 상황에서의 직원 대응 절차를 설명하고 있으므로, 내용 흐름상 어색한 (b)를 정답으로 선택한다.

● 해석

플로리다주 올랜도에 위치한 월트 디즈니 월드가 가장 사랑받았던 사파리 동물들 중 하나의 죽음을 애도하고 있다. 키가 12피트인 기린 벳시는 1998년부터 디즈니에 살고 있었는데, 애니멀 킹덤 산장에서 처음으로 낙뢰를 맞고 사망한 동물이다. (a) 폭풍이 아무런 사전 징후도 없이 순식간에 이곳을 지나갔을 때, 많은 동물들이 여전히 옥외 울타리 안에서 한가롭게 풀을 뜯고 있었다. **(b) 일반적으로 직원들은 좋지 않는 날씨로부터 동물들을 보호하기 위해 재빨리 모든 동물을 실내로 이동시킨다.** (c) 낙뢰가 벳시를 즉사시켰으므로 벳시로서는 고통이 없는 죽음이었다. (d) 이것이 흔치 않는 사건으로 보였지만, 현장에 있던 수의사는 동물 공원이나 야생에서는 낙뢰 사망이 상대적으로 흔한 사망 원인이라고 확인해 주었다.

유형 1 내용상 흐름의 전환 43%

난이도 ●●●○○

After a hard day at work, there is no better place to go but home for a simple meal, which is usually either salad or a ready-meal heated in the microwave oven. (a) After the meal, I do the dishes and then start on the laundry. (b) While the machine is spinning the clothes, I switch on the television to my favorite news channel. (c) I try to watch what I eat as I'm trying to get into shape before summer comes. (d) When the laundry is done, I hang it up, and then I normally read in bed until I nod off.

해석: 본서 p.48

풀이과정 맛보기

① 첫 문장을 읽고 글의 소재와 흐름을 예측할 수 있는 단서들을 파악한다.
  • 소재: home for a simple meal (간단히 식사할 수 있는 집)
  • 예측 단서: After a hard day at work (힘든 일과 후)
  • 흐름 예측: 힘든 일과 후에 집에 돌아와서 하는 일상적인 행동들을 예상

② 각 선택지마다 파악한 단서들을 통해 글의 흐름을 파악한다.
  (a) do the dishes (설거지), start on the laundry (빨래) ▶ 퇴근 후 집에서 하는 일들을 열거
  (b) switch on the television (TV 켜기) ▶ 퇴근 후 집에서 하는 일을 추가로 제시
  (d) normally read (독서) ▶ 퇴근 후 집에서 하는 일반적인 일을 마지막으로 제시

③ 지문은 하루 일과를 끝내고 난 후 집에 돌아와서 하는 활동들을 순서대로 나열하고 있다. 그러므로 퇴근 후에 집에서 날마다 할 수 있는 일상적인 일이 아니라, 특정 시기를 위해 하는 일을 언급한 (c)가 정답이다.

정답 (c)

오류 선택지 분석

(c) I try to watch what I eat as I'm trying to get into shape **before summer comes.**
  ▶ 전체 지문은 일과 후 집에서 일상적으로 하는 일들을 순차적으로 열거하고 있는데, 갑자기 여름철을 대비해 몸매를 만들고 식단을 관리하는 내용이 나온다. 이 일은 여름 이후에는 하지 않게 될 일시적인 행동이므로, 늘 하는 일상적인 일과 거리가 멀어서 전체 글의 흐름에 맞지 않는다.

⭐ 필수어휘
there is no place to go but home 집 말고는 갈 데가 없다 **but** ~외에, ~을 제외하면 **ready-meal** (이미 조리되어 있어서) 데워 먹기만 하면 되는 식품 **heat** 데우다 **microwave oven** 전자레인지 **do the dishes** 설거지를 하다 **laundry** 빨래 **watch what I eat** 먹는 것에 신경을 쓰다 **get into shape** 몸매를 만들다 **hang up** ~을 널다, 걸다 **normally** 보통 **read in bed** 침대에 누워 독서하다 **nod off** 깜빡 졸다

난이도 ●●●●◑

In January 2007, Nancy Pelosi was elected the first female Speaker of the House, second in line of succession to the presidency. (a) It may come as a surprise for some to learn that American women had to struggle for 150 years to achieve suffrage. (b) Over the years, quite a few women have been given a chance to enter politics. (c) It was not until the 2000s that female politicians were given a real opportunity to make a significant contribution within the political world. (d) Pelosi's inauguration as the Speaker of the House was further confirmation that women could stand shoulder to shoulder with their male peers.

해석: 본서 p.48

풀이과정 맛보기

① 첫 문장을 읽고 글의 소재와 흐름을 예측할 수 있는 단서를 파악한다.

- 소재: Nancy Pelosi
- 예측 단서: the first female Speaker of the House (최초의 여성 하원의장)
- 예측: 펠로시의 하원의장 취임을 맞아 여성의 정치적 위상에 대해 고찰하는 내용이 전개될 것을 예상

② 각 선택지의 핵심어구를 통해 글의 흐름을 파악한다.

(a) to struggle for 150 years to achieve suffrage (여성 참정권 획득을 위한 150년 간의 투쟁)
    ▶ 150년 전 처음으로 여성이 정치 참여 권리를 요구함

(c) not until the 2000s that female politicians were given a real opportunity (2000년대에야 얻게 된 진정한 기회)
    ▶ 2000년대부터 여성 정치인들이 중요한 역할을 맡기 시작함

(d) Pelosi's inauguration (펠로시의 취임) ~ women could stand shoulder to shoulder (여성이 남성과 대등해짐)
    ▶ 2007년 펠로시의 하원의장 취임으로 여성의 정치적 위상이 남성과 대등해짐

③ 이 지문은 최초의 여성 하원의장이 탄생하기까지 과거 여성의 정치적 위상에 대해 과거 시간의 흐름 속에서 순차적으로 설명하고 있다. 그런데 (b)는 순차적인 시간의 흐름을 따르지 않고 과거부터 현재까지 상황을 종합적으로 평가하고 있으므로 전체 흐름에 맞지 않는다.

정답 (b)

오류 선택지 분석

(b) **Over the years**, **quite a few women** have been given a chance to enter politics.
    ▶ 동사 시제의 흐름을 보면 (a) 과거, (b) 현재완료, (c) 과거, (d) 과거로, (b)가 시간의 흐름에 어긋난다. 또한 오랫동안(Over the years) 꽤 많은(quite a few) 여성들이 정계 진출 기회를 가졌다는 내용인 (b)는 2000년대에 들어와서야 여성이 진정한 정치 활동 기회를 얻었다고 하는 다음 문장 (c)와 내용이 충돌한다. 그러므로 시간 흐름상, 그리고 내용상 전체 지문과 어긋나는 (b)가 정답이다.

> ⭐ 필수어휘
> **elect** 선출하다 **Speaker of the House** 하원의장 **succession** 승계 **presidency** 대통령직 **come as a surprise** 놀라움으로 다가오다 **struggle** 투쟁하다 **suffrage** 참정권 **over the years** 오랫동안, 다년간 **quite a few** 상당히 많은 **enter politics** 정계에 입문하다 **make a contribution** 공을 세우다 **inauguration** 취임 **confirmation** 확인 **stand shoulder to shoulder** 어깨를 나란히 하다 **peer** (나이나 신분이 같거나 비슷한) 또래, 동년배

난이도 ●●●●◐

Attention Deficit Hyperactivity Disorder (ADHD) is a behavioral condition that affects approximately 8 to 10 percent of school-age children. (a) Children with this condition are hyperactive, have trouble concentrating, exhibit forgetfulness, and act without thinking. (b) They can't sit still, attend to details, or pay attention, and hence they have difficulty following instructions because they cannot understand what is expected of them. (c) Typically healthy children might sometimes act anxious and excited, but the behavior tends to only last for short periods of time. (d) As a result of the condition, an ADHD child's ability to function academically, socially and at home is impaired.

해석: 본서 p.48

풀이과정 맛보기

① 첫 문장을 읽고 글의 소재와 흐름을 예측할 수 있는 단서를 파악한다.

- 소재: ADHD (주의력결핍 과잉행동장애)
- 예측 단서: a behavioral condition (행동장애), school-age children (학생들)
- 예측: 학생들을 대상으로 주의력결핍 과잉행동장애(ADHD)에 대한 증상을 서술할 것을 예상

② 파악한 각 선택지의 단서들을 통해 글의 흐름을 파악한다.

(a) hyperactive (과민 반응), have trouble concentrating (집중력 문제), forgetfulness (건망증), act without thinking (분별없는 행동) ▶ ADHD의 주요 증상들을 열거
(b) can't sit still (산만함), difficulty following instructions (지시 이행 어려움) ▶ 추가 증상 열거
(d) ability to function ~ is impaired (학교생활, 사회생활, 가정생활 능력 손상) ▶ 장애 영역을 재정리

③ ADHD를 정의하고 그 대상 연령대를 지적한 후, 다양한 영역에서 발생하는 구체적인 증상들을 열거하고, 결론으로 장애 영역을 포괄적으로 재정리하고 있다. 그런데 (c)는 정상 아동들에 대해 언급하고 있으므로 글의 소재와 일치하지 않는다.

정답 (c)

오류 선택지 분석

(c) Typically **healthy children** might sometimes act anxious and excited, ~

▶ 전체 지문의 소재는 ADHD에 걸린 학생들인데, (c)는 정상적인 어린이들이 일시적으로 보이는 불안과 흥분 증상을 언급하고 있다. 따라서 갑자기 소재가 바뀐 오류를 지닌 선택지 (c)가 정답이다.

⭐ 필수어휘

ADHD 주의력결핍 과잉행동장애 **behavioral condition** 행동 장애 **affect** ~에게 영향을 미치다 **approximately** 거의, 대략 **hyperactive** 과민하게 반응하는, 행동이 과도한 **have trouble -ing** ~하는 데 어려움을 겪다 **concentrate** 집중하다 **exhibit** (감정, 특징 등을) 보이다 **forgetfulness** 건망증 **still** 조용한, 얌전한 **attend to detail** 세부적인 것에 주의를 기울이다 **pay attention** 주위를 기울이다 **hence** 그런 이유로 **have difficulty -ing** ~하는 데 어려움이 있다 **follow instructions** 지시를 따르다 **be expected of** ~에게 기대되다 **typically** 일반적으로 **anxious** 불안해 하는 **excited** 흥분하는 **behavior** 행동 **tend to do** ~하는 경향이 있다 **last for** ~동안 지속되다 **function** 기능을 하다 **as a result of** ~의 결과로 **ability** 능력 **academically** 학업상으로 **socially** 사회적으로 **impaired** 손상된, 제 기능을 못하는

기출유형정리 해석

유형 1 내용상 흐름의 전환

해석 직장에서 힘든 일과를 보내고 난 후, 보통 샐러드나 간편한 조리식품을 전자레인지로 데워서 간단히 먹기에 집만한 곳이 없습니다. (a) 식사 후, 나는 설거지를 한 다음에, 빨래를 시작합니다. (b) 세탁기가 돌아가는 동안, TV를 켜고 가장 좋아하는 뉴스 채널로 맞춥니다. **(c) 여름이 오기 전에 몸을 만들려고 하기 때문에, 먹는 것에 신경을 쓰려고 노력합니다.** (d) 세탁이 끝나면 빨래를 널어 놓은 다음, 보통은 잠들기 전까지 침대에 누워 책을 읽습니다.

유형 2 글의 어조 전환

해석 2007년 1월, 낸시 펠로시는 여성으로서는 최초로 대통령직 승계 순위 2위인 하원의장에 당선되었다. (a) 미국 여성들이 참정권을 획득하기 위해 150년을 투쟁했다는 사실을 알게 되면 놀랄 사람들이 있을 것이다. **(b) 오랫동안, 상당히 많은 여성들이 정계에 입문할 기회를 얻었다.** (c) 2000년대에 와서야 여성 정치인들이 정치계에 상당한 기여를 할 진정한 기회가 주어졌다. (d) 펠로시의 하원의장 취임은 여성들이 남성 정치인들과 어깨를 나란히 할 수 있다는 점을 한 번 더 확인해 주는 사건이었다.

유형 3 소재 전환

해석 주의력결핍 과잉행동장애(ADHD)는 취학연령 아동의 8~10퍼센트 정도가 겪고 있는 행동 장애이다. (a) 이 장애를 겪고 있는 아동들은 과민하게 반응하고, 집중력이 떨어지며, 건망증이 있고, 분별없이 행동한다. (b) 이 아동들은 가만히 앉아있지 못하고, 섬세한 것에 주의를 기울이지 못하거나 집중하지 못하는데, 그런 이유로, 자신들에게 기대되는 바를 이해하지 못하기 때문에 지시를 잘 따르지 못한다. **(c) 일반적으로 정상적인 아동들은 가끔 불안해하거나 흥분할 수 있지만, 그런 행동은 아주 짧은 시간만 지속되는 경향이 있다.** (d) 이 장애의 결과, ADHD를 겪는 아동들은 학습적으로, 사회적으로 그리고 가정적으로 정상적인 활동을 하는 능력이 손상되어 있다.

1   A new study indicates that a healthy diet can reduce the risks associated with cancer and heart disease. (a) The study was conducted by the Global Cancer Research Society and it reviewed the impact that diet, weight, and lifestyle have on colorectal cancer. (b) The researchers found that eating wholegrains and dietary fibre significantly reduces one's risk of colorectal cancer and heart disease. (c) Participants in the study noted a significant improvement in physical and mental performance after spending three months on the nutrition program. (d) On the other hand, a diet that includes excessive amounts of unhealthy processed food and high levels of fat and sugar increases the risk of cancer.

2   Korea's Real GNI (Gross National Income) was up by 0.2% this year, a rise that came as a surprise to the government. (a) Economists suggest that a contributing factor to the high unemployment rate is the government's failure to create new jobs. (b) Real GNI is an indicator of a country's income, and it differs from GDP (Gross Domestic Product) in that it also includes net income from overseas sources. (c) The disappointingly small increase in GNI speaks volumes for the fact that the Korean economy has yet to recover after the recent recession. (d) As a result, the government plans to increase exports of automobiles and semiconductors in the coming year.

3   Typing is a necessary skill for many jobs, and it is also a practical skill that can be useful in many other areas of a person's life. (a) For example, those who enroll in any type of university course will be required to submit lengthy essays and reports, and many professors will only accept typed documents. (b) The majority of typing courses focus on word processing skills, with a secondary focus on spreadsheets and databases. (c) Having skill in typing also allows an individual to utilize computers more easily in public places such as libraries or airports. (d) Other areas in which familiarity with a keyboard can be useful are the completion of tax reports and application forms, and correspondence by e-mail.

4   Gender identity refers to an individual's identification as male or female, and studies show that it is affected by both biological and social factors. (a) Boys and girls are born with distinctive sexual organs, and gender identity is generally assigned from birth based on these biological organs. (b) When children reach puberty, hormones in the body are responsible for further expressing distinctively male and female physical characteristics and traits. (c) Teenagers can be excessively emotional while going through puberty due to the hormonal changes occurring within their bodies. (d) As for social factors, gender identity in children can be strongly influenced by parents, teachers, and the environment they live in.

5 The American author William S. Burroughs popularized an innovative method of composing
[기출] novels. (a) He took several manuscripts that he had previously written using more typical
novelistic techniques. (b) Then he sliced these up into sections and reorganized them in a
manner similar to creating a collage. (c) He was often dogged by accusations of obscenity,
however, due to the contents of many of his works. (d) He believed that this random
juxtaposition of narrative elements revealed new depths in literature.

6 During particularly hot summer months, it is necessary to save water, and you can do this
even when using your dishwasher. (a) First, skip the "pre-rinse" function on the machine,
which unnecessarily wastes water, and spend more time scraping solids off of the dishes
before loading them. (b) When loading the dishwasher, place large dishes at the sides or back
of the machine so that they do not block water flow. (c) Make sure that the dirtiest surface
of each dish faces toward the center of the machine so that it is hit directly with water and
detergent, preventing further waste. (d) Most dishwashers feature a self-cleaning function that
can remove any stray scraps of food.

7 Jazz is a distinctively black art form and a traditionally American form of music. (a) Its origin
traces back to the early 1900s when black immigrant musicians began playing music that
incorporated elements of blues and ragtime. (b) The term "jazz" first appeared in print in San
Francisco in 1913 and F. Scott Fitzgerald is largely credited with coining the term "Jazz Age"
in 1922. (c) Some critics disagree that New Orleans was the birthplace of jazz, however, since
similar forms of music were played simultaneously in other parts of the country. (d) Jazz
music continued to enjoy soaring popularity throughout the 1920s and 30s, spreading from
the Southern states around America.

8 Digital rights management (DRM) is a generic term for access control technologies employed
by Apple. (a) Because there are no portable players other than Apple iPods that support the
DRM system, only iPods can play protected content from the iTunes Store. (b) The iTunes
Store has become the market leader for downloadable digital music thanks to the iPod's
huge success. (c) Purchased audio files use the AAC format with added encryption, and the
encryption is based on the FairPlay DRM system. (d) Up to five authorized computers and an
unlimited number of iPods are permitted to play the DRM-encrypted files downloaded by a
user.

9 If running is your cup of tea, you would be better off throwing away your fancy sports shoes and just running barefoot, according to a new study. (a) Running has emerged as the most popular form of exercise around the world, and it is tremendously beneficial to anyone hoping to lose weight. (b) Those who published the study found that running shoes fail to absorb enough shock on joints, resulting in serious damage to the ankles, knees and hips. (c) By contrast, running barefoot causes less stress and impact on joints. (d) Participants who regularly ran barefoot for a period of six months reported far fewer strains and injuries than those who ran wearing the latest footwear.

10 During these times of economic hardship, women are not simply sitting idly and waiting for a rich husband to approach them. (a) In the movie "How to Marry a Millionaire," it was a piece of cake for Marilyn Monroe to catch a rich husband. (b) In Japan, for instance, a growing number of women are signing up for dating classes, spending large amounts of money in order to learn the skills required to attract and marry a millionaire. (c) Their belief is that the dating world is highly competitive, so they must learn how to confidently approach rich men before they are taken by another woman. (d) This new fad has been criticized by women's rights groups who believe that women should take financial responsibility for themselves.

11 When you create your résumé, take care not to make it overly complicated or potentially confusing. (a) Employers must review a large number of documents submitted by job applicants, so a simple format is easier for them to read at a glance. (b) Use a basic font and bullet points to present your work experience and qualifications in a clear and direct manner. (c) In addition, avoid including any unnecessary information that does not pertain to the job for which you are applying. (d) The ability to communicate effectively in a face-to-face setting is an integral skill when it comes to securing most jobs.

12 New research helps to explain how honeybees manage to find their way back to their hives. (a) Scientists have found that honeybees use mental maps of their environment in the same way that birds and mammals do. (b) However, some honeybees rarely leave the hive, tasked instead with defending the queen honeybees from potential threats. (c) Honeybees are capable of recognizing landmarks such as trees and roads, which they use in order to navigate when flying from one location to another. (d) This discovery essentially disproves an older theory that honeybees use the position of the sun in order to avoid getting lost.

Part 3 & 4 - 대의 파악: 주제 및 목적

☑ 텝스 독해 Part 3는 75~90 단어 내외의 단일 지문을 읽고 주어진 질문에 적절한 답을 4개의 선택지 중에서 고르는 유형으로 총 13문항이다. 텝스 독해 Part 4는 단일 지문을 읽고 2개의 질문에 대해 적절한 정답을 4개의 선택지 중에 고르는 유형으로 총 10문항(5개 지문)이다.

☑ Part 3&4 총 23문항 중에서 대의 파악 문제가 6~7문제를 차지하고 있다. 지문 전체의 내용을 정확히 파악해야 정답을 고를 수 있는 대의 파악 유형에서 단순히 문장 해석을 통해서 접근하는 방식은 좋지 않다.

☑ 지문에서 다뤄지는 소재들을 정확히 파악한 후, 각 문장마다 이어지는 글의 흐름(flow)을 찾는 것이 관건이다. 선택지 분석 또한 매우 중요한데, 모든 선택지가 정답처럼 느껴질 만큼 선택지 구성이 매우 난해하기 때문에 지문의 내용을 건성으로 파악한다면 다시 지문을 읽어야 할 가능성이 높기 때문이다. 그래서 정답을 찾는 요령만큼이나 오답 유형을 정리하는 것이 중요하다.

☑ 글의 대의 파악 스킬을 제대로 익힌다면 Part 1의 빈칸 완성과 Part 2 어색한 문장 고르기에도 유용하게 활용될 수 있다는 점을 명심하자.

기출 분석 1 　대의 파악 질문 유형

1　주제를 묻는 질문

- What is the **main topic[idea, focus]** of the passage? 이 지문의 주제[요점]는?
- What is the writer's **main point** about ~? ~에 대한 저자의 요지는?
- What is **mainly being said** about ~? ~에 대해 주로 언급되는 바는?
- What is **mainly being reported** about ~? ~에 대해 주로 보도되는 바는?
- What is the passage **mainly about**? 이 지문은 주로 무엇에 관한 것인가?

2　목적을 묻는 질문

- What is this advertisement **for**? 이 광고는 무엇을 대상으로 하는가?
- What is **the main purpose** of the letter? 이 편지의 주요 목적은?

3　제목을 묻는 질문

- What is the **best title** for the passage? 이 지문에 가장 알맞은 제목은?

기출 분석 2 　접근법

1　첫 문장에서 중심 소재 파악

첫 문장을 통해 앞으로 지문에서 다루고자 하는 중심 소재를 파악한다. 보통 중심 소재는 명사로 제시될 가능성이 높다.

2　흐름을 나타내는 단어를 파악

중심 소재가 앞으로 어떻게 전개될 것인지를 말해주는 흐름상의 단어들을 파악한다. 흐름을 나타내는 단어들은 동사나 형용사 등이 주를 이루는 서술부에 자주 등장한다.

3　소재 단어와 흐름 단어의 연결고리를 파악

첫 문장에서 파악한 소재 단어와 흐름상의 단어가 둘째 문장에서 어떻게 연결되고 있는지 확인한다.

4 흐름을 중심으로 정답 예측

소재와 흐름의 연결고리를 찾았다면 이 두 가지를 중심으로 지문의 흐름을 파악하며 정답을 예상한다.

5 선택지를 읽고 정답 선택

핵심 단어 위주로 선택지들을 빠르게 읽으면서 소재와 흐름상의 단어들이 모두 포함되어 있는 선택지를 정답으로 고른다.

기출 분석 3 | 오답 선택지의 제작 원리

1 소재 단어를 바꿔치기한 선택지

지문의 소재 단어를 지문 속에 나오는 다른 단어로 바꾸거나, 의미가 유사하여 혼동할 만한 다른 단어로 바꾸는 방법이다.

> 지문 **Texting** has become a serious means of harassment. 문자 메시지는 심각한 괴롭힘의 수단이 되었다.
>
> 오답 **Cell phone usage** should be banned during school hours. 교내에서 휴대전화 사용을 금지해야 한다.
>
> ❍ 구체적 소재인 문자 메시지(texting)를 더 상위의 포괄적인 소재인 휴대폰 사용(Cell phone usage)으로 바꾸어서 주제의 범위를 지나치게 확장시킨 오류에 해당한다. 반대로 핵심 소재 단어를 지나치게 축소하여 오답을 만드는 경우도 있다.

2 내용은 옳지만 대의가 되지 못하는 선택지

선택지의 내용 자체는 지문의 내용과 부합하나, 단편적인 정보이기 때문에 지문의 주제를 나타낼 수 없는 선택지들이 이에 해당한다.

> 지문 The Great Alaskan earthquake of 1964 highlighted the need for **effective alert systems**.
> 1964년 알래스카 대지진은 효과적인 경보 체계의 필요성을 부각시켰다.
>
> 오답 The Great Alaskan earthquake of 1964 caused a record amount of **property damage**.
> 1964년 알래스카 대지진은 기록적인 수준의 재산 피해를 초래했다.
>
> ❍ 지문의 주요 내용은 지진으로 인한 피해 규모가 아니라, 이 지진이 경보 체계의 필요성을 촉구한 계기가 되었다는 내용이다. 즉, 소재도 일치하고 전체 내용 흐름과도 잘 어울리지만, 지문 전체를 포괄하는 주제가 될 수 없기 때문에 오답인 경우이다.

3 소재 단어를 포함하지 않거나 지문 내용과 다른 형용사/부사/전치사구 등을 사용한 선택지

지문의 핵심 소재가 잘못 표시되어 있거나, 지문의 내용과 상반되거나 관련 없는 어구를 포함시킨 경우가 이에 해당한다.

> 지문 Features and functions of **elephant tusks** 코끼리 상아의 특징과 기능
>
> 오답 The physical structure of **an elephant's trunk** 코끼리 코의 물리적 구조
>
> ❍ 지문에 코끼리의 상아에 대한 언급이 있기는 하지만, 오답은 상아가 아니라 코끼리의 코를 언급함으로써 옆길로 빠져버린 경우이다. 소재 단어를 확인할 때 급하다고 대충 읽는 버릇을 가진 사람들이 이 함정에 빠지기가 쉽다.

Fascinating topics of conversation need **not be complicated**. After all, conversation subjects **come from our day-to-day lives** and things that we **have in common.** When starting a discussion, think of the things that we like to talk about and avoid risky or controversial topics like politics and religion. Whatever it is that you think is worth talking about, the key is to have **a relaxed and free flowing conversation** that does not reach a point of monotony. Think instead of **simple yet pleasant topics** that most people enjoy, such as family, experiences, hopes, and dreams.

Q: What is the main topic of the passage?

(a) How to initiate conversations with new acquaintances
(b) Various techniques for changing the topic of conversation
(c) How to make interesting topics of conversation
(d) How conversations can strengthen relationships

● 지문 파악 순서

① 첫 문장에서 소재와 흐름의 단서를 파악한다.
  • 소재: fascinating topics of conversation (흥미로운 대화 주제)
  • 흐름: not be complicated (복잡할 필요가 없다)
  • 예측: 복잡하지 않은 대화라는 주제를 구체적으로 설명하면서 지문이 전개될 것을 예상한다.

② 다음 문장부터 소재와 흐름을 나타내는 어구들의 연결고리를 파악한다.
  come from our day-to-day lives (일상생활) ➡ have in common (공통 관심사) ➡ a relaxed and free flowing conversation (편안하고 자연스러운 대화) ➡ simple yet pleasant topics (단순하지만 즐거운 주제들)

③ 이 지문은 흥미로운 대화 주제들이 가지는 특징에 대해 자세히 설명하고 있으므로 대화 자체에 대해 말하는 (a)와 (d)를 먼저 소거한다.

④ 대화 주제를 바꾸는 것은 언급되지 않으므로 (b)도 소거하고, 재미있는 대화 주제를 찾는 방법을 뜻하는 (c)를 정답으로 선택한다.

● 해석

흥미로운 대화의 주제는 복잡할 필요가 없습니다. 결국, 대화의 주제들은 일상생활이나 서로의 공통점에서 나옵니다. 이야기를 시작할 때, 우리가 이야기하기 좋아하는 것들을 생각하고, 정치나 종교처럼 위험하거나 논쟁의 여지가 있는 주제들은 피하십시오. 여러분이 이야기할 가치가 있다고 생각하는 것이 무엇이든 간에, 중요한 점은 단조로움에 빠지지 않을 편안하고 자연스러운 대화를 전개하는 것입니다. 대신, 가족, 경험, 희망사항, 꿈과 같이 대부분의 사람들이 좋아하는 단순하지만 즐거운 주제들을 생각하십시오.

Q: 이 글의 주제는 무엇인가?
(a) 새로 알게 된 사람들과 대화를 시작하는 방법
(b) 대화의 주제를 전환하는 다양한 기술들
(c) 흥미로운 대화 주제를 정하는 방법
(d) 대화가 관계를 강화시킬 수 있는 방법

유형 1 대의 파악 1 – 주제   45%

난이도 ●●○○○

It is said that many people show clear signs of a problem before they take their own lives. For instance, when someone who keeps talking about death or someone who feels depressed starts giving prized possessions away, making arrangements or setting one's affairs in order, it can be safely taken as an indication of suicide. And what's noteworthy is that medical intervention is effective in heading off suicides as depression is responsible for 80 percent of suicides. So, if you see any disturbing signs, contact a medical professional immediately.

Q: What is the main idea of the passage?

(a) Committing suicide is traumatic for one's family members.
(b) Depression is not the main culprit behind suicide attempts.
(c) Medical treatment rarely helps in preventing suicides.
(d) Suicide can be prevented with proper intervention.

해석: 본서 p.58

풀이과정 맛보기

① 첫 문장에서 소재와 흐름을 나타내는 단어를 찾는다.

- 소재: take their own lives (자살)
- 흐름: show clear signs (징후)

② 이어지는 문장들에서 흐름을 나타내는 단어들의 연결고리를 확인한다.

- 흐름: signs (징후) ➡ indication of suicide (자살 징후) ➡ medical intervention (의료 개입)

③ 결론적으로, 자살의 징후를 보일 때 이를 방지하기 위해 적절한 의료 조치가 필요하다는 것이 주제이므로 정답은 (d)이다.

정답 (d)

오답 선택지 분석

(a) **traumatic** for one's family members (충격적) ▶ 지문의 주요 내용은 자살을 예방하기 위한 조치에 대한 설명이므로 가족들이 느끼는 충격은 주제와 거리가 멀다.

(b) **Depression** (우울증) is **not the culprit** ▶ 우울증이 자살 요인의 80%라고 하는 지문 내용과 정반대이다.

(c) **rarely helps** (도움 안됨) ▶ 의학 치료가 거의 도움이 되지 않는다는 뜻이므로 지문 내용과 반대되는 오답이다.

⭐ 필수어휘

clear sign 명백한 징후 **take one's own lives** 자살하다 **depressed** 우울한, 우울증을 앓는 **prized** 소중한 **possessions** 소지품 **make arrangements** 준비하다 **set one's affairs in order** 주변을 정리하다 **indication** 지표, 징후 **noteworthy** 주목할 만한 **intervention** 개입 **head off** ~을 방지하다 **depression** 우울증 **be responsible for** ~의 원인이 되다 **disturbing** 불안감을 주는 **immediately** 즉시 **commit suicide** 자살하다 **traumatic** 충격적인 **culprit** 범인 **prevent** 예방하다

난이도 ●●●○○

Farnborough General Stores was today named the target for the largest supermarket takeover in state history. With stores in both Wichita and Topeka, Farnborough is the most successful independent supermarket brand and is now in talks with Jackson Stores to sell up. Jackson has the most stores in Topeka but is much less popular in Wichita, and this move is seen as a way for Jackson to gain market share across the state of Kansas, with plans for further expansion already in the works.

Q: What is the purpose of this article?

(a) To report on the sale of a business
(b) To introduce some new supermarket chains
(c) To inform readers of market share figures
(d) To document a change in business takeover regulations

해석: 본서 p.58

풀이과정 맛보기

① 첫 문장에서 소재와 흐름을 나타내는 단어를 찾는다.

- 소재: Farnborough General Stores
- 흐름: target for takeover (인수 대상)

② 이어지는 문장들에서 글의 흐름을 나타내는 단어의 연결고리를 확인한다.

- 흐름: takeover (인수) ➡ in talks (협상 진행중) ➡ gain market share (시장 점유율 확보) ➡ expansion (확장)

③ 결론적으로, 한 업체가 다른 업체를 인수하려는 계획과 목적을 설명하는 보도이므로 (a)가 정답이다.

정답 (a)

오답 선택지 분석

(b) **new** supermarket chains ▶ 기사의 목적은 슈퍼마켓 업체들의 인수 관련 소식을 전달하는 것이다. '새로운' 슈퍼마켓은 소재를 벗어난 단어이므로 대의 파악의 정답이 될 수 없다.

(c) **market share** figures (시장 점유율 수치) ▶ 시장 점유율이 한 번 등장했지만, 단편적 정보이고 수치도 없으므로 오답이다.

(d) takeover **regulations** (인수 규정) ▶ 인수 관련 내용이긴 하지만, 구체적인 규정에 대한 언급은 전혀 없으므로 오답이다.

⭐ 필수어휘

name A B: A를 B로 선정하다 **target** 대상, 표적 **takeover** (기업) 인수 **independent** 독립적인 **brand** 브랜드, 상표 **in talks with** ~와 협상중인 **sell up** 매각하다 **much less popular** 훨씬 인기가 적은 **move** n. 조치, 움직임 **see A as B**: A를 B로 여기다 **a way for A to do**: A가 ~하는 방법 **gain** 얻다, 증가시키다 **market share** 시장 점유율 **across** ~ 전역에서 **with plans for** ~ 하려는 계획으로 **further** 여분의, 추가의 **expansion** 확장 **in the works** 계획중인, 진행중인 **sale** 판매, 매각 **business** 사업체 **introduce** 소개하다 **inform A of B**: A에게 B를 고지하다 **figure** 수치 **document** 문서화하다 **change in** ~에서의 변화, 변경 **regulation** 규정

난이도 ●●○○○

Human beings are fickle-minded. They always clamor for changes, for something new. They depart from the ordinary and try new innovations. These new innovations become responsible for the modernization of certain aspects of man's culture. For example, music. Some music authorities recognized the need to deviate from the stiff rules of teaching music in order to make students understand and like it more. The inventive educators developed their own formulas for teaching children the rudiments of music in a much more effective and interesting manner.

Q: What is the best title of the passage?

(a) Music's evolution through the ages
(b) Music's effect on children
(c) Man's reluctance to embrace innovation
(d) Man's desire to try new approaches

해석: 본서 p.58

풀이과정 맛보기

① 첫 문장에서 소재와 흐름을 나타내는 단어를 찾는다.

- 소재: Human beings
- 흐름: fickle-minded (변덕스럽다)

② 이어지는 문장들에서 글의 흐름을 나타내는 단어의 연결고리를 확인한다.

- 흐름: fickle-minded (변덕) ➡ new innovations (혁신 추구) ➡ modernization (현대화) ➡ music (예시)

③ 결론적으로, 인간의 변덕스러운 본성이 혁신을 추구하고 현대화를 이끌었다는 내용이므로 이와 같은 본성을 새로운 것을 시도하려는 욕구로 돌려서 표현한 (d)가 정답이다.

정답 (d)

오답 선택지 분석

(a) **Music's** evolution (진화) ▶ 음악은 현대화의 한 예로 제시된 단편적 정보이며, 단편적 사실은 글 전체의 제목이 될 수 없다.
(b) **Music's** effect (영향) ▶ 마찬가지로 현대화의 한 예로 음악을 든 것이므로 글 전체의 제목이 될 수 없다.
(c) Man's **reluctance** to embrace innovation (혁신을 꺼림) ▶ 인간이 혁신을 받아들이기를 꺼렸다는 뜻인데, 혁신을 추구했다고 한 지문의 정보와 상반되므로 오답이다.

★ 필수어휘

human being 인간 **fickle-minded** 변덕스러운 **clamor** 강력히 요구하다 **something new** 뭔가 새로운 것 **depart from** ~에서 탈피하다, 벗어나다 **ordinary** 평범한 **innovation** 혁신 **responsible for** ~에 책임이 있는 **modernization** 현대화 **certain** 특정의 **aspect** 측면 **man's culture** 인류 문화 **for example** 예를 들면 **authority** 권위자, 대가 **recognize** 인식하다 **deviate from** ~에서 벗어나다 **stiff** 뻣뻣한, 엄격한 **rule** 규칙, 규정 **in order to do** ~하기 위해 **inventive** 창의력 있는 **educator** 교육가 **develop** 개발하다 **formula** 공식 **rudiment** 기초, 원리 **in a ~ manner** ~한 방법으로 **effective** 효과적인

기출유형정리 해석

유형 1 대의 파악 1 - 주제

해석 많은 사람들이 자살하기 전에 명백한 자살 징후를 보인다고 한다. 예를 들면, 누군가 계속 죽음에 대해 말하거나, 우울증에 걸린 누군가 소중한 물건을 사람들에게 나누어 주거나, 뭔가 준비를 하거나, 또는 주변을 정리한다면, 이는 분명한 자살의 징후로 볼 수 있다. 그리고 특히 주목해야 할 사실은, 우울증이 자살 요인의 80%를 차지하기 때문에 의료적인 개입이 자살 방지에 효과적이라는 것이다. 그래서 만약 어떤 불안한 징후를 목격한다면, 바로 의료 전문가에게 연락해야 한다.

Q: 이 글의 주제는 무엇인가?

(a) 자살은 가족들에게 대단히 충격적이다.
(b) 우울증이 자살 기도의 주요 원인은 아니다.
(c) 약물 치료는 자살 예방에 거의 도움이 되지 않는다.
(d) 자살은 적절한 개입으로 예방될 수 있다.

유형 2 대의 파악 2 - 목적

해석 판보로 제너럴 스토어가 오늘 주 역사상 최대의 슈퍼마켓 인수 대상으로 지명되었다. 위치타와 토피카에 모두 매장을 둔 판보로는 가장 성공적인 독립 슈퍼마켓 브랜드이며, 현재 잭슨 스토어와 매각에 관한 협상을 진행중이다. 잭슨은 대부분의 매장을 토피카에 두고 있으나, 위치타에서는 인기가 훨씬 낮으며, 이번 조치는 이미 추가 확장 계획을 진행중인 잭슨이 캔자스 주 전역에서 시장 점유율을 높이려는 목적으로 보인다.

Q: 이 기사의 목적은 무엇인가?

(a) 사업체의 매각에 관해 보도하기
(b) 몇몇 신규 슈퍼마켓 체인 소개하기
(c) 독자들에게 시장 점유율 수치 알리기
(d) 사업체 인수 규정의 변경을 문서화하기

유형 3 대의 파악 3 - 제목

해석 인간은 변덕스럽다. 항상 변화와 새로운 것을 쫓는다. 평범한 것에서 벗어나 새로운 혁신을 시도한다. 이러한 새로운 혁신이 인류 문화의 특정 측면에 현대화를 불러오는 요인이다. 한 예로 음악이 그렇다. 일부 음악 대가들은 학생들이 음악을 이해하고 더 좋아하도록 만들기 위해 기존의 딱딱한 음악 교육 방식에서 탈피할 필요성을 인식했다. 이 창의적인 교육자들은 자신들만의 교육 방식을 고안하여 아이들에게 훨씬 더 효과적이고 재미있는 방법으로 음악의 기초를 가르쳤다.

Q: 이 글의 제목으로 가장 적합한 것은?

(a) 여러 세대에 걸쳐 이뤄진 음악의 발전
(b) 음악이 아이들에게 미치는 영향
(c) 혁신의 수용을 꺼리는 인간들
(d) 새로운 접근법을 시도하려는 인간의 욕구

1 Stainless steel makers around the world are meeting in Beijing, China, to discuss several major issues, including raw material supplies and China's stainless steel industry. The International Stainless Steel Forum, which opened on Saturday at China International Exhibition Center and ends tomorrow, will also install a committee that will analyze industry data gathered in Asia. Fifty-six stainless steel makers from 21 countries are attending the forum. These member companies account for 86 percent of the world's total stainless steel production, churning out over 16.2 million metric tons.

Q: What is the best title for the passage?

(a) New product developments in the steel industry
(b) Production capacity of stainless steel makers
(c) International gathering for steel producers
(d) China: a new stainless steel powerhouse

2 New research says that one of the most significant causes of weight gain is fructose intake - not only due to the calories it contains, but also due to its effect on our body's metabolism. Fructose is a sugar found in almost everything we eat, hence it is difficult to find foods that don't contain it. Eliminating it from our diet is easier said than done, mainly because it is everywhere – even in baby foods, fruits and vegetables, candies, yogurts, sports drinks, and all kinds of canned and processed foods. Although it can be easy to remove other types of sugars from our diets, removing fructose is another story entirely.

Q: What is the passage mainly about?

(a) How fructose affects the metabolism
(b) Why fructose is hard to avoid
(c) The role of fructose in weight gain
(d) The benefits and disadvantages of fructose

3 One of the major issues we are facing today is deforestation. Because of our desire to use forestland for commercial or other purposes, we are driven to destroy our beautiful forests. Humankind utilizes the rich resources of forests to make way for human settlements, expand agricultural areas, and meet increasing demands for fuel, paper and products made from wood. All of these factors are stimulated by the rapid increase in population. Unless something is done to curb this practice, we will soon find ourselves in an irreversible crisis situation that will have an impact not only on the environment, but also on our very own human existence.

Q: What is the passage mainly about?

(a) The reasons behind deforestation
(b) The economical impact of deforestation
(c) The factors contributing to population growth
(d) The effects of urban development

4 The Malacca Strait, a narrow waterway linking the Indian Ocean to the Pacific, is a point of major concern as pirate attacks could paralyze one of the busiest maritime highways in the world, while severely damaging individual vessels. The U.S. military has already put forward an initiative to work with Southeast Asian countries to protect the strait, but it faces opposition from the two countries on either side of the waterway. Malaysia and Indonesia reject U.S. policing on the high seas as an infringement of their sovereignty. But because they are aware of the limitations in their capabilities to provide security in the waterway, the two countries are considering various ways of cooperating with the United States and other countries concerned.

Q: What is this article mainly about?

(a) Security concerns around the Malacca Strait
(b) A rise in US military spending in Southeast Asia
(c) The US infringement of Indonesia's sovereignty
(d) Shipping routes between the US and Southeast Asia

5 A lot of countries around the world are bending over backwards to develop green energy to reduce their dependence on fossil fuels like coal and oil. And for many, bioethanol is an answer to traditional sources of energy. Bioethanol is mostly made from corn. As developed countries including America are increasingly keen to produce and use this biofuel, most corn production goes to ethanol instead of animal feed, which has sent corn prices soaring. The high rise in corn prices stemming from both the shift away from corn production for livestock feed in favor of ethanol production, and the increase in the cost of land on which to grow corn, is straining the economy.

Q: What is the best title for the passage?

(a) Ethanol: a double-edged sword
(b) Society's growing dependence on ethanol
(c) Ethanol: a promising alternative energy
(d) A good way to alleviate dependence on oil

6 China has abundant natural resources and space. Yet as a developing country, it is undeniable that China is wholly intent on accelerating economic development and growth even at the expense of the environment. One of the side effects is referred to as "Asian Dust and Chopsticks." That is, Chinese logging firms cut down trees to make chopsticks and export them in order to spur China's development and growth. This deforestation results in the expansion of desert areas in China, and when wind blows there it carries yellow dust particles southward, causing dust storms on the Korean peninsula and in Japan all year round.

Q: What is this article mainly about?

(a) China's remarkable economic development
(b) Chopsticks: China's main export item
(c) Efforts to reduce desertification throughout China
(d) Adverse effects of China's economic growth

7

기출   Members of criminal gangs are often covered in tattoos. These tattoos allow gang members to prove their loyalty but come at a steep price. Once members have been tattooed, it can be difficult for them to find other types of employment or shift allegiances to rival gangs. As a result, they often find themselves permanently in the grip of their respective gangs, which can exploit them financially and in other ways.

Q: What is the writer's main point about tattoos?

(a) They help identify members of allied gangs.
(b) They give gang members a sense of belonging.
(c) They are used to intimidate enemy gang members.
(d) They can become a means of controlling gang members.

8   Race relations continued to play an emotional role in American life in the 1990s, and this was evident during the Los Angeles riots in 1992. It all started in March 1991, when Los Angeles police officers arrested Rodney King after a high-speed car chase. King was filmed while being brutally beaten by four policemen, who were subsequently put on trial for the unnecessary beating. However, when the four officers were acquitted of assaulting King in April of 1992, it set off widespread riots all over South Central Los Angeles that caused $1 billion in damages and took more than 50 lives. Many victims were local Korean merchants, as this incident created a chain of racial violence.

Q: What is the best title for this passage?

(a) The Conviction of Los Angeles Police Officers
(b) Korean Bias against the Los Angeles Area
(c) The Strategy for Ending the Los Angeles Riots
(d) The Effects of Racial Tension on Society

9

Hello Mr. Ogden,

I work as head of the HR department at the Lowton branch. I received the letter from you containing the information about our upcoming training day. I just wanted to check a few things with you before I pass on the information to my staff. You stated that the training day is scheduled to take place on October 10. I think this may be a mistake, as I have checked the calendar and discovered that this date is a national holiday. I also wanted to question whether you listed the right location. Your letter said that the training day will take place at Downfield Golf Course. I thought that we all agreed after last year that we would look for a new location, as we found the function room there to be too small for our purposes. If you could get back to me as soon as possible and let me know if all of this information is accurate, I will inform everyone here at this branch.

Regards,

Liz Sampson
HR Manager, Lowton Branch
Garfield Corporation

Q: What is the purpose of the letter?

(a) To outline a proposed training day
(b) To verify some details
(c) To announce a change in a schedule
(d) To offer to help organize an event

10 Polar grassland plants that grow in tundra areas are adapted to survive in low sunlight, low amounts of free water, high winds, and low temperatures. Tundra plants primarily grow during summer months as leaves on plants have waxy outer coatings. Many plants survive winter as roots, stems, or tubers. Lichens dehydrate during winter to avoid frost damage. Similarly, animals in such regions have adapted in several ways. They have extra layers of fat, chemicals in their blood to keep it from freezing, and simple, compact bodies to conserve heat. They also have thick skin or fur, while birds have waterproof feathers above downy insulating feathers.

Q: What is the main topic of this passage?

(a) How plants are affected by harsh weather conditions
(b) How organisms in the tundra areas stay warm
(c) Types of animals and plants living in tundra areas
(d) The way that animals and plants survive in the tundra

Part 3 & 4 – 세부 내용 파악

☑ 세부 내용 파악 문제는 지문의 이해와 해석도 중요하지만, 선택지를 정확히 파악하고 분석하는 것이 무엇보다도 중요하다. 즉, 출제 기관이 오답을 어떤 방식으로 제작하는지를 먼저 이해하는 것이 정답률을 높이는 관건이다.

☑ 지문 파악과 선택지 파악 중 무엇이 선행되어야 하는가에 대해서는 선택지 파악이 우선이라고 말하고 싶다. 선택지에서 오답을 만드는 데 자주 사용되는 수식어, 숫자, not 등의 단서들을 먼저 체크한 후에, 지문의 내용과 비교해 가면서 푸는 것이 효과적이다. 선택지를 미리 파악하지 않고 지문부터 읽는다면, 지문의 내용을 100% 기억할 수 없기 때문에 선택지의 옳고 그름을 빠르게 판단할 수 없는 경우가 발생하게 되고, 지문을 다시 한 번 봐야하는 번거로움뿐만 아니라 소중한 시간을 잡아먹는 상황이 발생할 것이다.

기출 분석 1 세부 내용 파악 질문 유형

1 지문 전체에 대한 세부 내용 파악

- Which of the following is **correct** <u>according to the passage</u>? 다음 중 지문 내용과 일치하는 것은?
- Which of the following is **correct** <u>according to the advertisement</u>? 다음 중 광고 내용과 일치하는 것은?

2 특정 대상에 대한 세부 내용 파악

- Which of the following is **correct** <u>about the advertised position</u>?
  다음 중 광고된 자리에 대해 지문 내용과 일치하는 것은?
- Which of the following is <u>a characteristic of the new system</u>? 다음 중 새로운 시스템의 특징인 것은?
- Which of the following <u>will NOT be changed</u>? 다음 중 변경되지 않는 것은?

기출 분석 2 접근법

1 선택지를 읽고 핵심 단어 파악

선택지 네 개를 먼저 읽으면, 지문의 내용을 미리 예측할 수 있다. 형용사, 부사, 전치사구 중심으로 읽고 체크해 둔다.

2 세부 정보 확인

각 선택지에 사용된 숫자나 부정어 등을 꼼꼼히 체크해 둔다.

3 지문에서 소재와 흐름상 단어의 연결고리 확인

선택지에 파악된 소재 중심으로 지문의 내용을 예측하면서 지문을 읽는다. 이때 소재와 연결되는 흐름상의 단어들을 파악한다.

4 지문의 핵심 단서와 선택지의 핵심 단어 대조

지문을 문장 단위로 읽어 내려가면서 소재와 흐름상의 핵심 단서들을 중심으로 선택지와 비교해 본다. 지문이 대개 4~5개의 문장으로 구성되어 있기 때문에 지문의 문장 하나에 선택지 하나씩 대응되는 경우가 많다.

5 소거법 적용

텝스는 오답 선택지와 정답 선택지의 경계가 모호한 경우가 많다. 따라서, 선택지를 모두 비교하기 전에는 섣불리 정답을 확신할 수 없으므로 차라리 오답 세 개를 소거하는 것이 더 빠르다.

기출 분석 3 오답 선택지의 제작 원리

1 상반된 어구

지문 속의 긍정적 내용이 선택지에서 부정어를 포함한 반대 내용으로 바뀌는 경우이다. 역으로, 지문 속의 부정적 내용이 선택지에서 긍정적으로 바뀔 수도 있다.

> **지문** Rejected papers **will not be returned**. 채택되지 않은 논문은 반환되지 않습니다.
>
> **오답** All rejected submissions **are returned** to the writer. 채택되지 않은 제출물들은 모두 필자에게 반환된다.
>
> ❍ 지문 내용은 제출물 반환 불가인데, 선택지에서는 반환된다는 상반된 내용으로 오답을 만들어 냈다.

2 전체 vs. 부분

지문에서 부분을 나타내는 내용이 선택지에서는 전체를 가리키는 내용으로 부풀려지는 경우이다. 반대로, 전체를 가리키는 지문 속 내용이 선택지에서 부분적인 내용으로 바뀌어 오답으로 제시되는 경우도 있다.

> **지문** Earn up to **10% cashback** when shopping on campus and up to **3% everywhere else**.
> 캠퍼스에서 구매하시면 최대 10퍼센트, 그 밖의 모든 곳에서는 최대 3퍼센트의 현금 적립을 받으실 수 있습니다.
>
> **오답** A **uniform cashback rate** applies to all purchases. 모든 구매에 대해 동일한 현금 적립률이 적용된다.
>
> ❍ 지문 내용은 캠퍼스에서는 10%, 그 외 지역은 모두 3%를 받는다고 언급한 반면, 선택지는 모든 구매에 대해 동일한 적립률이 적용된다고 함으로써 캠퍼스 내의 적립률을 무시하고 부분적인 것을 전체로 확대하는 오류가 발생했다.

3 숫자

지문 속에 등장한 숫자 표현을 이용해 오답을 만드는 경우이다. 주로, 숫자는 지문과 일치하는데 다른 부분이 지문과 일치하지 않는 경우이다.

> **지문** Researchers examined **one thousand** cross-sectional **slices of trees**, dating from **2000 BC** to the present.
> 연구가들은 기원전 2000년부터 현재에 이르는 나무들의 횡단면 천 가지를 조사했다.
>
> **오답** The study looked at about **two thousand tree samples**. 이 연구는 약 2천 개의 나무 샘플들을 관찰했다.
>
> ❍ 지문 속의 숫자 2000은 연도를 나타내지만, 선택지에서는 나무의 개수를 말하고 있다. 동일한 숫자를 가지고 다른 대상을 언급한 오답 선택지이다.

4 시간과 장소

장소나 시간의 전후 관계를 이용해 오답을 만드는 경우이다.

> **지문** I couldn't take it and quit. It was difficult at first, being out of work, but **eventually I found another job**.
> 나는 그것을 참지 못하고 퇴사했다. 처음에는 실업자가 된 것이 힘들었지만, 결국 다른 일자리를 찾았다.
>
> **오답** He had another job lined up **before he quit**. 그는 퇴사하기 전에 다른 일자리를 준비해두었다.
>
> ❍ 지문 내용은 퇴사 후에 실업자 상태를 유지하다가 다른 일자리를 찾았다고 했는데, 선택지에서는 퇴사 전에 이미 다른 일자리가 준비되어 있었다고 나온다. 이렇게 시간의 전후 관계를 이용해 오답을 만들어 내는 경우, 두 가지 정보가 다 지문에 있으므로 지문과 일치하는 것으로 착각하기가 기가 아주 쉽다.

Sinclair Beach Resort is one of the largest resorts in Hawaii. Our buildings are **organized into ten villages** surrounding **a 78-acre natural lake.** Due to the vast size of the Sinclair Beach Resort, there is an internal **shuttle service** that resort guests may use **for free. Check-in and guest services** are located in the "Hospitality House," **near the front entrance** of the resort.

Q: Which of the following is correct about the Sinclair Beach Resort?

(a) It is built on 78 acres of land.
(b) The ten villages are located around a natural lake.
(c) It operates a charged bus service within the resort.
(d) There are guest service offices in each village.

● 지문 파악 순서

① 질문을 통해 핵심 소재가 Sinclair Beach Resort임을 먼저 확인한다.

② 각 선택지에서 이 핵심 소재와 연결되는 정보들을 미리 체크해 둔다.

   (a) It is built on **78 acres** of **land.**
   (b) The **ten villages** are located **around a natural lake.**
   (c) It operates a **charged bus service** within the resort.
   (d) There are **guest service** offices **in each village.**

③ 지문을 문장 단위로 읽으면서 선택지에 체크해 둔 내용과 비교하여 오답을 걸러낸다.

   (a) 78에이커는 호수의 면적인데 땅(land)이라고 한 오답이다.
   (c) 셔틀버스 서비스를 무료로(for free) 이용할 수 있는데 유료(charged)라고 한 오답이다.
   (d) 고객서비스 사무소가 정문 앞에 하나만 있는데 각 마을에(in each village) 있다고 한 오답이다.

④ 지문 속 surrounding a natural lake를 같은 표현인 around a natural lake로 바꾸어 표현한 (b)를 정답으로 고른다.

● 해석

싱클레어 비치 리조트는 하와이에서 가장 큰 리조트 중 하나입니다. 저희 건물들은 78에이커의 자연 호수를 둘러싼 열 개의 마을로 구성되어 있습니다. 싱클레어 비치 리조트가 워낙 넓기 때문에, 리조트 손님들이 무료로 이용하실 수 있는 내부 셔틀버스가 운행됩니다. 체크인 및 고객서비스 사무실은 리조트 정문 근처의 "접객회관"에 위치해 있습니다.

Q: 다음 중 싱클레어 비치 리조트에 대해 옳은 것은?
(a) 78에이커의 부지 위에 세워졌다.
(b) 10개의 마을들은 자연 호수 근처에 위치하고 있다.
(c) 리조트 내에서 유료 버스 서비스를 운영하고 있다.
(d) 각 마을에 고객서비스 사무소가 있다.

기출유형정리

유형 1 특정 대상에 대한 세부 내용 파악 　　60%

난이도 ●●●◑○

Probably the most commercially successful board game around the world is the game of Monopoly. The game is named after the economic concept of a monopoly, the domination of a market by a single entity. Monopoly is believed to be a modification of an earlier game called "The Landlords Game," which was designed to educate children on how detrimental a monopoly is to the economy. Monopoly teaches its players about handling money, gives a glimpse of how the real estate market works, and provides a valuable lesson that a certain degree of luck is required in order to strike it rich in the real estate world.

Q: Which of the following is correct about the game of Monopoly?

(a) It teaches you that luck is all you need to make it rich.
(b) It is the first-ever game of its type.
(c) It teaches you that a monopoly is beneficial to the economy.
(d) It has sold well throughout the world.

해석 및 어휘: 본서 p.70

풀이과정 맛보기

① 질문을 먼저 읽고 특정 대상에 대한 세부 내용 파악 문제임을 확인한다.
- 특정 대상: the game of Monopoly

② 선택지에서 핵심 단어들을 미리 파악한다.
(a) It teaches you that luck is **all** you need to make it rich.
(b) It is the **first-ever** game of its type.
(c) It teaches you that a monopoly is **beneficial** to the economy.
(d) It **has sold well** throughout the world.

③ 문장 단위로 지문을 읽어 가며 선택지의 핵심 단어들과 비교해 본다.

④ 지문 첫 문장의 the most commercially successful(상업적으로 가장 성공한)과 around the world(전 세계에서)가 각각 has sold well(잘 팔렸다)과 throughout the world(전 세계에서)로 패러프레이즈된 (d)가 정답이다.

정답 (d)

오답 선택지 분석

(a) luck is **all** you need ▶ 지문의 a certain degree(어느 정도)가 선택지에서 all(전부)로 잘못 제시되었다.
(b) the **first-ever** game ▶ 지문의 modification(개정판)이 선택지에서 first-ever(최초)로 잘못 표현되었다.
(c) **beneficial** to the economy ▶ 지문은 독점이 detrimental(해롭다)이라고 했는데, 선택지는 beneficial(이롭다)로 잘못 묘사한 오류이다.

난이도 ●●●○○

Despite its name, the Mediterranean diet continues to fall out of favor around the Mediterranean. However, a recent report may convince the Mediterranean people to go back to Mediterranean dishes. The characteristics of the diet include high consumption of olive oil, fruits, vegetables and unrefined cereals, low intake of meat and meat products, and moderate wine consumption. The diet has proved extremely effective in helping people to shed some pounds. An added boon is that it may be as good for your brain as it is for your health. The report suggests that the diet may contribute significantly to a reduction in the incidence of mental health problems.

Q: Which of the following is correct according to the passage?

(a) The Mediterranean diet is worth considering by those hoping to lose weight.
(b) The Mediterranean diet is still loved by the majority of people living in the Mediterranean area.
(c) Excessive wine consumption is a leading cause of illness in the Mediterranean.
(d) The Mediterranean diet was proven to have no effect on mental disorders.

해석 및 어휘: 본서 p.70

풀이과정 맛보기

① 질문을 먼저 읽고 지문 전체에 대한 세부 내용 파악 문제임을 확인한다.

- 지문 전체: according to the passage

② 선택지에서 핵심 단어들을 미리 파악한다.

(a) The Mediterranean diet is **worth considering** by those hoping **to lose weight**.
(b) The Mediterranean diet is **still loved** by the majority of people living in the Mediterranean area.
(c) **Excessive** wine consumption is a leading cause of illness in the Mediterranean.
(d) The Mediterranean diet was proven to **have no effect** on mental disorders.

③ 문장 단위로 지문을 읽어 가며 선택지의 핵심 단어들과 비교해 본다.

④ 지문의 중간에서 The diet has proved extremely effective in helping people to shed some pounds를 보고 shed some pounds(살을 빼다)와 맥락이 같은 lose weight(체중을 줄이다)가 나오는 (a)가 정답임을 알 수 있다.

정답 (a)

오답 선택지 분석

(b) **still loved** ▶ 지문에서는 지중해 식단이 사람들의 마음에서 멀어지고 있다(fall out of favor)고 나오는데, 여전히 사랑받고 있다(still loved)고 한 것은 상반된 단어를 이용한 오류이다.

(c) **Excessive** wine consumption ▶ 지문에서 언급한 적당한(moderate) 와인 섭취를 선택지에서는 정반대의 표현인 지나친(Excessive)으로 바꾼 오류이며, 지중해 식단이 건강에 좋다고 나오므로 질병의 원인이라는 정보 또한 사실과 다르다.

(d) **have no effect** on mental disorders ▶ 지문에서 정신질환에 좋다(contribute significantly to a reduction in the incidence of mental health problems)고 했는데, 효과가 없다(no effect)는 상반된 내용으로 바꾼 오류이다.

🎯 세부 내용 파악 패러프레이징 훈련

질문에서 correct로 제시되는 세부 내용 파악 유형은 Part 3&4에서 약 30~40% 정도 출제되므로 단일 유형으로는 가장 비중이 크다. 선택지와 지문의 단서를 일일이 대조해 확인해야 하므로 시간이 많이 소요될 뿐만 아니라, 똑같은 표현으로 제시되지 않고 다른 말로 살짝 바꾸는 방법인 패러프레이징(paraphrasing)이 사용되어 헷갈릴 수 있다. 따라서 패러프레이징에 적응하는 훈련을 반드시 해두어야 정답을 쉽게 찾을 수 있다.

1 dedication = commitment

> In fact, most online programs **require the same amount of dedication**, if not more, as traditional college programs.

정답 (b) Online education **requires a great deal of commitment**.
온라인 교육은 상당한 헌신을 필요로 한다.

2 vending space is made available = stands are set up

> On a first-come first-served basis, complimentary **vending space is made available** at the service plazas located along the highway.

정답 (d) Farm **stands are set up** at service plazas. 농장 가판대가 서비스 플라자에 설치되어 있다.

3 have yet to pay an outstanding amount = owes

> I also acknowledge that I **have yet to pay an outstanding amount** of $600 rent for the month of February.

정답 (a) The man still **owes** the landlord six hundred dollars. 남자는 여전히 주인에게 600달러를 빚지고 있다.

4 auto finance = Car loans

> Soon, you will have the opportunity to explore a broader range of services than ever before, including **auto finance**.

정답 (c) **Car loans** will soon become available. 자동차 대출 서비스가 곧 이용 가능해질 것이다.

5 be less likely to grab snack foods = curb your appetite

> Eat a healthy snack between lunch and dinner, maybe right before leaving work, so you will **be less likely to grab snack foods** once you get home.

정답 (b) Eating snacks will **curb your appetite**. 간식을 먹으면 식욕이 억제될 것이다.

6 it was featured in the hit movie = A popular movie was filmed

> In 2012, the Redsun Resort received international attention when **it was featured in the hit movie** *Running through the Sun*, starring Ernest Goodman and Julia Anderson.

정답 (c) **A popular movie was filmed** in the Redson Resort. 레드선 리조트에서 인기있는 영화가 촬영되었다.

기출유형정리 해석

유형 1 특정 대상에 대한 세부 내용 파악

해석 아마도 세계에서 상업적으로 가장 성공한 보드 게임은 모노폴리라는 게임일 것이다. 이 게임은 한 기업이 시장을 독점하는 상태를 뜻하는 경제학 용어 '모노폴리'에서 이름을 딴 것이다. 모노폴리는 "랜드로드 게임"으로 불리던 예전 게임을 개정한 것으로 여겨지는데, 독점이 경제에 얼마나 해로운가를 아이들에게 가르치기 위한 목적으로 제작되었다. 모노폴리는 이용자들에게 돈을 다루는 법을 가르쳐주고, 실제 부동산 시장의 작용 원리를 엿보게 하며, 부동산 시장에서 벼락부자가 되기 위해서는 어느 정도의 운이 필요하다는 중요한 교훈을 제공한다.

Q: 다음 중 모노폴리 게임에 대해서 옳은 것은?

(a) 운만 있다면 누구나 부자가 될 수 있다는 교훈을 준다.
(b) 동종 최초의 게임이다.
(c) 독점이 경제에 유익하다는 것을 가르친다.
(d) 전 세계적으로 많이 팔렸다.

> ### ⭐ 필수어휘
>
> **probably** 아마도 **commercially** 상업적으로 **monopoly** 독점 **be named after** ~을 따서 이름이 붙다 **concept** 개념 **domination** 지배 **entity** 실체 **modification** 개정판 **called** ~라고 불리는 **landlord** 지주 **be designed to do** ~하려는 의도로 제작되다 **detrimental to** ~에게 해로운 **handle** 다루다 **give a glimpse of** ~을 살짝 보여주다 **real estate** 부동산 **work** 작용하다 **provide** 제공하다 **valuable** 소중한 **be required** 필요하다 **strike it rich** 벼락부자가 되다(=make it rich) **of its type** 동종의 **beneficial to** ~에 유익하다 **sell well** 잘 팔리다 **throughout** ~ 전체에서

유형 2 지문 전체에 대한 세부 내용 파악

해석 그 이름에도 불구하고, 지중해 식단은 지중해 사람들의 마음에서 계속 멀어지고 있다. 그런데, 최근의 한 보도가 그 지역 사람들이 다시 지중해 식단으로 돌아가도록 설득할 수 있을 듯하다. 지중해 식단은 올리브 오일, 과일, 야채 및 통곡물 시리얼을 많이 섭취하고, 육류와 육가공 식품을 적게 섭취하며, 적당량의 와인을 곁들이는 것이 특징이다. 이 식단은 체중을 상당히 줄이는 효과가 탁월하다고 입증되었다. 건강뿐 아니라 두뇌에 좋을 수 있다는 추가적인 이점도 있다. 이 보도에 따르면, 지중해 식단은 정신질환 발병 가능성을 줄이는 데 상당히 기여할 수도 있다.

Q: 이 지문에 따르면, 다음 중 옳은 것은?

(a) 지중해 식단은 체중 감량을 원하는 사람들이 고려할 가치가 있다.
(b) 대다수의 지중해 지역 사람들은 여전히 지중해 식단을 좋아한다.
(c) 지나친 와인 섭취가 지중해 지역의 주요 질병 원인이다.
(d) 지중해 식단이 정신질환에 아무런 효과가 없다고 판명되었다.

> ### ⭐ 필수어휘
>
> **despite** ~에도 불구하고 **diet** 식단 **fall out of favor** 마음에서 멀어지다 **convince** 설득하다 **characteristic** 특징 **consumption** 소비 **unrefined** 정제되지 않은 **low** 낮은 **intake** 섭취 **moderate** 적절한 **shed pounds** 체중을 감량하다 **boon** 요긴한 것, 장점 **contribute significantly to** ~에 상당히 기여하다 **incidence** (사건 등의) 발생 정도 **mental** 정신적인 **worth –ing** ~할 가치가 있는 **weight** 체중 **the majority of** 대다수의 **excessive** 지나친 **leading** 주도하는 **cause** 원인 **illness** 질병 **effect** 효과 **disorder** 질환

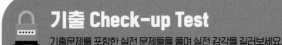
1 The Shroud of Turin is an ancient piece of cloth measuring approximately 15 feet by 4 feet that appears to bear an image of a crucified man's body. It is currently on display at the Cathedral of Saint John the Baptist in Turin, Italy, and is believed by the vast majority of Christians to be the burial cloth of Jesus Christ. However, the fabric underwent carbon dating in a laboratory in 1988, and the scientists concluded that it originated between 1250 and 1375, more than one thousand years after Jesus was thought to have died. More recent testing of the alleged bloodstains found that the stains were not in a pattern consistent with real bloodstains.

Q: Which of the following is correct about the Shroud of Turin?

(a) It was first discovered in the year 1250.
(b) It has undergone treatments to preserve its condition.
(c) It was moved from its original display location.
(d) Its authenticity is disputed by scientists.

2 Junior Achievement, founded in 1919 by Horace Moses, Theodore Vail, and the late senator Murray Crane, is a non-profit organization dedicated to educating young children around the world about entrepreneurship and workplace readiness. It helps to inspire young children through programs which focus on how to start and grow a business, how to be successful in the workplace, and the importance of sound financial planning. Junior Achievement teaches kids important skills such as critical thinking, teamwork and leadership, helps them cultivate financial literacy through experiential learning and hands-on programs, and shows them how to apply what they learned in the real world.

Q: Which of the following is correct about Junior Achievement?

(a) It runs a successful internship program.
(b) It recruits workers for various companies.
(c) It records significant earnings every year.
(d) It gives children practical financial advice.

3   Anorexia nervosa, or anorexia, is a life-threatening eating disorder. It is characterized by an illogical fear of becoming fat along with a constant pursuit of thinness. People with this condition believe that they are overweight even if they are clinically diagnosed as underweight. There are two known types of anorexia: the restricted type and the binge-eating or purging type. Those with the restricted type of anorexia lose weight due to overall reduction of food intake. In the second type, people overindulge at meal times and force themselves to vomit immediately afterwards. Though there is no definite cause determined for anorexia, various therapies such as nutritional, cognitive, family and group therapies can be used to treat this disorder.

Q: Which of the following is correct about the passage?

(a) Sufferers of anorexia are advised to eat specific foods.
(b) Anorexia can be classified according to four categories.
(c) The precise cause of anorexia is not fully understood.
(d) Group therapy is the most successful form of treatment.

4   William Shakespeare is known over the world as a poet and playwright of the highest calibre. His prose and verses have been interpreted differently by a diverse range of people all over the world and have influenced numerous plots in movies and TV shows. The Bard, as Shakespeare is popularly called, has also greatly contributed to our dictionaries through his unique addition of phrases such as "in the limelight". With his beautifully-worded plays, sonnets and poems, he is renowned as perhaps the finest ever writer of English by lovers of classic literature. His works, *Hamlet* and *Macbeth*, are considered to be the best examples of Shakespeare's gift for writing, despite being overshadowed by more popular, simpler works such as *Romeo and Juliet*.

Q: Which of the following is correct about William Shakespeare according to the passage?

(a) *Romeo and Juliet* showcases the full extent of his gift for the English language.
(b) *Hamlet* and *Macbeth* were criticized for their inferior writing.
(c) He wrote *Romeo and Juliet* in response to the poor reception of *Macbeth*.
(d) He coined several expressions that were added to our English dictionaries.

5

기출

> ### Mount Greystone Skiing Lessons
>
> With the season opening of our ski slopes here at Mount Greystone just a month away, now is the perfect time to think about skiing lessons.
>
> Book online before the opening day to enjoy these benefits:
> • 15% off on 1:1 lesson packages
> • 20% off on packages for groups of five or more
>
> And remember all lesson packages come with extra benefits including:
> • A wait-free fast track to the front of lift lines
> • A 50% discount on other activities, such as our special night hikes
>
> Sign up today!

Q: Which of the following is correct according to the advertisement?

(a) Mount Greystone is now officially open for skiing.
(b) Lessons are only offered for groups of five or more.
(c) Online booking for individual lessons is not open.
(d) Ski lessons include a discount on night hikes.

6 Bali, the scenic island in Indonesia, is one of the most picturesque tourist destinations in Asia. It is also known for its traditional arts, including music, dance, and local crafts. Its sun-kissed beaches, tropical forests, active volcanoes and beautiful rice terraces are just some of the many attractions in the island. Bali also abounds with bars, restaurants, night clubs, souvenir shops and hotels that cater both to budget travelers and to those seeking a more expensive and sophisticated experience. Likewise, the hospitality and warmth of the Bali people make the stay of visitors more pleasant and enjoyable.

Q: Which of the following is correct according to the passage?

(a) Bali has successfully exported its culture overseas.
(b) The people of Bali are concerned about the decline in tourism.
(c) Bali has hotels to suit a variety of travel budgets.
(d) The landscape in Bali is constantly undergoing changes.

7 These days, it seems that parents are uninterested in taking time to teach their kids good table manners. I work at a school cafeteria and see lots of children chewing with their mouth open, talking on cell phones while eating, and picking up food with their hands. I personally believe that good table manners make meals much more enjoyable and make the mealtime experience more enjoyable for everyone. I think it is imperative for parents to educate their children on table manners, and I strongly believe that restaurants are a good place to start. Parents can take their kids to nearby restaurants where they are required to sit at the table and wait for their food patiently and politely.

Q: Which of the following is true according to the writer?

(a) Table manners have recently improved among most children.
(b) Mealtimes should be used to have enjoyable conversations.
(c) Children should be taught good table manners by their teachers.
(d) Eating out is an effective way to foster good table manners.

8 Mobile phones are one of the most indispensable tools of communication, as they allow us to connect with anyone in the world in seconds. However, this immensely sophisticated device may pose a threat to our health. After an exhaustive 30-year study on the harmful effects of cell phones, reviewing more than 12,000 cases, a team of researchers came to the conclusion that there is a link between cell phone use and brain tumors. Researchers say cell phone users are 20 to 30 percent more likely to develop tumors than those who never or rarely use mobile phones. The study is the first of its kind to establish a connection that many scientists have suspected for some time.

Q: Which of the following is true according to the passage?

(a) The study confirmed the long-held fears of many scientists.
(b) Cell phone users are more likely to show lapses in concentration.
(c) The study was conducted over a period of two decades.
(d) Cell phones are becoming increasingly safe as technology evolves.

9 The Mongols were pastoral nomads whose culture evolved into well-defined forms. This type of pastoral nomadism probably originated when people began to drive herds across fertile lands between civilizations. It was widely practiced across Eurasia by the year 800 B.C.E., replacing hunting and gathering. This lifestyle was nomadic because herdsmen followed their flock. Turkic-speaking Eurasian peoples dominated the world of horse nomads but others followed reindeer and camels. In South and East Africa, cattle were herded, and in the Americas, people followed llama and alpaca. The land that pastoral people roamed had harsh climates and were only marginally productive, vulnerable to wind and droughts. The relationship among nomadic people and settled societies was mostly symbiotic as the nomads traded animals for produced goods in settled regions.

Q: Which of the following is correct about the passage?

(a) Nomads in South Africa herded a wide variety of animals.
(b) Mongol nomads were known for their skills in agriculture.
(c) Nomads enjoyed a beneficial relationship with city merchants.
(d) Harsh weather drove many nomads to adopt a new life in cities.

10 A nightmare is an elaborate dream sequence that produces a high level of anxiety or fear for the dreamer. The dreamer may experience a sense of physical danger to himself, or his loved ones, or a strong sense of embarrassment about doing something unacceptable. These dreams are vivid and can often be elaborately described by the dreamer upon awakening; they generally occur during the last stage of sleep. In contrast, night terrors occur in much deeper sleep states as they involve behaviors such as screaming, jerking movements, and crying. A person suffering from a night terror may also be quite mobile, going through all the motions of being attacked by some horror, and yet be fully asleep.

Q: Which of the following is correct according to the passage?

(a) Nightmares and night terrors are largely indistinguishable.
(b) A person experiencing a night terror may cry out in their sleep.
(c) Nightmares are characterized by uncontrolled physical movements.
(d) Night terrors occur immediately after a person has gone to sleep.

Part 3 & 4 - 추론

☑ 추론이란 '사실에 근거해서 다른 판단을 이끄는 것'을 말한다. 즉, 주어진 정보와 단순하게 일치하는 정답을 고르는 것이 아니라 논리적 사고를 거쳐야 한다. 따라서 추론 문제는 TEPS 독해 문제 유형 중에서 난이도가 매우 높은 편에 속한다고 해도 과언이 아니다.

☑ 추론 문제는 지문의 대의파악과 세부 내용 파악이 선행되어야 하기 때문에 시간이 많이 걸린다. 따라서 Part 3 & 4에 출제되는 다른 유형의 문제보다 먼저 푸는 것이 효과적이다. 난이도가 어려운 문제를 먼저 푸는 것이 나중에 푸는 것보다 유리하기 때문이다. 시간이 쫓기는 후반부에 난이도가 높은 문제를 풀게 되면 집중하기 어렵다. 이번 UNIT을 통해 TEPS 독해의 올바른 추론 방법을 완벽하게 터득하도록 한다.

기출 분석 1 추론 질문 유형

1 특정 대상에 대한 추론

- What can be **inferred about** Mr. Heins from the passage?
  이 글에서 하인즈 씨에 대해 유추할 수 있는 것은?

- What can be **inferred about** the writer from the news article?
  이 뉴스 기사에서 필자에 대해 유추할 수 있는 것은?

- What statement **about** the Duke Monument would the writer **most likely** agree with?
  듀크 기념비에 대해 필자가 가장 동의할 것 같은 진술은?

- Which of the following statement **about** the Royal Institution **is supported by** the passage?
  왕립학회에 대한 다음 진술들 중 이 글에 의해 뒷받침되는 것은?

2 지문 전체에 대한 추론

- What can be **inferred from** the announcement? 이 안내문에서 유추할 수 있는 것은?
- What can be **inferred from** the passage? 이 글에서 유추할 수 있는 것은?
- What can be **inferred from** the chat message? 이 채팅 메시지에서 유추할 수 있는 것은?

기출 분석 2 접근법

1 질문을 먼저 읽고 추론 문제임을 확인

질문에 inferred 또는 추정 표현인 most likely가 포함되어 있는지 확인한다.

2 질문의 핵심 대상 파악

inferred about 다음에 질문의 대상으로 제시되는 특정 단어를 확인한다. 이 단어가 언급되는 문장들만 찾아서 빠르게 정답을 추론할 수 있기 때문이다. 하지만, inferred 뒤에 'about + 대상 단어'가 언급되지 않고 from과 함께 지문 전체를 나타내는 the passage, the article, the letter 등의 대상이 나온다면 지문 전체가 추론 대상이므로 첫 문장부터 차근차근 읽어야 한다. 사실, 대부분의 추론 문제는 후자에 속한다.

❸ 지문을 먼저 파악하고 선택지와 비교하는 순서가 효율적

일반적으로 TEPS 독해는 선택지의 내용이 지문에 그대로 드러나기 때문에 선택지들을 먼저 읽으면서 지문의 윤곽을 예측하고 선별적으로 지문에 접근하는 것이 효율적이다. 하지만, 추론 유형에서는 선택지의 내용이 지문에 바로 드러나지 않기 때문에, 선택지에 너무 집중하기보다 지문을 짐작할 수 있는 핵심어구들만 간략히 파악한 후에 바로 지문 독해에 들어가야 한다.

❹ 질문의 핵심 대상이 언급된 문장과 선택지 사이의 추론 가능성 확인

특정 대상이 제시되는 경우, 그 단어가 포함된 문장들만 선별하여 읽으면서 그 문장들과 선택지 사이의 추론 가능성을 확인한다. 이때 추론과 패러프레이징을 구분해야 한다. 추론은 주어진 단서를 바탕으로 새로운 내용을 이끌어내는 것이므로, 지문의 단서와 추론된 문장 사이에 패러프레이징을 통한 표현상의 연관성이 거의 없기 때문이다.

지문 전체를 추론하는 경우에는 지문의 핵심어구 위주로 전체 내용 흐름을 파악한 뒤, 선택지들과 비교하면서 추론 가능성을 확인해야 한다. 가장 일반적인 추론 방법은 지문에 'A가 필요하다'고 나오면 정답은 '(A와 상반된) B가 필요없다'가 된다거나, 지문에 'A를 했다'고 나오면 정답은 '(A와 상반된) B를 하지 않았다'와 같은 식으로 지문의 단서를 뒤집어서 해석하는 것이다.

❺ 소거법 적용

추론은 다른 내용을 이끌어내는 것이기 때문에 정답이 한눈에 드러나지 않는다. 따라서, 모든 선택지에서 추론의 타당성을 확인하기보다는, 지문의 정보와 다르거나 근거가 제시되어 있지 않은 선택지들을 먼저 제거하고 남은 선택지에 대해 논리적 연관성을 최종 확인해보는 소거법을 사용하는 것이 풀이 시간을 절약하는 데 도움이 된다.

기출 분석 3 ┃ 오답 선택지의 제작 원리

❶ 언급되지 않은 내용

지문 속에 등장하는 핵심어구들이 포함된 선택지이지만, 정작 지문에 언급되지 않은 내용으로 된 경우이다. 추론이란 근거를 가지고 추측하는 것이며, 근거가 없는 상상과 엄격히 구별되어야 한다.

> **지문** I am still **not a huge basketball fan.**
> 나는 아직 열렬한 농구 팬은 아니다.
>
> **오답** His **preference for other sports over basketball** has alienated him.
> 농구보다 다른 스포츠를 좋아하는 그의 취향 때문에 소외당했다.
>
> ❍ 농구의 열혈팬이 아니라는 정보를 통해 다른 스포츠를 더 좋아한다고 추론할 수는 있다 해도, 소외를 당한 것의 원인으로 추론할 근거가 없어 오답인 선택지이다.

❷ 상반된 어구

지문 속에 등장한 내용과 정반대의 내용으로 선택지를 구성하는 경우이다. 세부 내용 파악과 마찬가지로, TEPS에서 자주 사용하는 오답 패턴이다.

> **지문** The American luxury carmakers were **highly conscious of design.**
> 미국의 고급 자동차 제조업체들은 디자인을 매우 의식했다.
>
> **오답** They were designed to **conserve gas.**
> 그것들은 연료를 절약할 목적으로 제조되었다.
>
> ❍ 선택지에서 말하는 연료 절약은 자동차에서 디자인과 상반되는 개념이므로 반대로 추론된 오답이다.

③ 패러프레이징

추론은 다른 내용을 이끌어내는 것이기 때문에, 선택지가 말만 다르게 바꾼 패러프레이징을 통해 지문 속의 정보와 유사한 의미를 지니고 있다면 오답일 가능성이 높다.

> **지문** The music project **includes recordings** of traditional music from <u>Peru, Panama, and Venezuela</u>.
> 그 음악 프로젝트는 페루와 파나마, 베네수엘라의 전통 음악 녹음 자료를 포함하고 있다.
>
> **오답** It **houses recordings** from <u>various countries around the world</u>.
> 그곳은 전세계 다양한 국가의 녹음 자료를 소장하고 있다.
>
> ● 특정한 세 국가의 전통 음악 녹음 자료가 언급된 것과 달리 전세계 다양한 국가의 녹음 자료를 말하는 오답이다. 유사한 단어들로 패러프레이징만 되어 있을 뿐, 지문 속 정보를 바탕으로 이끌어 낼 수 있는 새로운 내용이 아니다. 이런 선택지들은 오답 가능성이 높은데, 보통 위의 밑줄 부분처럼 세부적인 정보가 지문의 내용과 일치하지 않는 오류를 가지고 있다.

기출 맛보기 지문 파악 직접 해보기

Dear customers,

As the CEO of SmartToy Ltd., and **as a parent and grandparent myself, I am very pleased to announce that SmartToy products have not been affected by** the recent lead paint recalls. Over the past few months, several major toy makers across the nation have been ordered to recall hundreds of thousand toy products containing unsafe levels of lead. That's why we at SmartToy Ltd. would like to assure you about SmartToy's consistently high safety standards. We have robust inspection procedures in place to ensure that our stringent standards are met and that our products are 100% safe.

Thanks for your continued support.

Sincerely

Charles Philips
CEO, SmartToy

Q: What can be inferred from the passage?

(a) SmartToy prides itself on its product returns policy.
(b) Parents with kids may be worried about the recent lead paint recalls.
(c) Some SmartToy products have been removed from store shelves.
(d) Some parents found that SmartToy products contain high levels of lead.

● 지문 파악 순서

① 문제를 읽고 지문 전체에서(from the passage) 추론하는 문제임을 확인한다.

② 각 선택지에서 핵심어구들을 미리 체크해둔다.

    (a) SmartToy **prides** itself on its product **returns policy**.
    (b) **Parents** with kids may be **worried** about the **recent lead paint recalls**.
    (c) Some SmartToy products have been **removed from store shelves**.
    (d) Some parents found that SmartToy **products** contain **high levels of lead**.

③ 지문을 읽고 나서 지문의 문장들을 선택지에 체크된 핵심어구들과 비교하면서 추론한다.

④ 첫 문장에 대표이사가 자사 제품들이 납 페인트로 인한 리콜 조치의 대상이 되지 않았다고 알리는 부분(~ SmartToy products have not been affected by the recent lead paint recalls)이 있는데, 이는 흔히 사람들이 우려할 만한 일로 판단할 수 있다.

⑤ 따라서 소비자인 부모들이 그 리콜 사태에 대해 걱정할 수 있다(Parents with kids may be worried about the recent lead paint recalls)는 추론 내용에 해당되는 (b)가 정답이다.

● 해석

스마트토이 주식회사의 대표이사이자 한 가정의 부모 겸 조부모로서, 저는 저희 스마트토이의 제품들이 최근 납 페인트 사용으로 인한 리콜 사태로부터 영향을 받지 않았음을 알려드리게 되어 매우 기쁩니다. 지난 수개월 동안, 전국적으로 여러 주요 장난감 제조사들이 안전하지 않은 수준의 납이 함유된 수십 만 개의 장난감 제품들을 리콜하라는 명령을 받았습니다. 그것이 바로 저희 스마트토이 주식회사가 고객들께 스마트토이의 한결같이 높은 안전 기준에 대해서 확신을 드리고자 하는 이유입니다. 저희는 엄격한 자체 기준들이 충족되고 있다는 점과 저희 제품이 100퍼센트 안전하는 점을 보장해 드릴 수 있는 확고한 검사 절차를 갖추고 있습니다.

여러분의 지속적인 성원에 감사 드립니다.

안녕히 계십시오.

찰스 필립스
대표이사, 스마트토이

Q: 지문에서 유추할 수 있는 것은 무엇인가?

(a) 스마트토이는 자사의 제품 환불 정책에 자부심을 가지고 있다.
(b) 자녀를 둔 부모들이 최근 납 페인트 제품의 리콜에 대해 우려할 수 있다.
(c) 일부 스마트토이 제품들이 매장 판매대에서 치워졌다.
(d) 일부 부모들은 스마트토이 제품이 많은 납을 함유하고 있다는 것을 알게 되었다.

유형 1 특정 대상에 대한 추론 50%

난이도 ●●●●○

A mummy found a century ago has been identified as the remains of Queen Hatshepsut, the first female pharaoh of ancient Egypt. Hatshepsut had the longest reign of all the female pharaohs and she overcame numerous obstacles to succeed to the throne of Egypt after the death of her husband, Thutmose II. Her young stepson, Thutmose III, was next in line for the throne, but Hatshepsut claimed the role of pharaoh and served as regent for over 20 years until he came of age. During her reign, Hatshepsut wielded power through a combination of propaganda and deft political skills such as persuasion, bargaining and compromise. The Queen went so far as to dress in the garb of male rulers and wear a fake beard.

Q: What can be inferred about Thutmose III from the passage?

(a) He was ousted from the throne when he was 20.
(b) He was not the heir to the throne when his father died.
(c) He was too young to rule when he was in line to the throne.
(d) He lost to one of his siblings in a power struggle.

해석 및 어휘: 본서 p.82

풀이과정 맛보기

① 문제를 읽고 특정 대상에 대한 추론 문제임을 확인한다.
   • 특정 대상: Thutmose III
② 지문에서 Thutmose III가 등장하는 부분을 집중하여 읽으며 핵심을 파악한다. 어렸고(young), 왕위 계승권이 있었지만(next in line for the throne), 하트셉수트 여왕이 아들이 성년이 될 때까지 섭정했다(Hatshepsut, served as regent, until he came of age)는 것을 확인한다.
③ 지문의 핵심 정보를 기억하고 선택지를 비교하면서 가장 논리적 연관성이 높은 선택지를 고른다.
④ 너무 어려서 성년이 될 때까지 하트셉수트 여왕이 섭정을 했다는 것에서 통치할 수 없을 정도로 어렸다(too young to rule)라고 추론할 수 있으므로 이와 일치하는 (c)가 정답이다.

정답 (c)

오답 선택지 분석

(a) **ousted** from the throne **when he was 20** ▶ 지문에 나온 숫자 20은 하트셉수트 여왕이 집권한 기간을 나타내므로 세부 정보 오류를 지닌 오답이다.
(b) **not** the heir to the throne ▶ 지문에서는 왕위 계승권이 있었다(was next in line for the throne)고 했으므로 사실과 반대의 오류를 지닌 오답이다.
(d) lost to one of his **siblings** ▶ 투트모스 3세의 설명에 형제들(siblings)에 대한 언급은 없으므로 허위 정보를 지닌 오답이다.

난이도 ●●●●◐

Body language, sometimes referred to as non-verbal communication, is believed to provide clues as to the state of mind or attitude of an individual. For example, it may indicate pleasure, amusement, boredom, attentiveness, or aggression. Therefore, a lot of people are able to interpret the facial expressions and bodily gestures of others and identify their underlying feelings and attitudes. Unlike body language, nobody, even trained experts, can fake a microexpression, which is a brief and involuntary facial expression when a person tries to suppress or conceal an emotion. Microexpressions usually occur in a flash in a serious situation in which people have something to gain or lose.

Q: What can be inferred from the passage?

(a) People rarely interpret body language accurately.
(b) Anyone can fake body language and microexpressions.
(c) Microexpressions are instrumental to conveying emotions.
(d) People can use body language to express certain emotions.

해석 및 어휘: 본서 p.82

풀이과정 맛보기

① 문제를 읽고 지문 전체에 대한 추론 문제임을 확인한다.
  • 지문 전체: from the passage
② 선택지를 미리 파악한다.
  (a) People **rarely interpret** body language accurately.
  (b) **Anyone** can fake body language and microexpressions.
  (c) Microexpressions are instrumental to **conveying emotions**.
  (d) People can use body language **to express certain emotions**.
③ 지문을 읽어 내려가는 동안 선택지의 핵심어구들과 비교하면서 가장 논리적 연관성이 높은 선택지를 고른다.
④ 신체 언어가 즐거움, 기쁨, 지루함, 자상함, 적대심을 나타낼 수 있다(it may indicate pleasure, amusement, boredom, attentiveness, or aggression)는 지문 내용에서 신체 언어가 특정 감정들을 나타내기 위해(to express certain emotions) 사용될 수 있다고 추론할 수 있으므로 (d)가 정답이다.

정답 (d)

오답 선택지 분석

(a) **rarely interpret** body language ▶ 지문에서는 표정이나 신체 언어를 이해할 수 있다(are able to interpret)고 했으므로 반대되는 내용을 언급한 오답이다.
(b) **Anyone can fake** ▶ 지문에서는 숙련된 전문가도 흉내 낼 수 없다(nobody, even trained experts, can fake)고 나오므로 누구나 흉내 낼 수 있다는 것은 잘못 추론된 오답이다.
(c) instrumental to **conveying emotions** ▶ 지문에서는 미세 표정이 감정을 숨기려고(suppress or conceal an emotion) 할 때 나타난다고 했으므로 반대로 추론된 오답이다.

기출유형정리 해석

특정 대상에 대한 추론

해석 백 년 전에 발견된 미라가 고대 이집트 최초의 여성 파라오인 하트셉수트 여왕의 유해로 밝혀졌다. 하트셉투트 여왕은 여성 파라오 중 가장 오래 집권한 여왕으로, 남편인 투트모스 2세가 사망한 후에 많은 난관을 극복하고 이집트의 최고 통치자가 되었다. 그녀의 어린 이복아들 투트모스 3세가 왕위 계승권을 가졌지만, 하트셉수트 여왕이 왕권을 주장하고 나서서 아들이 성년이 될 때까지 20년이 넘게 섭정을 하였다. 재위 기간에 하트셉수트 여왕은 선동, 그리고 설득, 협상 및 타협 등의 뛰어난 정치적 기술들의 조합을 통해 권력을 행사했다. 하트셉수트 여왕은 심지어 남성 통치자가 착용하는 복장을 하고 가짜 수염을 달기까지 하였다.

Q: 지문에서 투트모스 3세에 대해 추론할 수 있는 것은?

(a) 20세에 왕좌에서 축출되었다.
(b) 부친이 사망할 때, 왕위 계승자가 아니었다.
(c) 왕위 계승권자였지만, 너무 어려서 통치할 수 없었다.
(d) 권력 투쟁에서 형제들 중 하나에게 패했다.

> ⭐ **필수어휘**
>
> **mummy** 미라 **identify** (신원 등을) 확인하다 **remains** 유해, 남은 것 **reign** 통치(기간) **overcome** 극복하다
> **numerous** 수많은 **obstacle** 난관 **succeed** 잇다, 승계하다 **throne** 왕좌 **stepson** 이복아들 **be next in line to** ~ 계승권이 있다 **claim** 소유를 주장하다 **serve as** ~역할을 하다 **regent** 섭정 **come of age** 성인이 되다
> **wield** ~을 휘두르다 **propaganda** 선전 **deft** 능숙한 **persuasion** 설득 **bargaining** 협상 **compromise** 타협
> **garb** 의복 **fake** 가짜의 **wear a beard** 수염을 기르다 **oust** 추방하다 **heir** 상속자 **power struggle** 권력 투쟁

지문 전체에 대한 추론

해석 때때로 비언어 의사소통이라고 불리는 신체 언어는 사람의 심리 상태나 태도에 대한 단서를 제공하는 것으로 여겨진다. 예를 들어, 신체 언어는 즐거움, 기쁨, 지겨움, 자상함, 또는 적대심 등을 나타낼 수 있다. 따라서, 많은 사람들이 다른 이들의 얼굴 표정이나 몸 동작을 이해해 그 속에 숨어있는 감정이나 태도를 파악할 수 있다. 신체 언어와 달리, 미세 표정은 아무도, 심지어 훈련 받은 전문가들조차도 흉내 낼 수 없는데, 이 미세 표정은 사람들이 자신의 감정을 억누르거나 감추려고 할 때 순간적이고 무의식적으로 나타나는 얼굴 표정을 말한다. 미세 표정은 일반적으로 사람들이 뭔가를 얻거나 잃는 심각한 상황에서 찰나의 순간에 발생한다.

Q: 지문에서 추론할 수 있는 것은?

(a) 사람들은 좀처럼 신체 언어를 정확하게 이해하지 못한다.
(b) 아무나 신체 언어와 미세 표정을 흉내 낼 수 있다.
(c) 미세 표정은 감정을 전달하는 데 도움이 된다.
(d) 사람들은 신체 언어를 사용해 특정 감정을 표현할 수 있다.

> ⭐ **필수어휘**
>
> **refer to A as B**: A를 B로 지칭하다 **non-verbal** 비언어의 **clue** 단서 **as to** ~에 관해 **indicate** 나타내다
> **amusement** 기쁨 **boredom** 지루함 **attentiveness** 친절함 **aggression** 공격성 **interpret** 해석하다
> **facial expressions** 얼굴 표정 **identify** 파악하다 **underlying** 숨어 있는 **expert** 전문가 **fake** 흉내내다
> **microexpression** 미세 표정 **brief** 짧은 **involuntary** 무의식적인 **suppress** 억누르다 **conceal** 감추다
> **in a flash** 순간적으로 **gain** 얻다 **accurately** 정확하게 **instrumental to** ~에 유익한 **convey** 전달하다

1 Earthquakes claim thousands of lives and destroy property worth billions of dollars every year. It is often said that it is not earthquakes that kill people, but the poorly-constructed buildings that fall on people when earthquakes occur. Hence it is imperative to build earthquake-proof buildings. While most buildings can withstand a certain degree of movement, few of them are built to stand up to seismic shocks. Several techniques have been developed to build more earthquake-resistant structures, but even these buildings can collapse during a particularly strong quake. In fact, the purpose of earthquake-resistant design is to buy enough time for the occupants of a building to evacuate to safety.

Q: What can be inferred about earthquake-proof buildings from the passage?

(a) They have been the focus of a billion-dollar investment.
(b) They are not completely impervious to earthquake damage.
(c) They must be within a specific height range in order to be effective.
(d) They utilize more expensive materials than conventional buildings.

2 Eggs have been consumed since the dawn of human history. A wall painting in the tomb of Haremhab, built around 1420 BC, in Thebes, Egypt, shows a man carrying bowls of eggs as an offering to the pharaoh. They are versatile cooking ingredients that are used in many types of dishes, and are considered an excellent source of protein and choline. Some people may be surprised to learn that every part of an egg is actually edible, including the protective, oval eggshell, the albumen, the vitellus, and the various thin membranes. Eggshells are especially rich in phosphorus, which is required for the formation of bones and teeth, but they are generally discarded these days.

Q: What can be inferred about eggshells from the passage?

(a) They were used decoratively by ancient Egyptians.
(b) They are generally less nutritious than the inner parts of an egg.
(c) They have a similar composition to human bones.
(d) They were included in the diets of historical civilizations.

3 Supernovas occur about once every 50 years in a galaxy the size of the Milky Way. They are stellar explosions which are extremely luminous and give off a burst of radiation that often briefly outshines an entire galaxy, before fading from view over several weeks or months. Supernovae play a crucial role in enriching the interstellar medium with higher mass elements. Furthermore, the expanding shock waves from supernova explosions can trigger the formation of new stars.

Q: What can be inferred from the passage?

(a) Supernovas are capable of creating brand new galaxies.
(b) The explosion caused by a supernova is invisible to the naked eye.
(c) New stars can be created in the wake of a supernova.
(d) Supernova explosions last for up to one month.

4 National TV-Turnoff Week was launched by a group of organizations in 1994 and championed by TV-Free America, a national non-profit organization. It was the first nationwide effort to raise awareness of the harmful effects of excessive television-watching and encourage Americans to get involved in healthy, productive, and community-oriented activities instead of watching TV. In 2007, the name of TV-Turnoff Week was changed to Digital Detox Week in order to reflect the growing dominance of a variety of digital devices including computers, PDA's, smart phones and iPad.

Q: What can be inferred from the passage?

(a) The National TV-Turnoff Week was poorly received by the public.
(b) A growing number of people spend more quality time with their family.
(c) Digital Detox Week challenges people to unplug from their electronic devices.
(d) Digital Detox Week spread from America to other countries around the world.

5 John Doe's attorneys argued that he was too obese to commit the murder, but jurors didn't buy their 'fat' defense and convicted him of killing his ex-wife, Kate Lynn, two years ago. The lawyers argued that Doe was too fat to climb a set of stairs, shoot Lynn several times and make a quick getaway before police came to the scene. Dismissing the defense theory about the defendant, the prosecution presented evidence that Doe searched online to find out how to buy a gun silencer and commit a perfect crime.

Q: What can be inferred from the passage?

(a) The jury couldn't decide if the defendant was guilty or not.
(b) John Doe's wife was known to be overweight.
(c) Prosecutors concluded that it was a premeditated murder.
(d) John Doe was found by police at the scene of the crime.

6 The World Economic Forum (WEF), an international think tank that groups leading policymakers and economists, is holding a two-day meeting in Davos-Klosters, Switzerland, that ends today. The WEF supervises one of the most authoritative world economic conferences, the Davos Forum, and also organizes regional summit meetings. Some civic associations and student activists around the world, however, have strongly criticized the international forum, saying that the meeting is lopsided toward Western powers and only pursues profits for rich countries. At the economic forum, participants from all over the world are now discussing how to proliferate new liberalism in business affairs in Asia.

Q: What can be inferred from the passage?

(a) The WEF is renowned for its authoritarian system.
(b) Many leading politicians and economists have criticized the WEF.
(c) The WEF meeting is held in a different location every year.
(d) Some suggest the WEF shows bias toward affluent nations.

7   Content providers, especially newspaper publishers, have disapproved of the way Google's search engine works. And now Google seems to have come up with a solution to appease the newspaper industry by allowing them to join a special program called First Click Free. Through the new program, the publishers are able to set a limit on the number of news articles online users can read for nothing unless they become a subscriber. Google has come under heavy fire from the industry in the past because Google searches frequently bypass some news sites' subscription systems.

Q: What can be inferred from the passage?

(a) Online users have complained about the accuracy of Google's search engine.
(b) Newspapers have been losing out on potential new subscribers.
(c) Google's new program has been met with opposition from newspapers.
(d) All online content publishers are required to join the First Click Free program.

8   With fears rising that their country could be completely submerged, the Maldives government held an underwater cabinet meeting to raise awareness of the threat of climate change. If global warming is left unchecked, experts forecast that the country could go under water due to rising sea levels within the next hundred years. Maldives consists of approximately 1,190 coral islands in the Indian Ocean and is the lowest-lying country in the world, with an average natural ground level of only 1.5 meters above sea level. The rising sea level combined with the apparent apathy displayed by the world's largest greenhouse gas-emitting nations spells catastrophe for the country and other low-lying areas like Bangladesh.

Q: What can be inferred about the rising sea level from the passage?

(a) It has resulted in the submerging of numerous islands in the Indian Ocean.
(b) It has had a profound impact on the fishing industry in Maldives.
(c) It is rising at an average rate of 1.5 meters per year.
(d) It is not seen as a priority issue by the leaders of certain countries.

9 Social gatherings involving the consumption of alcohol with seniors and friends are one of the things some college freshmen find uncomfortable when they first set foot on campus. Right after high school, they are suddenly exposed to the practice of binge drinking. Moderate alcohol intake is rarely problematic, but overindulgence causes students to miss classes, fall behind, fail exams and receive failing grades. Also, they are highly likely to get hurt or injured, damage property, get in trouble with the police, and drive while drunk. New students need to prioritize their own welfare and academic responsibilities over the peer pressure to party all night long.

Q: What can be inferred from the passage?

(a) Consumption of alcohol is banned on many college campuses.
(b) Alcohol-related injuries on college campuses have steeply increased.
(c) Students who consume alcohol in moderation tend to fail their courses.
(d) Drinking too much has negative consequences for students.

10 Low birth rates have increasingly become a cause for concern. And the problem here in South Korea is much more serious than in any other country. You can name several factors to account for the downward trend, including staggering private education expenses. Many couples decide to go 'childfree' because they don't want to deal with the financial and emotional burden of having a child. There's nothing wrong with that, because it is a matter of personal choice to become parents. However, unfortunately, there are lots of married couples who would give anything to have a baby but are unable to conceive one.

Q: What can be inferred about private education in South Korea from the passage?

(a) The salaries of teachers are below the global average.
(b) The number of enrolled students has seen a surprising upturn.
(c) The standard of education provided has declined in recent years.
(d) The exorbitant costs cannot be met by many individuals.

11 When my daughter turned eight years old, she started to show a keen interest in animals. So, one day, I surprised her by taking her to visit the National Zoo, believing that she could learn a lot from the experience. We saw a wide variety of animals, from gorillas and pandas to lions and tigers. At first, she was a little scared and hesitant to get close to the animal enclosures, which was understandable, but by the end of the day she was even feeding some of the animals with the zookeepers. Visiting the zoo turned out to be a very rewarding experience for her, and she even made a school project based on all of the animals she had seen that day.

Q: What can be inferred about the writer from the passage?

(a) He hoped that a visit to the zoo would be educational.
(b) His daughter requested that they visit the National Zoo.
(c) His daughter eventually lost interest in animals.
(d) He had a keen interest in animals when he was a child.

12
기출

Newtown Dispatch

Stanford to Take Charge of Kings
By Sarah Stevens

Retired basketball legend Pete Lee isn't buying into speculation that rising star John Stanford of the Weston Kings will flounder after the departure of his teammate Al Watson. Lee recalled the retirement of his own star teammate, Johnny Webber, midway through Lee's career. After his better-known teammate's departure, Lee embraced his new role as the focus of his team's offense and had the most productive year of his career. In this upcoming season, Lee sees a similar fate for the up-and-coming Stanford.

Q: What can be inferred from the article?

(a) Stanford is a lesser-known player than Watson.
(b) Lee attempted to persuade Webber not to retire.
(c) Stanford is a better basketball player than Lee was.
(d) Watson's basketball career has ended due to injury.

13

Morrison's Fight Preparations

Tommy Morrison is getting ready to defend his heavyweight boxing title next month by following an unorthodox high-carb diet that he came up with himself. He is much lighter than his opponent, the undefeated Jorge Luiz, and he is hoping to gain several kilograms in order to match Luiz's weight. However, his trainers have voiced their concerns that he is doing more harm than good.

To win the fight, Morrison certainly needs to put on some extra weight and muscle. But he is risking his overall condition and performance by not following a structured diet regimen. He needs to seek the help of qualified nutritionists, or he'll stand no chance when the night of the big fight comes around.

Q: Which statement about Tommy Morrison would the writer most likely agree with?

(a) He would be better off staying at his current weight.
(b) His trainers should have more faith in his judgement.
(c) His controversial diet could be the key to his success.
(d) He is hurting his chances of victory by not eating correctly.

14

Notice

This notification serves to inform subscriber Ms. Jenny Main that, in accordance with Lifestyle Magazine's terms and conditions, your lack of response to our subscription renewal means that we will assume that you do not wish to extend your subscription for another year. Please remember that any subscribers who renew for another year receive a special discounted rate as well as a free gift of their choosing. You have until November 12th to confirm the renewal, which you can do by visiting www.lifestylemag.com/subscriptions.

Q: What can be inferred about Ms. Main from the announcement?

(a) She could still extend her subscription by visiting a Web site.
(b) She did not receive the most recent issue of Lifestyle Magazine.
(c) She has been paying a discounted rate for the past year.
(d) She should make an online payment to the magazine immediately.

Part 4 - 1지문 2문항

☑ 하나의 지문에 두 개의 문항이 있는 지문 유형으로, 총 5개의 지문에 10문항으로 구성되어 있다.

☑ 지문이 2단락 이상으로 구성되어 있으며, 내용은 학술문이 거의 없고 주로 실용문으로 구성되며, 웹페이지와 심지어 채팅 메시지 등 새로운 형태로 구성되어 있으므로, 평소에 다양한 형태의 실용문으로 독해 연습해 두어야 한다.

☑ 지문의 길이가 길어졌다는 것은 읽어야 할 글자가 많다는 것 외에, 내용 흐름 파악과 세부 내용 파악의 난이도 또한 훨씬 높다는 뜻이다. 또한 지문 파악에 실패할 경우 두 문항 모두 틀릴 수도 있기 때문에, 지문을 선별해 읽기보다는 전체를 차근차근 다 읽는 것이 시간을 절약하고 정답률을 높일 수 있는 좋은 방법이다.

기출 분석 1 자주 출제되는 지문 유형

1 웹사이트

뉴스, 기사, 사설, 평론, 독자의견, 구인광고 등

2 메시지

컴퓨터 채팅 메시지, 휴대폰 문자 메시지 등

기출 분석 2 자주 출제되는 질문 유형

1 대의 파악: 주제 및 목적

총 10문항중 3문항 정도 출제되고 있다.
- What is the main purpose of the passage? 이 지문의 주요 목적은?
- What is the passage mainly about? 이 지문은 주로 무엇에 관한 것인가?

2 세부 내용 파악

총 10문항 중 3문항 정도 출제되고 있다.
- Which of the following is correct according to passage? 이 지문의 내용과 일치하는 것은?

3 추론

총 10문항 중 2~3문항 정도 출제되고 있다.
- What can be inferred from the passage? 이 지문에서 추론할 수 있는 것은?

4 특정 정보 파악

총 10문항 중 1~2문항 정도 출제되고 있다.
- How many people may view a performance when it rains? 우천 시에 몇 명이 공연을 보게 될 것인가?
- How did the concert in Lafont differ? 라폰트에서의 콘서트는 어떻게 달랐는가?

1 지문의 종류에 따른 구성

[1지문 2문항]의 지문으로는 구인광고나 웹사이트가 자주 등장하는 편이다. 이 지문들의 경우, 일정한 전개 방식으로 되어 있기 때문에 지문의 구성 방식을 미리 알아두면 보다 빠르고 쉽게 내용을 파악할 수 있다.

[구인광고의 내용 구성]

· 광고 중인 일자리(직책)　　　· 담당 업무　　　　　· 자격 요건
· 급여 및 혜택　　　　　　　· 지원 방법 및 제출 서류

※ 기타 지문 유형별 구성 방식은 p.113의 Section 2 지문 유형별 접근의 각 UNIT을 참조

2 질문 유형을 파악하고 독해 방향을 설정

질문 유형을 미리 확인하면 지문 내용을 미리 가늠할 수 있을 뿐만 아니라, 독해 방향을 설정하는 데에도 도움이 된다. 다음 질문을 살펴보자.

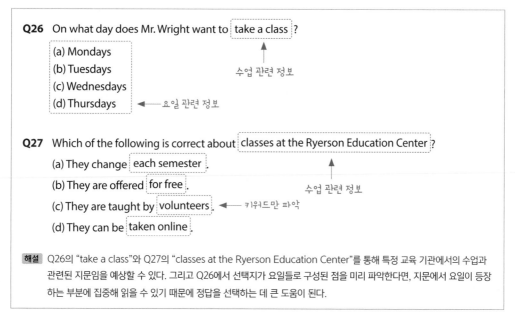

Q26　On what day does Mr. Wright want to take a class ?
　　　(a) Mondays
　　　(b) Tuesdays
　　　(c) Wednesdays
　　　(d) Thursdays　◀── 요일 관련 정보
　　　수업 관련 정보

Q27　Which of the following is correct about classes at the Ryerson Education Center ?
　　　(a) They change each semester .
　　　(b) They are offered for free .
　　　(c) They are taught by volunteers　◀── 키워드만 파악
　　　(d) They can be taken online .
　　　수업 관련 정보

해설　Q26의 "take a class"와 Q27의 "classes at the Ryerson Education Center"를 통해 특정 교육 기관에서의 수업과 관련된 지문임을 예상할 수 있다. 그리고 Q26에서 선택지가 요일들로 구성된 점을 미리 파악한다면, 지문에서 요일이 등장하는 부분에 집중해 읽을 수 있기 때문에 정답을 선택하는 데 큰 도움이 된다.

Library Staff Needed

Chatham Public Library is urgently **seeking staff** to fill positions in our main library building. The following jobs will soon be available, starting in February.

- One full-time librarian to oversee the day-to-day operation of the library. The successful candidate will be required to work from 8:30 a.m. to 6:30 p.m., **26 Tuesday to Friday, and either on Saturday or Sunday** each week depending on weekly scheduled library events and classes. An annual salary of $40,500 to $47,500 will be provided, dependent on experience and qualifications. At least two years of experience and a bachelor's degree are mandatory for the position.

- Two part-time library assistants for shift work. One position involves working from 9 a.m. to 5:30 p.m. on Tuesdays, Thursdays, and Saturdays. The other involves working from 9 a.m. to 5:30 p.m. on Wednesdays, Fridays, and Sundays. **27 Part-time library assistants are paid at a rate of $17 to $22.50 per hour**, dependent on experience. Applicants with 12 months of library experience will be preferred. No academic qualifications necessary.

The full-time librarian will start work during the first week of February, while the part-time assistants will start around February 10th. Applicants for both positions should be in good physical health and able to climb step ladders and carry moderately heavy stacks of books with no difficulty.

Application forms can be obtained from the main circulation desk at Chatham Public Library.

26 Q: For how many days per week will the full-time librarian work?

    (a) Four

    (b) Five

    (c) Six

    (d) Seven

27 Q: Which of the following is correct about the library positions?

    (a) The full-time position requires only a college degree.

    (b) The full-time position does not involve physical labor.

    (c) The part-time positions will be paid hourly rates.

    (d) Part-time candidates should have one-year experience.

● 지문 파악 순서

① 제목을 통해 도서관 사서의 구인광고임을 알 수 있다. 광고 지문에서 가장 중요한 것은 근무일(시간), 급여, 근무 조건, 지원 자격 등의 정보이다. 그러므로 이 정보를 전달하는 단어들을 중심으로 지문을 읽어야 한다.

② 두 번째 질문이 correct 유형이므로 선별적으로 읽는 것은 위험하며, 각 선택지에 제시된 키워드들을 먼저 체크한 뒤에 이 단어들과 관련된 정보를 지문에서 확인한다.

③ 먼저 26번 질문에서 정규직 사서의 근무일수를 묻고 있는데, 질문이 How many라면 단서는 숫자가 아니라 요일처럼 기간을 나타내는 명사들로 바뀌어서 제시되는 것이 일반적이다.

④ 둘째 단락의 Tuesday to Friday(4일)와 either on Saturday or Sunday(1일)을 통해 총 5일 근무임을 알 수 있으므로 (b)가 정답이다.

⑤ 27번에 대해서는 각 선택지의 키워드에 먼저 표시를 해 둔다.

　　(a) The **full-time** position **requires** only a college **degree**.
　　(b) The **full-time** position does **not involve** physical **labor**.
　　(c) The **part-time** positions will be **paid hourly** rates.
　　(d) **Part-time** candidates should have **one-year experience**.

⑥ 키워드들을 염두에 두고 지문을 빠르게 읽으면서 오답을 소거해 나간다.

⑦ 급여 조건을 알리는 셋째 단락에 paid at a rate of ~ per hour라는 정보가 나온다. 이는 시간제 근무직이 시간급(paid hourly)이라고 하는 (c)와 내용이 일치하므로 (c)가 정답이다.

● 해석

> ### 도서관 직원 구함
>
> 채텀 공공도서관에서 도서관 본관 건물 내의 직책을 충원하기 위해 긴급히 직원을 구하고 있습니다. 아래의 자리들은 2월부터 곧 근무가 가능할 것입니다.
>
> - 도서관의 일일 운영을 총괄할 정규직 사서 1명. 채용된 지원자는 **26** 화요일에서 금요일까지는 오전 8시 30분부터 오후 6시 30분까지 근무해야 하며, 또한 매주 예정된 도서관 행사와 강좌에 따라 토요일 또는 일요일 둘 중의 하루를 근무해야 합니다. 40,500달러에서 47,500달러의 연봉이 제공될 것이며, 경력과 자격 사항에 따라 변동될 수 있습니다. 이 직책에 대해서는 최소 2년의 경력과 학사 학위가 필수입니다.
> - 교대로 일하는 시간제 도서관 보조직원 2명. 한 자리는 매주 화요일과 목요일, 그리고 토요일 오전 9시부터 오후 5시 30분까지의 근무 일정입니다. 또 다른 자리는, 매주 수요일과 금요일, 그리고 일요일 오전 9시부터 5시 30분까지의 근무하게 됩니다. **27** 시간제 도서관 보조직원은 시급으로 17달러에서 22.50달러까지 지급되며, 경력에 따라 변동될 수 있습니다. 12개월의 도서관 근무 경력이 있는 지원자는 우대됩니다. 학력 관련 조건은 필수는 아닙니다.
>
> 정규직 사서는 2월 첫째 주 중으로 근무를 시작하면 되고, 시간제 보조직원들은 2월 10일경에 근무를 시작할 것입니다. 두 직책 모두 지원자들은 신체 건강 상태가 뛰어나야 하며, 어려움 없이 사다리를 오르거나 적당히 무거운 책 더미들을 나를 수 있어야 합니다.
>
> 지원서는 채텀 공공도서관의 본관 대출 데스크에서 받아 가실 수 있습니다.

26 Q: 정규직 사서는 일주일에 며칠을 근무할 것인가?
　　(a) 4일
　　(b) 5일
　　(c) 6일
　　(d) 7일

27 Q: 다음 중 도서관 사서직에 대해 옳은 것은?
　　(a) 정규직은 대학 학위만 필요로 한다.
　　(b) 정규직은 육체적 근로가 없을 것이다.
　　(c) 비정규직은 시급으로 보수가 지불될 것이다.
　　(d) 비정규직 지원자는 1년의 경력을 지녀야 한다.

유형1 주제 및 추론   49%

난이도 ●●●●◑

Questions 28-29

While working on a low-budget film called *The Beast from 20,000 Fathoms*, special effects and stop-motion expert Ray Harryhausen came up with a split-screen technique he named "Dynamation". This allowed Harryhausen to split the foreground and background of pre-shot live action footage into two separate images and insert an animated stop-motion model that would seemingly interact with the on-screen actors. Both moviegoers and those working in the film industry were amazed by the results and clamored to find out how Harryhausen had achieved such a seamless effect. Although he kept it under wraps for as long as he could, he later explained that sheets of glass covered with black paint were the key to his achievement.

28 Q: What is the passage mainly about?

    (a) A revolutionary camera used to film animated movies

    (b) A method for reducing the budget required to make a movie

    (c) A newly-developed innovative technique for film making

    (d) A new genre of film created by a special effects artist

29 Q: What can be inferred from the passage?

    (a) Dynamation was adopted and utilized by several film directors.

    (b) Harryhausen was initially reluctant to divulge the details of Dynamation.

    (c) Dynamation was regarded as a costly technique with limited application.

    (d) Harryhausen received several awards for his work on *The Beast from 20,000 Fathoms*.

해석: 본서 p.100

28Q: 풀이과정 맛보기

① 첫 문장에서 글의 소재와 내용 흐름을 나타내는 단어를 찾는다.

  • 소재: Dynamation

  • 흐름: working on a low-budget film (저예산 영화를 제작하다가) ➡ a split-screen technique (화면 분할 기술)

② 이 소재와 내용 흐름을 정리하면, 이 글은 영화 촬영 중에 개발된 기술인 Dynamation을 설명하고 있다.

③ 선택지 중 newly-developed, technique, film making 등 핵심어가 일치하는 (c)가 이 내용에 부합한다.   **정답** (c)

28Q: 오답 선택지 분석

(a) A revolutionary **camera** ▶ 카메라 등 촬영 기기에 대한 언급은 없으므로 오답이다.

(b) A method for **reducing the budget** ▶ 방법에 관한 글은 맞지만, 목적이 예산 감축은 아니므로 오답이다.

(d) A **new genre** of film ▶ 새로운 기술에 관한 글이며, 영화 장르에 대한 언급은 나타나 있지 않으므로 오답이다.

① 질문을 먼저 읽고 지문 전체에 대한(from the passage) 추론 문제임을 확인한다.

② 선택지에서 핵심 단어들만 간단하게 체크한 후에 지문을 처음부터 읽는다.

  (a) Dynamation was **adopted and utilized** by several film directors.

  (b) Harryhausen was **initially reluctant to divulge** the details of Dynamation.

  (c) Dynamation was regarded as **a costly technique** with limited application.

  (d) Harryhausen received **several awards** for his work on *The Beast from 20,000 Fathoms*.

③ 지문을 읽을 때 주의할 점은, 추론 결과인 선택지가 지문의 단서와 같은 표현이나 내용이 아니라는 것이다. 그러므로 지문과 선택지에서 같은 표현을 연결하려고 시도하면 시간만 낭비할 가능성이 높다.

④ 마지막 문장에서 가급적 비밀로 하려고 했다가(he kept it under wraps for as long as he could) 나중에 설명했다(he later explained)고 언급한 것에서 처음에는 공개하기를 꺼렸다는 의미인 (b)를 추론할 수 있다.

  추론 he kept it under wraps + he later explained ➡ initially reluctant to divulge

정답 (b)

(a) **adopted and utilized** by several film directors ▶ 업계 사람들(those working in the film industry)이 놀라고 궁금해하긴 했지만 기술을 차용했다고 나오지는 않는다.

(c) **a costly technique** ▶ 지문에 다이나메이션이 값비싼(costly) 기술인지는 나타나지 않는다.

(d) received **several awards** ▶ 지문에 상(awards)과 관련된 정보는 나타나 있지 않다.

⭐ **필수어휘**

while ~하는 동안 **low-budget** 저예산의 **special effects** 특수 효과 **fathom** 패톰(6피트, 1.8미터) **stop-motion** 스톱모션 **expert** 전문가 **come up with** ~을 만들어내다 **split-screen technique** 화면 분할 기술 **allow A to do**: A가 ~할 수 있게 하다 **split A into B**: A를 B로 분리하다 **foreground** 전경 **pre-shot** 미리 찍은 **live action footage** 실사 영상 **separate** 별도의, 분리된 **insert** ~을 삽입하다 **animated** 애니메이션으로 만든 **seemingly** 보기에 ~인 것 같이 **interact with** ~와 상호 작용하다 **moviegoer** 영화 팬 **industry** 산업, 업계 **be amazed by** ~에 놀라워하다 **result** 결과(물) **clamor** 아우성치다 **find out** ~을 알아내다 **achieve** ~을 이루다, 달성하다 **seamless** 매끄럽게 연결되는, 이음매가 없는 **keep A under wraps**: A를 비밀로 유지하다 **for as long as one can** 가능한 한 오랫동안 **explain that** ~라고 설명하다 **sheet of glass** 유리판 **achievement** 성과(물), 성취 **revolutionary** 혁신적인, 획기적인 **method** 방법 **reduce** ~을 줄이다, 감소시키다 **required to do** ~하는 데 필요한 **newly-developed** 새로 개발된 **innovative** 혁신적인 **film making** 영화 제작 **genre** 장르, 분야 **create** ~을 만들어내다 **adopt** ~을 채택하다 **utilize** ~을 활용하다 **initially** 처음에, 애초에 **be reluctant to do** ~하기를 꺼려하다 **divulge** ~을 누설하다 **details** 상세 정보 **be regarded as** ~로 여겨지다 **costly** 값비싼, 고비용의 **limited** 제한된 **application** 응용, 활용, 적용 **award** 상

난이도 ●●●●○

Questions 30-31

Prominent IT Guru Won Caring Citizen Award

Court City, MI (July 14) – The Ministry of Commerce has presented the prestigious Caring Citizen award to Terrence Climback, president of Intellisense Computronics. The award is given each year to a citizen that has greatly contributed to the city's community. Climback, a highly respected figure in the world of computers and computer science, built and opened Tech Town, a learning and exploration facility for the community's youth, where area children are able to learn about computers and other technology. Complimentary computer programming classes are also taught by members of the community, so young citizens can gain skills for their futures. It also offers free use of Internet-connected computers for all visitors.

The construction of Tech Town began last year and was completed three months ago. Various youth classes began two months ago. The facility became instantly popular with the city's children and their parents.

Mr. Climback also began the Compunity Initiative last month. He and a team of volunteers salvage unusable computer parts, and turn them into laptop computers. These are sold at very low prices to citizens of Court City.

30 Q: Which of the following is NOT mentioned as a benefit of Tech Town?

(a) Exploration space for children

(b) Free Internet access

(c) Complimentary refreshments

(d) Programming classes

31 Q: Which of the following is correct about the Compunity Initiative?

(a) Its profits go towards Tech Town.

(b) It sends damaged computers to recycling centers.

(c) It recycles electronic parts to make new computers.

(d) It allows children to volunteer.

해석: 본서 p.100

30Q: 풀이과정 맛보기

① 질문을 먼저 읽고 특정 대상에 대해 언급되지 않은 것을 고르는 세부 내용 파악 문제임을 확인한다.
- 특정 대상: Tech Town

② 지문의 단서들과 선택지를 비교하면서 제시되지 않는 한 가지를 골라내야 하므로, 지문에서 Tech Town이 언급된 부분을 찾아 선택지들과 대조한다.

Tech Town, (a) **a learning and exploration facility for the community's youth**, where area children are able to learn about computers and other technology. (d) **Complimentary computer programming classes are also taught by members of the community**, so young citizens can gain skills for their futures. It also offers (b) **free use of Internet-connected computers** for all visitors.

③ (c)의 refreshments(다과)는 위의 단서 영역에 나타나지 않으므로 (c)가 정답이다.

정답 (c)

31Q: 풀이과정 맛보기

① 질문을 먼저 읽고 측정 대상에 대한 특정 대상에 대한 세부 내용 파악 문제임을 확인한다.
  • 특정 대상: Compunity Initiative

② 지문에서 특정 대상(Compunity Initiative)이 언급된 부분을 찾아 핵심 정보들을 체크한다.

Mr. Climback also began the **Compunity Initiative** last month. He and a team of volunteers **salvage unusable computer parts**, and **turn them into laptop computers**. These are **sold at very low prices** to citizens of Court City.

③ 핵심 정보의 내용을 선택지와 하나하나 비교하면서 일치하는 내용을 찾는다.

④ 못 쓰는 부품을 재활용하여 노트북 컴퓨터로 바꾼다고 지문에 나오므로, 이 내용과 일치하는 것은 부품을 재활용하여 새 컴퓨터를 만든다는 (c)이다.

정답 (c)

31Q: 오답 선택지 분석

(a) Its **profits** ▶ 이익에 대해 언급되지 않았으므로 오답이다.

(b) sends damaged computers to **recycling centers** ▶ 망가진 부분들을 본인들이 재활용하는 것이며, 재활용센터는 언급되지 않았으므로 오답이다.

(d) **children** to volunteer ▶ 자원봉사자에 어린이들이 포함되는지는 알 수 없다.

⭐ 필수어휘

prominent 저명한 **IT** 정보기술 **guru** 전문가 **caring** 친절한 **commerce** 상업 **present** 제공하다, 수여하다 **prestigious** 권위 있는 **greatly** 매우 **contribute to** ~에 기여하다 **community** 지역사회 **highly** 몹시 **respected** 존경받는 **figure** 인물 **exploration** 탐험, 탐구 **facility** 시설 **youth** 청소년, 청년층 **area children** 지역 어린이들 **complimentary** 무료의 **be taught by** ~가 가르치다 **gain skills** 기술을 익히다 **free use of** ~의 무료 이용 **Internet-connected** 인터넷에 연결된 **construction** 건설 **complete** 완성하다 **various** 다양한 **instantly** 즉시 **popular with** ~에게 인기가 있는 **initiative** (사회)운동, 계획, 법안 **volunteer** n. 자원봉사자 v. 자원하다 **salvage** (폐품을) 활용하다, 수거하다, 구하다 **unusable** 사용할 수 없는 **parts** 부품들 **turn A into B**: A를 B로 변모시키다 **at very low prices** 아주 낮은 가격에 **mention** 언급하다 **benefit** 이득, 혜택, 편이 **space** 공간 **access** 접근, 접속, 이용 **refreshments** 다과(간단한 과자와 음료) **profit** 이득, 수익 **go towards** ~을 위해 사용되다 **damaged** 망가진 **recycling** 재활용 **recycle** 재활용하다 **allow A to do**: A가 ~하도록 허용하다

난이도 ●●●●◐

Questions 32-33

Opinion: Parking on Main Street

I was pleased to see that your recent article looked at the problem of people parking their vehicles on Main Street. This practice was becoming a nightmare for residents who need to commute via Main Street on a daily basis, as the road simply is not wide enough for two lanes of traffic plus parked vehicles on both sides. Now that all members of the council have voted to prohibit parking on a large stretch of the street, we shouldn't have so much difficulty driving along it at busy times.

Although this is a good start, the council must also address the bigger issue here, which is the fact that the street should be widened to accommodate increased traffic, especially now that we receive so many tourists in the summer season. There is no need for the sidewalks to be as wide as they currently are, so there should be no problem for the road to be enlarged. Hopefully, we will hear some positive news about this in the near future.

32 Q: Which of the following is correct according to the letter?

(a) Parking fees on Main Street have been increased.
(b) Local residents are having difficulty driving to work.
(c) Tourists are frequently to blame for traffic accidents.
(d) The new policy will increase the number of parking spaces.

33 Q: What is the main purpose of the letter?

(a) To highlight the reasons that parking is unavailable on Main Street
(b) To criticize the council's objection to expanding tourism
(c) To raise points regarding further improvements to Main Street
(d) To call for the council to construct additional roads

해석: 본서 p.101

32Q: 풀이과정 맛보기

① 질문을 먼저 읽고 지문 전체(according to the letter)에 대한 세부 내용 파악 문제임을 확인한다.

② 먼저 선택지의 핵심 단어들을 빠르게 파악한다.
　(a) **Parking fees** on Main Street have been increased.
　(b) Local residents are having **difficulty driving** to work.
　(c) **Tourists** are frequently to blame for **traffic accidents**.
　(d) The new policy will **increase** the number of **parking spaces**.

③ 선택지의 핵심 단어들을 기억한 상태로 지문을 처음부터 읽어 내려가면서 선택지의 핵심 단어들과 관련된 정보를 대조한다.

④ 첫 단락 둘째 문장에서 불법 주차 차량들이 메인 가로 통근하는 주민들에게 악몽 같은 존재(a nightmare for residents who need to commute via Main Street)라고 언급하고 있다. 여기에서, 주민들이 운전하여 출근하는 데 어려움을 겪고 있음을 알 수 있으므로 (b)가 정답이다.

정답 (b)

(a) **Parking fees** on Main Street ▶ 주차 요금에 대해서는 언급되지 않는다.

(c) **Tourists** ~ blame for **traffic accidents** ▶ 둘째 단락에 관광객들은 언급되지만, 교통사고에 대한 정보는 나오지 않는다.

(d) **increase** the number of **parking spaces** ▶ 둘째 단락에 도로를 넓히는 일이 언급되지만, 이는 저자의 제안일 뿐이다. 또한 도로를 넓히는 것은 주차가 아니라 교통량 수용을 위한 것이므로 오답이다.

① 질문을 먼저 읽고 목적 문제임을 확인한다.

② 편지글의 목적은 크게 칭찬(감사)과 불만(항의, 문제 제기, 시정 요청)으로 구분할 수 있는데, 만약 두 가지가 모두 포함되어 있다면 최종 목적은 불만(항의, 문제 제기, 시정 요청)으로 귀결된다.

③ 첫째 단락에서 시의회의 주차 금지 조치(the council have voted to prohibit parking)로 문제가 없을 것(we shouldn't have so much difficulty)이라고 하므로, (a)의 parking is unavailable은 저자의 입장과 충돌하는 오답이다. 그리고 33번이 두 번째 질문이므로 둘째 단락에 단서가 나올 것임을 예상하고 첫 단락은 패스하는 것도 한 요령이다.

④ 둘째 단락 첫 문장에서 the council must also address the bigger issue here를 보면 여기에 편지의 진짜 목적이 있다는 것을 알 수 있다. 이때 추가를 나타내는 also를 놓치면 안되는데, 앞에서 해결된 문제 외에 또 다른 문제를 제기한다는 뜻이다. 따라서, 이것과 같은 맥락으로 추가 개선 문제를 제기한다는 의미인 (c)가 정답이다.

⑤ 이후에는 저자의 구체적 문제 해결 방법이 제시되고 있는데, 주제는 세부 사실들을 포괄적으로 나타내는 것이므로 이 부분의 내용을 언급하는 선택지 (b)와 (d)는 정답이 되지 않는다.

정답 (c)

(a) parking is **unavailable** ▶ 주차가 오히려 문제를 일으키는 것이므로 잘못된 정보이다.

(b) **objection** to expanding **tourism** ▶ 이 편지의 핵심 주제어는 관광이 아니라 도로이므로 오답이다.

(d) construct **additional** roads ▶ 기존 도로 확장(be enlarged) 방법을 제안하므로 추가 도로 건설은 잘못된 정보이다.

⭐ **필수어휘**

opinion 의견 **recent** 최근의 **article** (신문 등의) 기사 **park** ~을 주차하다 **vehicle** 차량 **practice** 관행, 관례 **nightmare** 끔찍한 일 **resident** 주민 **commute** 통근하다 **via** ~을 통해 **on a daily basis** 매일 **plus** ~에 더해 **wide** 넓은 **lane** 차선 **traffic** 차량들, 교통(량) **plus** 그 밖에 **now that** 이제 ~이므로 **the council** 시의회 **vote** 투표하다 **prohibit** ~을 금지하다 **on a large stretch of** 넓게 뻗은 ~에 **have difficulty -ing** ~하는 데 어려움을 겪다 **along** (길 등) ~을 따라 **address** ~을 처리하다 **issue** 문제 **the fact that** ~라는 사실 **widen** ~을 넓히다 **accommodate** ~을 수용하다 **sidewalk** 보도 **currently** 현재, 지금 **enlarge** ~을 확장하다 **especially** 특별히 **There is no need for** ~의 필요가 없다 **sidewalk** 인도 **currently** 현재 **hopefully** 아마도, 바라건대 **positive** 긍정적인 **in the near future** 조만간 **fee** 요금 **local** 지역의 **frequently** 종종 **be to blame for** ~에 대한 책임이 있다 **accident** 사고 **policy** 정책, 방침 **parking space** 주차공간 **highlight** ~을 집중 조명하다, 강조하다 **unavailable** 이용할 수 없는 **criticize** ~을 비난하다 **effort to do** ~하려는 노력 **attract** ~을 끌어 들이다 **raise points** 문제점을 제기하다 **regarding** ~와 관련된 **further** 추가의 **improvement** 개선, 향상 **call for** ~에게 촉구하다 **construct** ~을 건설하다 **additional** 추가의

기출유형정리 해석

유형 1 주제 및 추론

해석 "심해에서 온 괴물"이라는 제목의 **28** 저예산 영화 작업을 하는 동안, 특수효과 및 스톱모션 전문가인 레이 해리하우젠은 "다이나메이션"이라고 이름 붙인 화면 분할 기술을 개발했다. 이를 통해 해리하우젠은 미리 찍어둔 실사 영상을 전경과 배경의 두 가지 별개 이미지로 분리하고, 화면상의 배우들과 상호 작용하는 것처럼 보이는 스톱모션 애니메이션 모델을 삽입할 수 있었다. 영화 팬들과 영화업계 종사자들 모두 그 결과물에 놀라워했으며, 해리하우젠이 어떻게 그토록 매끄럽게 연결되는 효과를 만들어냈는지 알아내기 위해 아우성쳤다. **29** 가능한 한 오랫동안 비밀로 유지하기는 했지만, 그는 나중에 검정색 페인트로 칠해진 유리판들이 성공의 열쇠였다고 설명했다.

28 Q: 이 지문은 주로 무엇에 관한 것인가?

    (a) 애니메이션 영화 촬영에 사용된 혁신적인 카메라

    (b) 영화 제작에 필요한 예산을 줄이는 방법

    (c) 새로 개발된 혁신적인 영화 제작 기술

    (d) 특수효과 전문가에 의해 탄생된 새로운 영화 장르

29 Q: 이 지문을 통해 추론할 수 있는 것은 무엇인가?

    (a) 다이나메이션이 여러 영화감독들에 의해 채택되어 사용되었다.

    (b) 해리하우젠은 처음에는 다이나메이션의 자세한 정보 공개를 꺼렸다.

    (c) 다이나메이션은 응용 범위가 제한된 값비싼 기술로 여겨졌다.

    (d) 해리하우젠은 "심해에서 온 괴물"에 대한 작업으로 여러 상을 받았다.

유형 2 세부 내용 파악

해석

저명 IT 전문가, 친절시민상 수상

코트시티, 미시건 (7월 14일) – 상무국이 권위있는 친절시민상을 인텔리센스 컴퓨트로닉 사장인 테렌스 클림백에게 수여했다. 이 상은 매년 지역사회에 지대한 공헌을 한 시민에게 수여된다. 컴퓨터와 컴퓨터공학계에서 매우 존경받는 인물인 클림백은 **30-a** 지역의 청소년들이 학습하고 탐구할 수 있는 시설인 테크타운을 건설하여 대중에 공개하였는데, 이곳에서 지역사회 어린이들은 컴퓨터와 기타 기술들을 배울 수 있다. 지역 주민이 가르치는 **30-d** 무료 컴퓨터 프로그래밍 강좌들도 제공되므로, 청소년들이 장래를 위한 기술을 취득할 수 있다. 또한 모든 방문자들은 **30-b** 이곳에서 인터넷이 연결된 컴퓨터를 무료로 사용할 수 있다.

테크타운의 건설은 일년 전에 시작되었고, 3개월 전에 완공되었다. 2개월 전부터는 다양한 청소년 강좌들이 제공되고 있다. 이 시설은 즉시 시의 어린이들과 부모들에게서 인기를 얻기 시작했다.

31 또한 클림백 씨는 지난 주에 컴뮤니티 운동을 시작했다. 그와 한 팀의 자원봉사자들이 사용할 수 없는 컴퓨터 부품들을 활용하여 노트북 컴퓨터로 변신시키고 있다. 이 컴퓨터들은 코트시티 주민들에게 아주 낮은 가격에 팔린다.

30 Q: 다음 중 테크타운의 혜택으로 언급되지 않은 것은?

    (a) 아동을 위한 탐구 공간

    (b) 무료 인터넷 이용

    (c) 무료 다과

    (d) 프로그래밍 강좌들

31 Q: 다음 중 컴퓨니티 운동에 대해 옳은 것은?

    (a) 수익금이 테크타운을 위해 사용된다.

    (b) 손상된 컴퓨터들을 재활용센터에 보낸다.

    (c) 전자부품들을 재활용하여 새 컴퓨터를 만들어낸다.

    (d) 어린이들이 자원봉사를 하도록 허용한다.

유형 3 **세부 내용 파악 및 목적**

해석

독자 의견: 메인 가의 주차 문제

저는 메인 가에 차량을 주차하는 사람들의 문제를 살펴 본 귀사의 최근 기사를 보고 기뻤습니다. **32** 이 관행이 매일 메인 가를 통해 통근해야 하는 주민들에게는 악몽이 되어가고 있었는데, 두 개의 차선과 양쪽에 주차된 차량들을 모두 감당하기에는 도로가 충분히 넓지 않기 때문입니다. 이제 시의회에서 모든 의원들이 길게 뻗은 그 거리에 주차하는 것을 금하기로 표결하였으므로, 우리가 혼잡 시간대에 그곳을 지나가면서 그렇게 큰 문제를 겪지는 않을 것입니다.

33 이것이 좋은 출발이기는 하지만, 시의회는 또한 이 거리에 대해 더 큰 문제 하나를 처리해야 하는데, 그것은 바로 늘어난 교통량을 수용할 수 있도록 도로가 확장되어야 한다는 것이며, 특히 우리가 여름철에 아주 많은 관광객들을 받고 있기 때문입니다. 인도가 지금만큼 넓어야 할 필요는 없기 때문에, 차도를 확장하는 데에는 아무 문제도 없을 것입니다. 조만간 이 점에 대해 긍정적인 소식을 듣게 되기를 바랍니다.

32 Q: 이 편지에 따르면, 다음 중 옳은 것은?

    (a) 메인 가의 주차 요금이 인상되었다.

    (b) 지역 주민들이 차를 운전해 출근하는 데 문제를 겪고 있다.

    (c) 관광객들이 종종 교통사고의 책임이 있다.

    (d) 새로운 정책으로 인해 주차 공간의 숫자가 늘어날 것이다.

33 Q: 이 편지의 주 목적은 무엇인가?

    (a) 메인 가에서 주차가 불가능한 이유를 집중 조명하기

    (b) 관광산업 확장에 반대하는 시의회를 비난하기

    (c) 메인 가에 대한 추가 개선 사항과 관련된 주장을 제기하기

    (d) 추가 도로를 건설하도록 의회에 촉구하기

Questions 1-2

When my father took me to my first racing event, I knew right there and then that I wanted to be a race car driver. My mother and father have always stood by my decisions in life, but when I told them that I had decided to join a racing team instead of going straight from high school to university, they could hardly believe their ears. According to them, being a race car driver means that I'm going to wind up hurt, or worse.

They may have a point; racing does involve a lot of risk and can physically take its toll on drivers. But I know that the people on my racing team are experienced professionals. They always ensure that the risk to me is minimized by keeping my car in perfect working order and explaining each new course to me in detail. So, at the end of the day, I understand my parents' concerns, but I aim to continue pursuing my dream to become a world champion driver.

1   Q: What is the writer mainly writing about in the passage?

(a) His struggle to decide on a future career
(b) His parents' worries about his choice of job
(c) The difficulty of training to become a race car driver
(d) The reason he wants to drop out of college early

2   Q: Which of the following is correct about the writer?

(a) He plans to follow the wishes of his parents.
(b) His parents are concerned that racing is dangerous.
(c) He will explore other jobs within the racing world.
(d) Making his parents proud is his main concern.

Questions 3-4

Hi, Jeffrey,

I hope you are enjoying working for Andy over at the Stanfield branch! I was planning to stop by to speak with you and the rest of the staff there, but I haven't had any free time lately. I just want to let you know about a training workshop that Ray has organized for all branches next month. I'm sure you remember how much fun the last workshop was. Anyway, I'm hoping everyone from your branch will be there. I was going to send you the workshop itinerary by mail, but I can't remember your office number. Can you let me know what it is?

Thanks.

July 14 at 1:33 p.m.   Jamie

Hey Jamie!

Nice to hear from you! I guess we haven't seen each other since I transferred to Stanfield. I actually heard about the workshop from Greg only yesterday. I think Ray has him assisting with the arrangements because he did such a good job last year. Anyway, Andy has already mentioned it to everyone here, so we'll definitely be joining you on the 16th.

I can't wait to attend another workshop. Last year's was a lot of fun, and beneficial, too! Having just organized a similar event for our new recruits, I know it takes a lot of preparation, but the results really pay off in the end.

By the way, my office number over here in Stanfield is 306.

Regards,

July 14 at 1:35 p.m.   Jeffrey

3   Q: Why did Jamie send the message?

(a) He wants to visit Jeffrey at his office.
(b) He wants to send Jeffrey an event schedule.
(c) He wants to tell Jeffrey about his work transfer.
(d) He wants Jeffrey's advice about organizing an event.

4   Q: What can be inferred from the chat messages?

(a) Andy is Jamie's supervisor.
(b) Greg is unable to participate in the training workshop.
(c) Jeffrey recently started working with Jamie.
(d) Ray's workshop is on the 16th of August.

Questions 5-6

Looking For: Dog Walker

We would like to find a regular dog walker to begin in March and work through until the end of fall. Experience and references are preferred, and the hourly rate will be fixed at $14 per hour. Must be available between the hours of 7 a.m. and 9 a.m., and 6 p.m. and 8 p.m. The position involves walking two dogs: one three-year-old toy poodle and one six-year-old dalmatian.

Although this position is part-time, we would like to find a reliable person who will work with us for several years, if possible. The stated hours can be slightly adjusted, if necessary. You will not be required to work on Saturday or Sunday, as both my husband and I will be at home with our dogs on those days.

Duties will be limited to walking our two dogs, and no cleaning or grooming required. Please call us at 555-3987 if you are interested. We will then invite you round for an informal interview.

5　Q: Which of the following is correct about the advertised position?

(a) It is a temporary position for the month of March.
(b) Its daily hours cannot be changed.
(c) Its pay will depend on the applicant's references.
(d) It does not involve cleaning any animals.

6　Q: What can be inferred from the advertisement?

(a) The dog walker will be paid on a monthly basis.
(b) First-time dog walkers will not be considered.
(c) The owners will walk the dogs on the weekends.
(d) The applicant can choose morning or evening work.

Questions 7-8

Tomorrow's World

Scientists recently announced that they have discovered a vivid 'new blue' color, and Art Majick announced that it would be the first company to produce a crayon in the new color. The bright blue is the first new blue pigment to be created since cobalt blue was discovered by the French chemist Louis Jacques Thenard in 1802. A professor at Millet University made the discovery by chance while heating chemicals in a laboratory oven. When the researcher heated Yttrium oxide, Indium oxide and a small quantity of Manganese oxide and then removed the mixture out of the furnace, he noticed it had turned a vibrant blue color. The vividness of the new color is a result of the chemicals binding in a unique structure which entirely absorbs red and green wavelengths of light, reflecting only blue. Additionally, the color will never fade, because the compound is highly stable.

Some companies immediately announced that they are interested in using the new color in energy efficiency technology when building new structures, as it could potentially reflect the ultraviolet waves of the sun, and help to reduce the temperature of buildings. In the meantime, Art Majick is asking children to suggest a new, catchy name for the new color, and the winning suggestion will be announced on August 22 when the new crayon is officially launched.

7   Q: What was unique about the discovery of the new color?

(a) It was initially kept a secret.
(b) It was made by a student.
(c) It happened during a science class.
(d) It was an accidental occurrence.

8   Q: Which of the following is correct about the new color?

(a) It will be used to manufacture children's clothing.
(b) It might have an application in the construction industry.
(c) It reflects green and red wavelengths of light.
(d) It is a combination of two chemical compounds.

Questions 9-10

Mayor Rodrigo Bellario has won a third term as the mayor of Maracay, a Venezuelan city suffering through a monumental economic collapse. The city has long been experiencing widespread unemployment, soaring crime rates, and a failing healthcare system. This has resulted in a mass exodus of disenchanted citizens.

When Mr. Bellario was announced as the election victor over Carlos Pena on Friday night, critics immediately came forward to claim that it was heavily rigged in his favor. They noted that the voter turnout was extremely low, with around 58% of eligible voters choosing not to cast ballots, which they said was a result of opposing candidates' calls to boycott the vote entirely in a show of contempt for the current administration. They believe that the result would have been very different had more citizens who oppose Bellario come out to vote.

Polling centers throughout the city were often completely empty, which was a significant difference compared with the voter turnout of 79% for previous elections. Many argue that Bellario's own party also mounted a campaign to discourage citizens in working-class areas from voting, knowing that it could ensure his victory.

9   Q: What is the news report mainly about?

(a) How Rodrigo Bellario led his party to victory in a recent election
(b) How Rodrigo Bellario persuaded citizens to vote for him
(c) How the election results fail to accurately portray the feelings of citizens
(d) The rivalry between candidates seeking to win the Maracay election

10   Q: Which of the following is correct according to the passage?

(a) Bellario has risen in popularity among working class citizens.
(b) Bellario has pledged to improve city infrastructure and services.
(c) More than half of the voters decided not to vote in the election.
(d) Most polling stations did not accurately report voter figures.

Questions 11-12

http://www.georgetowndaily.com   ▼   ─ ☐ X

Editorial: Littering During Town Events

Comments

Steve Chambers, July 13

Thank you for writing about the issue of people dropping litter during events such as the recent Summer Heat music festival in the town plaza. I attended the event with my family and was extremely dismayed by the amount of empty plastic cups and food wrappers that were discarded on the ground. The council had made a minor attempt to prevent this by putting up a few signs warning people not to litter. However, the stated fine of 10 dollars is not enough of a deterrent, and this event created just as much trash as the Christmas Fair back in December.

While this is certainly a matter that the city council needs to address directly, I think it would be helpful if your newspaper also got involved as well. How about running some ads prior to our annual Spring Festival and Spring Food Fair, reminding people to keep our town beautiful and clean? Your newspaper is read by almost everyone in town, so people won't fail to notice the message. I hope for the sake of our town's image you can see the potential benefit of this.

11   Q: Which of the following is correct according to the comment?

(a) A recent music festival did not go ahead as planned.
(b) The council threatened to fine litterers at a recent event.
(c) The Christmas Fair was seen as a huge success by attendees.
(d) Mr. Chambers decided not to attend the Summer Heat festival.

12   Q: What is the main purpose of the comment?

(a) To criticize the council's plans for the Spring Festival
(b) To praise the newspaper for its coverage of town events
(c) To suggest an advertising campaign to improve future gatherings
(d) To offer an idea for how to increase the newspaper's readership

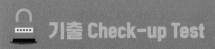

Questions 13-14

Price Hikes at Ellington Leisure Center
BY TESS GRAVES

ELLINGTON - Starting early next year, both members and non-members will need to pay more to use the amenities at Ellington Leisure Center. The increase in fees ranges from 20 to 45 cents, with the biggest hit to non-members who want to use the swimming pool. The increased fees will help finance the construction of the new on-site beauty spa that is expected to open in July of next year.

Despite the upcoming changes, however, the leisure center will still offer great value for money, considering the high quality of equipment and facilities within the attractive, recently-renovated building. Currently, each session costs members $2.50 to use the swimming pool, while non-members need to pay $4.50. For the gym, members pay $2 per session, and non-members pay $4. Starting on January 25th, all rates will be increased by 10% to $2.75, $4.95, $2.20, and $4.40, respectively. However, those who like to use the climbing wall will be happy to hear that the current members-only rate will remain unchanged for the foreseeable future.

Leisure center members were not happy with the announced increases. Craig Ferrier, a frequent user of the gym and swimming pool at least twice per week, has found the increases very unfair. And some members point out that ever since cutbacks one year ago, they even have to bring their own towels, body wash, and shampoo with them to the gym or pool.

13 Q: Which of the following will NOT be affected?

(a) The membership fee for the gym
(b) The membership fee for the climbing wall
(c) The non-membership fee for the gym
(d) The non-membership fee for the swimming pool

14 Q: What can be inferred from the news article?

(a) Ellington Leisure Center used to provide towels to visitors.
(b) Most of the amenities at Ellington Leisure Center will be upgraded.
(c) The climbing wall was previously available to non-members.
(d) Several members have complained about the condition of the gym.

Questions 15-16

JAKARTA, Indonesia, February 25 – Sanadi Technical Solutions Inc., one of the fastest-growing independent technical support providers in Indonesia, recently made some changes to its standard phone service.

"Our technical support helplines are now much easier to use and this means we will be able to assist customers much more efficiently," said Mr. Nur Iskandar, the firm's chief executive officer. Added features include an automated menu system that allows customers to press a number in response to pre-recorded questions, thereby helping them to be put through to whichever department is best-equipped to deal with their specific query. "In addition, employees have undergone advanced training in an effort to reduce average call times," said Mr. Iskandar.

Sanadi Technical Solutions Inc. now assists more than 500,000 callers on average every month. The company offers technical support for a variety of electronic devices, such as computers and digital cameras, and later this year will create a department to deal with technical inquiries regarding televisions and game consoles. A full description of the company's services can be found at www.sanaditech.id.

15 Q: What is the purpose of the article?

(a) To announce the appointment of a new customer service director
(b) To outline changes to a popular range of electronic products
(c) To review the standard of technical assistance offered by a firm
(d) To describe improvements made to a phone service

16 Q: What can be inferred about Sanadi Technical Solutions Inc.?

(a) It typically serves half a million people every day.
(b) It requires its staff to attend regular monthly training.
(c) Its management places emphasis on speed of service.
(d) It is the largest computer manufacturer in Indonesia.

시원스쿨 텝스
독해

Section 2
지문 유형별 접근

UNIT 08 서신

☑ 서신은 편지 또는 이메일의 형태로 된 글이며, 기본적으로 정형화된 지문 구성을 유지하고 있는 것이 특징이다.

☑ 편지나 이메일은 수신자와 발신자가 존재한다는 점에서 다른 독해 지문과 가장 큰 차이를 지니며, 둘 사이의 관계를 먼저 파악하는 것이 지문의 해석 및 이해보다 더 중요하다고 볼 수 있다.

☑ 급한 용무로 인해 대신 프레젠테이션을 해달라는 부탁, 주차 공간 부족 문제의 해결 방법 제안, 건축 자재 주문 변경, 회사 창립 기념식 행사 초대, 사무비품 공급회사와의 계약 연장, 운동 기구 신제품 문의, 제품 환불 인증번호 요구, 잘못 청구된 전화요금에 대한 항의 등 다양한 내용의 지문들이 출제되고 있다.

☑ 매 회당 1~2개의 서신 지문이 출제되고 있으며, Part 1과 3에서 주로 출제된다.

기출 분석 1 서신의 구성 및 주요 표현

1 서론: 주제 및 목적

주로 주제 및 목적으로 지문이 시작되지만, 편지를 쓰게 된 상황을 먼저 설명하는 경우도 있다.

- I'm writing this letter to do ~. ~하기 위해 이 편지를 드립니다.
- The purpose of this letter is to do ~. 이 편지의 목적은 ~하는 것입니다.
- Recently, I applied for a position at ~. 최근, 저는 ~에 있는 직책에 지원했습니다.

2 본론: 세부 내용 전개

서론에서 밝힌 주제 또는 목적과 관련된 구체적인 사례 등의 세부 정보를 제시한다.

- One of the math teachers had several questions. 수학 선생님 중 한 분이 여러 가지 질문을 했습니다.
- The price of season tickets will increase soon. 시즌권 가격이 곧 인상될 것입니다.

3 결론: 핵심 요청 및 당부사항

서론과 본론에서 언급한 내용을 다시 한 번 정리하거나, 관련된 내용에 대한 요청이나 당부가 주를 이룬다.

- I would appreciate it if ~. 만약 ~해주시면 감사하겠습니다.
- Please let me know ~. ~을 저에게 알려 주십시오.
- Could you do me a favor? 제 부탁 좀 들어주시겠습니까?

기출 분석 2 자주 출제되는 질문 유형

1 Part 1

- 서신의 서론 또는 결론 부분에 빈칸이 있고 주제나 핵심 내용을 정답으로 선택하는 문제

2 Part 3 & 4

- What is the writer's main point about ~? ~에 관한 글쓴이의 요점은 무엇인가?
- What is the letter mainly about? 편지는 주로 무엇에 관한 것인가?
- What is the main purpose of the letter? 편지의 주된 목적은 무엇인가?
- Which of the following is correct about ~? ~에 관해 다음 중 어느 것이 옳은가?

접근법

1 서신 지문임을 확인

서신 지문은 "Dear Mr. Kim"처럼 수신자를 먼저 밝히면서 시작하는 경우가 많다. 이와 같은 특징을 이용해 독해를 시작하기 전에 미리 서신 지문임을 인식하면 독해의 방향을 잡는 데 도움이 된다.

2 수신자와 발신자의 관계 파악

서신 지문의 경우, 발신자는 I 또는 We, 수신자는 You로 대상을 지칭하는 것이 일반적이다. 이 인칭대명사를 이용하면 수신자와 발신자의 관계뿐만 아니라 내용을 파악하기가 훨씬 수월하다.

> **지문** Dear Ms. Johns,
> We would like to inform you that your annual dental checkup and cleaning are scheduled for Thursday, June 10.
>
> **해석** 존스 씨께,
> 연례 치과 검진과 스케일링이 6월 10일 목요일에 예정되어 있음을 알려 드리고자 합니다.
>
> ◐ We와 you/your를 통해 수신자는 치과 검진을 받을 예정인 환자임을, 발신자는 치과 직원임을 알 수 있다.

3 서신의 목적 파악

발신자는 반드시 서신을 보내는 목적을 가지며, 그 내용이 지문 초반에 주로 제시된다. 하지만 상황 설명을 먼저 한 후에 However(그러나), Unfortunately(안타깝게도) 등의 연결어를 이용해 지문의 중/후반에 서신의 목적을 제시하는 경우도 있으므로 끝까지 집중해야 한다.

지문 파악 직접 해보기

Dear Sunway Airline Customer Service,

Recently, I bought a ticket for a flight to Tokyo, only to find out that I will be going into hospital for surgery this month and will have to **reschedule my trip**. When I tried to **get my money back**, I was told that **it would not be possible** because seven days had already passed since the purchase date. Since I have no idea when I'll be able to go on my trip, rescheduling won't work for me. This ticket really cost me a lot of money, and the situation is **beyond my control**. Therefore, **I would really appreciate it if you would** consider _____.

Regards,
Denise Richardson

(a) offering me a seat upgrade on my upcoming flight
(b) making an exception to your cancelation policy
(c) explaining the check-in procedure to me in detail
(d) informing me of the other possible flight dates

● 지문 파악 순서

① 첫 문장에서 소재 파악하기: a ticket for a flight (항공권)

② 첫 문장에서 흐름을 나타내는 어구 파악하기: reschedule my trip (여행 일정 재조정하기)

③ 소재와 흐름을 나타낸 어구를 바탕으로 지문의 전개 방향 예측하기: 일정 재조정의 필요성에 따라 이미 구입한 항공권에 대한 조치와 관련된 내용이 이어질 것이다.

④ 다음에 제시되는 문장들을 통해 소재와 흐름상의 어구가 이어지는 연결 고리 파악하기: get my money back (비용 환불을 받아야 함) ➡ it would not be possible (불가능함) / beyond my control (자신이 어떻게 할 수 없음)

⑤ 지문 흐름을 파악한 후, 마지막 문장과 지문 흐름 사이의 관계 확인하기: I would really appreciate it if you would ~ (~해 주시면 정말로 감사하겠습니다)

⑥ 선택지를 보고 지문 흐름과 마지막 문장 사이의 관계를 나타낼 수 있는 것을 선택하기: 정책상 환불이 불가능한 사람이 감사의 인사를 하기 위한 조건을 나타내려면 환불이 가능한 방법이 제시되어야 하므로 취소 정책에 대한 예외 적용이 언급된 (b)가 정답이다.

● 오답 분석

(a) seat **upgrade** ▶ 좌석 업그레이드는 글쓴이가 요청하는 사항이 아니다.

(c) **check-in** procedure ▶ 항공권을 환불 받으려는 상황이므로 체크인 절차에 관한 설명은 그 방법으로 맞지 않는다.

(d) other possible **flight dates** ▶ 마찬가지로, 환불을 받으려는 상황에서 다른 항공편 날짜를 알려 달라는 것은 환불 방법으로 어울리지 않는다.

● 해석

선웨이 항공 고객서비스부 귀하

최근, 저는 도쿄로 가는 항공권을 구입했는데, 알고 보니 이번 달에 제가 수술 때문에 병원에 입원할 예정이라서 제 여행 일정을 재조정해야 합니다. 제가 낸 돈을 되돌려 받으려 했을 때, 이미 구입일로부터 7일이 지났기 때문에 불가능하다는 말을 들었습니다. 제가 언제 여행을 떠날 수 있을지 모르기 때문에, 일정 재조정은 저에게 의미가 없습니다. 제가 이 항공권에 정말로 많은 돈을 들였는데, 현재 상황은 제가 어떻게 할 수 없습니다. 따라서, **귀사의 취소 관련 정책에 예외를 적용해 주시는 것**을 고려해 주신다면 정말로 감사드리겠습니다.

안녕히 계십시오.
데니스 리차드슨

(a) 제가 곧 이용할 항공편에 대해 저에게 좌석 업그레이드를 제공해 주시는 것
(b) 귀사의 취소 관련 정책에 예외를 적용해 주시는 것
(c) 저에게 체크인 절차를 상세히 설명해 주시는 것
(d) 저에게 이용 가능한 다른 항공편 날짜를 알려 주시는 것

유형 1 빈칸 채우기   53%

난이도 ●●●○○

Dear Editor:

I am contacting you to complain about _____. This month, your magazine ran an article on page 7 by Miranda Humphreys, in which she made it obvious that she was firmly opposed to the city council's plan to demolish the old Grover Theater. Ms. Humphreys claimed that the theater is a beloved landmark of our town, but neglected to mention that she is not only a frequent patron of the theater, but also a member of its board. In fact, the majority of Dryburgh residents are in favor of the theater making way for a large family park. Please ensure that Dryburgh Life Magazine's writers remain neutral and impartial in their reporting.

Sincerely,
Jimmy Benton

(a) plans to renovate an old building in Dryburgh
(b) the dwindling number of visitors received by a theater
(c) the lack of coverage of Dryburgh's plan to build a new park
(d) the presence of clear bias in a magazine article

해석 및 어휘: 본서 p.118

풀이과정 맛보기

① 첫 문장에 빈칸이 있을 경우, 지문의 주제와 관련되어야 하므로 키워드로 연결되거나 전체 내용을 요약하는 선택지를 예상해야 한다.

② 첫 문장에 불만(complain)이 키워드로 언급되어 있으며, 바로 다음 문장에 기사를 싣기(ran an article)가 연결고리로 제시되어 있다.

③ 연결고리를 확인한 다음, 읽어 내려가면서 전체적임 흐름과 주요 정보를 파악하는 데 집중한다.
  • opposed to the city council's plan to demolish (기자: 극장 철거에 반대)
    ➡ residents are in favor of the theater ~ a large family park (주민들: 공원으로의 개조에 찬성)
    ➡ writers remain neutral and impartial (집필진의 중립적이고 공정한 태도 유지 요구)

④ 따라서, 기자의 중립적이지 않고 공정하지 못한 태도에 대한 불만이 첫 문장에 제시되어야 알맞으므로 이러한 태도와 의미가 상통하는 것으로서 편견(bias)이 언급된 (d)가 정답이다.

정답 (d)

오답 선택지 분석

(a) plans to **renovate** (개조 계획) ▶ 시 의회의 계획은 극장을 철거하는 것이지 개조가 아니다.
(b) **dwindling** number (방문자 수 감소) ▶ 방문객 수의 감소와 관련된 정보는 제시되어 있지 않다.
(c) **lack** of coverage (보도 내용의 부족) ▶ 보도가 편향된 것을 지적하고 있으며, 보도가 부족하다는 언급은 찾아볼 수 없다.

42%

난이도 ●●○○○

Dear Mr. Gilmore,

Because of the rising number of customers at Union Bank, a decision has been made to open a second branch, which will be located on Carnegie Street. After some discussion, we have selected you to be the manager of the new branch. We are happy to reward you for your 12 years of hard work as a clerk, and we are sure you can handle this new responsibility. Your new position will of course mean that you will receive a higher salary and additional benefits, and we will discuss this with you at a meeting on August 14th.

Regards,
Edward Carrey, CEO
Union Bank

Q: What is the main purpose of the letter?

(a) To announce the relocation of a bank branch
(b) To inform Mr. Gilmore that he is being promoted
(c) To update Mr. Gilmore on changes to hiring policies
(d) To explain how the bank has attracted more customers

해석 및 어휘: 본서 p.118

풀이과정 맛보기

① 문제를 먼저 읽고 목적(purpose)을 묻는 문제임을 확인한 후, 첫 문장에서 소재와 흐름을 나타내는 단어를 찾는다.
- 소재: a decision (결정)
- 흐름: open a second branch (두 번째 지점의 개점)

② 두 번째 문장에서 소재와 흐름을 나타내는 단어의 연결 고리를 확인한다.
- 소재: a decision ➡ selected you (당신을 선택했다)
- 흐름: open a second branch ➡ the manager of the new branch (새로운 지점의 책임자)

③ 연결 고리를 확인한 다음, 읽어 내려가면서 전체적인 흐름과 주요 정보를 파악하는 데 집중한다.

handle this new responsibility (새로운 직무를 감당할 수 있음)
➡ receive a higher salary and additional benefits (더 높은 연봉과 추가적인 혜택을 받음)
➡ discuss this with you at a meeting (회의에서 그것을 논의함)

④ 결론적으로 승진 대상자에게 그 사실과 함께 승진에 따른 혜택을 알리는 내용임을 알 수 있으므로 (b)가 정답이다.

정답 (b)

오답 선택지 분석

(a) **relocation** (위치 이전) ▶ 위치 이전과 관련된 전달 사항으로 제시된 정보가 없다.
(c) changes to hiring **policies** (고용 정책의 변경) ▶ 정책의 변경을 설명하는 내용이 아니다.
(d) **attracted** more customers (추가 고객의 유치) ▶ 고객 유치와 관련된 내용이 쓰여 있지 않다.

난이도 ●●●○○

To the Community Activities Coordinator:

Due to work commitments, I could not attend the scheduled training class on May 4th for the upcoming rock climbing excursion, and this meant that I was also unable to make the full advance payment for the equipment rental. I called the community center on May 2nd to explain that I'd have to work late on the 4th. I asked for someone to get back to me regarding the possibility of attending a different training course, and I also wanted to know how to pay for the rental gear. Nobody got back to me, and I have since noticed that my name has been removed from the list of group participants for the excursion. I still want to join this activity, so I would appreciate it if you could contact me ASAP and let me know what I should do.

Thanks,
Lisa Prentice

Q: Which of the following is correct about Lisa Prentice according to the letter?

(a) She is writing to request a refund for a rock climbing excursion.
(b) She had notified the community center that she could not make it to the training session.
(c) She requested to be removed from the list of excursion group participants.
(d) She made the full payment for the equipment rental after the deadline.   해석 및 어휘: 본서 p.119

풀이과정 맛보기

① 문제를 읽고 지문 전체(according to the letter)에 대한 세부 내용 파악 문제임을 확인한다.

② 선택지의 내용을 미리 파악한다.

  (a) She is writing to request **a refund** for a rock climbing excursion.
  (b) She had **notified** the community center that she could **not make it to** the training session.
  (c) She **requested to be removed from the list** of excursion group participants.
  (d) She **made the full payment** for the equipment rental after the deadline.

③ 지문을 읽는 동안 각 선택지와 관련된 정보를 비교 확인한다.

④ 지문 중반부에, 5월 2일에 지역 문화 센터에 전화를 걸어 5월 4일에 늦게까지 일을 해야 한다고 설명한 사실을 통해 4일로 예정된 교육 시간에 갈 수 없음을 미리 알렸음(I called the community center on May 2nd to explain that I'd have to work late on the 4th)을 알 수 있으므로, 이 사실을 언급한 (b)가 정답이다.

정답 (b)

오답 선택지 분석

(a) request a **refund** (환불 요청) ▶ 꼭 참석하기를 원하는 사람이 그 방법을 찾기 위해 보내는 편지이다.
(c) **requested** to be removed from the list (명단 제외 요청) ▶ 자신이 직접 요청한 게 아니므로 오답이다.
(d) **made the full payment** for the equipment rental (비용 전액 지불) ▶ 선금을 지불할 수 없었으므로 맞지 않는다.

기출유형정리 해석

유형 1 빈칸 채우기

해석 편집자께,

저는 **잡지 기사에 존재하는 명백한 편견**에 대해 불만을 제기하기 위해 연락드립니다. 이번 달에, 귀사의 잡지는 7페이지에 미란다 험프리스 씨의 기사를 실었는데, 이를 통해 그 기자님은 오래된 그로버 극장을 철거하려는 시의 회의 계획에 단호하게 반대한다는 점을 분명히 했습니다. 험프리스 씨는 그 극장이 우리 도시에서 사람들의 사랑을 받는 명소라고 주장했지만, 그분 자신이 그 극장을 자주 찾는 손님일 뿐만 아니라 그곳 이사회의 일원이라는 점을 언급하지 않으셨습니다. 사실, 대다수의 드라이버그 주민들은 그 극장이 가족용 대형 공원으로 탈바꿈되는 것을 찬성하고 있습니다. 드라이버그 라이프 매거진의 집필진은 보도 내용에 있어 중립적이고 공정한 태도를 꼭 유지해 주시기 바랍니다.

안녕히 계십시오.
지미 벤튼

(a) 드라이버그의 오래된 한 건물을 개조하려는 계획
(b) 점점 줄어들고 있는 한 극장의 방문객 수
(c) 새로운 공원을 지으려는 드라이버그의 계획에 관한 보도 기사의 부족
(d) 잡지 기사에 존재하는 명백한 편견

> ⭐ 필수어휘
>
> **contact** ~에게 연락하다 **complain about** ~에 대해 불만을 제기하다 **run an article** 기사를 싣다 **make it obvious that** ~라는 점을 분명히 하다 **firmly** 단호히 **be opposed to** ~에 반대하다 **the council** 시의회 **plan to do** ~하려는 계획 **demolish** ~을 철거하다 **claim that** ~라고 주장하다 **beloved** 사람들의 사랑을 받는 **landmark** 명소 **neglect to do** ~하지 못하다 **mention that** ~임을 언급하다 **not only A but also B**: A뿐만 아니라 B도 **frequent** 자주 다니는 **board** 이사회 **in fact** 사실, 실제로 **the majority of** 대다수의 **in favor of** ~에 찬성하는 **make way for** ~에게 자리를 내 주다, 길을 터 주다 **ensure that** 꼭 ~하도록 하다, ~하는 것을 확실히 하다 **remain** 형용사: ~한 상태로 유지되다, 남아 있다 **neutral** 중립적인 **impartial** 공정한 **reporting** 보도 **renovate** ~을 개조하다 **dwindling** 점점 줄어드는 **lack of** ~의 부족 **coverage** 보도 **presence** 존재, 있음 **bias** 편견, 편향

유형 2 **목적**

해석 길모어 씨께,

유니언은행의 고객 수가 증가하면서 두 번째 지점을 개설하기로 한 결정이 내려졌으며, 이는 카네기 스트리트에 위치할 것입니다. 논의 끝에, 우리는 귀하를 새 지점의 책임자로 선택했습니다. 우리 직원으로서 12년간 열심히 근무해 온 귀하께 보상을 해 드릴 수 있게 되어 기쁘게 생각하며, 귀하는 분명 이 새로운 직무를 감당하실 수 있을 것입니다. 귀하의 새 직책은 당연히 더 높은 연봉과 추가적인 혜택을 받게 되신다는 것을 의미하며, 우리는 8월 14일에 있을 회의에서 이 부분을 귀하와 함께 논의할 것입니다.

안녕히 계십시오.
에드워드 캐리, 대표이사
유니언은행

Q: 편지의 주 목적은 무엇인가?

(a) 한 은행 지점의 위치 이전을 공지하기

(b) 길모어 씨에게 승진된다는 사실을 알리기

(c) 길모어 씨에게 고용 정책의 변화에 관한 정보를 제공하기

(d) 은행이 더 많은 고객들을 끌어들인 방법을 설명하기

> ⭐ **필수어휘**
>
> **rising** 증가하는 **make a decision** 결정을 내리다 **branch** 지점, 지사 **be located on** ~에 위치하다 **discussion** 논의 **select** ~을 선택하다 **reward A for B**: A에게 B에 대해 보상하다 **clerk** 직원, 점원 **handle** ~을 다루다, 처리하다 **responsibility** 직무, 책무 **position** 직책 **mean that** ~임을 의미하다 **receive** ~을 받다 **additional** 추가적인 **benefit** 혜택 **discuss** ~을 논의하다 **relocation** (위치) 이전 **inform A that**: A에게 ~라고 알리다 **promote** ~을 승진시키다 **update A on B**: A에게 B에 관한 정보를 제공하다, 새로운 소식을 알리다 **hiring** 고용 **policy** 정책 **explain** ~을 설명하다 **attract** ~을 끌어들이다

유형 3 세부 내용 파악

해석 지역사회 활동 편성 책임자께

제가 맡은 업무들로 인해, 저는 곧 있을 암벽 등반 여행을 위해 5월 4일로 예정되어 있던 교육에 참석할 수 없었으며, 이것은 또한 제가 장비 대여에 필요한 선금 전액을 지불할 수 없었다는 점을 의미합니다. 저는 5월 2일에 지역 문화 센터에 전화를 걸어 5월 4일에 늦게까지 근무해야 할 것이라고 설명했습니다. 저는 다른 교육 시간에 참석하는 것의 가능성과 관련해 저에게 다시 연락해 줄 사람을 찾고 있었고, 대여 장비에 대한 비용을 지불하는 방법도 또한 알고 싶었습니다. 아무도 저에게 다시 연락을 하지 않았으며, 나중에 저는 해당 여행의 단체 참가자 명단에서 제 이름이 누락되었다는 사실을 알게 되었습니다. 저는 여전히 이 활동에 함께하기를 원하므로, 가능한 한 빨리 저에게 연락 주셔서 무엇을 해야 하는지 알려 주실 수 있다면 감사하겠습니다.

감사합니다.

리사 프렌티스

Q: 편지에 따르면, 다음 중 리사 프렌티스에 관해 옳은 것은?

(a) 암벽 등반 여행에 대한 환불을 요청하기 위해 편지를 쓰고 있다.

(b) 교육 시간에 참석할 수 없을 것이라고 지역 문화 센터에 알렸다.

(c) 단체 여행 참가자 명단에서 제외시켜 달라고 요청했다.

(d) 마감 기한 이후에 장비 대여 비용을 전액 지불했다.

> ⭐ **필수어휘**
>
> **coordinator** 진행 담당자 **due to** ~로 인해 **commitment** 맡은 일 **attend** ~에 참석하다 **scheduled** 예정된 **upcoming** 곧 있을, 다가오는 **rock climbing** 암벽 등반 **excursion** (짧은) 여행, 야유회 **be unable to do** ~할 수 없다 **make the full advance payment** 선금을 전액 지불하다 **equipment** 장비 **rental** 대여 **regarding** ~와 관련해 **possibility** 가능성 **gear** 장비 **since** 그 이후로 **notice that** ~임을 알게 되다 **remove A from B**: A를 B에서 제거하다 **participant** 참가자 **join** ~에 함께 하다 **I would appreciate it if** ~라면 감사하겠습니다 **contact** ~에게 연락하다 **ASAP** 가능한 한 빨리(=as soon as possible) **request** ~을 요청하다 **refund** 환불 **notify A that**: A에게 ~라고 알리다 **make it to** (제때) ~에 도착하다 **session** 활동 시간 **deadline** 마감시한

1

To the Editor:

Being a nutritionist by profession, I am growing tired of the number of people who claim that not only is cow's milk not nutritious, but it is even harmful to humans. So, I appreciated last week's article on the age-old health benefits of cow's milk and how it favorably compares with alternatives such as almond and soy milk. But I think you failed to emphasize the questionable advice that so-called nutritionists are giving to people through social media platforms. I commend the coverage you did provide, but I think the article should have _____.

Respectfully,
Jean Arndale

(a) listed some additional ways to keep healthy and in shape
(b) gone into more detail about the health benefits of almond milk
(c) mentioned that cow's milk has some potentially negative effects
(d) exposed the false information that exists on the Internet

2

Roger,

Your summer internship is almost over, and we hope that you will _____. We have been very impressed with your performance during your time here, and you have proven to be a great help in the administration office. We are very sorry to be losing you on July 31st. Therefore, I would like to suggest that you continue working with us until August 30th. It will be a busy month for us, so we could certainly use an extra pair of hands. We would also be happy to increase your hourly pay rate as a token of our appreciation. I look forward to hearing your response.

Sincerely,
Liam Nelson

(a) consider transferring to a different office
(b) accept a gift that we purchased to show our gratitude
(c) extend your employment period for another month
(d) find a suitable replacement to fill your position

3

> Dear Mr. Harmon,
>
> I am contacting you regarding _____. As we discussed when we met last Wednesday, I will deliver 50 donuts and 50 bagels to your business every morning throughout September. You have agreed to advertise and sell these goods until the end of month, in return for 25% of the takings generated through sales. If we both decide that the business arrangement has been successful, we will extend it for a further 3 months. If you agree to these terms, you will receive the first shipment at 8 a.m. on Monday.
>
> Best regards,
> Joe Avolio

(a) the sale of my baked goods in your store
(b) the terms that have been broken in our contract
(c) our agreement on the renovation of your store
(d) the delivery schedule for the merchandise you will send

4

> Dear Professor Paulsen,
>
> Thank you for e-mailing the recommended reading list to me to help me prepare for my Ph. D. I am writing because I _____.
> While checking my e-mail account the other day, I accidently managed to delete all my messages, including the ones from you. This has caused me a great deal of stress, as the messages contained a lot of important information relevant to my studies. So, I am contacting several people to request that they send certain materials again. I hope you won't mind doing this for me!
>
> Many thanks,
> Olivia Brooke

(a) need to ask you to forward the list again
(b) found some errors in the list you compiled
(c) was not able to find some of the books you recommended
(d) would like your permission to share the list with others

5

Dear Ms. Haskin,

I'm writing to Repton Corporation on behalf of Ridgemont High School regarding the donation of old computers we discussed a few weeks ago. I thought that you would've gotten back in touch with me by now, so I'd just like to check that you do still intend to part with the equipment, which would be of great benefit to our students. As you know, recent government cutbacks on education have severely diminished our budget, and we would be very appreciative of any extra resources you could provide.

Kindest regards,
Maureen O'Dowd

Q: What is the main purpose of the letter?

(a) To invite a corporation to sponsor a high school event
(b) To express gratitude for the delivery of some computers
(c) To follow up on a prior request for a donation
(d) To complain about a high school's lack of resources

6

Dear Ms. Cates,

First of all, we would like to thank you for being a long-time subscriber to *Home Interiors Magazine* for the past three years. I am writing to you today because our courier was unable to deliver this month's issue to you. The occupant at your address informed our courier that you have recently moved house. I assume you were too busy to inform us of the move in advance. If you could let me know your new address at your earliest convenience, I will make sure that you do not miss any issues of our magazine. Thanks in advance.

Sincerely,
Glenda Jacobs
Home Interiors Magazine

Q: What is the main purpose of the letter?

(a) To request payment for magazine subscription services
(b) To ask Ms. Cates for updated delivery details
(c) To recommend a newly-launched publication to Ms. Cates
(d) To suggest that Ms. Cates extend a magazine subscription

7

Dear Dundee City Resident:

This summer, we will be implementing seasonal restrictions on garden sprinklers and hoses in order to limit the amount of water used during the dry, hot months. The restrictions will go into effect on July 1st and remain in effect right through until the end of August. During this time, sprinklers and hoses may only be used on Mondays, Wednesdays, and Saturdays between the hours of 7 a.m. and 9 a.m. Anyone found watering their lawns outside the stated days and times will face a fine of up to $500. Let's work together to save our town's valuable resources.

Sincerely,
Dundee Public Works Department

Q: What is the letter mainly about?

(a) A complete ban on the use of garden sprinklers
(b) An increase to the fine for breaking city regulations
(c) The city's water usage policy in hot weather
(d) How residents can help to save water inside their homes

8

| To: John S. <johnsmyth@starmail.com> | Date: March 13 |
| From: Me <gina.edwards@topmailbox.com> | Subject: A favor to ask |

Hi, John!

Thanks for visiting my new restaurant last week. I'm glad you enjoyed the meal. I'm trying to promote the business online at the moment, and I've listed it on the popular site TravelFoodAdvisor.com. It'd be helpful if I got some reviews there to encourage tourists to give us a try. If you could share some thoughts about your experience, I'd be grateful.

Looking forward to seeing you again soon!

Gina

Q: What is the main purpose of the email?

(a) To ask for a restaurant review on a website
(b) To seek feedback about a restaurant website
(c) To thank John for a positive restaurant review
(d) To recommend a website for restaurant reviews

9

> Dear Small Business Owner:
>
> Office Temp has developed a new innovative program exclusively for small, emerging businesses like yours. Office Temp has a reputation for the quality service we've given every business since we were established in 1975. We provide temporary clerical, secretarial, and accounting employees more effectively than ever before with our new Small Business Division. Call us for further information on how Office Temp can satisfy your needs for temporary help or simply give us a try the next time you need a temp. We appreciate every opportunity to be of service, and look forward to working with you.
>
> Sincerely,
> Office Temp

Q: Which of the following is correct about Office Temp?

(a) It develops software used in office environments.
(b) It provides small businesses with office stationery supplies.
(c) It finds temporary workers for start-ups.
(d) It has been understaffed in recent years.

10

> Dear Rhonda,
>
> My co-workers often eat food and chat on their cell phones while working at their desks, and it really distracts me from my work. I know this might seem like a minor problem, but it's really bothering me and beginning to affect the quality of my work and my ability to meet deadlines. Part of the problem is that I'm the newest employee, so I don't feel comfortable asking my co-workers face-to-face to change their behavior. I've been to my boss to request her help, but she thought I was overreacting. How can I get them to stop causing so many distractions?
>
> Sincerely,
> Irate Office Worker

Q: Which of the following is correct about the writer according to the letter?

(a) She complains that the quality of her co-workers' work is not good enough.
(b) She is unhappy that the deadlines her manager sets are too restrictive.
(c) She would prefer not to discuss an issue with her co-workers because they are new.
(d) She has already asked her manager for her assistance in the matter.

Questions 11-12

Dear Mr. Whyte,

This is in reference to the scheduled work on the kitchen of your house at 149 Mossy Avenue, which recently suffered severe damage due to flooding. Your homeowner's insurance covers only the cost of materials, so you will have to pay the cost of labor yourself. This is the normal arrangement under the standard policy you have purchased for your home. Therefore, billings from materials will be dealt with directly by one of our agents.

However, to deduce the cost of labor, a work team will be sent to your home on Saturday morning. Once the team arrives, the supervisor will survey the site and the pipe from which the water came out and inform you how much the work will cost you in total. Don't hesitate to contact me if you have any queries.

Roy Burns
Dillon Home Insurance

11   Q: Which of the following is correct according to the letter?

(a) Mr. Whyte will not be at home on the day of the repair work.
(b) Mr. Whyte's house will not need to pay any labor costs.
(c) Mr. Whyte's insurance covers the materials required in his kitchen.
(d) The work team has already evaluated the damage at Mr. Whyte's home.

12   Q: What can be inferred about Mr. Whyte's kitchen?

(a) This is not the first time it has been damaged.
(b) It recently had new appliances installed.
(c) It will be inspected by Roy Burns.
(d) It was damaged due to a burst water pipe.

☑ 광고는 크게 구인 광고와 제품/서비스 광고로 나뉜다. 특히 제품 및 서비스 광고가 TEPS에서 주로 출제되고 있다.

☑ 광고는 제품이나 서비스의 특장점을 부각시켜 잠재 고객들의 구매 욕구를 자극시키는 것이 주요 목적이다.

☑ 광고는 시작 부분에서 광고 대상이 무엇인지를 명확하게 밝힌 후, 광고 대상의 특장점을 소개하는 흐름으로 이어진다.

☑ 지문 마지막 부분에는 제품이나 서비스의 구매 또는 이용 장소와 방법을 알려주는 내용이 주를 이룬다.

☑ 매 회당 2~4개의 지문이 출제되고 있으며 Part 1과 3에서 주로 출제된다.

기출 분석 1 광고 지문의 구성 및 주요 표현

1 서론: 제품/서비스 소개

주로 소비자의 관심을 끄는 질문으로 시작한다.

- Are you looking for ~? ~을 찾고 계신가요?
- Then look no further than ~. 그렇다면 ~만 보십시오.
- Are you tired of ~? ~에 싫증 나셨나요?

2 본론: 제품/서비스의 장점과 특징

서론에 언급한 제품이나 서비스의 특장점을 소개하면서 구매를 자극하는 내용이 주를 이룬다.

- We are (well) known for ~. 저희는 ~로 (잘) 알려져 있습니다.
- Our product comes equipped with ~. 저희 제품은 ~을 갖추고 있습니다.
- We provide quality products[services]. 저희는 양질의 제품을[서비스를] 제공합니다.

3 결론: 제품/서비스 구매 방법 및 문의 방법

구매를 유도하는 표현과 함께 구매 방법 및 문의 방법과 관련된 정보가 제시된다.

- So why not purchase[book, visit] ~? 그러므로 ~을 구매[예약, 방문]하시는 게 어떨까요?
- You can find our product[service] ~. 저희 제품은[서비스는] ~에서 찾으실 수 있습니다.
- To purchase the product[service] today, ~. 오늘 제품을[서비스를] 구매하시려면, ~하세요.

기출 분석 2 자주 출제되는 질문 유형

1 Part 1

광고의 서론 또는 결론 부분에 주제나 핵심 내용을 빈칸으로 채우는 문제가 출제된다.

2 Part 3 & 4

- What is mainly being advertised? 주로 무엇이 광고되고 있는가?
- Which of the following is correct about ~? 다음 중 ~와 관련해 옳은 것은?

기출 분석 3 접근법

1 광고 종류 구별

광고는 크게 구인 광고와 제품/서비스 광고로 분류된다. 광고 종류에 따라 전개 패턴이 다르기 때문에 지문 초반부를 통해 광고의 종류를 파악하는 것이 효과적이다.

2 지문 패턴 예상

- 제품/서비스 광고: 광고 제품/서비스 소개 ➡ 제품/서비스의 특장점 설명 ➡ 구매 방법 및 장소 ➡ 문의 사항 및 추가 정보
- 구인 광고: 구인 광고 명시(wanted, position now available 등) ➡ 해당 직책 소개 ➡ 자격 요건 제시 ➡ 담당 업무 설명 ➡ 근무 조건 및 복지 혜택 설명 ➡ 지원 방법 및 제출 서류 안내

3 문제와 관련된 부분을 찾아 정답 선택

지문 속 정보의 흐름과 위치를 파악하고 나면, 해당 문제에서 요구하는 정보를 지문 속에서 빠르게 찾아 선택지와의 비교를 통해 정답을 고른다.

기출 맛보기 지문 파악 직접 해보기

Would you like to go on a **cultural vacation**, but **have no idea where to go**? Are you hoping to visit some famous historical sites? You are possibly considering London as your destination. Well, that is not the only British city with famous landmarks. In fact, **Edinburgh** is home to countless **beautiful old buildings and monuments**, many of which are situated on the popular street known as The Royal Mile. We also **have excellent guided tours** around the city, making it the perfect place for anyone hoping to experience some culture. So, what are you waiting for? **Organize your trip today** and

_____.

(a) experience a guided tour around the museum
(b) enjoy the finest shopping experience in Britain
(c) explore many of Edinburgh's historical landmarks
(d) see the best that both London and Edinburgh have to offer

● 지문 파악 순서

① 첫 문장에서 소재 파악하기: cultural vacation (문화 여행)

② 첫 문장에서 흐름을 나타내는 어구 파악하기: have no idea where to go (어디로 가야 할지 모름)

③ 소재와 흐름을 나타내는 어구를 바탕으로 지문의 전개 방향 예측하기: 어디로 문화와 관련된 여행을 가야 할지 알지 못하는 사람들에게 권하는 여행 관련 정보가 이어질 것이다.

④ 다음에 제시되는 문장들을 통해 소재와 흐름상의 어구가 이어지는 연결 고리 파악하기: Edinburgh (에든버러) ➡ beautiful old buildings and monuments (많은 아름답고 오랜 역사를 지닌 건물과 기념관들) ➡ have excellent guided tours (가이드를 동반한 훌륭한 투어 보유)

⑤ 지문 흐름을 파악한 후, 마지막 문장과 지문 흐름 사이의 관계 확인하기: Organize your trip today
(오늘 여행을 준비하십시오.)

⑥ 선택지를 보고 지문 흐름과 마지막 문장 사이의 관계를 나타낼 수 있는 것을 선택하기: 에든버러 여행과 관련된 정보를 제
공한 후, 오늘 여행을 준비하라고 권하는 것에 따라 할 수 있는 일을 나타내야 하므로 에든버러의 명소 탐방이라는 활동이
언급된 (c)가 정답이다.

● 오답 분석

(a) **museum** ▶ 지문 전체적으로 설명하는 여행의 목적지는 박물관이 아니다.

(b) **shopping** experience ▶ 지문 전체적으로 설명하는 여행의 주 목적은 쇼핑이 아니다.

(d) both **London** and Edinburgh ▶ 런던은 비교 대상으로만 잠깐 언급되어 있고, 지문 전체적으로 에든버러 여행을 소
개하는 흐름이므로 오답이다.

● 해석

문화 여행을 하고 싶지만, 어디를 가야 할지 모르고 계신가요? 유명한 유적지를 방문하기를 바라고 계신가요? 여러분은 아
마 런던을 목적지로 고려하고 계실지도 모릅니다. 음, 그곳이 유명 명소들을 보유한 유일한 영국 도시는 아닙니다. 사실, **에든
버러는 수없이 많은 아름답고 오랜 역사를 지닌 건물과 기념물의 본고장이며**, 이들 중 대부분은 로얄 마일이라고 알려진
인기 있는 거리에 자리 잡고 있습니다. 저희는 또한 이 도시의 곳곳을 가이드와 함께 돌아볼 수 있는 훌륭한 투어를 보유하고
있어, 누구든 문화를 경험할 수 있기를 바라는 분들께 완벽한 장소입니다. 자, 무엇을 망설이고 계신가요? 오늘 여행을 준비하
셔서 **에든버러의 많은 역사적인 명소들을 탐방해 보십시오.**

(a) 박물관을 돌아보는 가이드 동반 투어를 경험해 보십시오

(b) 영국에서 최고의 쇼핑 경험을 즐겨 보십시오

(c) 에든버러의 많은 역사적인 명소들을 탐방해 보십시오

(d) 런던과 에든버러 두 곳에서 모두 제공되는 최고의 순간을 경험해 보십시오

유형 1 빈칸 채우기   49%

난이도 ●●○○○

Considering a career in the health services? Unable to attend a university and obtain a full degree? Then, Norrington Healthcare Institute is the school for you. We offer many courses that will help to prepare you for jobs in the medical field that don't require a bachelor's degree, such as registered nurse, ultrasound technician, and first-aid attendant. We opened last year, so our facilities are brand-new, and our labs have the latest equipment. Plus, all of our courses are augmented with on-site training sessions at State University Hospital, one of the best teaching and research hospitals in the state. Enroll at Norrington Healthcare Institute, where you can _____.

(a) pursue a medical degree at a prestigious university
(b) take advantage of our years of educational expertise
(c) earn a certificate exclusively through distance learning
(d) gain practical training in your chosen healthcare field

해석 및 어휘: 본서 p.132

풀이과정 맛보기

① 첫 문장에 의료 서비스 분야에서의 근무를 언급한 후, Norrington Healthcare Institute가 적합한 교육 기관이라는 말이 이어지고 있으므로 해당 기관을 소개하는 흐름을 예상할 수 있다.

② 이후에 이어지는 문장들은 해당 교육 기관의 장점을 설명하고 있으며, 최신 시설을 비롯한 훌륭한 현장 교육 프로그램이 소개되고 있다.

③ 그와 같이 좋은 교육 기관에 등록할 경우에 따른 긍정적인 영향을 나타내는 말이 빈칸에 필요하므로 의료 분야에 대한 실용적인 교육을 받는 일을 뜻하는 (d)가 정답이다.

정답 (d)

오답 선택지 분석

(a) prestigious **university** (권위 있는 대학) ▶ 지문 초반부를 통해 대학교에서의 정규 학위 과정을 밟을 수 없는 사람들을 위한 코스임을 알 수 있으므로 오답이다.

(b) educational **expertise** (교육적인 전문 지식) ▶ 시설과 장비가 최신식이고 현장 교육의 이점을 설명하고 있으므로 단순히 지식 습득만을 위한 곳이 아님을 알 수 있다.

(c) through **distance learning** (원격 교육) ▶ 수업 방식으로서 원격 교육과 관련된 정보로 제시된 것이 없으므로 오답이다.

난이도 ●●●○○

Beautiful new holiday homes await buyers on the Mediterranean coast, but with recent trends in the real estate market, Spanish property is not a risk-free investment. A clear understanding of Spain's property market is essential if you want to get the most out of your money. That's why we have created Spanish Property Secrets, an e-book and software package that will help you find your dream vacation home and ensure that you use your money wisely.

Q: What is mainly being advertised?

(a) Software for keeping track of financial transactions
(b) A website showing available property in Spain
(c) Resources for potential property investors
(d) A real estate agency specializing in vacation homes

해석 및 어휘: 본서 132

풀이과정 맛보기

① 문제를 통해 주제 문제(mainly being advertised)임을 확인한 후, 첫 문장에서 소재와 흐름을 나타내는 단어를 찾는다.
- 소재: new holiday homes (새로운 별장들)
- 흐름: Spanish property (스페인의 부동산) / not a risk-free investment (위험 부담에서 자유롭지 않은 투자 대상)

② 두 번째 문장에서 소재와 흐름을 나타내는 단어의 연결 고리를 확인한다.
- 소재: new holiday homes ➡ Spain's property market (스페인의 부동산 시장)
- 흐름: Spanish property / not a risk-free investment ➡ clear understanding (분명한 이해) / essential (필수적)

③ 연결 고리를 확인한 다음, 읽어 내려 가면서 전체적임 흐름과 주요 정보를 파악하는 데 집중한다.

we have created (우리가 만들었다)
➡ e-book and software package (전자도서와 소프트웨어 패키지)
➡ help you find your dream vacation home (꿈 꾸던 별장을 찾는 데 도움이 됨)
   use your money wisely (자금을 현명하게 활용하게 됨)

④ 결론적으로 부동산 투자를 잘 할 수 있는 법을 가르쳐 주는 책과 소프트웨어 상품 광고임을 알 수 있으므로 잠재 투자자들을 위한 자료를 의미하는 (c)가 정답이다.

정답 (c)

오답 선택지 분석

(a) keeping track of **financial transactions** (금융 거래) ▸ 지문에 소개되는 상품은 금융 거래 파악을 위한 것이 아니므로 오답이다.
(b) **website** showing available property (웹 사이트) ▸ 웹 사이트를 소개하는 것이 아니므로 오답이다.
(d) **real estate agency** specializing in (부동산 중개업체) ▸ 부동산 중개업체 광고가 아니므로 오답이다.

난이도 ●●○○○

Get the Pritchard Cashback Card and start building up credit! The Pritchard Cashback Card is a credit card designed exclusively for currently-enrolled Pritchard University students. We offer low introductory rates, and there is no annual fee. Earn up to 5% cashback when shopping on campus and up to 1% everywhere else. No co-signer is required to sign up, even for those who have no credit history, so apply today!

Q: Which of the following is correct about the Pritchard Cashback Card according to the advertisement?

(a) Any student enrolled at any university is eligible to receive one.
(b) New cardholders will pay the lowest annual fee in the market.
(c) A uniform cashback rate applies to all purchases made with it.
(d) Students without established credit do not need a co-signer.

해석 및 어휘: 본서 p.133

풀이과정 맛보기

① 문제를 읽고 지문 전체(according to the advertisement)에 대한 세부 내용 파악 문제임을 확인한다.

② 선택지의 내용을 미리 파악한다.

    (a) Any student enrolled **at any university** is eligible to receive one.
    (b) New cardholders will pay the **lowest annual fee** in the market.
    (c) A **uniform cashback rate** applies to all purchases made with it.
    (d) Students without established credit **do not need a co-signer**.

③ 지문을 읽는 동안 각 선택지와 관련된 정보를 비교 확인한다.

④ 지문 마지막에, 심지어 신용 기록이 없는 학생들도 보증인 없이 신청할 수 있다고 알리고 있으므로(No co-signer is required / for those who have no credit history), 이 사실을 그대로 언급한 (d)가 정답이다.

정답 (d)

오답 선택지 분석

(a) Any student enrolled **at any university** (어느 대학교든지) ▶ 지문 초반부에 오직 Pritchard University 재학생들만을 위한 것이라고 되어 있으므로 오답이다.

(b) pay the **lowest annual fee** (가장 저렴한 연회비) ▶ 지문 중반부에 연회비가 없다고(no annual fee) 되어 있으므로 오답이다.

(c) A **uniform cashback rate** (균일한 캐쉬백 비율) ▶ 지문 중반부에 캠퍼스 내에서는 5%, 그 외의 다른 곳에서는 1%의 적립 비율이 적용된다고 쓰여 있으므로 오답이다.

기출유형정리 해석

유형 1 빈칸 채우기

해석 의료 서비스 분야에서의 경력을 고려하고 계신가요? 대학에 가서 정규 학위를 받을 수 없으신가요? 그러시다면, 노링턴 의료 전문 학교가 바로 여러분을 위한 학교입니다. 저희는 공인 간호사, 초음파 기술사, 그리고 응급 구조사와 같이 의학 학위를 필요로 하지 않는 의료 분야의 일자리에 대해 준비하실 수 있도록 도와 드리는 여러 학업 과정을 제공하고 있습니다. 저희는 작년에 문을 열었기 때문에, 시설이 최신식이며, 저희 실험실에는 최신 장비가 있습니다. 게다가, 모든 학업 과정은 우리 주에서 가장 뛰어난 의대 부속 연구 병원들 중의 하나인 주립 대학 병원에서 진행되는 현장 교육 시간으로 인해 수업의 질이 높습니다. 저희 노링턴 의료 전문 학교에 등록하시면, **선택하시는 의료 분야에 대해 실용적인 교육을 받으실** 수 있습니다.

(a) 권위있는 대학교에서 의학 학위 과정을 밟으실
(b) 교육적인 전문 지식으로 구성된 저희 학기들을 이용하실
(c) 오로지 원격 교육을 통해서만 수료증을 받으실
(d) 선택하시는 의료 분야에 대해 실용적인 교육을 받으실

> **⭐ 필수어휘**
>
> **consider** ~을 고려하다 **unable to do** ~할 수 없는 **attend** (학교 등) ~에 다니다 **obtain** ~을 얻다, 획득하다 **full degree** 정규 학위 **offer** ~을 제공하다 **prepare A for B**: B에 대해 A를 준비시키다 **medical** 의료의 **field** 분야 **require** ~을 필요로 하다 **bachelor's degree** (4년제) 학사 학위 **such as** ~와 같은 **registered nurse** 공인 간호사 **ultrasound technician** 초음파 기술자 **first-aid** 긴급 구조의 **attendant** 요원, 대원 **facility** 시설 (물) **brand-new** 완전히 새로운 **lab** 실험실 **equipment** 장비 **plus** 게다가, 그에 더해 **be augmented with** ~로 인해 강화되다, 증대되다 **on-site** 현장의 **training** 교육 **session** (특정 활동을 위한) 시간 **teaching and research hospital** 의대 부속 연구 병원 **enroll at** ~에 등록하다 **pursue** ~을 추구하다, 계속 해 나가다 **prestigious** 권위 있는 **take advantage of** ~을 이용하다 **expertise** 전문 지식 **earn** ~을 얻다, 받다 **certificate** 수료증, 증명서 **exclusively** 오로지, 독점적으로 **through** ~을 통해 **distance learning** 원격 교육 **gain** ~을 얻다, 획득하다 **practical** 실용적인 **chosen** 선택된 **healthcare** 의료, 보건

유형 2 광고 대상

해석 아름다운 신축 별장들이 지중해 연안에서 구매자들을 기다리고 있지만, 부동산 시장의 최근 동향으로 볼 때, 스페인의 부동산은 위험 부담에서 자유로운 투자 대상이 아닙니다. 여러분의 자금을 최대로 활용하기를 원하실 경우, 스페인의 부동산 시장에 대한 분명한 이해가 필수입니다. 이것이 바로 저희가 여러분께서 꿈에 그리던 별장을 찾고 자금을 현명하게 활용하도록 보장하는 데 도움을 드리는 전자책과 소프트웨어 패키지인 '스페인 부동산 시크릿'을 제작한 이유입니다.

Q: 주로 무엇이 광고되고 있는가?

(a) 금융 거래를 파악하는 데 필요한 소프트웨어
(b) 스페인에서 구매 가능한 부동산을 보여 주는 웹 사이트
(c) 잠재적 부동산 투자자들을 위한 자료
(d) 별장을 전문으로 하는 부동산 중개업체

유형 3 세부 내용 파악

해석 프릿차드 캐쉬백 카드를 만들어 신용을 쌓기 시작하십시오! 프릿차드 캐쉬백 카드는 현 프릿차드 대학 재학생만을 위해 만들어진 신용카드입니다. 저희는 낮은 초기 이자율을 제공하고 있으며, 연회비가 없습니다. 캠퍼스 내에서 쇼핑하실 경우에 최대 5퍼센트, 그 밖의 다른 곳에서는 최대 1퍼센트의 캐시백을 적립하십시오. **심지어 신용 기록이 없는 분들에게도 보증인의 등록이 필요하지 않으므로**, 오늘 신청하세요!

Q: 광고에 따르면, 프릿차드 캐쉬백 카드에 관해 다음 중 어느 것이 옳은 내용인가?

(a) 어느 대학교에 재학 중인 어느 학생이든 받을 자격이 있다.
(b) 신규 카드 소지자는 시중에서 가장 저렴한 초기 연회비를 지불할 것이다.
(c) 그 카드를 이용한 모든 구매에 대해 균일한 캐쉬백 비율이 적용된다.
(d) 신용 기록이 없는 학생들이 보증인을 필요로 하지 않는다.

1

If you need a professional to get rid of hazardous dry rot in your roof or attic, call Carlson Roofing Company. We are the only people you need to call, because we _____. Our experienced team will identify the cause of the dry rot and the affected areas and begin fixing the problem immediately. Dry rot is a very serious fungal problem that can spread through wooden structures quickly unless properly dealt with. Pay no attention to other inexperienced services offering suspiciously low rates. Carlson Roofing is the only company that boasts a 100% customer satisfaction rate. It's worth paying a little extra, because our results speak for themselves.

(a) can refer you to one of several reliable companies
(b) offer the lowest rates in the industry
(c) guarantee to solve your roof problems effectively
(d) stock all of the tools you'll need to carry out the work

2

Here at Smart Foods Inc., we only use eco-friendly packaging for our extensive range of food and beverage products. Ecosystems and wildlife around the world are suffering due to humankind's overuse of harmful materials such as plastic. We use 100% biodegradable materials for our packaging, which ensures that it decomposes naturally and causes no harm. We have recently been recognized for our efforts by the World Environmental Society (WES). It's our pleasure to say that our goal is to _____.

(a) provide nutritious meals for those concerned about health
(b) rebuild ecosystems through our agricultural efforts
(c) protect our planet by using only green materials
(d) raise awareness about endangered species

3

If you're feeling generous, give someone you care about a meal coupon for Allegro Restaurant. Our meal coupons entitle the bearer to a 20 percent discount on their total bill when they spend at least $100. Coupons can be redeemed only at our main location at 459 High Street, Aberdeen. Anyone who uses a coupon will also be entered into our monthly prize draw and stand a chance to win a free 5-course meal. Coupons can be purchased from the High Street restaurant and come in an attractive gift card and envelope.

Q: Which of the following is correct about meal coupons for Allegro Restaurant according to the advertisement?

(a) They carry a minimum-spend condition.
(b) They can be used at various locations.
(c) They can be won by entering a competition.
(d) They are given to those who order a 5-course meal.

4

Trying to lose a few pounds so that you can look good on the beach during your vacation? Then, come on down to Glenford Community Center at 8 p.m. every Thursday and join some like-minded people on a mission to get in shape! Our Look Your Best members meet every week to discuss the diet plan we put them on and share stories of their progress and difficulties. And the best part is: it's completely free! Also, if you refer a friend to Look Your Best, you'll receive a free gym bag and water bottle to help you get motivated.

Q: What is mainly being advertised?

(a) A group to help people lose weight
(b) A new book about healthy eating
(c) An upcoming trip to a beach
(d) An exercise class at a gym

5

Looking for a nice place for a day out with friends or family? Take a trip to Little Rock, Arkansas! We have a wide variety of attractions and activities that are suitable for all age groups. The city is home to several picturesque parks and Arkansas' tallest structure, Simmons Tower, which has a viewing area and rooftop restaurant. Want to enjoy some history and culture? Check out the Museum of Discovery for science-related exhibits, and the Arkansas Arts Center, the state's main cultural institution.

Q: Which of the following is correct about Little Rock according to the advertisement?

(a) It offers a wide range of water sports.
(b) It is known for its excellent retail outlets.
(c) It boasts the tallest building in the state.
(d) It has experienced a rise in tourism.

6

Home Helpers provides quality real estate services for the city center of Chicago, as well as selected neighborhoods located just outside the downtown core. Whether you are searching for a large family house, a studio apartment, or a business location, our realtors will be able to show you a wide selection of vacant properties within the heart of the city. Since opening our agency two decades ago, we have risen to become the most well-known real estate agency in Chicago, with hundreds of satisfied clients every year.

Q: Which of the following is correct about Home Helpers according to the advertisement?

(a) It only deals with residential properties.
(b) It specializes in property in the downtown area.
(c) It was established around ten years ago.
(d) It is opening a new branch in central Chicago.

7

> While enjoying your stay with us, don't forget to check out Magenta Hotel's
> _____. Equipped with the most modern amenities and staffed
> by experienced professionals, it provides you with a chance to relax and unwind in
> style after a long day of exhausting sightseeing. Take your pick from our long lists of
> treatments, including massages, facials, and manicures. We offer highly competitive
> pricing to our guests so that everyone can afford to pamper themselves. To check it out,
> walk past the outdoor pool and take a left after the restaurant entrance.

(a) well-equipped fitness center
(b) comfortable bar and lounge
(c) beautiful swimming pool
(d) luxurious beauty spa

8

기출

> ### Exhibition: Sculptures of the Modern
>
> The Pottsville Gallery's latest and most popular exhibition to date,
> Sculptures of the Modern, will soon be coming to an end.
>
> Don't miss the chance to see this wonderful collection of pieces on loan from galleries
> across the country!
>
> The exhibition is scheduled to run for just one more weekend until October 9.
>
> Tickets are $9 for adults and $5 for students and seniors.

Q: What is mainly being announced?

(a) The termination of a gallery's art loan program
(b) The return of a modern sculpture exhibition
(c) The upcoming closure of an art exhibition
(d) The extension of a sculpture exhibition

9

Are you looking for a more extensive selection of digital music? For this month only, existing SoundZone subscribers can upgrade to VIP Plus, our most comprehensive subscription package, and continue paying their regular subscription rate for the first six months. After this trial period, the normal VIP Plus rate will apply. VIP Plus gives you access to more than one million extra songs that standard subscribers do not have access to. These include rare, out-of-print recordings that are difficult to obtain. Upgrade today, and experience SoundZone's full online archive of music!

Q: Which of the following is correct according to the advertisement?

(a) SoundZone has recently added new digital music to its online archive.
(b) VIP Plus subscribers gain access to a total of one million songs.
(c) SoundZone subscriptions can only be canceled after a period of six months.
(d) Subscribers upgrading to VIP Plus will not pay any extra for a limited time.

10

== Eidolon Solutions ==

A strategic advertising approach
to suit every retail company's vision and goals

- Free initial consultation
- Website and online ad design
- Design and printing of flyers/posters
- Logo and slogan creation
- Advice on magazine advertisements

To read some of the positive feedback we have received from retailers we have assisted in the past, visit us at www.eidolonsolutions.com. You can also set up a consultation using our website, or call us directly at 555-3747.

Q: What can be inferred about Eidolon Solutions from the advertisement?

(a) It specializes in designing corporate magazines.
(b) Its consultations are free of charge for returning customers.
(c) It presents photographs of its work online.
(d) Its website includes customer testimonials.

Questions 11-12

Whether you are running a small- or medium-sized business, *Silver Lining* can help you in a wide variety of ways. This revolutionary, streamlined program can be installed on your workplace computers in less than ten minutes, and you will be amazed by the results. Quickly becoming one of the most popular tools in the world of business, *Silver Lining* has received 5-star reviews in both *Entrepreneur Today* and *New Dollar Magazine*. And with over 3 million downloads, the growing popularity of *Silver Lining* speaks for itself.

Silver Lining offers the very latest in production and inventory management technology, helping employers to manage sales, track manufacturing levels, and place orders conveniently and securely using the *Silver Lining* dashboards. It can benefit any business in any field, from manufacture and retail to construction and science. Furthermore, *Silver Lining*'s competitive pricing guarantees any business can afford the numerous benefits it offers. Visit www.silverlining.ca today to download a trial version, or to find out more about our special group subscription packages for larger companies and organizations.

11 Q: What is mainly being advertised?

(a) A gadget to enhance security
(b) A training manual for employees
(c) A business software package
(d) A product assembly device

12 Q: Which of the following is correct about *Silver Lining* according to the advertisement?

(a) It can be purchased from various retail outlets.
(b) It is only available for a limited time.
(c) It has received a number of industry awards.
(d) It has applications in a wide range of industries.

UNIT 10 공지

☑ 공지는 특정 소식을 공식적으로 알리기 위한 글이다.

☑ 편지와 마찬가지로 작성자와 대상자가 명백하게 존재하므로, 둘 사이의 관계를 파악하는 것이 매우 중요하다.

☑ 공지는 전형적으로 초반부에 대상을 명시한 후, 전달하고자 하는 핵심 정보와 세부 사항이 이어지는 구성 방식으로 되어 있다. 따라서 공지 대상을 정확히 파악하고 주요 전달 사항에 해당되는 키워드를 찾아내는 것이 중요하다.

☑ 매 회당 2~4개의 지문이 출제되고 있으며, Part 1과 Part 3에서 주로 출제된다.

기출 분석 1 공지 지문의 구성 및 주요 표현

1 서론: 공지 대상

지문 초반부에 반드시 공지의 대상이 직간접적으로 언급된다.

- This notice is for ~. 이 공지는 ~을 위한 것입니다.
- This is an announcement for ~. 이것은 ~을 위한 공고입니다.
- This is to notify A that ~. 이것은 A에게 ~을 알리기 위한 것입니다.

2 본론: 핵심 정보와 세부 사항

공지의 핵심 정보를 먼저 제시하고, 그에 따른 세부 사항을 알린다.

- Please be reminded that ~. ~라는 점을 기억하세요.
- Please note that ~. ~라는 것에 유의하세요.
- The important thing is ~. 중요한 것은 ~입니다.

3 결론: 요청 또는 요구 사항 전달

공지 사항과 관련된 요청 또는 요구 사항을 마지막 부분에 언급한다.

- We request that ~. ~하시도록 요청 드립니다.
- You are advised to do ~. ~하시는 것이 좋습니다.
- Please make sure to do ~. 꼭 ~하시기 바랍니다.

기출 분석 2 자주 출제되는 질문 유형

1 Part 1

공지의 서론 또는 결론 부분에 주제나 핵심 내용을 빈칸으로 채우는 문제

2 Part 3 & 4

- What is the main purpose of the announcement? 이 공지의 주 목적은 무엇인가?
- What is the announcement mainly about? 이 공지는 주로 무엇에 관한 것인가?
- Which of the following is correct according to the announcement?
  이 공지에 따르면, 다음 중 옳은 것은?

• What can be inferred from the passage[announcement]?
이 지문[공지]에서 추론할 수 있는 것은?

접근법

1 공지의 배경 정보 확인

공지에서는 대상자의 신분이나 장소 등과 관련된 배경 정보를 빠르게 파악하면, 공지를 통해 알리고자 하는 핵심 전달 사항을 이해하는 데 훨씬 큰 도움이 된다.

> **예시 NOTICE**
>
> Please be advised that the water supply to the entire **apartment complex** will be shut off between the hours of 10 A.M. and 3 P.M. tomorrow.
>
> **공지**
>
> **아파트 단지** 전체에 대한 수도 공급이 내일 오전 10시와 오후 3시 사이에 중단된다는 점에 유의하시기 바랍니다.
>
> ❏ 공지 대상자는 아파트 단지 주민들이며, 핵심 전달 사항은 물 공급 차단이다.

2 지문의 정보와 선택지 대조

질문의 종류에 따라 지문에서 관련 정보를 찾아 각 선택지와 비교해 본 후에 정답을 선택한다.

기출 맛보기 지문 파악 직접 해보기

> Due to an increasing number of complaints we have received recently, I would like to refer our customer service representatives to the following _____.
> **Faulty or unwanted merchandise** purchased from any of our stores **can be returned and replaced** with an item of the same or higher value, with the customer paying the difference in price. We **do not provide cashback** if the exchanged item is cheaper. Instead, we will **provide store credit** equivalent to the amount of the difference in price.
>
> (a) policy regarding our product exchange procedure
> (b) guidelines for obtaining a full refund for a product
> (c) explanation about using discount vouchers in our stores
> (d) information about having damaged goods repaired

● 지문 파악 순서

① 첫 문장에 빈칸이 있으므로 지문의 주제와 관련된 선택지를 찾아야 함을 예상하기

② 두 번째 문장에서 소재 파악하기: Faulty or unwanted merchandise (결함이 있거나 원치 않는 상품)

③ 두 번째 문장에서 흐름을 나타내는 어구 파악하기: can be returned and replaced (반품 및 교환 가능)

④ 소재와 흐름을 나타낸 어구를 바탕으로 지문의 전개 방향 예측하기: 반품 및 교환과 관련된 정보가 이어질 것이다.

⑤ 이후에 제시되는 문장들을 통해 소재와 흐름상의 어구가 이어지는 연결고리 파악하기: do not provide cashback if the exchanged item is cheaper (교환 받는 제품이 더 저렴한 경우에 현금 반환 안됨) ➡ provide store credit (매장 포인트 제공)

⑥ 지문 흐름을 파악한 후, 첫 문장과 지문 흐름 사이의 관계 확인하기: I would like to refer our customer service representatives to the following (고객 서비스 직원들은 다음의 ~을 참고해 주십시오)

⑦ 선택지를 보고 지문 흐름과 첫 문장 사이의 관계를 나타낼 수 있는 것을 선택하기: 회사의 정책에 따라 더 저렴한 제품으로 교환하고 차액을 돌려받는 것이 불가능하다고 설명하는 지문인데, 이는 제품 교환 절차와 관련된 정책을 알리는 내용이므로 (a)가 정답이다.

● 오답 분석

(b) **full refund** ▶ 지문에 전액 환불과 관련된 정보가 제시되는 것이 아니므로 오답이다.

(c) discount **vouchers** ▶ 할인 쿠폰 사용과 관련된 내용은 찾아볼 수 없으므로 오답이다.

(d) having damaged goods **repaired** ▶ 제품 수리와 관련된 내용도 찾아볼 수 없으므로 오답이다.

● 해석

최근에 우리가 접수한 불만 사항의 회수가 증가함으로 인해, 고객 서비스 직원들은 다음의 **제품 교환 절차와 관련된 정책**을 참고해 주시기 바랍니다. 우리 매장 어느 곳에서 구입된 것이든 결함이 있거나 원치 않는 상품은 반품될 수 있으며, 동일 가치를 지닌 제품 또는 가격차에 따른 비용을 고객이 지불하면 더 높은 가치를 지닌 제품으로 교환될 수 있습니다. 교환 받는 제품이 더 저렴한 경우에는 현금으로 돌려주지 않습니다. 대신, 가격상의 차액에 상당하는 매장 포인트를 제공해 드릴 것입니다.

(a) 제품 교환 절차와 관련된 정책
(b) 제품에 대해 전액 환불을 받기 위한 가이드라인
(c) 우리의 매장에서 할인 쿠폰을 사용하는 것에 관한 설명
(d) 손상된 상품을 수리 받는 것에 관한 정보

유형 1 빈칸 채우기   49%

난이도 ●●◐○○

Notice

For almost a decade, H2Whoa has been committed to _____.
Our filtration process has ensured that your water is safer and tastier than bottled water. Plus, we've
helped you produce less waste every month than regularly drinking bottled water. Your rental of the
H2Whoa Purification System has always come with absolutely free maintenance and repair services.
But as of June 1, we will begin charging a small fee of 3 dollars when our technicians come to your
home to replace filters and check if your unit is in peak condition. This is a necessary change so that we
can continue doing our best to provide convenient service for you.

(a) addressing the degenerating condition of our ecosystem
(b) refurbishing outdated home appliances at low prices
(c) providing our clients with affordable consulting services
(d) making the cleanest water available right from the tap at your home   해석 및 어휘: 본서 p.146

풀이과정 맛보기

① 첫 문장에 빈칸이 있을 경우 지문의 주제를 묻는 유형인데, 헌신 또는 전념하는 일을 나타내는 committed to 다음에 빈칸이 있
   다는 것에 주목한다.

② 단체명 다음에 committed to가 온다면, 그 뒤에는 이 단체의 핵심 사업 내용이 제시된다. 즉 위의 빈칸은 H2Whoa라는 기업
   의 핵심 사업을 나타낸다.

③ 빈칸 다음의 Our filtration process has ensured that your water is safer and tastier 부분과 그 다음 문장의 Your
   rental of the H2Whoa Purification System을 보고 이 회사가 정수기 사업을 하고 있음을 알 수 있다.

④ 따라서, 정수 또는 정화와 관계가 있는 making the cleanest water가 포함된 (d)를 정답으로 고른다.

           정답 (d)

오답 선택지 분석

(a) degenerating condition of our **ecosystem** (생태계 악화) ▶ 지문의 produce less waste를 보고 ecosystem을 연상할
   수는 있지만, 환경 또는 생태계와 관련된 언급은 더 이상 나오지 않는다.
(b) **refurbishing** outdated home appliances (낡은 가전제품 수리) ▶ 지문의 maintenance and repair services를 보고
   refurbishing에 끌릴 수 있지만, 서비스 대상이 다르다.
(c) affordable consulting **services** (저렴한 컨설팅 서비스) ▶ a small fee를 보고 affordable을 연상할 수 있지만, 서비스 종
   류가 완전히 다르다.

난이도 ●●◐○○

Grady's Shopping Mall will be unveiling its brand-new food court on July 26th. However, we regret to inform shoppers that the current food court will be inaccessible from tomorrow, July 12th, until the grand opening ceremony on the 26th. During the next two weeks, workers will be dismantling the old food vendor stations and constructing new and improved commercial units that will house a wider variety of food options. We apologize for the inconvenience, but we are certain that you will all be happy with the results.

Q: What is the main purpose of the announcement about Grady's Shopping Mall?

(a) To provide details about a grand opening ceremony
(b) To announce a temporary closure for some renovation work
(c) To notify shoppers that the food court will be re-opening on the 12th
(d) To encourage shoppers to try a new food outlet in the food court

해석 및 어휘: 본서 p.146

풀이과정 맛보기

① 문제를 먼저 읽고 목적(purpose)을 묻는 문제임을 확인한 후, 첫 문장에서 소재와 흐름을 나타내는 단어를 찾는다.
- 소재: brand-new food court (새로운 식당가)
- 흐름: unveiling (공개)

② 두 번째 문장에서 소재와 흐름을 나타내는 단어의 연결고리를 찾는다.
- 소재: brand-new food court ➡ current food court / inaccessible (현재의 식당가 이용 불가능)
- 흐름: unveiling ➡ grand opening ceremony on the 26th (26일에 있을 개장식)

③ 연결 고리를 확인한 다음, 읽어 가면서 전체적임 흐름과 주요 정보를 파악하는 데 집중한다.

dismantling (해체 작업) ➡ constructing (새 식당가 건축) ➡ a wider variety of food options (더 다양한 음식)

④ 지문 전체적으로 기존의 식당가를 없애고 새 것을 짓기 위해 현 식당가의 문을 잠시 닫는다는 내용이므로 (b)가 정답이다.

정답 (b)

오답 선택지 분석

(a) **grand opening ceremony** (개장식) ▶ 개장식은 새로운 식당가를 지은 후에 있을 행사이므로 오답이다.
(c) re-opening **on the 12th** (12일에 재개장) ▶ 새 식당가의 개장식 행사 날짜는 26일이며, 지문의 목적이 아닌 세부 정보의 하나일 뿐이므로 오답이다.
(d) try a **new food outlet** (새 식당에 가 보기) ▶ 아직 새 식당가가 문을 열지 않은 시점이므로 오답이다.

난이도 ●●○○○

Approval of building permit applications submitted to the City Planning Department is determined by the department's permit coordinator after he or she consults with the city planning board. Applications that are rejected will not be returned, but the applicant will be notified of the reasons for rejection. Applicants should write to the City Planning Department directly if they wish to appeal a rejection decision. This will be considered during a meeting between the permit coordinator and the planning board. In some cases, applicants must allow a building inspector to evaluate the proposed site of construction before a decision is made.

Q: Which of the following is correct according to the passage?

(a) All applicants must agree to a building site inspection.
(b) Applicants cannot find out the reason for rejection.
(c) Appeals are discussed by the permit coordinator and the planning board.
(d) All rejected applications are returned to the applicant.

해석 및 어휘: 본서 p.147

풀이과정 맛보기

① 문제를 읽고 지문 전체(according to the passage)에 대한 세부 내용 파악 문제임을 확인한다.

② 선택지의 내용을 미리 파악한다.

　(a) **All applicants** must agree to a building site inspection.
　(b) Applicants **cannot find out the reason** for rejection.
　(c) Appeals are **discussed by the permit coordinator and the planning board**.
　(d) All rejected applications **are returned** to the applicant.

③ 지문을 읽는 동안 각 선택지와 관련된 정보를 비교 확인한다.

④ 지문 중반부에, 거절에 항의하기 위해 보내는 서신은 허가 담당자와 기획 이사회가 회의를 열어 고려한다고 했으므로(This will be considered during a meeting between the permit coordinator and the planning board) 이 처리 방식이 언급된 (c)가 정답이다.

정답 (c)

오답 선택지 분석

(a) **All applicants** ~ building site inspection (모든 신청자의 건축 부지 조사 동의) ▶ 지문 후반부에서 건축 부지 조사는 일부 (In some cases)의 경우에 해당된다고 했으므로 오답이다.
(b) **cannot find out the reason** for rejection (거절 사유를 알 수 없음) ▶ 지문 중반부에서 거절 사유를 통보해 준다고 했으므로 오답이다.
(d) rejected applications **are returned** (거절 신청서가 반송됨) ▶ 지문 초반부에서 승인 거절된 신청서는 돌려보내지 않는다고 했으므로 오답이다.

기출유형정리 해석

빈칸 채우기

알려드립니다

거의 10년간, H2Whoa는 **여러분 가정의 수도꼭지에서 바로 가장 깨끗한 물을 드실 수 있도록 하는 데** 헌신해 왔습니다. 저희의 여과 공정은 여러분이 마시는 물이 시중에서 파는 생수보다 더 안전하고 맛이 좋도록 보장하고 있습니다. 또한, 저희는 여러분이 매달 정기적으로 생수를 마시는 것보다 더 적은 쓰레기를 배출하도록 도와드리고 있습니다. 여러분의 H2Whoa 정수기 임대에는 항상 완전 무상 유지보수 및 수리 서비스가 딸려 있었습니다. 하지만, 6월 1일부터 저희는 기사님들이 필터를 교체하고 장비가 최상의 상태인지 점검하기 위해 여러분의 가정을 방문하실 때, 3달러의 소액 수수료를 청구하게 될 것입니다. 이번 정책 변경은 저희가 여러분께 계속 편리한 서비스를 제공해 드릴 수 있도록 지속적으로 최선의 노력을 다하는 데 필수적인 조치입니다.

(a) 우리 생태계가 악화하는 문제를 해결하는 데
(b) 낡은 가전제품들을 저렴한 가격에 수리하는 데
(c) 우리 고객들에게 저렴한 컨설팅 서비스를 제공하는 데
(d) 여러분 가정의 수도꼭지에서 바로 가장 깨끗한 물을 드실 수 있도록 하는 데

> ⭐ **필수어휘**
>
> **almost** 거의 **a decade** 10년 **be committed to -ing** ~하는 데 전념하다, 헌신하다 **available right from** ~에서 바로 이용 가능한 **tap** 수도꼭지 **filtration** 정화, 여과 **process** 공정, 과정 **ensure** 보장하다 **taste** 맛있는 **bottled water** 파는 생수 **plus** 게다가, 또한 **produce** 만들어내다, 배출하다 **less waste** 더 적은 양의 쓰레기 **regularly** 정기적으로 **rental** 임대, 대여 **purification** 정화 **come with** (제품에) ~이 딸려있다 **absolutely** 완전히 **maintenance** 유지보수 **repair** 수리 **technician** 기사 **replace** ~을 교체하다 **unit** 기기, 장비 **in peak condition** 최상의 상태에 **necessary** 필수적인 **so that (can)** ~할 수 있도록 **do one's best to do** ~하는 데 최선을 다하다 **provide A for B**: A를 B에게 제공하다 **convenient** 편리한 **address** ~을 해결하다, 처리하다 **degenerate** 악화하다 **ecosystem** 생태계 **refurbish** 새것으로 만들다 **outdated** 낡은 **home appliance** 가전제품 **at low prices** 저렴한 가격에 **client** 고객 **affordable** 저렴한 **consulting** 자문, 조언, 상담

목적

그레이디스 쇼핑몰이 7월 26일에 완전히 새로운 식당가를 공개할 예정입니다. 하지만, 저희는 내일 7월 12일부터 개장식 행사가 열리는 26일까지 현재의 식당가를 이용하실 수 없다는 점을 쇼핑객 여러분께 알려 드리게 되어 유감스럽게 생각합니다. 앞으로 2주 동안, 작업자들이 기존의 음식 판매점들을 해체하고 더욱 다양한 음식 선택권을 제공하게 될 새롭고 개선된 상업용 점포들을 지을 예정입니다. 불편을 끼쳐드리게 되어 죄송하지만, 그 결과물에 대해 여러분 모두 만족하시리라 확신합니다.

Q: 그레이디스 쇼핑몰에 관한 공지의 주 목적은 무엇인가?

(a) 개장식 행사에 관한 상세 정보 제공하기
(b) 일부 개조 공사로 인한 일시적인 폐쇄 알리기
(c) 쇼핑객들에게 식당가가 12일에 재개장된다는 사실 알리기
(d) 쇼핑객들에게 식당가 내에 새로 생긴 식당을 이용하도록 권하기

유형 3 세부 내용 파악

해석 도시 계획부로 제출된 건축 허가 신청서의 승인은 도시 계획 이사회와 협의를 마친 허가 담당자에 의해 결정됩니
다. 승인이 거절된 신청서는 반송되지 않지만, 신청인에게 거절 사유가 통보될 것입니다. **거절 결정에 대해 이의
제기를 원할 경우에 신청인이 도시 계획부로 직접 서신을 보내야 합니다. 이 서신은 허가 담당자와 계획 이사
회 사이에서 열리는 회의에서 검토될 것입니다.** 경우에 따라서, 결정이 내려지기 전에 신청인이 건축물 조사관에
게 건축이 제안된 부지를 평가하도록 할 필요가 있습니다.

Q: 지문에 따르면, 다음 중 어느 것이 옳은 내용인가?

(a) 모든 신청인들이 반드시 건물 부지 조사에 동의해야 한다.

(b) 신청인들은 거절된 사유를 알 수 없다.

(c) 이의 제기 내용은 허가 담당자와 기획 이사회에 의해 논의된다.

(d) 거절된 모든 신청서는 신청인에게 반송된다.

1

Please check your application form carefully before submitting it for a replacement birth certificate. All fields on the form must be filled in completely and accurately. Incomplete application forms will be returned to the sender. As your birth certificate is one of the most important forms of identification, the government must verify your personal information before issuing a replacement. So please ensure your application form is complete; otherwise _____.

(a) it cannot be processed by the government
(b) your birth certificate will no longer be valid
(c) additional forms of identification will be required
(d) the government will be unable to return your forms

2

As a staff member of the online division of Mina's Boutique, you are responsible for ensuring our customers' satisfaction. When placing their orders online, customers expect to receive the right products. The last thing they want is the disappointment of receiving the wrong products and the hassle of waiting for us to correct the mistake. Anyone who has gone through such an ordeal is unlikely to become a repeat customer, which is why it is vital to avoid errors when processing orders.

Q: What is the announcement mainly about?

(a) The best way to correct problems with online orders
(b) The importance of filling online orders correctly
(c) Why customers must confirm their order before paying
(d) How online feedback helps gauge customer satisfaction

3

Welcome to your new apartment in the wonderful community of Prestige Village! For all new tenants, we would like to stress the importance of reporting problems in your apartment. Issues with plumbing, gas service, and electricity should be reported to management as soon as they arise, so that they can be addressed promptly and further damage can be prevented. Damage resulting from late reporting of maintenance issues or intentional misuse of appliances or plumbing/electrical systems may be charged to tenants.

Q: What can be inferred from the passage?

(a) Tenants are required to meet with building management every week.
(b) Tenants should personally schedule repairs for any damaged household appliances.
(c) All malfunctioning appliances will be replaced with new ones.
(d) Damage due to general wear and tear will not be charged to tenants.

4

The University of Nevada's e-mail service will be down from 6 a.m. to 6 p.m. on June 10 while the staff updates the system's software. Account information including saved correspondence will be unaffected; however, please be aware that messages received during the update interval will be automatically rejected. Senders will receive a reply to advise them that their message was not delivered and that they should resend their message after 6 p.m. on Sunday.

Q: Which of the following is correct according to the announcement?

(a) The e-mail update will take place over two days.
(b) Saved correspondence may be lost as a result of the update.
(c) Incoming messages will be stored during the maintenance.
(d) Correspondents will be notified about undelivered messages.

5

기출

Attention Boaters:

Recently, a boat docked in Lagomeer Lake was found to be contaminated by zebra mussels. Zebra mussels are a rapidly reproducing invasive species. They consume the lake's plankton, which deprives native species of their food source. Because zebra mussel infestations are easily transmitted, the Natural Resources Management Office is instituting regulations stipulating that all boats must be dry-docked and pass examination for zebra mussels prior to being permitted into the lake's waters. This measure is being implemented to _____.

Natural Resources Management Office

(a) keep the lake free from plankton
(b) protect the habitat of zebra mussels
(c) deter the further spread of the species
(d) encourage more boaters to use the lake

6

There are special films, stickers, and cases for wireless electronic devices on the market that purport to protect users from the electromagnetic fields created by such devices. But before buying these accessories, you should be aware of a few facts that bear on their supposed usefulness. First, electronic device manufacturers already follow international guidelines restricting the emissions of electromagnetic radiation. Furthermore, there are no proven health drawbacks linked to the regular use of wireless electronic devices. So the protective coverings are there if you wish to buy them, but it is likely just as safe to do without them.

Q: What is the main purpose of the announcement?

(a) To state the dangers of electromagnetic radiation
(b) To discourage the use of wireless electronic devices
(c) To explain how protective coverings filter radiation
(d) To point out that protective coverings are superfluous

7

기출

Wembly Airlines is currently in discussions with the manufacturer of our fleet of aircraft to _____. Three of our recently purchased jumbo jets have been grounded for repairs because of faulty batteries. As a result, we have had to cancel many flights, which has forced us to rebook customers on other airlines or offer them full refunds. This resulted in significant expenditures that we believe are the responsibility of the plane maker. While an agreement has not yet been reached, ongoing talks have so far been productive.

(a) negotiate the price to replace faulty batteries
(b) determine the cause of a battery malfunction
(c) recoup costs incurred due to defective batteries
(d) provide stranded passengers with compensation

8

The university offers special transportation services during the last week of each semester. A free airport shuttle bus, which runs once at 7 a.m. and then again at 1 p.m., departs from the main campus gate. Students must sign up for this shuttle bus at the Student Union as space is limited. Also, students can purchase reduced-rate intercity bus tickets at the Union for several major cities in the state. Tickets are non-refundable, but dates may be changed at no extra charge based on availability.

Q: Which of the following is correct according to the announcement?

(a) Airport shuttle services operate throughout the semester.
(b) The airport shuttle runs once an hour from 7 a.m. to 1 p.m.
(c) The Student Union offers reduced-rate bus tickets for cities nationwide.
(d) The date of an intercity bus ticket can be altered without additional costs.

9

Thank you all for your patience during the construction of Altbiz's annex building. With the completion of the new building, we have been able to relocate the marketing and accounting departments, which has freed up a lot of space in the main building. Our retail department is currently setting up where marketing used to be, and the IT department is to take over the third floor. The bridge connecting the annex to the main building will be accessible Monday.

Q: What is mainly being announced?

(a) The opening of Altbiz's new branch offices
(b) Details of Altbiz's expansion to two buildings
(c) Altbiz's plans to relocate to a new neighborhood
(d) The impending completion of Altbiz's annex building

10

Quick Checkout Service

The convenience of our guests is extremely important to us. That's why at Krandall Hotels, we offer our Quick Checkout service for all guests. Guests can use the Quick Checkout counters located in the lobby of all Krandall Hotels to pay their bills quickly. Guests may review their bills before checkout and payment using a computer at the counter and have their invoices printed out from the machine. If you find that there is an error in your bill, the dispute will be handled quickly by one of our receptionists on-site. For guests in a hurry, invoices can be viewed online. More information can be found in the guest services guide in all guest rooms or on our website at www.krandallhotels. com.

Q: What is the purpose of the notice?

(a) To promote a special for preferred guests
(b) To describe a leaving procedure at a lodging
(c) To explain renovations in a hotel's reception area
(d) To announce a new online payment system

Questions 11-12

Bella's Bistro would like to advise all of our customers that the empty lot next door has recently been sold to a new owner and is no longer available for restaurant parking. The site where the lot currently stands will be developed in preparation for the construction of a new home appliances store.

From now on, we are advising diners to park either in the municipal lot on State Street or to use the metered street parking in front of our establishment. Those of you who typically come by our restaurant in the evening for dinner will be happy to know that the street parking charge($3 per hour) only applies between the hours of 8 a.m. and 6 p.m. Please also remember that we can be reached conveniently by bus or subway, so you might want to avoid bringing your car altogether.

We apologize for the inconvenience and thank you for your continued patronage.

11 Q: What is the announcement mainly about?

(a) A restaurant's purchase by new owners
(b) The cost of parking in city-owned spaces
(c) A change in a restaurant's parking options
(d) The opening of a new customer parking lot

12 Q: What can be inferred from the passage?

(a) State Street is known for traffic congestion.
(b) The bistro is not on any major transportation routes.
(c) Bistro diners will be compensated for parking fees.
(d) Street parking near the bistro is free after 6 p.m.

UNIT 11 기사

☑ 기사는 딱딱한 어조와 시사적인 표현들 때문에 수험생들이 가장 어렵다고 느끼는 지문 유형이다.
☑ 철저하게 객관적인 정보를 중시하는 기사의 특성상 시간, 장소, 인물, 사건 등의 정보 파악에 신경을 써야 한다.
☑ 또한, 한 가지 주제와 관련해 심도 있는 의견들이 나열되기 때문에 논리적 사고를 겸한 독해도 필요하다.
☑ 기사의 일반적인 흐름을 알아두면 주요 정보의 위치를 빠르게 파악할 수 있다.
☑ 매 회당 2~3개의 지문이 출제되고 있으며, Part 3에서 주제 및 세부적인 정보에 대한 사실 확인 문제나 추론 문제가 주로 출제되고 있다.

기출 분석 1 기사 지문의 구성 및 주요 표현

① 서론: 정보의 출처와 주제 등장

기사의 특징은 항상 주제가 먼저 제시되는 구조이다.

- In a press release[statement], ~. 언론 발표[성명서]에 따르면 ~이다.
- At a press conference, ~. 기자회견에 따르면 ~이다.
- According to A, ~. A에 따르면 ~이다.

② 본론: 시간, 장소, 방법 등의 세부 정보

서론에 제시된 주제가 육하원칙(5W 1H)에 따라 세부적으로 전개된다.

- A took place[will take place] A가 발생했다[발생할 것이다]
- A was held[will be held] A가 개최되었다[개최될 것이다]
- A lasted for[will last for ~] A가 ~동안 지속되었다[지속될 것이다]

③ 결론: 미래 계획 또는 추가 정보

서론에서 밝힌 주제를 다시 언급하거나, 향후 계획 또는 예상을 담은 내용이 주를 이룬다.

- A also plans to do ~. A는 또한 ~할 계획이다.
- Additional information can be found in[on, at] ~. 추가 정보는 ~에서 찾을 수 있다.
- For further details on A, you can do ~. A에 관한 추가 정보를 얻으려면, ~하면 됩니다.

기출 분석 2 자주 출제되는 질문 유형

① Part 3 & 4

- What is the main idea of the article? 이 기사의 요점은 무엇인가?
- What is the best title of the news article? 이 뉴스 기사에 가장 알맞은 제목은 무엇인가?
- Which of the following is correct according to the article?
  기사에 따르면, 다음 중 옳은 것은?
- What can be inferred from the article? 이 기사에서 추론할 수 있는 것은 무엇인가?

❶ 기사 지문임을 확인

기사 지문은 지면 신문 및 온라인 신문의 형태를 취한다. 또한 정치, 경제, 문화 등 다양한 섹션을 나타내는 명칭이 제시되는 경우도 종종 있으므로 이를 활용해 기사 지문임을 확인한다.

> **예시 1** National 국내 소식 > Politics 정치
>
>   ◐ 국내 소식 중 정치에 관한 기사임을 미리 알 수 있다.
>
> **예시 2** www.sherwooddaily.com/local/downtown-parking-solution
>
>   LOCAL NEWS 지역 소식
>
>   A Downtown Parking Solution 시내 주차 문제 해결안
>
>   ◐ 지역사회 사건에 관한 기사임을 미리 알 수 있다.

❷ 제목으로 지문 내용 예측

기사 지문의 경우, 종종 전체 내용을 압축한 제목이 제시되는데, 이를 통해 지문 내용을 예상해 볼 수 있다. 기사 제목은 주제와 관련된 핵심 내용을 담고 있으므로 지문 내용을 파악하는 데 있어 매우 중요한 역할을 한다.

❸ 기사 초반부에서 핵심 내용 파악

기사는 핵심 주제를 먼저 제시하고 그에 대한 세부 정보와 결론을 차례로 제시하는 흐름으로 되어 있다. 이 흐름을 이용해서 지문의 핵심 내용을 빠르게 파악하고, 문제와 연관된 주요 정보를 지문 내에서 잘 찾아서 풀어야 한다.

기출 맛보기 지문 파악 직접 해보기

A recent magazine article claimed that **some habits** can be **stressful and damaging** to the **brain**. The writer said these habits should be avoided if we want to stay healthy. Some of these damaging habits are **overeating, sleep deprivation, high sugar consumption, and overworking the brain during an illness**. It said that overeating can lead to the hardening of arteries, which decreases mental power. Likewise, sleep deprivation is a bad habit because our brain needs to rest, and depriving oneself of sleep for a long time causes brain cells to diminish. With regards to high sugar consumption, our body's ability to absorb proteins and nutrients is weakened by high sugar levels, and this may interfere with the development of the brain. Lastly, using our brain too strenuously during an illness leads to a decrease in its effectiveness.

Q: What is the article mainly about?

(a) The negative effects some actions have on the brain
(b) The kinds of habits that prevent people from losing weight
(c) Why it is important to get enough sleep every night
(d) How specific activities can boost the effectiveness of one's brain

● 지문 파악 순서

① 첫 문장에서 기사의 중심 소재 파악하기: brain

② 첫 문장에서 중심 소재의 흐름을 나타내는 어구 파악하기: some habits (몇 가지 습관들), stressful and damaging (압박과 손상을 주는)

③ 중심 소재와 흐름 어구를 통해 전체 내용을 예측하기: 뇌에 압박과 손상을 주는 습관들이 언급될 것이다.

④ 뇌에 압박을 주는 습관들이 열거되고 있음을 파악하기: overeating (과식), sleep deprivation (수면 부족), high sugar consumption (과도한 당 섭취), overworking the brain during an illness (아플 때 지나치게 뇌 사용)

⑤ 파악한 정보를 통해 지문의 내용을 정리하고 선택지를 확인하기: 인간의 신체 기관 중에서 뇌에 좋지 않은 영향을 미치는 습관들을 다룬 글이다.

⑥ 선택지에 중심 소재와 흐름 어구가 모두 포함되어 있는 (a)를 정답으로 고른다.

● 오답 분석

(b) prevent people from **losing weight** ▶ 중심 소재인 뇌와의 관련성이 빠져 있다.

(c) important to **get enough sleep** ▶ 수면의 중요성만 강조한 선택지이므로 기사의 주된 내용으로 맞지 않는다.

(d) boost the **effectiveness** ▶ 뇌에 좋지 않은 습관을 말하는 지문이므로 뇌의 효율성 증대와 반대되는 내용이다.

● 해석

최근의 한 잡지 기사는 **일부 습관들이 뇌에 압박과 손상을 줄 수 있다고 주장했다.** 그 기사 작성자는 건강을 유지하기를 원한다면 이러한 습관들을 피해야 한다고 말했다. **이렇게 해가 되는 습관들로는 과식, 수면 부족, 과도한 당 섭취, 그리고 질병을 앓는 중에 뇌를 과도하게 사용하는 것들이 있다.** 이 기사는 과식이 동맥 경화로 이어질 수 있으며 이는 정신력을 저하시킨다고 말했다. 또한, 우리 뇌는 휴식을 필요로 하기 때문에 수면 부족은 좋지 못한 습관이며, 오랫동안 잠을 자지 않는 것은 뇌 세포를 약화시키는 결과를 초래한다. 과도한 당 섭취와 관련해서는, 우리 몸의 단백질 및 영양분 흡수 능력이 높은 당 수치에 의해 약화되며, 이는 뇌의 발달을 방해할 수도 있다. 마지막으로, 몸이 아플 때 뇌를 너무 활발하게 사용하는 것은 효율성의 저하로 이어진다.

Q: 기사는 주로 무엇에 관한 것인가?

(a) 일부 행동들이 뇌에 미치는 부정적인 영향
(b) 체중 감량을 방해하는 습관의 종류
(c) 매일 밤 충분한 수면을 취하는 것이 중요한 이유
(d) 특정 활동들이 어떻게 뇌의 효율성을 촉진할 수 있는지

유형 1 주제 49%

난이도 ●●○○○

According to a police statement, a woman and her two sons were stranded in freezing temperatures on a ski-lift yesterday after operators failed to realize they were still on it and closed the lift down. The woman and her 9- and 10-year-old sons had left the lower lift station just before 4 p.m. But the lift was switched off before the family reached the top. The three skiers were then left sitting in freezing temperatures for around 30 minutes until the mother jumped off, landing in a snowbank some 26 feet below her, and walked up the slopes to raise the alarm.

Q: Which of the following is the best title for the news article?

(a) Mother Survives Accidental Fall from Ski-Lift
(b) Mother Jumps from Ski-Lift to Save Sons
(c) Mother and Sons Injured by Faulty Ski-Lift
(d) Mother and Sons Stranded All Night on Ski-Lift

해석 및 어휘: 본서 p.160

풀이과정 맛보기

① 문제를 먼저 읽고 주제(제목) 문제임을 확인한 후, 첫 문장에서 소재와 흐름을 나타내는 단어를 찾는다.

- 소재: a woman and her two sons
- 흐름: stranded in freezing temperatures (몹시 추운 날씨에 꼼짝 못함)

② 이후 제시되는 내용에서 소재와 흐름을 나타내는 단어의 연결 고리를 찾는다.

- 소재: a woman and her two sons ➡ they were still on it (리프트 위에 남겨져 있었음)
- 흐름: stranded in freezing temperatures ➡ the lift was switched off before the family reached the top
  (그 가족이 정상에 도달하기 전에 리프트 전원이 꺼짐)

③ 연결 고리를 확인한 다음, 읽어 가면서 전체적임 흐름과 주요 정보를 파악하는 데 집중한다.

left sitting (앉아 있음) ➡ mother jumped off (엄마가 밑으로 뛰어내림) ➡ raise the alarm (알람을 울림)

④ 지문 전체적으로 추운 날씨에 엄마와 두 아들이 스키장 리프트에 남겨져 있었지만 엄마가 뛰어내려 구조 알림을 울렸다는 내용이므로 이와 같은 엄마의 행동을 언급한 (b)가 정답이다.

정답 (b)

오답 선택지 분석

(a) Survives **Accidental Fall** (추락 사고) ▶ 사고로 추락한 끝에 살아난 것이 아니므로 오답이다.
(c) Mother and Sons **Injured** (부상) ▶ 부상 여부와 관련된 정보는 제시되어 있지 않으므로 오답이다.
(d) Stranded **All Night** (밤새) ▶ 지문 후반부에 약 30분 동안 앉아 있었다고 했으므로 오답이다.

난이도 ●●●○○

Tuesday's structural failure at the Regency Hotel, which left 114 people dead, brought unexpected tragedy to Sally Firestone. She was standing on the lower suspended skywalk over the lobby of the downtown Kansas City hotel when the disaster occurred. She recalls hearing a loud "crack" as the upper skywalk snapped and collapsed onto the lower one, sending everyone on them and both structures to the ground in a shower of concrete and steel. She lay unconscious, trapped for hours under the debris until being rescued.

Q: Which of the following is correct according to the article?

(a) Both skywalks cracked at the same time.
(b) Sally Firestone was not rescued immediately after the collapse.
(c) The Regency Hotel was accommodating 114 guests at the time of the disaster.
(d) Sally Firestone's rescuers found her in a state of panic.

해석 및 어휘: 본서 p.160

풀이과정 맛보기

① 문제를 읽고 지문 전체(according to the article)에 대한 세부 내용 파악 문제임을 확인한다.

② 선택지의 내용을 미리 파악한다.

   (a) Both skywalks **cracked at the same time**.
   (b) **Sally Firestone** was **not rescued immediately** after the collapse.
   (c) The Regency Hotel was **accommodating 114 guests at the time of the disaster**.
   (d) Sally Firestone's rescuers **found her in a state of panic**.

③ 지문을 읽는 동안 각 선택지와 관련된 정보를 비교 확인한다.

④ 지문 마지막에, 파이어스톤 씨가 구조되기 전까지 여러 시간 동안 잔해 밑에 갇혀 있었다고(trapped for hours under the debris until being rescued) 되어 있으므로 이 사실을 not rescued immediately로 바꿔 말한 (b)가 정답이다.

정답 (b)

오답 선택지 분석

(a) cracked **at the same time** (동시에 부서짐) ▶ 지문 중반부에, 위쪽의 공중 보행로가 끊기면서 낮은 쪽의 공중 보행로 위로 붕괴되었다고 쓰여 있으므로 오답이다.
(c) **accommodating 114 guests** at the time of the disaster (114명의 손님 수용) ▶ 114명이라는 숫자는 사망자 수로 제시되어 있으므로 오답이다.
(d) found her in a **state of panic** (공황 상태) ▶ panic은 의식이 있는 상태라는 뜻인데, 지문 마지막에 발견 당시 의식이 없는(unconscious) 상태로 있었다고 하므로 오답이다.

난이도 ●●○○○

Job losses in the American construction industry could top one million if the housing market continues to decline and tips the economy into a recession. Strength in the commercial construction sector may continue to offset some of the losses, but recent turmoil in credit markets suggests that the unemployment rate is likely to increase in the next few months. The National Association of Home Builders warns that the job cuts may be more severe than the ones caused by the recession in 1990. Construction employment fell by about 15% in 1990, but it is estimated that it could fall by up to 20% within the next year.

Q: What can be inferred from the article?

(a) The declining housing market is a result of the economic slowdown.
(b) The American economy is on the brink of a recession.
(c) Future recessions are not expected to be as bad as the last one.
(d) The commercial construction industry has hit an all-time low for employment.   해석 및 어휘: 본서 p.161

풀이과정 맛보기

① 문제를 먼저 읽고 지문 전체(from the article)에 대한 추론 문제임을 확인한다.

② 선택지의 내용을 미리 파악한다.

    (a) The declining housing market is **a result of the economic slowdown**.
    (b) The American economy is **on the brink of a recession**.
    (c) Future recessions are not expected to be **as bad as the last one**.
    (d) The commercial construction industry has **hit an all-time low for employment**.

③ 지문을 읽는 동안 각 선택지와 관련된 정보를 비교 확인한다.

④ 도입부에 주택 시장 하락이 경제를 불황으로 몰아간다고 나와 있으므로(tips the economy into a recession) 불황 직전의 상태(on the brink of a recession)라고 말한 (b)가 정답이다.

정답 (b)

오답 선택지 분석

(a) a result of **the economic slowdown** (경기 침체의 결과) ▶ 지문 초반부에 the housing market ~ tips the economy into a recession이라고 나오므로 원인과 결과를 뒤바꿔 말한 오답이다.
(c) **not** expected to be **as bad as the last one** (지난 번만큼 나쁘지 않은) ▶ 지문 중반부에 고용 감소가 1990년 불황보다 더 심할(more severe) 것이라고 쓰여 있으므로 오답이다.
(d) **all-time low** for employment (사상 최저의 고용률) ▶ 지문 초반부에 상업 건설업계가 강세라고(Strength in the commercial construction sector) 나오므로 사상 최저의 고용률은 맞지 않는다.

유형 1 주제

해석 경찰 발표에 따르면, 한 여성과 두 아들이 어제 스키 승강기에서 살을 에는 듯한 기온에 오도가도 못하고 있었는데, 이 사건은 그들이 여전히 승강기에 타고 있음을 장비 운전자들이 알아차리지 못한 채로 승강기 운행을 마감한 뒤에 발생했다. 이 여성과 각각 9살, 10살짜리 두 아들은 오후 4시 직전에 낮은 곳에 위치한 승강기 탑승대에서 출발했다. 하지만 승강기는 그 가족이 정상에 도달하기도 전에 전원이 꺼졌다. 이 세 명의 스키장 이용객은 나중에 **엄마가 밑으로 뛰어내려 약 26피트 아래에 있는 눈더미로 착지한 후 슬로프를 걸어 올라가 경보를 울릴 때까지 약 30분간 얼어붙을 것 같은 기온 속에 계속 앉아있어야 했다.**

Q: 다음 중 이 뉴스 기사의 제목으로 가장 적절한 것은?

(a) 스키 승강기 추락 사고에서 생존한 엄마
(b) 아들을 구조하기 위해 스키 승강기에서 뛰어내린 엄마
(c) 결함이 있는 스키 승강기로 인해 부상을 입은 엄마와 아들들
(d) 스키 승강기에 밤새 갇힌 엄마와 아들들

> ⭐ **필수어휘**
>
> **according to** ~에 따르면 **statement** 발표, 성명 **stranded** 오도가도 못하는 **freezing** 살을 에는 듯한, 몹시 추운 **operator** 작동하는 사람, 운전자 **fail to do** ~하지 못하다 **realize (that)** ~임을 알아 차리다 **close down** ~을 마감하다, 닫다 **leave** ~에서 출발하다, 떠나다 **be switched off** 전원이 꺼지다 **reach** ~에 도달하다, 이르다 **be left ~ing** ~한 채로 계속 있다 **around** 약, ~쯤 **jump off** 뛰어 내리다 **land in** ~에 착지하다 **snowbank** 눈 더미 **below** ~ 아래에, 밑에 **walk up** ~을 걸어 올라가다 **slope** 경사면, 비탈 **raise the alarm** 경보를 울리다 **survive** ~에서 살아 남다 **injured** 부상 당한 **faulty** 결함이 있는

유형 2 세부 내용 파악

해석 화요일에 발생된 리젠시 호텔의 구조물 붕괴는 114명의 사망자를 냈으며, 샐리 파이어스톤 씨에게는 예기치 못한 비극을 초래했다. 그녀는 캔자스 시티 시내에 있는 이 호텔 로비 위를 가로질러 매달린 낮은 쪽 공중 보행로에 서 있었는데, 바로 그때 참사가 발생했다. 위쪽의 공중 보행로가 뚝 끊기며 낮은 쪽 공중 보행로 위로 붕괴되면서 양 보행로 위에 있던 사람들과 두 구조물들을 콘크리트와 철재가 비처럼 쏟아지는 바닥으로 떨어뜨릴 때 커다란 "우지끈" 소리를 들은 것으로 그녀는 기억한다. 그녀는 **구조되기 전까지 의식을 잃은 상태로 여러 시간 동안 잔해 밑에 갇혀 있었다.**

Q: 기사에 따르면, 다음 중 어느 것이 옳은 내용인가?

(a) 두 개의 공중 보행로가 모두 동시에 부서졌다.
(b) 샐리 파이어스톤 씨는 붕괴 사고 직후에 바로 구조되지 않았다.
(c) 리젠시 호텔은 재해 당시에 114명의 고객들을 수용하고 있었다.
(d) 샐리 파이어스톤 씨를 구조한 사람들은 공황 상태에 빠져 있던 그녀를 발견했다.

structural failure (건물의) 구조적 장애 **leave A 형용사**: A를 ~한 상태로 남기다 **unexpected** 예기치 못한 **tragedy** 비극, 참사 **suspended** 매달려 있는 **skywalk** 공중 보행로 **over** ~위로 가로질러 **disaster** 재해 **occur** 발생되다 **recall -ing** ~한 것을 기억하다 **crack** n. 우지끈 소리, 쩍 소리 v. 부서지다, 갈라지다 **snap** 뚝 끊 기다 **collapse** 붕괴되다 **structure** 구조물 **in a shower of** 쏟아지는 ~ 속에서 **lie + 형용사**: ~한 상태로 계속 있다 **unconscious** 무의식的 **trapped** 갇힌 **debris** 잔해 **rescue** ~을 구조하다 **immediately after** ~ 직후에 **accommodate** ~을 수용하다 **rescuer** 구조자 **state** 상태 **panic** 공황

유형 3 추론

해석 주택 시장이 지속적으로 하락하고 경기를 불황으로 몰아간다면 미국 건설업계의 실직자 수가 100백만 명을 뛰어넘을 수도 있다. 상업 건축 부문의 강세가 계속해서 일부 실직자들을 받아들일 수 있기는 하지만, 최근 금융 시장의 혼란을 볼 때 실업률이 향후 몇 달간 증가할 가능성이 있다. 전국 주택 건설 연합회는 일자리 감축 문제가 1990년의 경기 불황에 의해 야기된 것보다 더 심각할 수 있다고 경고하고 있다. 1990년에는 건설업계의 고용률이 약 15퍼센트 하락했지만, 현재의 고용률은 내년 안으로 최대 20퍼센트까지 하락할 것으로 추정되고 있다.

Q: 이 기사를 통해 추론할 수 있는 것은 무엇인가?

(a) 위축되고 있는 주택 시장은 경기 침체의 결과이다.

(b) 미국 경제가 불황 직전의 상태이다.

(c) 앞으로의 불황은 지난 번의 불황만큼 나쁠 것으로 예상되지 않는다.

(d) 상업용 건설업계가 사상 최저 수준의 고용률을 기록했다.

job loss 실직자 수 **top** v. ~을 넘어서다 **housing market** 주택 시장 **continue to do** 지속적으로 ~하다 **decline** 축소되다, 하락하다 **tip A into B**: A를 B의 상태로 몰아가다 **economy** 경기, 경제 **recession** 불황 **strength** 강세, 강도, 강점 **commercial** 상업의 **sector** 부문 **offset** ~을 상쇄하다, 벌충하다 **recent** 최근의 **turmoil** 혼란 **credit market** 금융 시장 **suggest that** ~임을 시사하다 **unemployment rate** 실업률 **be likely to do** ~할 가능성이 있다 **warn that** ~라고 경고하다, 주의를 주다 **job cut** 일자리 감축 **severe** 심각한 **caused by** ~에 의해 야기된 **fall** 하락하다, 떨어지다 **by** (차이) ~만큼 **it is estimated that** ~라고 추정되다 **up to** 최대 ~까지 **within** ~ 이내에 **result** 결과 **economic slowdown** 경기 침체 **on the brink of** ~의 직전에 있는 **be expected to do** ~할 것으로 예상되다 **hit an all-time low** 사상 최저를 기록하다

1

These days, companies often directly target children with advertising campaigns for junk food. Although a lot of people focus on the amount of exercise children are getting, experts feel we should be more concerned about the diets of young people. According to a recent survey, 25% of children are now classified as obese. Furthermore, 50% of children reported they eat at least one candy bar or packet of chips each day. Experts warn that children need to regularly eat fruit and vegetables to maintain a balanced diet.

Q: What is the main idea of the article?

(a) Children should do more exercise throughout the school day.
(b) Children's eating habits are creating a health concern.
(c) Television companies are spending too much money on advertising.
(d) Campaigns to improve child nutrition have been moderately successful.

2

The owner of Taste of Italy ice cream parlor, Tony Giuseppe, recently announced his intention to sell his firm to national chain Heavenly Desserts. Mr. Giuseppe, who moved to the United States at the age of eight, has operated the business for over forty years. He is best known for his range of exciting new flavors and the Giuseppe Academy, where he teaches his techniques to budding chefs. Mr. Giuseppe stated that although he and his son will no longer work at the store, his youngest daughter Maria will continue to oversee day-to-day operations under the new ownership.

Q: Which of the following is correct about Tony Giuseppe according to the article?

(a) He has multiple children.
(b) He is leaving his business to attend a further education course.
(c) He has recently started a new business.
(d) He was born in the United States.

3

> The chairman of the Culture and Education Committee will today meet local residents to discuss the planned closure of the Laxington Museum. The committee has previously proposed the closing of the museum as visitor numbers have been dwindling and it is no longer cost-efficient to operate. A representative from the local Parent Teacher Association is expected to argue that its closure will result in the loss of an important educational opportunity for the town's young people. However, due to tight budgetary constraints, the chairman is expected to confirm the museum's closure.

Q: What can be inferred from the article?

(a) Museum supporters believe it benefits children's education.
(b) The local authorities are meeting to discuss a budget surplus.
(c) The Laxington Museum has experienced record visitor numbers.
(d) The committee chairman is a strong advocate of the museum.

4

> The Radville Wildcats football team returned to the city last night to celebrate their regional football title success. Opponents the Boston Sabres put up a stern fight, but were eventually overcome in the last ten minutes of the sell-out game. Celebrations lasted long into the night, with fans lining the streets to welcome back the team, who traveled through the city center on an open-top bus. Fans will be hoping they will be able to hold on to their star players throughout the off season.

Q: What is the best title for the news article?

(a) Boston Sabres Secure First Trophy
(b) Wildcats Lose Star Player to Rivals
(c) Champions Celebrate with Victory Parade
(d) Tickets Available for Title Game

5

> Customers were left outraged last night after energy company Gridco raised electricity prices for the third time since January. With the price of food and fuel also rising, many low-income families are likely to feel stretched as Christmas approaches when parents are struggling to buy gifts for their children. Gridco CEO Vlad Rostov cited global supply difficulties, with less oil imported into the country recently. Local senator Ryan Lenko is expected to meet Mr. Rostov next week to discuss the impact on families caused by the company's actions.

Q: Which of the following is correct according to the article?

(a) Customers will receive a refund after Christmas.
(b) Energy prices have risen several times this year.
(c) A local senator is a Gridco board member.
(d) There are difficulties with local supply lines.

6

> Boston police are searching for two men who committed a robbery on FlexiTrust Bank on Broad Street last night. The men struck at 2:30 p.m. and it is estimated they escaped with just over $1 million in bank notes. Although FlexiTrust employees were reported to be frightened by the experience, thankfully nobody was hurt. The robbers' vehicle was found abandoned in Avenue Heights. However, there was no sign of the men when police arrived at the scene. Police are keen to interview witnesses who were outside the bank at the time.

Q: What can be inferred from the news article?

(a) Two suspects are being interviewed by police.
(b) The robbers were bank employees.
(c) The stolen money has been recovered.
(d) The robbers drove away from the bank.

7

A hurricane swept through Westhampton last night, causing severe damage to the downtown area. The hurricane, which authorities had been warning of for the last week, struck at just after 9:00 p.m. local time. Early reports indicate significant structural damage has been caused to local businesses in the Greek Quarter, as well as to residential areas in the Northern District. One business leader estimated their bakery may be closed for "several months." Despite the destruction, the early warning system seems to have functioned effectively, with no loss of life reported.

Q: Which of the following is true according to the newspaper article?

(a) Many stores were able to open as normal the next day.
(b) No people were killed by the hurricane.
(c) An alarm system was reported to be defective.
(d) Residential properties were unaffected by the storm.

8

Local resident Laura Hannity is to be honored for her community work at the National Volunteering Awards, it was announced last night. After being shocked by the high rate of homeless people seen on the streets of Clift City, Ms. Hannity founded the Clift Rescue Center, a homeless shelter that seeks to provide accommodation and food to the city's most vulnerable people. Through Ms. Hannity's tireless efforts, she was able to open a second and third branch in the downtown area. She is thoroughly deserving of this accolade awarded to her.

Q: Which of the following is correct according to the article?

(a) Ms. Hannity will judge who will receive a National Volunteering award.
(b) The Clift Rescue Center provides clothing for homeless people.
(c) Ms. Hannity is a former homeless person.
(d) There are several Clift Rescue Center locations.

9

기출

The New Times

Trouble at Legoma
By CHARLES CRAVEN

Amidst the ongoing wave of tax scandals, the reputation of yet another big business took a hit yesterday following the arrest of Legoma Inc. chairperson Terry Randall. Randall is charged with siphoning off millions of dollars from the company's coffers in order to balance his own finances. This comes five years after his conviction for concealing huge losses at his former company Sommixe. Although Randall complied with the terms of probation during his subsequent two-year suspended sentence, his latest indiscretion has many people wondering why his initial punishment was not harsher.

Q: What is Terry Randall suspected of doing?

(a) Bribing government officials
(b) Falsifying business records
(c) Stealing company funds
(d) Violating his probation

10

Dual-income Families Work Longer Hours

A recent survey finds most dual-income families include a parent working long or atypical hours. One or both parents in a majority of dual-income families are working hours outside the standard 'nine to five' – often taking them over the 40 hours-per-week limit. Fathers in professional and managerial jobs work the longest hours of all and are least likely to be involved in their children's care, according to new research. Families in the survey revealed important differences in the circumstances that led parents to work outside the normal working day and their ability to control their hours. The time that parents could spend together as a couple and involvement in children's activities were the two main casualties of atypical work.

Q: What can be inferred from the passage?

(a) Parents who work long hours can afford more luxuries.
(b) Some fathers refuse to stay home and care for the children.
(c) Atypical work hours cause a disruption to family life.
(d) Children adapt easily to parents working long hours.

Questions 11-12

Airline Luxury Sky is well known for its premium-quality flights to Europe and Central Asia. Operating exclusively out of several hubs within the United States, the company has built an enviable reputation in recent years and is now the first-choice air carrier for many celebrities and company executives alike, with a space on its flights available to be purchased by members only. It is thought that customers are drawn to its luxury cabins, which include fully-reclining seats, 5-star gourmet meals and the latest in-flight entertainment systems.

This is why business customers may have been particularly excited by yesterday's announcement that Luxury Sky is to open a brand-new airport hub flying out of Berlin, Germany. At a press conference, long-term CEO Stefan Licht reported that the expansion will allow the firm to fly to more destinations in Asia from early next year, including Japan, South Korea and China. In doing so, Mr. Licht stated that he hoped this move would open up previously unexplored markets and allow the firm to outcompete their rivals in becoming a true global leader in luxury travel.

11　Q: Which of the following is correct according to the article?

(a) A ticket cannot be bought without holding a membership.
(b) Some flights depart from Canada.
(c) Luxury Sky provides flights to Africa.
(d) A gourmet chef can be found on board each flight.

12　Q: What can be inferred from the news article?

(a) Prices will rise following the expansion.
(b) Luxury Sky does not currently offer flights to South Korea.
(c) Mr. Licht was recently appointed to his position.
(d) Luxury Sky has recently merged with a competitor.

☑ 인문학이란 인간의 가치 탐구와 표현 활동을 대상으로 삼는 학문을 말한다.

☑ 자연을 다루는 자연 과학과는 대립되는 영역으로 언어학, 문학, 역사, 법률, 철학, 고고학, 예술사, 비평 등의 학문 영역이 이에 속한다.

☑ 매 회당 4~7개의 지문이 출제되고 있으며 전 파트에서 고루 출제된다.

기출 분석 1 주제별 인문학 분류

역사	• 프랑스 혁명 당시 로베스피에르의 이념과 모순된 행동 • 샤를마뉴 대제의 죽음이 카롤링거 왕조의 몰락을 가져온 권력 투쟁에 미친 영향 • 호머의 일리아드가 역사적 사건임을 고증하는 고고학자의 노력 • 헤로도토스를 역사가로 여기지 않은 것에 대한 비판 • 미국 남북전쟁의 명장 스톤월 잭슨 • 세계 제1차 대전을 초래한 오스트리아 황태자의 암살 • 캘리포니아의 골드러시
문학	• 개정된 문학 작품에서 서론의 중요성 • 미국 시인 래리 올리버에 대한 상반된 평가 • 미국 작가 허먼 멜빌의 소설 '빌리 버드'에 대한 평론
종교	• 기독교, 카톨릭, 이슬람 세 종교 모두의 성지인 예루살렘
언어	• 일부 경험주의자의 언어 생득론(innatism) 수용 • 미국 흑인 영어가 사투리인지(vernacular) 논란 • 캐나다의 프랑스어 방언(dialects)
예술	• 미국 식민지 독립 후 문학 작품의 특징 • 모차르트가 오페라를 발전시킨 과정 • 신석기 시대 이전부터 행해진 인류의 예술 활동 • 미켈란젤로의 '부활한 그리스도'에 대한 예술적 가치와 작품에 대한 설명 • 클래식 기타리스트인 안드레스 세고비아의 공헌 • 전자기타 효과의 하나인 '퍼즈'의 우연한 발견 • 인상주의(impressionism)의 기원 • 알프레드 히치콕의 성공 요인 • 고대 로마 건축물의 혁신성
철학	• 남녀를 비교하는 것에 대한 사회과학자들 사이의 논란 • 행복의 추구(pursuit of happiness)에 대한 논란
심리	• 통념과 달리 남성의 낮은 목소리를 불신하는 여성들 • 발부터 들이기(the foot-in-the-door technique) 마케팅 전략
교육	• 교육이 지식습득과 실생활 적용이라는 두 가지 목표를 달성하는가에 대한 찬반 의견 • 아이들에게 영향을 주는 부모의 다툼 장면 • 협력 기반 사회에서 온 학생들에게 불리한 미국 교육 평가 방식: 집단 평가가 아닌 개별 평가이기 때문

1 Part 1

특정 인문학 관련 사건을 제시하고, 이에 대한 주제 또는 결론을 완성하는 형태

2 Part 2

특정 인문학 소재를 제시하고, 이에 대한 특정 견해를 보이는 글에서 다른 견해 또는 상반된 예시를 드는 문장을 고르는 형태

3 Part 3 & 4

인문학과 관련된 주제, 세부 내용 파악, 추론 등 전반적인 문제 유형이 두루 출제

기출 맛보기 지문 파악 직접 해보기

One defining aspect of Modern art, which traditionally refers to art produced during the 1870-1970 period, was the _____. This is illustrated by the **emergence** of art movements such as **abstraction and hyperrealism**, as well as anti-art schools like **Dada and Fluxus**. Prior to this period, art largely consisted of relatively **uniform examples** of landscape, still life, and portrait painting, and sculpture. At the end of the **19th century**, however, **several pioneering approaches** to art began to achieve popularity. **Impressionism** sought to capture the effects of sunlight, while **Romanticism** focused on conveying emotion and mood. As the Modern art era evolved, such wide-ranging and aesthetically contrasting forms of art such as **Pop Art** and **Neo-Dada** took art in new, exciting directions.

(a) elevation of artists to celebrity status
(b) emphasis on accurately depicting landscapes
(c) unprecedented diversity of art styles
(d) undeniable shift from painting to sculpture

● 지문 파악 순서

① 첫 문장에 빈칸이 있으므로 지문의 주제와 관련된 선택지를 찾아야 함을 예상하기

② 두 번째 문장에서 소재 파악하기: abstraction and hyperrealism, ~ Dada and Fluxus (추상주의나 극사실주의 ~ 다다이즘과 전위예술)

③ 두 번째 문장에서 흐름을 나타내는 어구 파악하기: emergence (출현)

④ 소재와 흐름을 나타낸 어구를 바탕으로 지문의 전개 방향 예측하기: 다양한 미술 양식과 관련된 정보가 이어질 것이다.

⑤ 이후에 제시되는 문장들을 통해 소재와 흐름상의 어구가 이어지는 연결고리 파악하기: uniform examples (획일적인 예)
➡ 19th century / several pioneering approaches (19세기의 여러 선구적인 접근법) ➡ Impressionism (인상주의) / Romanticism (낭만주의) / Pop Art (팝아트) / Neo-Dada (신다다이즘) 등의 여러 양식이 생겨남

⑥ 지문 흐름을 파악한 후, 첫 문장과 지문 흐름 사이의 관계 확인하기: One defining aspect of Modern art (현대 미술을 정의하는 한 가지 측면)

⑦ 선택지를 보고 지문 흐름과 첫 문장 사이의 관계를 나타낼 수 있는 것을 선택하기: 과거의 획일적인 양식에서 벗어나 다양하게 생겨났던 여러 미술 양식을 설명하는 흐름이므로 이와 같은 다양성을 언급한 (c)가 정답이다.

● 오답 분석

(a) **elevation** of artists ▶ 미술가들의 지위 변화와 관련된 내용은 없으므로 오답이다.
(b) accurately depicting **landscapes** ▶ 풍경 묘사와 관련된 정보만 제시된 것이 아니므로 오답이다.
(d) **shift** from painting to sculpture ▶ 그림에서 조각으로의 추세 변화를 말하는 내용이 아니므로 오답이다.

● 해석

일반적으로 1870년에서 1970년 사이의 기간 중에 제작된 미술 작품을 가리키는 현대 미술을 정의하는 한 가지 측면은 **전례 없던 미술 양식의 다양성**이었다. 이는 추상주의나 극사실주의와 같은 미술 운동뿐만 아니라 다다이즘이나 플럭서스와 같은 반예술 학파들의 출현으로 설명된다. 이 기간에 앞서, 미술은 대체로 풍경화, 정물화, 인물화, 그리고 조각이 포함된 비교적 획일적인 예로 구성되어 있었다. 하지만 19세기 말에, 미술에 대한 여러 선구적인 접근법들이 인기를 누리기 시작했다. 낭만주의는 감정과 분위기를 전달하는 데 초점을 맞췄던 반면, 인상주의는 햇빛의 효과를 포착하려 했다. 현대 미술이 발전함에 따라, 팝 아트나 신다다이즘과 같이 폭넓고 심미적으로 대조적인 미술 유형들이 미술을 새롭고 흥미로운 방향으로 이끌었다.

(a) 유명 명사의 지위로 격상된 미술가들
(b) 풍경을 정확히 묘사하는 것에 대한 강조
(c) 전례 없던 미술 양식의 다양성
(d) 그림에서 조각으로의 부인할 수 없는 전환

유형 1 빈칸 채우기   47%

난이도 ●●○○○

The famous play, Le Cid, is considered to be French dramatist Pierre Corneille's finest work, but it _____. The original 1637 edition of the play defied the traditional distinction of tragedy and comedy and was thus labeled as a tragicomedy by Corneille. The Academie Francaise, led by Cardinal Richelieu, acknowledged the play's successful run at a theater in Paris, but determined that it was likely a defective piece of work. Richelieu ordered an analysis of the play, believing that it did not adhere to classical rules governing time, place, and action. Heated arguments ensued, and pamphlets were circulated which even accused the play of immorality. In the end, the Academie decided that the play broke too many rules to be considered a work of value, and Corneille left Paris and returned home to Rouen.

(a) was not fully appreciated until several decades later
(b) caused much controversy in the arts world
(c) was rewritten several times by various collaborators
(d) was shown to a public audience until many years later

해석 및 어휘: 본서 p.174

풀이과정 맛보기

① 첫 문장에 빈칸이 있을 경우, 지문의 주제와 관련되어야 하므로 키워드로 연결되거나 전체 내용을 요약하는 선택지를 예상해야 한다.

② 지문 전체적으로 피에르 코르네이유가 쓴 작품이 연극과 관련된 전통적인 요소들을 지키지 않았다는 점과 그로 인해 논쟁과 비난이 있었다는 사실을 말하는 흐름이다.
defied the traditional distinction of tragedy and comedy (전통적인 비극과 희극의 차이를 거부)
➡ not adhere to classical rules (전통적인 규칙을 고수하지 않음)
➡ Heated arguments (열띤 논쟁) / accused the play of immorality (연극의 부도덕성에 대한 비난)

③ 따라서, 첫 문장은 코르네이유가 쓴 최고의 작품이 예술계에서 많은 논란을 야기했다는 주제 내용이 되어야 알맞으므로 (b)가 정답이다.

정답 (b)

오답 선택지 분석

(a) was **not fully appreciated until** several decades **later** (나중에 인정 받음) ▶ 수십 년이 지나서야 가치를 인정받았는지 알 수 있는 단서가 제시되어 있지 않다.
(c) was **rewritten several times** (다시 쓰임) ▶ 작품이 다시 쓰여진 것과 관련된 정보는 제시되어 있지 않다.
(d) was **shown** ~ until many years **later** (나중까지 상연됨) ▶ 나중까지 계속 상연되었다는 정보는 제시되지 않으며, 오히려 파리를 떠나 고향으로 돌아갔다는 것에서 논란 이후에 더 이상 상연되지 않았음을 추론할 수 있다.

난이도 ●●●○○

Research shows that bilingualism has even more benefits for children and adults than previously thought. (a) Those who speak two languages exhibit improved executive functioning of the brain, which allows them to solve problems more easily. (b) Bilinguals also show increased metalinguistic skills, or the ability to analyze language and understand how it works. (c) Studies have shown that babies begin to learn language even before they are born, and even newborns can detect differences between two spoken languages. (d) Finally, the cumulative benefit of dual language experience may even help to slow cognitive decline through aging and prevent the onset of Alzheimer's disease.

해석 및 어휘: 본서 p.174

풀이과정 맛보기

① 첫 문장을 읽고 소재와 함께 글의 흐름을 예측할 수 있는 어구를 파악한다.

- 소재: bilingualism (2개 국어 사용)
- 흐름: more benefits for children and adults (아이들과 어른들에게 더 많은 혜택)

② 소재 및 흐름 어구를 바탕으로 첫 문장과 나머지 문장들 사이의 관계와 함께 전체적인 흐름을 파악한다.

Those (사람들) / two languages (2개 국어) / improved functioning (향상된 기능)

➡ Bilinguals (2개 국어 사용자) / increased (향상시켰다) / skills (기술) / analyze language (언어 분석)

➡ benefit of dual language experience (이중 언어 경험의 혜택)

③ 전체적으로 2개 국어를 사용하는 성인들이 지닌 장점과 능력을 알리는 내용이 주를 이루고 있다.

④ 하지만 (c)는 babies begin to learn, newborns can detect 등을 통해 아기들의 언어 능력을 언급하는 문장이므로 전체적인 흐름에 어울리지 않는다. 따라서 (c)가 정답이다.

정답 (c)

오류 선택지 분석

(c) **Studies have shown that** babies begin ~, and even newborns can detect differences between **two spoken languages**. ▶ 언뜻 보기에 (c)도 지문의 주제어와 맥락이 같은 two spoken languages를 가지고 있어 논리적으로 부합하는 듯 보인다. 하지만, 선택지 (a), (b), (d)가 모두 첫 문장에서 제시된 하나의 특정 연구가 보여주는(Research shows) 결과들을 나타낸다는 것을 고려한다면, 글 중간에 제3의 연구 결과(Studies have shown that)로 삽입된 (c)가 전체 흐름과 자연스럽게 연결되지 않는 것을 알 수 있다.

난이도 ●●○○○

The work carried out by mathematician Alan Turing and his colleagues stationed at Bletchley Park helped save millions of lives. During the Second World War, Turing joined a team tasked with breaking German naval codes. Among his most remarkable achievements was his development of an electromechanical machine that could break the Germans' Enigma code. Due to the highly confidential nature of his work, it was little known to the public at that time. However, such breakthroughs facilitated an Allied victory and shortened the war by an estimated two years, sparing the lives of countless soldiers.

Q: What is the main purpose of the passage?

(a) To contrast the various techniques used by Turing's team
(b) To show the impact that Turing's work had on ending a conflict
(c) To explain how Turing created an unbreakable wartime code
(d) To emphasize Turing's influence on modern mathematics

해석 및 어휘: 본서 p.175

풀이과정 맛보기

① 문제를 먼저 읽고 목적 문제임을 확인한 후, 첫 문장에서 소재와 흐름을 나타내는 단어를 찾는다.
- 소재: The work
- 흐름: carried out by mathematician Alan Turing and his colleagues (앨런 튜링과 동료들에 의해 수행)

② 이후 제시되는 내용에서 소재와 흐름을 나타내는 단어의 연결고리를 찾는다.
- 소재: The work ➡ tasked with breaking German naval codes (독일군 암호 해독 작업을 맡음)
- 흐름: carried out by mathematician Alan Turing and his colleagues ➡ development of an electromechanical machine (전기기계식 장치의 개발)

③ 연결 고리를 확인한 다음, 읽어 가면서 전체적임 흐름과 주요 정보를 파악하는 데 집중한다.

was little known to the public (대중에게 알려진 것이 없음)
➡ victory and shortened the war (승리 및 전쟁 기간 단축)
➡ sparing the lives (인명을 구함)

④ 지문 전체적으로 앨런 튜링이 한 일이 전쟁에 긍정적인 영향을 미쳐 그 기간을 줄이고 많은 사람들의 목숨을 살렸다는 내용이므로 이와 같은 영향력을 언급한 (b)가 정답이다.

정답 (b)

오답 선택지 분석

(a) contrast the **various techniques** (다양한 기술) ▶ 다양한 기술로 언급되는 것이 없으므로 오답이다.
(c) **created** ~ wartime **code** (암호를 만듦) ▶ 튜링은 암호를 만드는 일이 아닌 적군의 암호 해독과 관련된 일을 했다.
(d) influence on **modern mathematics** (현대 수학) ▶ 현대 수학과 관련된 정보가 전혀 제시되어 있지 않으므로 오답이다.

기출유형정리 해석

유형 1 빈칸 채우기

해석 유명 연극 '르 시드'는 프랑스의 극작가 피에르 코르네이유가 쓴 최고의 작품으로 여겨지고 있지만, **예술계에서 많은 논란을 야기했다.** 1637년에 쓰여진 이 연극의 원작은 전통적인 비극과 희극의 차이를 거부하는 것이었으며, 그로 인해 코르네이유에 의해 희비극이라고 분류되었다. 리슐리외 추기경이 이끌었던 아카데미 프랑세즈는 파리의 한 극장에서 이 연극이 성공적으로 상연된 것을 인정했지만, 결점이 있는 작품일 가능성이 있다는 결정을 내렸다. 리슐리외는 이 작품이 시간과 장소, 그리고 사건을 다스리는 전통적인 규칙을 고수하지 않는다는 생각에 이 연극에 대한 분석을 지시했다. 열띤 논쟁이 뒤따랐으며, 심지어 이 연극의 부도덕성을 비난하는 소책자가 유포되기까지 했다. 결국, 아카데미는 이 연극이 가치 있는 작품으로 여겨지기에는 너무 많은 규칙들을 파괴했다고 결론 내렸으며, 코르네이유는 파리를 떠나 고향인 루앙으로 돌아갔다.

(a) 수십 년이 지난 후에야 비로소 완전히 가치를 인정받았다
(b) 예술계에서 많은 논란을 야기했다
(c) 다양한 공동 작업자들에 의해 여러 차례 다시 쓰여졌다
(d) 오랜 시간이 흐른 후까지도 일반 관객을 대상으로 상연되었다

> ⭐ **필수어휘**
>
> **play** 연극 **be considered to be A**: A로 여겨지다 **finest** 최고의, 최상의 **original** 원작의, 원본의 **defy** ~을 거부하다, ~에 반항하다 **traditional** 전통적인 **distinction** 차이 **tragedy** 비극 **comedy** 희극 **thus** 따라서, 그러므로 **be labeled as** ~로 분류되다 **tragicomedy** 희비극 **led by** ~가 이끄는 **acknowledge** ~을 인정하다 **run** 상연, 상영 **determine that** ~라고 결정 내리다 **likely** 가능성이 있는, ~할 것 같은 **defective** 결점이 있는 **piece of work** 작품 **analysis** 분석 **adhere to** ~을 준수하다, 고수하다 **govern** ~을 다스리다, 지배하다 **action** (극의) 사건 **heated** 열띤 **argument** 논쟁 **ensue** 뒤따르다 **circulate** ~을 유포하다 **accuse A of B**: B에 대해 A를 비난하다, 고발하다 **immorality** 부도덕성 **in the end** 결국 **decide that** ~라고 결정하다 **too 형용사 to do**: ~하기에는 너무 A한 **value** 가치 **leave** ~을 떠나다 **return home to** 고향인 ~로 돌아 가다 **not A until B**: B가 되어서야 비로소 A하다 **fully** 완전히, 전적으로 **appreciated** 가치를 인정 받은 **several** 여럿의, 몇 몇의 **decade** 10년 **cause** ~을 야기하다 **controversy** 논란 **collaborator** 공동 작업자 **show** 상연되다, 상영되다 **audience** 관객, 청중

유형 2 문맥상 어색한 문장 고르기

해석 연구에 따르면, 2개 국어 사용 능력이 이전에 생각되었던 것보다도 아이들과 성인들에게 더 많은 이점이 되는 것으로 나타난다. (a) 두 가지 언어를 말하는 사람들은 뇌에서 더 나은 수행 능력을 발휘하는데, 이를 통해 더욱 수월하게 문제를 해결할 수 있게 해 준다. (b) 2개 국어 사용자들은 또한 뛰어난 메타 언어 능력, 즉 언어를 분석하고 그 작용 원리를 이해하는 능력을 보인다. **(c) 연구 내용에 따르면, 아기들은 심지어 태어나기 전부터 언어를 배우기 시작하며, 심지어 갓난아기들도 두 가지 음성 언어의 차이를 감지할 수 있다.** (d) 마지막으로, 이중적인 언어 경험에 따라 축적된 이점은 심지어 노화 과정에서 나타나는 인지 능력 저하를 늦추고 알츠하이머 병의 발생을 방지하는 데도 도움이 될 수 있다.

Research shows that 연구에 따르면 ~한 것으로 나타나다 **bilingualism** 2개 국어 사용 능력 **even** 심지어 (~도) **benefit** 이점, 혜택 **than previously thought** 이전에 생각되었던 것보다 **exhibit** ~을 발휘하다, 보여 주다 **improved** 더 나은, 개선된 **executive functioning** 실행 기능, 집행 기능 **allow A to do**: A가 ~할 수 있게 해 주다 **solve** ~을 해결하다 **bilingual** 2개 국어 사용자 **increased** 뛰어난, 증가된 **metalinguistic skill** 메타 언어 능력 **or** 즉, 다시 말해 **ability to do** ~하는 능력 **analyze** ~을 분석하다 **how A work**: A의 작용 원리 **newborn** 갓난아기 **detect** ~을 감지하다 **cumulative** 축적되는 **dual** 이중의, 둘의 **slow** v. ~을 늦추다 **cognitive decline** 인지 저하 **through** ~을 통해 **aging** 노화, 나이먹음 **prevent** ~을 방지하다 **onset** 발생, 발병 **Alzheimer's disease** 알츠하이머 병

유형 3 **목적**

해석 블레츨리 파크에 배치된 수학자 앨런 튜링과 그의 동료들에 의해 수행된 임무는 수백 만 명의 목숨을 구하는 데 도움이 되었다. 2차 세계대전 중에 튜링은 독일 해군의 암호를 해독하는 임무를 맡은 팀에 합류했다. 그가 이룬 가장 주목할 만한 업적들 중에는 독일군의 이니그마 암호를 해독할 수 있는 전자기계식 장치의 개발이 포함되어 있었다. 극비로 유지되어야 하는 그의 작업이 지닌 특성으로 인해, 당시에는 일반 대중에게 알려진 바가 거의 없었다. 하지만, 그와 같은 획기적 발견이 연합군의 승리를 가능하게 했으며, 약 2년 정도 전쟁 기간을 단축시킴으로써 수많은 병사들의 목숨을 살릴 수 있었다.

Q: 이 글의 주된 목적은 무엇인가?

(a) 튜링의 팀이 사용한 다양한 기술들을 대조하기
(b) 튜링의 임무가 전쟁을 끝내는 데 끼친 영향을 보여주기
(c) 튜링이 해독할 수 없는 전시 암호를 만들어 낸 방법을 설명하기
(d) 튜링이 현대 수학에 미친 영향을 강조하기

carry out ~을 수행하다, 실시하다 **mathematician** 수학자 **colleague** 동료 **stationed at** ~에 배치된 **join** ~에 합류하다, ~와 함께 하다 **tasked with** ~을 맡은 **break codes** 암호를 해독하다 **naval** 해군의 **among** ~ 중에, ~ 사이에 **remarkable** 주목할 만한, 놀랄 만한 **achievement** 업적, 성취 **development** 개발 **electromechanical** 전기기계식의 **enigma** 수수께끼(와 같은 것) **due to** ~로 인해 **highly confidential** 극비의 **nature** 특성, 성격 **it is little known to** ~에게 알려진 바가 거의 없다 **the public** 일반 대중 **breakthrough** 획기적인 발견, 돌파구 **facilitate** ~을 가능하게 하다, 용이하게 하다 **shorten** ~을 단축시키다, 줄이다 **by** (차이) ~만큼 **estimated** 약, 추정의 **spare** ~의 목숨을 살리다 **countless** 수많은, 셀 수 없는 **contrast** ~을 대조해 보다 **have an impact on** ~에 영향을 미치다 **conflict** 물리적 충돌 **explain** ~을 설명하다 **unbreakable** 깰 수 없는, 부술 수 없는 **wartime** 전시의 **emphasize** ~을 강조하다 **influence on** ~에 대한 영향

1

North by Northwest is typically regarded as one of Alfred Hitchcock's most accomplished films, and many movie critics have noted that _____. For instance, compared with the settings of Hitchcock's other well-known films such as *Psycho* and *Vertigo*, *North by Northwest* takes viewers on a more visually engaging and easily recognizable journey through America. Much of the film takes place in New York City, with scenes set on Madison Avenue and in Grand Central Station, but the part that viewers remember most of all is the film's climactic chase scene atop Mount Rushmore in South Dakota.

(a) its overuse of special effects detracts from the main plotline
(b) it lacks the acting performances that helped make *Psycho* such a success
(c) its budget limitations are clear to see in several notable scenes
(d) its effectiveness stems partly from the use of iconic locations

2

기출

When it comes to raising successful children, many parents make the same mistake. They praise their children for successes but ignore the hard work required for such outcomes. As children will inevitably fail from time to time, it is their effort that truly deserves praise. By shifting the focus of praise, adults can reward children for the dedication that will set them up for more consistent and lasting future successes. In short, parents should always try to _____.

(a) highlight even minor accomplishments
(b) recognize effort more than achievement
(c) reserve praise for truly exceptional work
(d) express joy about their children's success

3

Throughout his career, the musician known as Prince _____.
Prince's influence on the sound of popular music is unquestionable, but he should also be remembered for how fiercely he fought to change the business aspect of making music. Unhappy with Warner Bros Records' restriction of his prolific musical output, Prince shocked the music world by quitting the record label and becoming an entirely independent artist, free to release music as and when he saw fit. His rebellious desire for control helped him pioneer alternative album release strategies, such as giving away his *Planet Earth* album for free with the *Mail on Sunday* newspaper in Britain. Several artists have taken similar approaches, most notably Radiohead with its pay-what-you-choose strategy for 2007's *In Rainbows*.

(a) collaborated with some of the world's most gifted songwriters
(b) clashed with record companies over the distribution of his music
(c) challenged music critics who failed to see the appeal of his music
(d) strived to engage with fans of his music on a personal level

4

기출

Around the turn of the 20th century, Brazil was overtaken as the world's leading rubber producer. Brazil previously had a monopoly on rubber because the country was the only one to which rubber trees were native. However, they proved difficult to cultivate. Planting them too near to one another allowed parasites to spread and destroy the trees. Believing that the trees would be more successful outside of their native region, an English agent exported seeds to British colonies in Asia. Eventually, huge plantations sprang up in Ceylon and Malaya—now Sri Lanka and West Malaysia, respectively—leading to a British stranglehold on the world rubber market.

Q: What can be inferred from the passage?

(a) Pests were introduced to Ceylon with rubber tree seeds.
(b) British plantations reduced Brazil's rubber market share.
(c) Brazil's climate was not friendly to rubber tree cultivation.
(d) Brazilian rubber was of higher quality than Ceylon rubber.

5

> Tenochtitlan, the ancient capital of the Aztec empire, was at one time the largest city in the pre-Columbian Americas. Boasting two double aqueducts, each one more than 4 kilometers in length, the city prided itself on its limitless supply of clean water, most of which came from the nearby springs at Chapultepec. This water was primarily used for cleaning and washing, while drinking water was derived from various mountain springs in the vicinity. Residents enjoyed several baths a day, had plenty of water to drink, and enjoyed a relatively high standard of living for the time period.

Q: Which of the following is correct about Tenochtitlan according to the passage?

(a) Its natural boundaries formed an effective defense.
(b) It benefited from its proximity to fresh water sources.
(c) It made several advances in architectural design.
(d) It was relocated from a site at Chapultepec.

6

> A recent study was conducted to determine which countries have the most well-traveled citizens. The study took into account the citizens of 110 countries and utilized data obtained from the World Tourism Organization. Surprisingly, despite having the highest GDP in the world, American citizens are among the least internationally well-traveled, and less than half of them have a passport. At the top of the list is Hong Kong, whose citizens take an average of 11 annual trips per person. Next is Luxembourg, whose citizens are noted as the biggest spenders while traveling, and in third place comes Hungary.

Q: What is the passage mainly about?

(a) the different costs faced by tourists traveling to various countries
(b) the continuing increase in the number of international travelers
(c) the varying extent to which people from different countries travel
(d) the reasons for American citizens choosing not to travel abroad

7

Matthew Hopkins was an English witch-hunter who, between 1644 and 1647, was responsible for more people being hanged for witchcraft than in the previous 100 years. He claimed to hold the title of Witchfinder General, although no such position was officially recognized by Parliament at that time. Hopkins' methods of investigation were known to often be brutal, including sleep deprivation and cutting with knives, even though torture was considered unlawful in England. He was warned against using such methods, but historical records show that such warnings went largely unheeded.

Q: What can be inferred about Matthew Hopkins from the passage?

(a) He was awarded an honorary title by the English Parliament.
(b) He was reprimanded for falsely accusing citizens of witchcraft.
(c) His methods were regarded as highly effective by the government.
(d) He ignored official laws prohibiting acts of torture.

8

Once one of the four largest lakes in the world, the Aral Sea has been shrinking since the 1960s due to the diverting of rivers for the purpose of Soviet irrigation projects. Satellite images taken in 2014 showed that the eastern basin of the Aral Sea had completely dried up, leading to the region being renamed the Aralkum Desert. The shrinking of the Aral Sea is regarded as a catastrophic environmental disaster, destroying the region's once-prosperous fishing industry and economy. Furthermore, the receding sea has left plains covered with toxic chemicals as a result of several decades of weapons testing and industrial waste disposal.

Q: Which of the following is correct about the Aral Sea according to the passage?

(a) It dried up as a result of industrial pollution.
(b) It expanded into the adjacent Aralkum Desert.
(c) It was once integral to the local fishing industry.
(d) It was previously used as a source of drinking water.

9

Although US troops departed from the Philippines at the end of the Second World War, the American influence is still apparent to this day. (a) One of the most obvious changes is the integration of English vocabulary into the traditional Tagalog language. (b) The United States sent teachers to the Philippines so that Filipino children could have access to free education. (c) Words such as 'computer', 'cake', and 'interview' have been adopted into everyday speech by the vast majority of Filipinos. (d) In addition to language, much of the fast food and clothing that is now popular in the Philippines today is unmistakably of American origin.

10

There is a pleasure principle in psychology, which basically means that one will do whatever will make them most happy. (a) Even though we live in a capitalist society, people are more motivated to achieve something for personal satisfaction rather than monetary gains. (b) People who work for nonprofit organizations strive for the betterment of others and not for the recognition. (c) Studies show that a child is more likely to put as much energy as possible into completing a task when it is something that makes him happy, than if he was doing it for a physical reward. (d) A student is more likely to get good grades if it makes him feel good about himself than if his parents offer to pay him every time he makes the honor roll.

Questions 11-12

A plot twist is a method used in writing that introduces a surprising change in direction or an unexpected outcome. This change may alter one's perception of the preceding narrative, or expose a character's true motivations and intentions.

Analysts of literature and film screenplays have identified several common categories of plot twists, each executed in a different manner. For instance, an unreliable narrator refers to a twist in which the narrator is revealed to have manipulated or fabricated the preceding story, forcing the reader to question their prior assumptions. A well-known example of this can be found in the film The Usual Suspects. Anagnorisis refers to a character making a sudden, critical discovery related to their own or another character's true nature, such as the moment the protagonist in The Sixth Sense recognizes that he is in fact dead. Flashback, or analepsis, presents a vivid depiction of a past event that may shed new light on previously inexplicable elements of the story.

David Fincher's film adaptation of Chuck Palahniuk's novel Fight Club is noteworthy in that it uses all three methods, leaving many viewers shocked and bewildered by the time the credits roll.

11 Q: What is the passage mainly about?

(a) The importance of plot in movie screenplays
(b) Changes to the nature of story protagonists over the years
(c) Various popular genres of movies and books
(d) The different variations of a narrative technique

12 Q: What is correct about the movie Fight Club according to the passage?

(a) It incorporates several types of plot twist.
(b) It was criticized for its plot upon release.
(c) It was a sequel to a popular novel.
(d) It pioneered the use of a new plot twist.

☑ 사회학이란 인간 사회와 사회적 행위를 연구하는 학문을 말한다.
☑ 인간이 사는 사회의 질서와 변동, 여러 가지 현상들을 주로 다룬다.
☑ 정치, 경제, 문화, 법 등이 사회학 영역에 속한다.
☑ 매 회당 3~6개의 지문이 출제되고 있으며 전 파트에서 고루 출제된다.

기출 분석 1 주제별 사회학 분류

정치	• 낮은 계층에게 권력을 부여하려는 원래 의도와 반대로 사용되는 마르크스 이론
경제	• 국제 무역 증가에 따른 장점과 단점 • 노동 착취 등의 문제를 일으키는 커피 산업
문학	• 갈등 해소에 더 평화적인 아시아 문화 • 고대 이집트 맥주의 성분에 대한 연구 • 중국인들의 용에 대한 인식 • 서양과 동양에서 서로 다른 박쥐에 대한 평가 • 고대 올림픽과 근대 올림픽의 차이 비교 • 산서성에서 발견된 중국형 피라미드와 이집트의 피라미드 비교 • 바빌론 공중정원이 실존했는지에 대한 여러 의문 제기 • 사냥의 성공을 기원하는 주술적인 역할을 한 동굴 벽화
사회 현상	• 향수가 기술 발전으로 개발 가격이 줄어들면서 인기가 낮아진 현상 • 소비를 부추기는 신용카드 • 사회가 고령화가 되면서 낮아지는 출산율 • 정보 기억 패턴을 바꾸는 인터넷의 역할 • 부모의 기대와 돈보다는 자신이 흥미 있는 것을 하고 싶어 하는 젊은이들의 취향 • 유능한 직원들을 유지하는 주요 요인으로서의 가정 친화적인 기업 정책

기출 분석 2 자주 출제되는 질문 유형

1 Part 1

특정 사회학 관련 소재를 제시하고 이에 대한 제목이나 주제, 또는 결론을 완성하는 질문 형태

2 Part 2

사회학 관련 주장이나 이론을 제시하고, 이에 관한 설명으로 일치하지 않는 문장을 고르는 질문 형태

3 Part 3&4

사회학과 관련된 주제, 세부 내용 파악, 추론 등 전반적인 독해 질문 유형을 고르게 출제

The **arts scene of New Orleans** is as **diverse** as its inhabitants, and this is especially true when it comes to music. The city has become **a melting pot of different cultures**, and immigrants from many countries have **brought thousands of traditional songs** to the city. Live performances have long been popular in the bars of New Orleans, and immigrants were instrumental in **popularizing their traditional styles and integrating them** to create new styles. This means that the city

_____.

(a) is known for its diverse culinary scene
(b) is home to a wide range of musical genres
(c) boasts a large amount of unique architecture
(d) was recognized for its inclusivity policies

● 지문 파악 순서

① 첫 문장에서 소재 파악하기: arts scene of New Orleans (뉴올리언스의 예술계)

② 첫 문장에서 흐름을 나타내는 어구 파악하기: diverse (다양한)

③ 소재와 흐름을 나타낸 어구를 바탕으로 지문의 전개 방향 예측하기: 뉴올리언스 지역의 예술 분야에서 나타나는 다양성과 관련된 내용이 이어질 것이다.

④ 다음에 제시되는 문장들을 통해 소재와 흐름상의 어구가 이어지는 연결고리 파악하기: a melting pot of different cultures (서로 다른 문화들이 융합된 곳) ➡ brought thousands of traditional songs (수많은 전통 음악들을 들여옴) / popularizing their traditional styles and integrating them (전통적 스타일들의 전파와 통합)

⑤ 선택지를 보고 지문 흐름과 마지막 문장 사이의 관계를 나타낼 수 있는 것을 선택하기: 수많은 전통 음악을 들여와 사람들에게 알리고 서로 통합해 새로운 것을 만들어 냈다는 말은 다양한 음악이 생겨났다는 의미이므로 이에 해당되는 (b)가 정답이다.

● 오답 분석

(a) **culinary** scene ▶ 요리와 관련된 내용은 전혀 없으므로 오답이다.
(c) unique **architecture** ▶ 건축 양식과 관련된 내용도 찾아볼 수 없으므로 오답이다.
(d) inclusivity **policies** ▶ 정책적으로 실시된 일을 소개하는 것이 아니므로 오답이다.

● 해석

뉴올리언스의 예술계는 그곳의 주민들만큼이나 **다양**하며, 특히 음악과 관련해서는 더욱 그러하다. 이 도시는 서로 다른 문화들이 융합되었으며, 다양한 나라에서 온 이민자들이 수많은 전통 음악을 이 도시로 들여왔다. 뉴올리언스에 위치한 술집마다 라이브 공연이 오랫동안 인기를 누려 왔으며, 이민자들은 각자의 전통적 스타일을 많은 사람들에게 알리고 서로 통합하여 새로운 스타일을 탄생시키는 데 중요한 역할을 했다. 이것은 그 도시가 **아주 다양한 음악 장르의 발상지임**을 의미한다.

(a) 다양한 요리 분야로 알려져 있다
(b) 아주 다양한 음악 장르의 발상지이다
(c) 아주 많은 독특한 건축 양식을 자랑한다
(d) 포용 정책으로 인정받고 있다

유형 1 빈칸 채우기 49%

난이도 ●●◐○○

A recent survey shows that local residents, farmers, and politicians are increasingly concerned about the poor crop yields in Wyoming. Among those surveyed, 81% indicated that they believed that something needs to be done in order to boost yields of crops such as corn and wheat. However, when asked about considering genetically modified(GM) crops that could survive in harsh weather conditions, 58% opposed, citing worries that such approaches have still not been proven to be 100% safe. The study shows that while many people are concerned about low crop yields, they

_____.

(a) suspect that GM foods could have more negative effects
(b) believe that the government has taken adequate steps to rectify the problem
(c) think that the period of bad weather will come to an end soon
(d) are happy to embrace advances in GM food technology

해석 및 어휘: 본서 p.187

풀이과정 맛보기

① 첫 문장에 와이오밍 지역의 곡물 수확량에 대한 우려가 언급되어 있으므로 이 우려사항과 관련된 내용이 이어지는 흐름을 예상할 수 있다.

② 이후에 이어지는 문장들은 수확량 문제를 극복할 방법으로 악천후에 잘 자라는(survive in harsh weather conditions) 유전자 조작 곡물에 대한 사람들의 의견을 물었다고 하는데, 58%가 반대했다고 한다.

③ 유전자 조작 곡물에 대한 반대하는 이유가 citing worries(우려를 인용하다)라는 말로 이어지는데. 그 뒤에 나오는 우려 내용이 빈칸의 내용과 맥락이 같을 것이다.

④ 우려의 내용은 그런 접근이 100% 안전한지 검증되지 않아서(such approaches have still not been proven to be 100% safe)라고 하므로, 그 곡물이 부정적인 영향을 미칠 수도 있다고 생각한다는 의미인 (a)가 정답이다.

정답 (a)

오답 선택지 분석

(b) government has taken **adequate steps** (정부가 조치를 취함) ▶ 정부가 취한 조치로 제시된 내용이 없으므로 오답이다.

(c) the **period** of **bad weather** (악천후) ▶ 악천후 발생 기간과 관련된 내용은 찾아볼 수 없으므로 오답이다.

(d) have to **embrace advances** (기술 발전을 수용) ▶ 지문 전체적으로 유전자 조작 곡물에 반대하는 사람들의 입장이 언급되고 있으므로 지문의 정반대인 오답이다.

난이도 ●●●○○

An increasing number of adult movie lovers are discovering the joy of watching animated films. (a) Since these films are generally aimed at children, they have linear plots and a lot of humorous touches. (b) They also contain jokes of a more mature nature that are designed to appeal to adult moviegoers. (c) The technology used to make animated films has come a long way since the animated films produced by Walt Disney in the 1930s. (d) Many of today's animated movies also contain references to films and videogames from the 80s and 90s to elicit a feeling of nostalgia in adults.

해석 및 어휘: 본서 p.187

풀이과정 맛보기

① 첫 문장을 읽고 소재와 함께 글의 흐름을 예측할 수 있는 어구를 파악한다.
- 소재: adult movie lovers (성인 영화 팬들)
- 흐름: watching animated films (애니메이션 시청)

② 소재 및 흐름 어구를 바탕으로 첫 문장과 나머지 문장들 사이의 관계와 함께 전체적인 흐름을 파악한다.

these films (애니메이션) / linear plots (1차원적인 줄거리) / humorous touches (익살스러운 감각)
➡ They (애니메이션) / contain jokes ~ mature nature (농담을 포함한다 ~ 성인 취향)
➡ animated movies (애니메이션) / elicit a feeling of nostalgia (과거의 향수를 이끌어 내다)

③ 지문 전체적으로 성인들이 애니메이션 영화를 많이 보는 이유와 관련해 최근의 애니메이션 영화들이 지니는 특징들이 서술되고 있다.

④ 하지만 (c)는 technology ~ has come a long way 부분을 통해 애니메이션 기술 발전만을 언급하고 있으며, 성인들이 애니메이션 영화를 많이 보는 이유와는 관련성이 떨어지므로 흐름에 맞지 않는다.

정답 (c)

오류 선택지 분석

(a) **The technology** used to make animated films has **come a long way** since the animated films produced by Walt Disney in the 1930s. (디즈니 이후 기술 발전이 많이 이루어졌다) ▶ 첫 문장에서 제시된 이 지문의 제1주제어는 animated films(애니메이션 영화)이고, 제2주제어는 movie lovers(영화 관객)이다. 선택지 (a), (b), (d)에서는 모두 이 두 가지 주제 요소를 갖추고 있어서 흐름이 자연스럽다. 그런데, (c)에서는 제1주제로 the animated films는 유지하고 있지만, 제2주제가 갑자기 technology(기술)로 바뀌어 글 전체의 흐름에 부합하지 않는다.

난이도 ●●○○○

English police officers are sometimes referred to as "Bobbies," but most people are unaware of how this nickname first came into common usage. The concept of modern policing can be traced back to pre-Victorian England, when the British home minister, Sir Robert Peel, oversaw the creation of London's first organized police force. The officers wore black jackets and shiny badges, and carried only a short club and a whistle. They soon gained the trust of the local citizens, who affectionately bestowed the name "Bobby" on them in recognition of Sir Robert Peel.

Q: What is the best title for the passage?

(a) The Controversial Methods of Sir Robert Peel
(b) The Equipment Carried by British Police Officers
(c) The Origin of the Nickname "Bobby"
(d) The Changes to Police Uniforms over the Years

해석 및 어휘: 본서 p.188

풀이과정 맛보기

① 문제를 먼저 읽고 주제(제목) 문제임을 확인한 후, 첫 문장에서 소재와 흐름을 나타내는 단어를 찾는다.
   - 소재: English police officers
   - 흐름: unaware / nickname first came into common usage (별명이 어떻게 처음 생겨났는지 알지 못함)

② 이후 제시되는 내용에서 소재와 흐름을 나타내는 단어의 연결고리를 찾는다.
   - 소재: English police officers ➡ concept of modern policing (현대적인 치안 유지 활동의 개념)
   - 흐름: unaware / nickname first came into common usage ➡ can be traced back to (~로 거슬러 올라 갈 수 있음)

③ 연결고리를 확인한 다음, 읽어 가면서 전체적임 흐름과 주요 정보를 파악하는 데 집중한다.

   London's first organized police force (런던에서 처음 조직된 경찰대)
   ➡ gained the trust of the local citizens (국민들의 신뢰를 얻음)
   ➡ bestowed the name "Bobby" ("바비"라는 별명이 붙음)

④ 지문 전체적으로 영국 경찰들에게 '보비'라는 별명이 붙게 된 배경을 설명하는 내용이므로 그 유래를 의미하는 (c)가 정답이다.

정답 (c)

오답 선택지 분석

(a) **Controversial Methods** (논란이 된 방법) ▶ 논란이 된 방법으로 언급된 정보가 없으므로 오답이다.
(b) **Equipment** Carried (휴대 장비) ▶ 영국 경찰이 휴대하는 장비는 단편적인 일부 정보에 불과하므로 제목으로 어울리지 않는 오답이다.
(d) **Police Uniforms** (경찰 제복) ▶ 경찰 제복과 관련된 정보는 제시되어 있지 않으므로 오답이다.

유형 1 빈칸 채우기

해석 최근의 설문 조사에 따르면 지역 주민들과 농부들, 그리고 정치인들이 와이오밍 지역의 저조한 곡물 수확량에 대해 점점 더 크게 우려하고 있는 것으로 나타난다. 설문 조사에 참여한 사람들 중에서, 81퍼센트가 옥수수나 밀과 같은 곡물의 수확량을 증대하기 위해 어떤 조치가 취해져야 한다고 생각하고 있음을 나타냈다. 하지만, 가혹한 기후 조건에서도 생존할 수 있는 유전자 조작(GM) 곡물을 고려해 보는 것에 관한 질문을 받았을 때, 58퍼센트가 그와 같은 접근법이 여전히 100퍼센트 안전한 것으로 입증되지 않았다는 걱정을 이유로 들어 반대했다. 이 조사에 따르면 많은 사람들이 낮은 곡물 수확량에 대해 우려하고 있기는 하지만, **유전자 조작 식품이 더 부정적인 영향을 미칠 수 있지 않을까 생각하고 있다**.

(a) 유전자 조작 식품이 더 부정적인 영향을 미칠 수 있지 않을까 생각하고 있다
(b) 정부가 이 문제를 바로잡기 위해 적절한 조치를 취했다고 생각하고 있다
(c) 악천후 기간이 곧 끝날 것이라고 생각하고 있다
(d) 발전된 유전자 조작 식품 기술을 수용하게 되어 기뻐하고 있다

> ⭐ **필수어휘**
> **resident** 주민 **politician** 정치인 **increasingly** 점점 더 **be concerned about** ~에 대해 우려하다 **poor** 저조한, 형편 없는 **crop yields** 곡물 수확량 **among** ~ 중에, ~ 사이에 **survey** v. ~을 설문 조사하다 **indicate that** ~임을 나타내다, 가리키다 **in order to do** ~하기 위해 **boost** ~을 증대하다, 촉진시키다 **consider** ~을 고려하다 **genetically modified** 유전적으로 조작된 **survive** 생존하다, 살아 남다 **harsh** 가혹한, 혹독한 **oppose** 반대하다 **cite** ~을 이유로 대다 **approach** 접근법 **be proven to be A** A한 것으로 입증되다 **study** 조사, 연구 **while** ~이기는 하지만, ~인 반면 **suspect that** ~이 아닌가 생각하다 **have negative effects** 부정적인 영향을 미치다 **take steps** 조치를 취하다 **adequate** 적절한 **rectify** ~을 바로잡다 **bad weather** 악천후 **come to an end** 끝나다 **embrace** ~을 수용하다, 받아들이다 **advance** 발전, 진보

유형 2 문맥상 어색한 문장 고르기

해석 점점 더 많은 성인 영화 팬들이 애니메이션 영화를 관람하는 즐거움을 발견하고 있다. (a) 이 영화들은 일반적으로 아이들을 대상으로 하는 것이기 때문에, 1차원적인 줄거리와 함께 익살스러운 감각을 많이 지니고 있다. (b) 또한 성인 관객들의 흥미를 끌기 위해 만들어져 성인에게 더 어울리는 성격을 지닌 농담들도 포함되어 있다. (c) **애니메이션 영화를 만드는 데 활용되는 기술은 1930년대에 월트 디즈니에 위해 애니메이션 영화가 제작된 이후로 크게 발전되어 왔다.** (d) 오늘날의 많은 애니메이션 영화들은 또한 성인들에게서 과거의 향수를 이끌어 내기 위해 80년대와 90년대의 영화와 비디오 게임들을 참고한 내용도 포함하고 있다.

> ⭐ **필수어휘**
> **an increasing number of** 점점 더 많은 (수의) **discover** ~을 발견하다 **animated film** 애니메이션 영화 **generally** 일반적으로, 보통 **be aimed at** ~을 대상으로 하다 **linear** 1차원적인, 직선적인 **plot** 줄거리 **humorous** 익살스러운, 재미 있는 **touch** 감각, 느낌 **contain** ~을 포함하다 **mature** 성인의, 어른스러운 **nature** 특성, 성격 **be designed to do** ~하기 위해 만들어지다, 고안되다 **appeal to** ~의 흥미를 끌다 **come a long way** 크게 발전하다 **since** ~ 이후로 **reference to** ~에 대한 참고, 언급 **elicit** ~을 이끌어 내다 **nostalgia** 향수, 그리움

해석 영국 경찰관들은 종종 '바비'라고 일컬어지고 있지만, 대부분의 사람들은 이 별명이 어떻게 처음 흔히 사용되기 시작했는지에 관해 알지 못한다. 현대적인 치안 유치 활동의 개념은 빅토리아 시대 이전의 잉글랜드로 거슬러 올라 갈 수 있는데, 당시 영국의 내무장관인 로버트 필 경이 런던 최초의 경찰대 창설 작업을 총괄했다. 당시 경찰관들은 검정색 재킷과 반짝이는 배지를 착용했으며, 짧은 곤봉과 호루라기만을 휴대했었다. 그들은 곧 국민들의 신뢰를 얻었고, 시민들은 로버트 필 경을 기리기 위한 애정 어린 마음으로 그들에게 '바비'라는 별칭을 붙였다.

Q: 지문에 가장 적합한 제목은 무엇인가?

(a) 논란이 많았던 로버트 필 경의 방식

(b) 영국 경찰이 휴대하는 장비

(c) '바비'라는 별칭의 유래

(d) 수년에 걸친 경찰 제복의 변화

⭐ **필수어휘**

be referred to as ~라고 일컬어지다 **be unaware of** ~을 알지 못하다 **come into common usage** 흔히 사용되기 시작하다 **policing** 치안 유지 활동 **be traced back to** (유래, 기원 등이) ~로 거슬러 올라 가다 **home minister** 내무장관 **oversee** ~을 총괄하다, 감독하다 **creation** 창조, 창작 **organize** ~을 조직하다 **carry** ~을 휴대하다, 갖고 다니다 **club** 봉, 막대 **gain** ~을 얻다 **trust** 신뢰 **local** 국내의, 지역의 **affectionately** 애정 어린 마음으로 **bestow** ~을 부여하다, 수여하다 **in recognition of** ~을 인정하여 **controversial** 논란이 많은 **method** 방법 **equipment** 장비 **carry** ~을 휴대하다 **origin** 유래, 기원 **over the years** 수년 동안에 걸쳐

1

Individuals suffering from anxiety are often reluctant to seek treatment because they either cannot identify the nature of their own condition or are embarrassed due to a social stigma attached to it. However, a recent increase in discussion of anxiety across the Internet has brought a greater understanding of the condition and encouraged sufferers to identify and deal with the problem. Many psychologists have noted that social media affects the issue of anxiety simultaneously in two distinct yet related ways. As public awareness of the condition increases, a person suffering from the condition is _____.

(a) more likely to seek professional help
(b) less willing to discuss the issue with others
(c) more likely to face social hurdles in their daily life
(d) less vulnerable to a variety of conditions

2

기출

It certainly seems as though social media is ruining the restaurant industry. Countless restaurants these days concentrate on creating menu items that inspire customers to take photos. Unfortunately, many of these offerings simply look better than they taste. Meanwhile, restaurants hesitate to offer certain foods such as casseroles. Although these foods are delicious, they don't look particularly appetizing, so they don't garner as much publicity online. Personally, I'm sick of this situation. I wish restaurants would stop _____.

(a) using social media as a marketing tool
(b) giving food bloggers exclusive deals
(c) sharing misleading photos of dishes
(d) prioritizing aesthetics over flavor

3

In 1996 and 2003, Australia instituted mandatory firearm buyback programs in an attempt to decrease gun violence. (a) Those who surrendered their guns to the government as part of the program received financial compensation. (b) The firearms were then destroyed by the government so that they could no longer be used. (c) Incidents involving gun violence are often attributed to violent content in video games, television shows, and movies. (d) Studies have found that the buyback programs have been extremely effective in reducing mass shootings and armed crime throughout Australia.

4

Polish psychologist Solomon Asch is perhaps best known for his experiment on conformity and peer pressure. (a) Asch assembled 123 male participants and falsely informed them that they were to take part in a study of visual judgement. (b) Each participant was placed in a group along with 5 to 7 of Asch's collaborators, who were instructed to purposefully give the wrong answer to a vision-based question. (c) He concluded that a number of factors could account for their difficulty in answering correctly. (d) Asch found that almost three-quarters of the test subjects conformed to peer pressure, offering the same incorrect answer as the collaborators.

5

China is generally credited as being the nation to first use a standardized monetary system. (a) Indeed, historical records show that such a system was created by the Song dynasty in the eleventh century. (b) However, the history of currency extends beyond China, with societies in western Asia and central Europe also using systems of exchange involving metal objects. (c) These systems replaced the exchange of goods, and were thought to come about as a result of the impracticalities associated with such customs. (d) Consequently, China's economy was able to grow exponentially to become one of the strongest in the world.

6

In a recent placebo-controlled study, researchers investigated the effects of caffeine on a proofreading task. It found that participants who were administered caffeine were better than those on placebos at identifying complex global errors—errors that interfere with comprehension of the text—but they had no advantage when it came to finding local errors such as misspellings. The effects were moderated, however, by the participants' habitual caffeine intake. Non-habitual consumers only required 200 mg of caffeine, while at least 400 mg was required in habitual consumers for the same effect. When the study was run again under identical conditions, the results were the same.

Q: Which of the following is correct according to the passage?

(a) All of the research participants were administered caffeine.
(b) Caffeine helped the participants detect both global and local errors.
(c) Caffeine had the same effect regardless of participants' usual intake.
(d) The study was repeated with the environment held constant.

7

The desecration of a flag most often refers to an act of intentionally destroying or damaging a flag in public. This is commonly seen in the case of national flags, when the individual carrying out the act wishes to make a political point or take a stand against a country and its policies. Acts of desecration can include burning the flag, stepping on it, defacing it with slogans, ripping it, or even verbally insulting it. Such acts are considered unlawful in some countries and typically carry harsh penalties such as fines or imprisonment. In the United States, on the other hand, the Supreme Court ruled in 1990 that it would be unconstitutional for the government to prohibit the desecration of the flag.

Q: Which of the following is correct according to the passage?

(a) Flag desecration is most commonly carried out to protest wars.
(b) Burning the national flag is considered illegal in the US.
(c) Some individuals who desecrate flags are given a jail term.
(d) A court ruling in 1990 imposed harsher penalties on flag desecration.

8

In many Asian cultures, it is typical for company employees to gather for regular meals or parties, often including the consumption of large volumes of beer or liquor. In Japan, this practice is known as nomikai, and although it is not expressly required, employees are expected to participate. Attendees must follow several rules while participating in a nomikai. In general, one never fills their own glass, but instead offers to fill the glasses of others, especially one's superiors. A notable difference compared with Western business culture is that it is acceptable to become drunk at a nomikai. Likewise, comments or acts under such circumstances are often ignored upon returning to the workplace.

Q: What is the passage mainly about?

(a) Differences between Western and Asian businesses
(b) The hierarchal structure of Japanese businesses
(c) The etiquette of a social event in Japan
(d) Various types of alcohol that are popular in Japan

9

Back when I attended college, the only things that my classmates and I were concerned about were getting good grades and enjoying ourselves at parties. Most of the students enjoyed campus life, and we rarely found ourselves in situations where an individual would be deeply offended by something. These days, however, it seems as though college students get upset over the most trivial things. In the past couple of years, students on campuses throughout the country have lodged complaints or protested about issues such as Halloween costumes and song lyrics, and some have even called for Christmas to be abolished and replaced with a "Winter Celebration". If you ask me, I think these students need to grow some thicker skin and get their priorities straight.

Q: Which statement would the writer most likely agree with?

(a) Today's college students are too easily offended.
(b) Campus life is more inclusive now than it used to be.
(c) Issues that are upsetting students need to be taken more seriously.
(d) Students who join protests should be prosecuted accordingly.

10

The Munduruku people are an indigenous tribe to the Amazon basin, with their ancient lineage able to be traced back thousands of years. For years, they have existed peacefully, building their homes amongst nature and living harmoniously with the native wildlife. However, their future is under threat. New government initiatives include plans to build a high-powered hydrodam in the area they primarily inhabit. This means thousands of acres of rainforest must be removed to make way for this modern construction project. With their environment potentially decimated by outsiders, the Munduruku are left facing the possibility of having nowhere to go.

Q: What is the writer's main point about the Munduruku?

(a) They are extremely proficient home builders.
(b) They are collaborating with the government on an initiative.
(c) Their ancestors were the first people to inhabit South America.
(d) They may be displaced from their homeland.

11

In a recent study conducted in the United Kingdom, only 73 percent of 13 to 16-year-olds said that they plan to attend university to study for a degree. This is the lowest proportion seen for many years, and it shows that pursuing a university education has become less desirable for many young people. Of the 27 percent who have no desire to attend university, approximately two-thirds cited financial reasons, including concerns about tuition fees and a desire to enter into paid employment as quickly as possible. Almost half believed that they had no chance of achieving the required grades, while a similar proportion stated that they would not need a degree for their chosen profession. The figures in the study are mirrored by a decline in university application rates.

Q: What is the main topic of the passage?

(a) What can be done to boost university application rates in the UK
(b) How high schools in the UK can improve student performance levels
(c) How increases to university tuition fees have led to a rise in unemployment
(d) Why fewer students in the UK plan to pursue higher education

Questions 12-13

Early theories of language involved the idea that children memorized information provided by their parents. Although child development theory has evolved since then, there is a grain of truth in this notion. It is now widely believed that a child's environment is key to their language development, which their parents play a large role in shaping. This is particularly true in the early formative years. Studies have consistently shown that children raised in 'language rich' environments begin school with a higher degree of expressive language than peers deprived of such experiences.

To this end, children benefit from stimulating experiences, which can range from having access to engaging toys, enjoying interactive play and social experiences with a parent, as well as having access to early books and educational materials. Research shows that although children deprived of these experiences are disadvantaged, they can eventually catch up upon starting school. However, intervention from school specialists is sometimes required to bridge this 'language' gap. In this way, a child's parents can be key in helping shape their early academic and social success.

12   Q: What is the article mainly about?

(a) The types of educational toys preferred by young children
(b) The use of language to communicate effectively with children
(c) Factors contributing to a child's language development
(d) The academic pathways available to college students

13   Q: Which of the following is correct according to the passage?

(a) It is recommended that children be given access to literary resources.
(b) A child's memory capacity is greater than that of an adult.
(c) Children who display proficient language ability should begin school early.
(d) Children from deprived backgrounds will always achieve less academically.

Questions 14-15

When I first considered the idea of leaving the UK behind for a new life in Jamaica, I failed to imagine how much paperwork would lie ahead of me and how many loose ends I would have to tie up at home. If you are planning a similar change in your life, take a moment to consider the following things.

First, double-check the visa requirements for your destination country. The last thing you need to hear, after getting deep into the planning process, is that you fail to meet one of the requirements for a visa. Then, make a preliminary plan for the first few months in your new country. Decide whether you plan to rent or purchase a property, and do some research into your options for banking, mobile phone plans, and transportation. Think carefully about what belongings you want to take with you. It doesn't make sense to bring bulky, heavy items with you, or items that can be easily replaced once you arrive.

Lastly, don't forget to get the necessary paperwork, vaccinations, and carrier arranged for your pet before traveling. I made the mistake of buying a soft-sided carrier, and had to rush out to buy a hard-sided one at the last minute.

14   Q: What is the passage mainly about?

(a) The practical considerations of relocating overseas
(b) The problems faced by travelers in foreign countries
(c) The importance of planning a vacation itinerary
(d) The cultural differences experienced in Jamaica

15   Q: Which of the following is correct about the writer?

(a) She regrets leaving her home in the UK.
(b) She decided to rent a property in Jamaica.
(c) She traveled with her pet to Jamaica.
(d) She received vaccinations prior to traveling.

☑ 자연과학이란 자연의 현상 및 법칙과 관련된 이론 체계를 연구하는 학문으로, 우리가 흔히 말하는 과학에 해당된다.

☑ 물리학, 화학, 천문학, 지구과학, 생물학 등 순수 과학에서부터 의학, 건강, 환경, 기술에 이르기까지 그 분야가 매우 다양하다.

☑ 매 회당 4~7개의 지문이 출제되고 있으며 전 파트에서 고루 출제된다.

기출 분석 1 주제별 자연과학 분류

화학	• 냄새 유발 입자들은 특정 진동수에 의해 인지된다
천문학	• 빅뱅 이론에 관한 의견 • 천체 등급 부여 기준 • 목성(Jupiter)과 토성(Saturn)의 구성 물질, 자전, 공전 등을 비교 • 현대 천문학의 초석이 된 고대 천문학
지구과학	• 대양(ocean)과 대기(atmosphere)의 상호 관계 • 달과 지구의 분화구 생성 • 달과 지구의 표면이 다른 이유를 설명한 과학 이론 • 중국에서 발견된 가장 오래된 화석 • 빛이 없어 생물이 의존할 영양소가 존재하지 않는 심해
생물학	• 죽은 식물을 분해하여 다른 식물의 양분을 만드는 유기물의 기능 • 검은 독거미와 벌의 위험성을 비교 • 생명의 기원과 관련된 과학적 미스터리 • 땀샘이 없는 파충류의 과도한 염분 배출구인 소금샘 • 별명이 붉은 악마(red devil)일 정도로 공격적인 성향인 오징어(squid)에 대한 오해 • 점프를 못하는 두꺼비의 생존 수단들 • 새로운 해면동물(sponge) 종을 발견
의학(건강)	• 급증하는 어린이 카페인 섭취에 대한 우려와 그 이유 • 암 발생을 현저히 예방할 수 있는 영양 식단 • 감각적 자극에 반응하는 방식이 다른 남녀의 뇌 • 보청기의 구조와 기능적 특징 • 직업 탈진 증후군의 증상과 예방 조치 • 대체 의학 • 인간의 두뇌에는 자극(stimulation)의 균형이 필요 • 환경(surroundings) 요인들이 인간 건강에 영향을 미침 • 유전보다 환경과 문화에 더 영향을 받는 사람의 성격(기질) • 뇌의 각 부분이 지니는 기능에 대한 연구 • 정신분열(schizophrenic) 환자들의 두 가지 증세
환경	• 프랑스 환경국이 일회용품(disposable products)에 더 많은 세금을 부과하는 방안을 고려 • 경제 발전과 환경 보존의 균형이 가능 • 국제적 탄소 배출 감소 노력 • 열대우림(tropical rain forest)이 줄어드는 이유 • 환경을 위해 화석연료(fossil fuel)를 대체 에너지(alternative energy) 대체할 필요성

기술	• 중세 연금술사들의 기술이 현대 과학에 기여
	• 망원경이나 현미경에 사용되는 이미지 보정 알고리즘
	• 헨리 포드의 이동식 조립라인 발명
	• 고대부터 인간이 시간을 알기 위해 사용했던 여러 방법들
	• 통신사 GPS로 추적하여 분실/도난 휴대폰의 위치 파악 가능

기출 분석 2 자주 출제되는 질문 유형

1 Part 1

특정 자연 과학 이론과 관련된 소재를 제시하고 이에 대한 제목이나 주제, 또는 결론을 완성하는 형태

2 Part 2

과학적 사실 및 개념을 먼저 언급하고, 일반적 진술 과정에서 벗어나는 문장을 고르는 형태

3 Part 3 & 4

자연과학과 관련된 주제, 세부 내용 파악, 추론 등 전반적인 문제 유형이 두루 출제되고 있다.

기출 맛보기 지문 파악 직접 해보기

A few years ago, scientists believed that the damage caused to Australia's Great Barrier Reef was so extensive that it could never be reversed. But just last month, signs that a pioneering approach to coral growth had been successful sparked a feeling of hope within the scientific community. Professor Brett Hewitt has been collecting coral spawn from the reef and growing it in tanks in his laboratory. Then, he and his team deposited millions of coral larvae back onto the damaged reef and noted improved growth and repair in subsequent months. It remains to be seen if such techniques will have a significant impact on a larger scale. But, for now, _____.

(a) little can be done to prevent further damage to the reef
(b) there is optimism that the reef can regenerate
(c) conservation of local marine species is the top priority
(d) scientists are at a loss for a way to successfully tackle the issue

● 지문 파악 순서

① 첫 문장에서 소재 파악하기: damage caused to Australia's Great Barrier Reef (호주의 대산호초에 가해진 손상)

② 첫 문장에서 흐름을 나타내는 어구 파악하기: never be reversed (반전시킬 수 없음)

③ 소재와 흐름을 나타낸 어구를 바탕으로 지문의 전개 방향 예측하기: 호주의 대산호초에 가해진 손상이 언급된 뒤로 내용 흐름의 전환을 나타내는 But이 있으므로 그 이후로 긍정적인 내용이 이어질 것이다.

④ 다음에 제시되는 문장들을 통해 소재와 흐름상의 어구가 이어지는 연결 고리 파악: pioneering approach to coral growth (산호 성장에 대한 선구적인 접근법) → collecting coral spawn / growing it (산호 알을 채취하고 기름) → noted improved growth and repair (개선된 성장 및 회복 상태)

⑤ 지문 흐름을 파악한 후, 마지막 문장과 지문 흐름 사이의 관계 확인: But, for now (하지만 현재로서는 ~이다)

⑥ 선택지를 보고 지문 흐름과 마지막 문장 사이의 관계를 나타낼 수 있는 것을 선택: 크게 손상된 산호초의 상태를 회복시킬 수 있는 방법과 그로 인한 긍정적인 영향이 언급되고 있으므로 이와 같은 회생 가능성에 대한 낙관론을 말하는 (b)가 정답이다.

● 오답 분석

(a) **little** can be done (방법이 거의 없다) ▶ 산호초 회생을 위한 방법이 소개되고 있으므로 오답이다.

(c) **top** priority (최우선 사항) ▶ 최우선 사항으로 여겨질 정도의 중요성과 관련된 단서가 없으므로 오답이다.

(d) be **at a loss** (갈팡질팡) ▶ 산호초 회생을 위한 방법으로 시도된 것이 언급되고 있으므로 오답이다.

● 해석

몇 년 전에, 과학자들은 호주의 대산호초에 초래된 손상이 너무 광범위해서 다시는 그 상태를 반전시킬 수 없을 것이라고 생각했다. 하지만 불과 지난 달에, 산호의 성장에 있어 선구적인 접근법이 성공적이었다는 징후가 과학계 내에서 한 줄기 희망의 빛을 만들어 냈다. 브렛 휴잇 교수는 산호초에서 산호 알을 채취해 자신의 실험실에 있는 탱크에서 계속 길렀다. 그런 다음, 자신의 팀과 함께 손상된 산호초에 수백 만 개의 산호 유충을 다시 풀어 두었고, 이후 몇 개월 동안 성장 및 회복 상태가 개선되는 것을 주목했다. 이와 같은 기술이 더 큰 규모에서도 상당한 영향을 미칠 것인지는 지켜봐야 한다. 하지만, 현재로서는, **대산호초가 회생할 수 있다는 낙관론이 존재하고 있다.**

(a) 대산호초에 대한 추가 손상을 방지하기 위해 할 수 있는 일이 거의 없다

(b) 대산호초가 회생할 수 있다는 낙관론이 존재하고 있다

(c) 지역 해양 생물 종의 보존이 최우선 사항이다

(d) 과학자들은 이 문제를 성공적으로 해결할 방법에 대해 갈팡질팡하고 있다

유형 1 주제 49%

난이도 ●●●●○

The term "lucid dream" was originally used in Frederik van Eeden's 1913 article, A Study of Dreams, which focused on various dream-related phenomena. The first scientific research focused on lucid dreams was carried out by Celia Green in 1968. As defined by Green, lucid dreams can have various differences, but the person experiencing the dream always knows he or she is asleep. In this lucid dream state, the dreamer can control speech and actions, change the environment around them, and interact with other characters in the dream. Some people who experience this dream state report that they could vividly taste food and smell fragrances while dreaming, while others have even felt real pain when injuring themselves within the dream.

Q: What is the main feature of a lucid dream?

(a) The dreamer typically feels a sensation of pain.
(b) The dreamer tends to sleepwalk while experiencing the dream.
(c) The dreamer requires external stimuli in order to wake up.
(d) The dreamer is fully aware that they are not awake.

해석 및 어휘: 본서 p.202

풀이과정 맛보기

① 질문을 먼저 읽고 중심 소재(main feature)의 특성을 찾는 주제 문제임을 파악한다.

② 질문의 중심 소재인 lucid dream이 등장하는 지문 위치를 확인해야 하는데, 특징이 제시될 것임을 알리는 표현 As defined by Green(그린이 정의한 것처럼) 이후의 부분에 주목한다.

③ 반전을 나타내는 역접 접속사 but 이후에 결정적 단서가 제시된다는 것을 염두에 두고 the person experiencing the dream always knows he or she is asleep을 선택지와 비교해 본다.

④ 지문의 asleep을 not awake로 바꾸어서 표현한 (d)를 가장 먼저 확인해 본다.
   always knows that he or she is asleep (항상 자신이 잠들어 있음을 알고 있다)
   ➡ is fully aware that they are not awake (자신이 깨어 있지 않음을 분명히 알고 있다)

⑤ 자각몽을 꾸는 사람이 자신이 깨어 있다는 것을 알고 있다는 내용의 (d)가 정답임을 알 수 있다.

정답 (d)

오답 선택지 분석

(a) **typically** feels a sensation ▶ 고통을 느끼는 것은 일부의 경우이므로 주요 특징이라고 할 수 없다.

(b) **sleepwalk** while experiencing the dream ▶ 몽유병 증세에 대한 내용은 찾아볼 수 없으므로 오답이다.

(c) requires **external stimuli** ▶ 외부의 자극에 대한 내용을 찾아볼 수 없으므로 오답이다.

난이도 ●●●○○

In 2016, the periodic table welcomed four new additions, but the issue caused heated disagreement among researchers. (a) Some scientists believed that the four new elements had not been sufficiently proven. (b) As such, the issue was raised of whether the addition of these elements to the table was premature. (c) In particular, the elements named moscovium and tennessine came under scrutiny, with claims that further experimental testing was required. (d) In the end, the researchers who discovered the elements were honored to be formally recognized for their achievements.

해석 및 어휘: 본서 p.202

풀이과정 맛보기

① 첫 문장을 읽고 소재와 함께 글의 흐름을 예측할 수 있는 어구를 파악한다.

- 소재: four new additions (4개의 새로운 추가 요소들)
- 흐름: caused heated disagreement (열띤 의견 충돌을 초래했다)

② 소재 및 흐름 어구를 바탕으로 첫 문장과 나머지 문장들 사이의 관계와 함께 전체적인 흐름을 파악한다.

four new elements (4개의 새로운 추가물) / not proven (입증되지 않은)
➡ the addition of these elements (이러한 원소들의 추가) / premature (시기상조인)
➡ the elements (원소) / under scrutiny (정밀조사 하에) / experimental testing (시험 검사) / required (요구)

③ 지문 전체적으로 네 가지 새 원소들이 주기율표에 추가되는 것과 관련된 논란과 이유가 주된 내용을 이루고 있다.

④ 하지만 (d)는 researchers ~ honored to be formally recognized 부분을 통해 원소들을 발견한 연구자들이 그 공을 인정받은 사실을 말하는 내용이므로 주기율표에 새 원소들이 추가되는 일과 관련된 논란 및 이유를 말하는 다른 문장들과 흐름상 어울리지 않는다.

정답 (d)

오류 선택지 분석

(a) In the end, **the researchers** ~ were honored to be **formally recognized** for their achievements. ▶ 첫 문장에 제시된 이 글의 소재 및 흐름 어구는 new additions와 disagreement(의견 불일치)이다. 선택지 (a), (b), (c) 모두 원소 추가를 반대하는 입장과 관련되어 있어서 첫 문장의 소재 및 흐름 어구들과 맥락이 일치하고 있다. 하지만 (d)에서는 갑자기 대상이 사람인 the researchers로 바뀌고 내용도 공통점이 없는 recognized(공로를 인정받는)로 바뀌면서 앞 문장들과의 연결 관계가 매우 어색하다.

난이도 ●●●○○

You may have heard someone say that no two snowflakes are the same, and this is in fact true. Although almost identical snowflakes have been created in laboratories, this is not likely to ever occur naturally. Snowflakes form in a wide variety of complex shapes as they fall from the sky. At around -3°C, snow particles take the form of solid, flat plates. In colder regions of -8°C, they form into prisms and needles. The amount of moisture present in the air also affects the appearance of snowflakes. At present, official snowflake classification guides list more than 80 distinct shapes, each with numerous subcategories.

Q: What can be inferred about snowflakes?

(a) They are most commonly formed in prism shapes.
(b) They cannot be created in a laboratory setting.
(c) They are classified according to size and mass.
(d) Their shape is determined partly by temperature.

해석 및 어휘: 본서 p.203

풀이과정 맛보기

① 질문을 먼저 읽고 특정 소재(snowflakes)에 대한 추론 문제임을 확인한다.

② 핵심 단어 위주로 선택지의 내용을 미리 파악한다.

   (a) They are most **commonly** formed **in prism shapes**.
   (b) They **cannot** be created **in a laboratory setting**.
   (c) They are **classified** according to **size and mass**.
   (d) Their **shape** is determined partly by **temperature**.

③ 지문을 읽어 내려 가면서 각 선택지와 관련된 정보를 비교하고 확인한다.

④ 지문 중반부에, 영하 3도에서는 견고하고 납작한 판의 모양이, 영하 8도에서는 각기둥과 바늘의 형태가 된다고 쓰여 있으므로 (At around -3°C, snow particles take the form of solid, flat plates. In colder regions of -8°C, they form into prisms and needles), 기온에 따른 형태의 변화가 언급된 (d)가 정답이다.

정답 (d)

오답 선택지 분석

(a) most **commonly** formed in **prism shapes** (흔히 각기둥의 형태) ▶ 각기둥은 영하 8도에서 나타나는 형태인데, 흔히 (commonly) 그런 모양이라고 하므로 오답이다.

(b) **cannot** be created **in a laboratory** (실험실에서 만들어질 수 없음) ▶ 두 번째 문장에서 거의 유사한 눈송이가 실험실에서 만들어진 적이 있다고 나오므로 오답이다.

(c) **classified** according to **size and mass** (크기와 질량으로 분류) ▶ 지문에 분류 기준으로 크기와 질량은 언급되지 않고 있으므로 오답이다 .

유형 1 **주제**

해석 "자각몽"이라는 용어는 1913년 프레데리크 반 에덴이 꿈과 관련된 다양한 현상에 초점을 맞춰 쓴 논문 "꿈의 연구"에서 처음으로 사용되었다. 자각몽에 초점을 맞춘 첫 과학적 연구는 1968년에 실리아 그린에 의해 수행되었다. 그린에 의해 정의된 바와 같이 자각몽에는 다양한 차이점들이 존재하지만, 그 꿈을 꾸는 사람은 항상 자신이 잠들어 있다는 것을 인식하고 있다. 이 같은 자각몽 상태에서는, 꿈을 꾸는 사람이 자신의 말과 행동을 제어하고, 주변의 환경을 바꾸며, 꿈속의 다른 인물들과 상호 교감을 할 수 있다. 이런 꿈 상태를 경험하는 사람들의 일부는 꿈을 꾸는 동안 생생하게 음식 맛을 느끼거나 향기를 맡을 수 있다고 보고하며, 다른 이들은 심지어 꿈속에서 부상을 당할 때 실제 고통을 느끼기까지 했다.

Q: 자각몽의 주요 특징은 무엇인가?

(a) 꿈을 꾸는 사람이 보통 고통을 느낀다.
(b) 꿈을 꾸는 사람이 꿈 속에서 몽유병 증세를 보이는 경향이 있다.
(c) 꿈을 꾸는 사람이 깨어나기 위해서는 외부의 자극을 필요로 한다.
(d) 꿈을 꾸는 사람이 자신이 깨어 있지 않다는 점을 분명히 인식하고 있다.

> ⭐ 필수어휘
>
> **term** 용어 **lucid dream** 자각몽 **originally** 처음에, 애초에 **article** 논문, 기사 **focus on** ~에 초점을 맞추다 **various** 다양한 **dream-related** 꿈과 관련된 **phenomena** 현상(phenomenon의 복수) **research** 연구, 조사 **carry out** ~을 실시하다, 수행하다 **as defined by** ~에 의해 정의된 바와 같이 **difference** 차이점 **experience** 경험하다 **asleep** 잠이 든 **state** 상태 **control** ~을 제어하다, 통제하다 **speech** 언어, 말 **action** 행동 **environment** 환경 **around** ~주위의 **interact with** ~와 상호 작용하다 **character** 등장인물 **vividly** 생생하게 **taste** ~을 맛보다 **smell** 냄새를 맡다 **fragrance** 향기 **while** ~하는 동안, ~하는 한편 **pain** 고통 **injure** ~을 부상시키다 **within** ~내에서 **main** 주요한 **feature** 특징 **typically** 일반적으로, 보통 **sensation of** ~에 대한 감각 **tend to do** ~하는 경향이 있다 **sleepwalk** 몽유병 증세를 보이다 **require** ~을 필요로 하다 **external** 외부의 **stimuli** 자극(stimulus의 복수) **in order to do** ~하기 위해 **wake up** 깨다, 일어나다 **fully** 완전히, 전적으로 **be aware that** ~임을 알다, 인식하다 **awake** 깨어 있는

유형 2 **문맥상 어색한 문장 고르기**

해석 2016년, 주기율표에 네 가지 새로운 추가 요소들이 포함되었지만, 이 문제는 연구자들 사이에서 열띤 의견 대립을 초래했다. (a) 일부 과학자들은 이 네 가지 새로운 원소들이 충분히 입증되지 않았다고 생각했다. (b) 그에 따라, 이 원소들을 주기율표에 추가하는 것이 시기상조가 아닌가 하는 문제가 제기되었다. (c) 특히, 모스코븀과 테네신이라는 이름의 원소들은 추가적인 실험을 통한 테스트가 필요하다는 주장 때문에 정밀 조사까지 받았다. **(d) 결국, 이 원소들을 발견한 연구자들에게 그 업적을 공식 인정받을 수 있도록 상이 수여되었다.**

유형 3 추론

해석 어떤 눈송이도 동일하지 않다고 누군가가 말하는 것을 들어 보셨을지 모르겠지만, 이는 실제로 맞는 말입니다. 실험실에서 거의 동일한 눈송이가 만들어진 적이 있기는 하지만, 이는 자연적으로 절대 발생할 가능성이 없습니다. 눈송이는 하늘에서 떨어지면서 아주 다양하고 복잡한 형태로 형성됩니다. 약 영하 3도의 온도에서 눈 입자는 견고하고 납작한 판의 모양을 취합니다. 영하 8도의 더 추운 지역에서는 각기둥과 바늘의 모양이 됩니다. 대기중에 존재하는 습기의 양 또한 눈송이의 모양에 영향을 미칩니다. 현재, 눈송이 분류 공식 가이드에는 80가지가 넘는 뚜렷이 구별되는 형태가 등재되어 있으며, 각 형태마다 수많은 하위 범주들이 있습니다.

Q: 눈송이에 대해 추론할 수 있는 것은?

(a) 가장 흔히 각기둥의 형태로 형성된다.
(b) 실험실 환경에서는 만들어질 수 없다.
(c) 크기와 질량에 따라 분류된다.
(d) 형태가 어느 정도 기온에 의해 결정된다.

1

기출

Various studies illustrate the complexities of pain management. In a study on chronic back pain, patients were given a placebo along with their regular medicine. Despite knowing that they were taking a placebo, they reported a greater decrease in discomfort than patients who only took their regular medication. Researchers theorized that receiving the placebo positively influenced patients' feelings on recovery, encouraging them to engage in physical activity that accelerated recovery. The study demonstrates that for patients with chronic pain, _____.

(a) psychological factors can affect recovery
(b) reduction in physical activity is key to relief
(c) the severity of their condition is exaggerated
(d) medications have less of an impact than believed

2

Much discussion takes place within the health and fitness community surrounding the appropriate ratio of macronutrients in a healthy diet. In recent times, the high-protein low-carbohydrate approach has been adopted by many people seeking to shed weight rapidly. However, a research study published last month indicated that this approach may be detrimental to cardiovascular health. Likewise, a low-protein high-carbohydrate approach was observed to engender similarly harmful effects. Therefore, with regards to the contents of an individual's diet, _____.

(a) protein sources should be avoided
(b) running is a more effective method
(c) always read the nutritional information on the packet
(d) a balanced approach may be best

3

A group of computer programmers are currently refining code that _____.
Once complete, drones will be able to deliver packages and letters twenty-four hours
a day all over the country without human intervention or control. This is particularly
pertinent for the operation of haulage and delivery companies, with many products
able to be flown to customers directly. This in turn has knock-on effects with storage
facilities, as fewer items will be stored prior to delivery. Furthermore, these advances in
technology are likely to lead to several redundancies within the workforce, highlighting
a retraining need for current delivery staff.

(a) can help address employee training needs
(b) will enable drones to operate independently
(c) could store the names and addresses of customers securely
(d) may aid in the construction of warehouse space

4

Ambush predators are carnivorous organisms, including animals, fungi, and plants,
that capture or trap prey using stealth or cunning rather than speed and strength.
Some of these organisms perhaps once unsuccessfully tried to chase and fight their
prey, but ultimately failed on most occasions. Over time, they realized that the best
way to catch prey was _____. Some achieve this by
using camouflage techniques to conceal themselves from unsuspecting creatures, while
others construct intricate traps that incapacitate prey, leaving them vulnerable. These
approaches may take several hours, but are almost always successful.

(a) to move between different habitats
(b) to attack in large numbers
(c) to mimic the behavior of other organisms
(d) to remain motionless and wait

5

The discovery of how gravity works progressed in several stages and involved a wide variety of scientists and theories. (a) One of the earliest proponents of gravitational theory was Democritus, who, in the 4th century B.C., proposed that atoms collide due to a force later understood to be gravity. (b) This theory was expanded upon by the likes of Aristotle and Ptolemy, but much of their work was eventually proven incorrect by Galileo. (c) Even today, scholars disagree over who should be credited for the invention. (d) Later, in the 17th century, Sir Isaac Newton took Galileo's ideas further, theorizing that every object in the universe attracts other objects in proportion to their mass.

6

기출

The great popularizer of science Carl Sagan was fond of publicly musing about the existence of alien civilizations. This might come as a surprise to those more familiar with Sagan's scientific accomplishments as a doctoral student and academic. These discoveries included evidence that the greenhouse effect had heated Venus's surface to extreme temperatures. Sagan also helped show that changes to the surface of Mars were caused not by shifting patterns of vegetation but by nonorganic planetary processes. All these scientific discoveries highlighted the universe's inhospitable nature.

Q: What is the writer mainly saying about Carl Sagan?

(a) He sought to disprove the existence of alien life.
(b) His belief in alien life faded after his doctoral studies.
(c) He disputed the scientific consensus regarding alien life.
(d) His scientific findings showed the unlikeliness of alien life.

7

Tornados are a natural phenomenon, regularly occurring and often causing devastating damage in some parts of the United States. They are formed when moist, warm air from the Gulf of Mexico collides with cooler, drier air from Canada and the northern states. This in turn creates instability within the Earth's atmosphere. When the wind then changes direction and speed, updrafts form, with warm air rising to the top and being replaced by cooler air at the bottom. This movement gives rise to the 'spinning effect' commonly observed and associated with this weather condition.

Q: What is the main topic of the passage?

(a) The mechanism of tornado formation
(b) The precautionary measures residents take against tornados
(c) The value of the damage caused by a tornado
(d) The geographical hotspots for tornado formation

8

Chlorine has been commonly used to purify water since the early part of the twentieth century. Naturally occurring in a gaseous form, it acts as a disinfectant when added to a liquid, serving the dual role of killing the bacteria within and remaining within the water to preventatively kill any new germs entering. Through the purification process, a byproduct known as trihalomethanes(THMs) is formed. Some critics have argued that THMs are carcinogenic and cause cancer in humans, although studies looking into this claim are only currently in their infancy.

Q: Which of the following is correct according to the passage?

(a) Scientists have proven THMs cause cancer.
(b) Chlorine did not exist as a substance in the nineteenth century.
(c) Chlorine added to water produces two positive effects.
(d) Chlorine is naturally found mixed with other liquids.

9

Thomas Edison, arguably the greatest inventor of all time, is best known for his creation of the lightbulb. However, he is also credited with many other inventions, holding over a thousand unique patents at the time of his death. From a humble background, Edison's mother provided his education at home due to their modest income. Thomas Edison founded a newspaper and telegram service as a young man, discovering his entrepreneurial talents as he did so. He soon moved to a small basement in New Jersey, where he patented his first invention: the electric vote recorder.

Q: What can be inferred from the passage?

(a) Thomas Edison ran for elected office.
(b) Thomas Edison did not attend school.
(c) The lightbulb was Thomas Edison's first invention.
(d) Edison's parents were business tycoons.

10

More than 7 million tons of plastic is discarded and ends up in our oceans every year. The plastic is broken down in the water and eventually enters the food chain of the ecosystem. This has a catastrophic effect on marine life and birds. However, one company in Indonesia is hoping to solve this problem by creating a plastic bag so eco-friendly that it can even be consumed without any harmful effects. The bag is made from cassava, a vegetable root which is commonly eaten and used in manufacturing in Africa, Latin America and Asia. According to the firm behind the revolutionary bag, although it looks and feels just like plastic, it completely dissolves in water and poses no threat to living organisms.

Q: What is the passage mainly about?

(a) The countries where plastic pollution is most problematic
(b) Effective strategies for the disposal of plastics
(c) An innovative approach to protecting marine species
(d) The physiological effects of plastic consumption in various species

11

Many people mistakenly believe that human babies are born with an innate ability to swim, but this is not entirely accurate. Most infants, though there are exceptions, will hold their breath when immersed in water and reflexively move their limbs in a manner that imitates swimming motions. In fact, infants are not physically capable of swimming, and what they are actually exhibiting is called a diving reflex. When this occurs, the infant instinctively closes their airway, their heart rate is reduced by 20 percent, and their breathing ceases. This reflex has an oxygen-conserving effect, wherein oxygen is saved for the lungs and heart, slowing the effects of oxygen deprivation.

Q: Which of the following is correct according to the passage?

(a) All infants exhibit the diving reflex from birth.
(b) Most infants are capable of swimming when submerged in water.
(c) Infants will experience a more rapid heart rate during the diving reflex.
(d) The diving reflex reduces the rate of oxygen consumption.

12

Cacti are recognizable by their tall, thick stems that store water and air as well as producing carbohydrates for the plant through photosynthesis. Leaves typical of other plants are replaced by needles or spines. Cacti have a variety of sizes, colors, shapes and flowering habits, and they can grow in most environments. They require minimal care but flourish when well-tended. These plants, native to deserts, easily thrive in the dry conditions found in homes. During their growing season from spring to early autumn, cacti will grow quickly.

Q: Which of the following is correct about cacti?

(a) They do not need to be watered.
(b) Some cacti grow leaves instead of needles.
(c) Most cacti thrive better in the outdoors.
(d) Cacti are hearty plants that need little care.

13

Claws are vital in nearly every role that a cat plays. Cats communicate with each other by scratching surfaces. Their claws create a visual territorial mark, while the scent glands in the paw pads apply an olfactory trace. During hunting and play, the claws grip the prey while the cat punches it with its back legs. For the climbing cat, claws help maneuver its body upwards. They also help a cat shift its body weight while jumping down to attain proper balance and secure footing.

Q: How do cats deliver messages for other cats?

(a) They shift their body weight.
(b) They engrave surfaces.
(c) They sniff each other.
(d) They rub against each other.

14

Galileo invented the first thermometer in 1592. It was a glass bulb with a long, thin glass tube attached to it, inverted over a trough containing water in such a way that some of the water was sucked up into the tube. When the air in the bulb was heated, it expanded and drove the water down the tube. Therefore, the height of the water would provide a measure of the temperature of the bulb. But the air thermometer was not very accurate and Galileo did not further his invention.

Almost a century after Galileo, Daniel Gabriel Fahrenheit, a German physicist and instrument maker, experimented with mercury to produce a more accurate version of the thermometer. In order for the mercury thermometers to be of any use, he had to have some kind of scale marked on them. He chose to create a scale with 180 divisions between the freezing point of water, which he set at 32 degrees, and its boiling point at 212 degrees. Because his thermometers were so good and were commonly used, the Fahrenheit temperature scale became widely accepted.

Q: What can be inferred from the passage?

(a) The first thermometer gained popularity.
(b) Galileo's thermometer was focused on the expansion of water.
(c) Fahrenheit advanced the science of thermometry.
(d) Galileo and Fahrenheit worked as a team.

Questions 15-16

The periodic table contains all of the known elements in the universe combined into one simple table. To many, it is one of the most recognizable symbols of chemistry. The beginnings of the table took place in 1649, when Hennig Brand became the first person to discover a brand-new element, which he would name phosphorous. Brand was an alchemist in search of an object that would turn metal into gold. Thousands of alchemists and scientists worked diligently to discover other new elements throughout the Enlightenment, and by 1869, 63 new elements had been discovered.

Scientists began to realize that certain elements shared well-defined characteristics and could be grouped together in the form of a table. Alexandre-Emile Béguyer de Chancourtois and John Newlands both created their own versions of periodic tables. The modern version of the table was later published by the Russian-born chemist Dmitri Mendeleev. His table was much easier to read, partly because it sequenced the elements according to atomic weight. Some years later, Sir William Ramsay added the noble gases to the table, and Henry Mosley came up with a useful method of organizing elements by atomic number rather than atomic weight.

When many new radioactive elements like americium and curium were discovered as a result of the Manhattan Project in 1945, Glenn T. Seaborg proposed the addition of the actinide and lanthanide series at the foot of the table. Although the change was not accepted at first, it is now included in all modern-day periodic tables.

15 Q: What is the article mainly about?

(a) Elements that have been removed from the periodic table
(b) Different interpretations of the periodic table around the world
(c) Individuals who contributed to the periodic table
(d) The characteristics elements require in order to be included in the periodic table

16 Q: Which of the following can be inferred from the passage?

(a) Some scientists opposed the inclusion of the actinide series.
(b) John Newlands made valuable modifications to Mendeleev's table.
(c) The noble gases were among the first elements added to the table.
(d) Hennig Brand is credited with adding the most elements to the table.

시원스쿨 텝스
독해
실전 모의고사

READING
COMPREHENSION

DIRECTIONS

This section tests your ability to comprehend reading passages.
You will have 40 minutes to complete 35 questions. Be sure to
follow the directions given by the proctor.

- 시원스쿨랩 홈페이지(lab.siwonschool.com)에서 Answer Sheet 를 다운로드 하여 사용하세요.
- 무료 동영상 해설강의도 제공됩니다.

Read the passage and choose the option that best completes the passage.

R

1. Pizza, a traditional Italian dish, _____. Early precursors of pizza were simply flatbreads with various toppings sprinkled on top. These flatbreads were not only limited to Italy. While the Italians enjoyed a flatbread called focaccia, the Greeks added toppings to their pita breads, and Lebanese did the same to their manoush bread. Modern pizza was developed in Naples in the 18th century when tomato was added to the flatbread. Surprisingly, until the late-19th century, the majority of pizzas had been sweet rather than savory. Indeed, cheese did not become a common pizza ingredient until a Neapolitan pizza-maker included mozzarella on a pizza to honor the Queen consort, Margherita of Savoy.

    (a) is unavailable in certain countries
    (b) was favored by noble men and women
    (c) has gone through many changes over the years
    (d) was influenced by Greek cuisine

2. We all know that protein is essential to good health, and high-protein diets have become popular among athletes. Although the Recommended Daily Allowance (RDA) for protein is a modest 0.8 grams of protein per kilogram of body weight, scientists are now recommending that people aim for double their personal RDA. However, some people make the mistake of eating excess quantities of meat in order to increase protein intake. It should be remembered that whole grains, vegetables, beans, and nuts are also good sources of protein and contain a wide variety of other essential nutrients. So while protein is good for your health, it is important to _____.

    (a) lower your intake in order to lose weight
    (b) never exceed the recommended allowance
    (c) consume it as part of a balanced diet
    (d) follow a proper exercise regimen as well

3. When the interior design firm I worked for went out of business, I decided that I wouldn't let it stop me from reaching the top. I searched tirelessly for a job in my home country of Ireland, but after 6 months of searching, I was starting to lose hope. At that point, I decided to relocate to America with my wife and two young daughters. It was a bold decision, as we knew nobody there, and we would be starting from scratch in a small, empty apartment. However, I quickly established my own company, and within five years, it had become one of the largest in the country. My experience just goes to show that _____.

(a) the job market in Ireland is increasingly competitive
(b) academic qualifications do not guarantee a good salary
(c) you should take some risks if you want to succeed
(d) moving from one's home country does not always end well

4. Chinese tourists often visit foreign countries as part of a large, organized tour group, where everyone speaks the same language and most meals are eaten at Chinese restaurants. You might think that those who visit more remote or exotic locales, far outside Asia, would be more interested in embracing local cultures and cuisines. But such destinations can seem particularly overwhelming and confusing, causing a large majority of Chinese tourists to stay within their group and eat the foods that they would normally eat back home. In actuality, faced with the significantly different customs of an exotic location, many Chinese tourists have a stronger tendency to _____.

(a) engage with the local people
(b) experience a wider range of food
(c) look for comfort in familiarity
(d) break from their normal routines

5. Here at Sky Travel Magazine, our approach to reviewing airplanes and airlines differs from that of other magazines because we believe _____. The materials and cushioning used to make almost all airplane seats are produced by one of just a handful of manufacturers. This means that variations in seat comfort between different airlines are negligible. Therefore, our reviews skip ratings based on seat comfort and focus only on the services and amenities provided by each airline.

(a) airline seat reviews require more detail
(b) seat comfort is of primary importance
(c) all airplanes possess similar seats
(d) travelers should try airlines for themselves

R

6. In colloquial British speech, a "jobsworth" is a person who stubbornly sticks to the rules, no matter how petty they may be, and refuses to show any flexibility. The term is often used in an insulting manner, but the truth is that sometimes following rules to the letter _____ _____. In complex industrial and commercial environments, guidelines and regulations are put in place in order to maximize productivity and/or profits. When such restrictions are waived, even for one individual, it can potentially lead to the unraveling of a well-functioning system.

    (a) can negatively affect workplace communication
    (b) remains necessary to achieve optimal efficiency
    (c) has never been critical to an organization's success
    (d) is indicative of deeper psychological problems

7. The launch of the global movement called Plastic-Free Tuesday _____ _____. Of course, by not using any plastic whatsoever on one day per week, participants in the initiative are helping the environment. But the creators of the initiative are under no illusions that Plastic-Free Tuesday is impactful enough to significantly reduce the amount of plastic waste entering our seas and oceans. In fact, they are currently involved in a campaign to persuade various manufacturing and packaging companies to do away with plastic altogether. In any case, Plastic-Free Tuesday should be embraced by all, because every little bit helps.

    (a) has been derided by environmentalists
    (b) is but a first step toward larger change
    (c) will be delayed until next month
    (d) has been met with public confusion

8. The CEO of engineering giant Bueller Industries, Lance Burton, has come under fire this week for _____. Speaking at an international conference of technology and engineering, he was asked whether human workers should be concerned about the rise of artificial intelligence and robotics in many industries. He replied that workers need not worry because automation will only significantly affect those in very low-paying jobs. Several of his peers were shocked by his remarks and took the opportunity to remind him that such low-paid workers account for more than 75% of the country's workforce.

    (a) refusing to utilize new technologies at his firm
    (b) downplaying the threat of automation to jobs
    (c) suggesting that robots are more efficient than humans
    (d) announcing wage cuts for workers in low-end positions

9. Digizone Electronics is pleased to announce its annual Summer Sale! We have a lot of fresh stock coming in soon, so we need to clear out many older models and items. Some of the devices we stock will be available for their lowest prices ever. _____, our Digizone 1TB portable hard drives, normally priced at $75, are now just $50. That's a massive savings of 33%! Our amazing discounts will be available until Friday, July 31st, so come on down and pick up some bargains before it's too late.

(a) However
(b) In general
(c) Meanwhile
(d) For example

10. The notion that it is important to drink milk if one wants to be strong and healthy has long been supported by parents and nutritionists alike. Yet the notion that milk is an essential part of one's diet may be flawed. _____, every nutrient in milk can be found in whole plant foods. Recent studies have shown that some nutrients required for healthy bones, such as vitamin K and manganese, are not even found in milk, but are found in significant amounts in whole plant foods.

(a) In fact
(b) Even so
(c) To be sure
(d) As a result

Part II Questions 11~12

Read the passage and identify the option that does NOT belong.

11. When you are designing the layout of an office space, keep in mind the importance of high-quality furniture. (a) Choosing inexpensive, low-quality desks and chairs may help you to save money, but it can lead to a lack of inspiration among your employees. (b) Well-made ergonomic chairs can have the opposite effect, fostering creativity and productivity in the workplace. (c) Similarly, attractive and comfortable sofas in your reception area make a good first impression on visiting clients. (d) Being a communicative and approachable manager is essential to running a successful company these days.

12. Several factors are known to exist that help explain how animals know when is the right time to hibernate. (a) For many species, hibernation periods, including the start and end times, are closely connected to shifts in temperature. (b) In addition, some species survive through the hibernation period by absorbing energy from body fat. (c) Many animals also know that it is time to hibernate when the photoperiod, or the number of hours of daylight in the day, is significantly reduced. (d) Other evidence suggests that some species begin hibernation when their food supplies reach a particularly low level.

Part III Questions 13~25

Read the passage, question and options. Then based on the given information, choose the option that best answers each question.

R

13.

> ## Notice
>
> The grand opening of Yates' Coffee Shop last month was a huge success. However, the number of customers visiting the store has dwindled over the past few weeks. Consequently, we plan to distribute samples of our merchandise throughout the city center and are seeking individuals willing to help out. To entice people to visit the coffee shop, volunteers will offer free bagels and donuts as well as discount coupons. If you are interested, please speak with Anthony Yates directly.

Q: What is the main purpose of the announcement?

(a) To inform customers about a new range of merchandise
(b) To request volunteers for a plan to attract customers
(c) To advise staff on how to sell specific products
(d) To encourage customers to attend a grand opening event

14. By the end of World War II, the infrastructures of many Southeast Asian cities had been severely damaged. In an effort to re-establish public transportation systems, countries like the Philippines took an unconventional approach. Most buses had been destroyed during the war, and rather than manufacturing new buses, the city of Manila converted jeeps left by the US military into buses that would eventually be nicknamed "jeepneys". By doing so, several cities were able to establish transport networks rapidly and affordably.

Q: What is the passage mainly about?

(a) How abandoned vehicles were broken down into parts
(b) The manufacture of new buses following World War II
(c) An attempt to improve cities by repurposing abandoned vehicles
(d) How abandoned vehicles were utilized by the military

15.

Dear Mr. Jones,

As a result of our recent merger with Colgan Industries, we have created the new position of Joint Project Coordinator in an effort to facilitate work and communication between various branches and departments. Accordingly, we are contacting our most experienced and eligible managers with regards to filling this position. This senior role comes with a higher salary and a more attractive benefits package. Please inform me of your interest.

Sincerely,
Clive Bowen, HR Director

Q: What is the main purpose of the email to Mr. Jones?

(a) To encourage him to improve communication
(b) To thank him for his years of service at the company
(c) To urge him to attend a career seminar
(d) To inform him of an advancement opportunity

16. Proposition 6, a measure to convert several inner-city parking areas into green spaces, is surprisingly generating a great deal of criticism. Undoubtedly, the city is in desperate need of more green spaces where people can relax and spend time away from work. Yet even environmentalists, who typically favor plans to spend money on natural spaces, are voicing their concerns. They fear a severe increase in traffic congestion and harmful emissions, as people will struggle to find parking spaces downtown. Consequently, it seems likely that the proposition will have difficulty garnering the required percentage of votes in order to be passed.

Q: What is mainly being reported about Proposition 6?

(a) How its passing has benefited the city so far
(b) How the majority of local citizens feel about it
(c) Why environmentalists are keen to support it
(d) How it is opposed by unlikely individuals

17.

10th Annual Spring Comedy Nights

Starting Saturday, April 2nd, Lucerne Theater is pleased to once again bring you its Spring Comedy Night event. Featuring the funniest local comedians!

How much? Only $8.50 for regular admission and $4.50 for students (ID required) Special discounts available on our Web site.

When? Every second Saturday in April and May, from 7 P.M. to 10 P.M. (Doors open at 6 P.M.)

Enjoy refreshments during the 30-minute interval!

Q: Which of the following is correct about the Spring Comedy Night event?

(a) It has never been held before at Lucerne Theater.
(b) It will take place every Saturday in April and May.
(c) Its earliest admission time for guests is 7 P.M.
(d) It offers some exclusive discounts online.

18. Many people confuse hail with sleet, and vice versa. Hail typically occurs in summer months during thunderstorms, whereas sleet forms during periods of cold weather when the temperature falls below 32 degrees. Hail begins as raindrops, formed at the bottom of storm clouds, which are then carried upwards by updrafts and frozen into pellets when they come into contact with ice crystals at the top of the clouds. Sleet, on the other hand, is snow that falls through a warm layer of air, causing it to melt slightly and turn into an ice pellet. Unlike hail, sleet is tiny in size, and causes no damage to car windshields when it falls.

Q: Which of the following is correct according to the passage?

(a) Hail normally forms during cold months.
(b) Sleet originates as raindrops formed in clouds.
(c) Hail causes more damage to vehicles.
(d) Sleet pellets are larger than hail pellets.

19. The construction of the 1,063-foot Eiffel Tower on the Champ de Mars in Paris caused much controversy. Its purpose was to serve as a global cultural icon of France and draw millions of international visitors to Paris. Some, however, worried that the tower would overshadow the great landmarks of Paris, such as the Notre Dame, the Louvre, and the Arc de Triomphe. Others were concerned about the feasibility of constructing such a tall structure, fearing that it would collapse once it reached a height of 748 feet. Some scientists even made ridiculous claims that the tower would act as a lightning rod, killing all of the fish in the Seine.

Q: Which of the following statements about the Eiffel Tower is supported by the passage?

(a) Its construction created hundreds of new jobs in Paris.
(b) People predicted it would be less popular than other landmarks.
(c) Tourism was expected to benefit greatly from it.
(d) Its planned height was reduced due to safety concerns.

20.

Female Workers in the Tech Industry Study

Last month, a study was carried out to ascertain the current conditions experienced by women working within the technology industry. We drew the following conclusions:

- The gap between male and female salaries is narrowing after years of men receiving significantly higher salaries.
- The quitting rate for women has increased to 41 percent, while the rate for men is 17 percent.
- Among all Silicon Valley tech companies, only 11 percent of executive positions are held by women.
- While 84 percent of men felt their companies "embraced diversity", only 50 percent of women agreed.

Q: Which of the following is correct about female employees in the tech industry?

(a) A gender-related pay gap still exists despite gains made by female employees.
(b) More than double the number of men quit their jobs compared to women.
(c) The percentage of women in executive positions has decreased in consecutive years.
(d) Less than half of all female employees believe their companies embrace diversity.

21. Nine days after acceding to the throne, Lady Jane Grey was imprisoned in the Tower of London and sentenced to death. The great-granddaughter of Henry VIII, Jane was the first cousin of King Edward VI, who had named Jane in his will as his worthy successor. Edward favored Jane because she was a Protestant and hoped to prevent his Roman Catholic half-sister Mary Tudor from becoming queen. After Edward's death, Jane was proclaimed queen on July 10, 1553. However, support for Mary's claim to the throne grew very quickly, and the Privy Council proclaimed her queen on July 19. Upon taking the throne, Mary convicted Jane of high treason, which carried a penalty of execution.

Q: Which of the following is correct about Lady Jane Grey?

(a) She became queen after marrying King Edward VI.
(b) She was chosen by the king on account of her religion.
(c) She was initially close friends with Mary Tudor.
(d) She was exonerated after spending time in prison.

22. Fossils discovered in China and South America in the 1970s led paleontologists to believe that birds had evolved from small carnivorous dinosaurs. When studying the fossils, scientists noted several unique features shared by Archaeopteryx, the first known bird, and a group of dinosaurs called theropods. The most notable feature, short hair-like feathers, could be traced back to theropods such as Compsognathus. Over millions of years, feathers of theropods evolved into the feathers we associate with modern-day birds. More evidence comes from the changes to digits. Over the millennia, theropods lost their fourth and fifth digits and their bones reformed into wing-like appendages to facilitate flight.

Q: Which of the following is correct according to the passage?

(a) Modern-day birds developed additional digits through evolution.
(b) Archaeopteryx is regarded as one of the first dinosaurs.
(c) Theropods gradually lost their feathers over the millennia.
(d) Compsognathus was one of the earliest feathered theropods.

R

23. By the time my daughter was twelve, she had started to display a keen interest in music. So I suggested that we begin learning how to play the guitar together, thinking it would be a good experience for her. We bought guitars, attended lessons, and practiced every day. We both took a while to get into it, but we gradually learned how to play several songs on our guitars, and we even wrote a few of our own. Playing guitar was a little harder than I'd expected, but we both agreed that it was worth it in the end, as it brought us closer together.

Q: What can be inferred about the writer from the passage?

(a) He hoped that learning guitar would be rewarding.
(b) His daughter requested that they learn how to play guitar.
(c) His daughter did not enjoy playing guitar in the end.
(d) He had learned how to play guitar when he was younger.

24. Since the 1950s, unprecedented changes to the Earth's climate have been observed, and by the end of the 21st century, Earth's temperature may have changed by almost 5 degrees Celsius. While many associate such changes with human activities, such as the burning of fossil fuels, the phenomenon actually also occurs naturally. Slight variations in the Earth's motion, such as a tilted axis of rotation angle, affect the distribution of sunlight on the Earth's surface, which results in fluctuating temperatures and seasonal schedules. Additionally, large volcanic eruptions frequently alter the Earth's climate, generally lowering it, and deposit large quantities of carbon dioxide into the atmosphere.

Q: Which statement would the writer most likely agree with?

(a) Volcanic eruptions play a significant role in increasing the Earth's temperature.
(b) The Earth is receiving more sunlight now than it did in the 20th century.
(c) Significant progress has been made in carbon dioxide reduction since the 1950s.
(d) The change to Earth's climate cannot be attributed to man-made factors alone.

25.

Now that the presidential election is finally over, political analysts are discussing the reasons that early frontrunner Dan O'Kane failed to win. O'Kane won the support of many far right groups during his campaign, and some of the members of these groups caused outrage with their outspoken views on controversial topics. In the end, despite their support, they proved to be more of a hindrance than a help. By not publicly denouncing his more extreme supporters, O'Kane pushed away a large number of his more moderate followers, who subsequently rallied behind O'Kane's opponent, and our new president, Kathy Chambers. In the end, O'Kane lost because he failed to find a balance in appealing to a broad voter base.

Q: Which statement about Dan O'Kane would the writer most likely agree with?

(a) He never stood any chance of beating Kathy Chambers.
(b) His campaign offered solutions for several controversial topics.
(c) His controversial remarks attracted a more fervent group of voters.
(d) He damaged his election chances by not condemning his radical followers.

Part IV Questions 26-35

Read the passage, questions, and options. Then, based on the given information, choose the option that best answers each question.

Questions 26-27

Seeking Kitchen Staff

Maple Restaurant is seeking a head chef and kitchen assistants for our brand new location on Court Road. We would like to fill the following vacancies:

- One full-time head chef to manage the kitchen. The successful candidate will be required to work from 11 a.m. to 9 p.m., Monday through Saturday. An annual salary of $41,000 will be provided, along with a competitive benefits package. The successful candidate will be entitled to 3 days each of unpaid sick leave and unpaid personal leave, and 12 vacation days per year, half of which will be paid.

- Two part-time kitchen assistants for evening and weekend shifts. Both positions involve minor cooking tasks and food preparation. Cleaning work and the receiving of deliveries will also be required duties. Part-time kitchen assistants are paid at a rate of $13.50 per hour and are not entitled to any paid time off.

Both kitchen assistants will begin work immediately, and the head chef will begin on February 1st. Attendance at an orientation and safety training workshop is mandatory for all new employees. Candidates applying for the head chef position should have at least three years of experience in the restaurant industry. Experience is preferred, but not required, for the part-time positions.

To apply for any position, please send your resume to ssaunders@maple.net.

26. Q: How many paid vacation days will the full-time head chef receive each year?

    (a) Zero
    (b) Three
    (c) Six
    (d) Twelve

27. Q: Which of the following is correct about part-time position applicants?

    (a) They will not be required to perform any cooking tasks.
    (b) They will receive overtime pay for weekend work.
    (c) They should participate in a training session.
    (d) They must have experience in the restaurant industry.

Questions 28-29

For one of his most challenging escape attempts, "The Mirror Challenge", Harry Houdini was challenged by The Daily Mirror to escape from special handcuffs that had taken a locksmith more than five years to design and construct. After attempting to escape behind a screen for more than two hours, Houdini invited his wife onstage and gave her a kiss. After another hour, he emerged from behind the screen having successfully escaped from the handcuffs. Sceptics suggested that Houdini's wife had discreetly passed the key to her husband during their kiss. Others believed that she had passed it to him in a glass of water. However, Houdini biographers have argued that this could never have happened, as the key to the handcuffs was at least six inches in length. A more recent theory is that Houdini came up with The Mirror Challenge himself and already possessed a key for the handcuffs. Some evidence, though since disputed, implied that Houdini was an acquaintance of certain high-level employees of The Daily Mirror, and that they conspired together to create a performance that would simultaneously boost Houdini's popularity and the newspaper's sales.

R

28. Q: What is the passage mainly about?

(a) An advanced set of handcuffs that are impossible to remove
(b) A contest between two popular escape artists
(c) A variety of theories about how Houdini performed an escape
(d) A type of magic trick pioneered by Houdini

29. Q: What can be inferred from the passage?

(a) Houdini's wife intentionally sabotaged his performance.
(b) The Daily Mirror published a slanderous article about Houdini.
(c) The Mirror Challenge led to a decrease in popularity for Houdini.
(d) Houdini's method of escape remains unknown to this day.

To the editor:

I was pleased to see that you brought attention to the issue of Ferndale residents carelessly wasting water during the hot months. This practice is becoming increasingly common, as people try to maintain the condition of their lawns in summer, but it is a huge contributor to our local water shortages. The local city council obviously agrees, given that the members voted unanimously to pass a new law restricting water usage to a specific time period every day. Now, residents may only water their lawns or wash their cars between noon and 3 P.M.

While I appreciate the council's efforts to address the problem, the new law does have flaws that you overlooked in your recent article. First, it focuses solely on homeowners, who are not even the main contributors to the problem, and imposes no restrictions on business owners. Further, simply restricting the water usage of residents may offer a short-term solution, but I think the council needs to consider long-term solutions such as the construction of a dam at Lake Topeka.

30. Q: Which of the following is correct according to the letter?

(a) Local residents have been using too much water during the summer.
(b) Several city council members opposed the new water restrictions.
(c) Local residents are the largest contributors to water shortages.
(d) The new law applies to both residential and business premises.

31. Q: What is the main purpose of the letter?

(a) To point out the problems caused by local residents wasting water
(b) To criticize the editor's position on the water restriction laws
(c) To highlight the deficiencies of a new law regarding water usage
(d) To call for the council to stop residents from using too much water

Greensborough Daily   X

http://www.allentowntimes.com/localnews/higher-library-fees   ▼   — ☐ X

Allentown Times

Local News

Higher Late Fees Coming to Allentown Public Library
By Jonah Brubaker

ALLENTOWN - Starting this spring, expect to pay higher late fees for certain items borrowed from Allentown Public Library. The library has announced plans to increase fees by up to $3 per item per day, with the most significant hike affecting those who fail to return video games on time. The change was deemed necessary by the board in order to reduce the frequency of late returns, which has recently become a big problem at the library.

Once the proposed increases come into effect, Allentown Public Library will have the harshest late fees in the entire state. At the moment, the daily late fees are 50 cents for general books, 75 cents for academic journals, $1 for CDS and DVDs, and $2 for video games. Beginning April 1, these fees will increase to 75 cents, $1, $2, and $5, respectively. But fees for books in the Early Learners section will remain the same, so kids who borrow these books do not need to worry about paying a higher rate than before.

Residents of Allentown and the surrounding area have voiced their concerns about the fee hikes, commenting that they felt they were harsh and unnecessary. Many current members reside in Sheridan, 15 kilometers outside Allentown, and the Allentown Public Library is the only place where they can borrow books within approximately 50 kilometers.

32. **Q:** Which of the following will NOT be changed?

(a) The late fee for video games
(b) The late fee for children's books
(c) The general books late fee
(d) The DVD late fee

33. **Q:** What can be inferred from the news article?

(a) The town of Sheridan does not have its own public library.
(b) Most of the borrowed items from the library are children's books.
(c) Increasing the late fees went against the wishes of some board members.
(d) The library intends to expand its collection of borrowable materials.

R

- Romain Gary's *The Life Before Us*

In 1975, French author Romain Gary published a novel about a Muslim orphan boy named Momo. The book, originally titled *Momo* and later retitled as *The Life Before Us*, was critically acclaimed and went on to win the prestigious Prix Goncourt prize. The novel was quickly adapted for cinema, and more recently a number of television and stage adaptations have emerged. However, at the time of the novel's publication, not a single person attributed the work to Romain Gary, as he had released it under the pseudonym Emile Ajar.

Gary had previously won the Prix Goncourt prize in 1956 for his novel *The Roots of Heaven*, and he rapidly rose to fame in the literary world. His experiment with *The Life Before Us* was designed to test whether his book would be well-received on its own merits and without the aid of his established reputation. As it turned out, his work was heralded as remarkable by the Prix Goncourt jury, who were completely unaware of the true identity of Emile Ajar.

34. Q: What is the main topic of the passage?

    (a) How The Life Before Us made Gary popular
    (b) Why Gary was hesitant to publish any novels
    (c) Why the Prix Goncourt jury rejected Gary's novel
    (d) How Gary verified the legitimacy of his work

35. Q: What can be inferred about The Life Before Us?

    (a) Gary wanted to conceal the fact that it was his own work.
    (b) It is a continuation of the story of The Roots of Heaven.
    (c) It is a novelized adaptation of a popular theater production.
    (d) Gary was dissatisfied with the reception it received.

You have reached the end of the Reading Comprehension section. Please remain seated until you are dismissed by the proctor. You are NOT allowed to turn to any other section of the test.

● 실전 모의고사의 정답 및 해설은 시원스쿨랩 홈페이지(lab.siwonschool.com)에서 확인하실 수 있습니다.

READING COMPREHENSION

DIRECTIONS

This section tests your ability to comprehend reading passages. You will have 40 minutes to complete 35 questions. Be sure to follow the directions given by the proctor.

- 시원스쿨랩 홈페이지(lab.siwonschool.com)에서 Answer Sheet 를 다운로드 하여 사용하세요.
- 무료 동영상 해설강의도 제공됩니다.

Part I Questions 1~10

Read the passage and choose the option that best completes the passage.

1.

> Dear Professor Singh,
>
> We are very much looking forward to welcoming you to this year's Progressive Education Conference in Chicago on May 24th. Your presentation on distance learning is expected to be one of the most popular at the conference. It is my responsibility to make sure that all of our speakers are comfortable during their stay in the city. I know that you already requested a pick-up from the airport, but you haven't responded regarding your choice of hotel. Please get back to me at your earliest convenience so that I can _____.
>
> Regards, Wanda Finnegan

(a) arrange suitable accommodation for you in advance
(b) supply you with materials required for your presentation
(c) send you a personal copy of your flight itinerary
(d) discuss suitable presentation topics with you

2. Leading baby stroller manufacturer ComfyPro has announced that it will _____ _____. The company is facing stronger competition in the market than ever before and plans to change its business strategy in order to follow consumer trends. Sales of its most expensive strollers have dwindled as consumers shift toward more affordable options. To address this issue, the company will no longer manufacture its high-end baby strollers, the ComfyPro 300 and the ComfyPro 400, and enhance its focus on its mid-price range.

(a) discontinue production of certain products
(b) close down several retail locations
(c) conduct market research to evaluate spending trends
(d) hire more workers in order to boost sales

3. Princess Diana's genuine warmth and empathy for others marked a departure in terms of the Royal Family's typical relationship with the British people. For Diana, taking time to personally meet citizens, both home and abroad, was much more important than attending formal engagements. She was often seen chatting amiably with onlookers and passersby while other people in her position may well have not given them the time of day. The fact that she _____ helped her to stand out among other members of the Royal Family and win her millions of fans all over the world.

   (a) devoted so much time to charity work
   (b) received so much media attention
   (c) made an effort to engage with the public
   (d) attended so many high-profile events

4. Research focusing on orangutans in Borneo has indicated that _____ _____. With the orangutan population at only 14 percent of the size it was in the mid-20th century, many blamed hunting for preventing a population recovery, and the Indonesian government clamped down on this illegal practice. Yet studies conducted throughout Borneo have found that strictly prohibiting hunting only had a minor impact on population numbers. Conservationists say the orangutan population will be unable to bounce back unless larger issues such as illegal logging are addressed.

   (a) conservation efforts have been largely successful
   (b) an increasing number of orangutans are susceptible to disease
   (c) orangutans have been responsible for a recent boost in tourism
   (d) hunting has little effect on the orangutan's shrinking population

5. Channel 18 is happy to announce that Kitchen Maestro is not leaving our programming schedule anytime soon! Hosted by Marjorie Dean for more than 30 years, Kitchen Maestro still attracts around five million viewers per episode, but after Ms. Dean's sudden decision to retire, we briefly considered pulling the show from the airwaves. However, we have found the perfect replacement for Ms. Dean: renowned celebrity chef Peter Costigan! We look forward to another successful season of Kitchen Maestro, starting next March, with Peter taking over the reins. We hope that this is welcome news to loyal fans who _____.

   (a) feared the cancelation of this popular television show
   (b) were upset that the program had moved to another channel
   (c) wanted the show to move to a different time slot
   (d) felt that the new host would be a poor fit for the program

33333333333333

6. Over the past few years, the Ontario Provincial Police (OPP) has been cracking down on corruption within its police force. Its investigation has shown that numerous police officers use their job, and the tools available to them through their job, to pursue personal interests. Some were found to have interfered with investigations into friends or relatives, while others have demanded money from local businesses in return for overlooking minor crimes. So far, many police officers have faced disciplinary action because they have _____ _____.

(a) exploited their position for personal gain
(b) not adhered to the new OPP guidelines
(c) failed to achieve the mandatory performance score
(d) made numerous errors during investigations

7. The simple notion of hard work and boundless opportunities forming the basis of America's rise to becoming an economic superpower has been criticized for _____ _____. The perception that the 'American Dream' made America what it is today ignores the impact of the two world wars, in which America played a significant and profitable role as a supplier of resources to European allies. Additionally, the US was fortunate to possess vast natural resources that were increasingly in demand from other countries both near and far, leading to a tremendous economic boom in the US.

(a) celebrating America's global military conflicts
(b) depicting American people as selfish and materialistic
(c) belittling the contributions of foreign migrant workers
(d) overlooking other factors integral to America's success

8. On March 24, 1989, the Exxon Valdez oil tanker struck Bligh Reef in the Gulf of Alaska, spilling 10.8 million US gallons of crude oil into the surrounding waters. The Exxon Shipping Company struggled to contain the spillage, and news crews soon arrived on the scene. This was not the largest spill to have occurred, but it received an unprecedented amount of media coverage all over the world. Unforgettable images of fish and seabirds coated in oil inspired people to take more interest in protecting the oceans and their inhabitants. Although this tragic incident caused much irreparable damage, it _____.

(a) received barely any coverage on mainstream TV
(b) sparked public interest in marine conservation
(c) contributed to population increases in some species
(d) caused oil prices throughout the world to go up

9.

Tourism Update

Tourism in Dundee was up 20% this past summer compared with the same period last year. The increase is mainly due to the opening of several new museums and galleries, specifically the V & A Museum of Design on the waterfront. Tourism figures indicate that such attractions will continue to gain popularity as the local tourist board pours more money into advertising. _____, it is expected that the number of tourists visiting museums and galleries in Dundee will increase further over the next twelve months.

(a) Even so
(b) For example
(c) As a result
(d) Particularly

10. Recent studies have shown that e-cigarettes can have adverse side effects in people who use them. Using these devices, a practice commonly known as 'vaping', can cause negative physiological changes due to the hazardous chemicals they generate. _____ they are still regarded as a much less dangerous alternative to traditional cigarettes. Those who switch from smoking to vaping drastically improve their respiratory function and are at a much lower risk of developing severe health problems.

(a) In effect
(b) Moreover
(c) As a result
(d) Nevertheless

Part II Questions 11~12

Read the passage and identify the option that does NOT belong.

11. A recent move by the US President could potentially jeopardize several endangered species in Africa. (a) Last week, the administration voted to lift a ban that prevented American hunters from importing parts of animals killed for sport in Zimbabwe and Zambia. (b) This decision reverses the ban put in place by the previous administration two years ago. (c) Many conservation efforts in Zimbabwe and Zambia have thus far failed to achieve their desired outcomes. (d) At this moment, it is unclear exactly how much of an impact the lifting of the ban will have on elephant and rhino populations.

12. In 2004, paleontologists discovered a species of lobe-finned fish called Tiktaalik roseae. (a) The discovery was significant because of Tiktaalik's similarities to both primitive fish and early four-limbed creatures known as tetrapods. (b) Tiktaalik is believed to have existed in the region now known as Arctic Canada approximately 375 million years ago. (c) After studying these similarities, some paleontologists concluded its existence exemplifies a transitional stage between fish such as Panderichthys and tetrapods such as Acanthostega. (d) However, others claim that it is not directly related to either and the presence of shared features is merely coincidental.

Part III Questions 13~25

Read the passage, question and options. Then based on the given information, choose the option that best answers each question.

R

13. Recent research seems to disprove the commonly held notion that fasting exacerbates symptoms in cancer patients. When undergoing chemotherapy, patients who avoid food for a controlled period of time have reported greater tolerance to treatment and less fatigue, weakness, and gastrointestinal problems compared to those consuming a typical diet. Furthermore, fasting deprives normal cells of nutrients, protecting them from chemotherapy, while starving cancer cells, making them more susceptible to treatment. These changes could potentially help cancer patients to recover more quickly.

Q: What is the main topic of the passage?

(a) Why cancer patients tend to have difficulty eating
(b) The positive effects of cancer treatment on patients' appetites
(c) The medical benefits of fasting for cancer patients
(d) How cancer patients can recover without chemotherapy

14.

Market Trends

Companies in all industries are constantly striving to optimize their workforce. To ensure that they keep their most gifted employees, they need to give workers chances to develop new skills, improve existing skills, and work their way up through the company hierarchy. This can be achieved by running regular training workshops and filling management positions through internal recruitment. When employees know they can eventually be promoted to management, they are less likely to seek other employment. This allows employers to hold on to their greatest assets.

Q: What is the main topic of the passage?

(a) Corporate strategies to recruit new employees
(b) Designing diverse training workshops for staff members
(c) The importance of management experience in the corporate world
(d) Providing advancement opportunities to improve staff retention

15. Influenza, most commonly referred to as "flu", is an infectious disease caused by the influenza virus. It is important to note that flu symptoms are typically quite severe and debilitating. By this classification, people who contract flu will most likely require several days of bedrest. In general day-to-day conversation, however, the term "flu" is used to refer to various short-term respiratory diseases characterized by coughing, sneezing, and a runny nose, such as the common cold, even though serious flu-like symptoms like a high fever and muscle aches are not present.

Q: What is the passage mainly about?

(a) The definitions of a medical term
(b) The common causes of influenza
(c) The symptoms of the common cold
(d) The ways in which flu can be treated

16. Glenn Branca was noted throughout his life not only as a gifted musician and composer, but also as a perfectionist. For example, his inspiration for Lesson No. 1, his debut solo record that was released in 1980, came from a concert he played with other musicians in 1979. During the concert, the band played a composition written for six guitars and featuring several elements of avant-garde music. Although the performance was well received, Branca felt it was underwhelming, and sought to greatly expand on his ideas so that they would be more impactful on his first solo record.

Q: What is the writer's main point about Lesson No. 1?

(a) It failed to match the intensity of Branca's concerts.
(b) It was performed live in its entirety by Branca in 1979.
(c) It was a collaborative project featuring several renowned musicians.
(d) It was inspired by Branca's disappointment with a live performance.

17. Efforts to protect forest habitats around the world have truly paid off. The most important change made to maintain forested regions was the reduction of deforestation, which hit its peak in the 1990s when 16 million hectares of forest were being cleared each year. By the early 2000s, deforestation was down by almost 20 percent, and it has continued to fall at a steady rate. Now that deforestation has been limited, areas that had undergone deforestation are free to naturally flourish with new plant life and expand once again. However, conservationists warn that it will take at least three decades for such regions to return to their original size.

Q: Which of the following is correct according to the passage?

(a) Efforts to reduce deforestation have been unsuccessful.
(b) Some forested regions have been indirectly benefited by deforestation.
(c) Forest habitats possess the ability to renew themselves.
(d) Scientists expect some forest habitats to be gone in 30 years.

18.

Martin McKenzie Workshop Tours

Martin McKenzie's jewelry workshop has been completely reconstructed at the same location where the renowned jewelry designer worked 80 years ago.

- Old photographs of the workshop obtained from The Times newspaper company helped in the recreation process.

- The workshop includes a number of McKenzie's original jewelry designs along with tools that he once used.

- Starting next month, guided tours of the workshop will be given.

- Proceeds from ticket sales will go towards future expansion of the workshop and a variety of charities chosen by McKenzie's family members.

Q: Which of the following is correct according to the advertisement?

(a) The workshop was rebuilt on the premises of a newspaper company.
(b) The photographs of the original workshop have been put on display.
(c) Items once used to make jewelry will be exhibited at the workshop.
(d) Ticket profits will be used solely for the workshop's expansion.

19. Spiders belonging to the Latrodectus genus are commonly known as widow spiders, a name referencing the behavior in which the female eats the male after mating. Perhaps the most feared is Latrodectus hesperus, the western black widow spider. Female black widow spiders are typically between 14 and 16 millimeters in length, black in color, with an hourglass-shaped red mark on their lower abdomen. Males tend to be around half this length, with light brown bodies and stripes on the abdomen. While the males are generally harmless, females possess a potent venom containing a neurotoxin that adversely affects most mammals.

Q: Which of the following is correct about black widow spiders?

(a) Males are more venomous than females.
(b) Both males and females have a red mark.
(c) Females tend to be larger than males.
(d) Their color changes according to the season.

20. During the 13th century, the Mongol Empire sought to conquer the lands of Eastern and Central Europe. The operations were commanded by Batu Khan and Kadan, grandsons of Genghis Khan, and began with the invasion of modern Russia in 1235. Warring European princes temporarily ended local wars when they realized they would need to cooperate in order to combat the Mongol invaders. In the summer of 1241, however, Mongol forces suddenly began to withdraw from Europe. Some historians believe that the death of the Great Khan prompted the retreat, while others point to dwindling military resources and unfavorable geographical conditions.

Q: Which of the following is correct about the Mongol invasion of Europe?

(a) It ended after a series of defeats at the hands of European forces.
(b) It was originally conceived by Genghis Khan.
(c) It resulted in the depletion of European resources.
(d) It led to the suspension of conflicts between European states.

21. The Freedom of the City is an honor granted to respected members of a community. Beginning as a medieval practice, the tradition is still upheld in countries such as the United Kingdom, Canada, and Australia. In the UK, the exact qualifications for the honor differ between cities, but can generally be categorized as either inheritance or apprenticeship. In Chester, only the children or grandchildren of freemen, those who were previously honored, are eligible. In York, this is expanded to include great- and great-great-grandchildren. On the other hand, in Coventry and Durham, one only has to have served an apprenticeship with a freeman in order to receive the honor.

Q: Which of the following is correct according to the passage?

(a) Freedom of the City is an honor that only exists in the UK.
(b) Freemen in Chester are honored based on inheritance.
(c) The qualifications for Freedom of the City are the same in Coventry and York.
(d) The eligibility criteria in Chester are less restrictive than those used in York.

22. One of the first things people think of when considering the psychology of casino design is the lack of clocks and windows. However, a new study indicates that an absence of clocks or windows has little effect on the amount of money or time spent by gamblers in a casino. The factors that have the greatest influence on gamblers are music, lighting, and fragrance. Gamblers who visit casinos that play up-tempo rap or pop songs and provide colorful lighting are more likely to bet faster and spend more money than those in more relaxed settings. Also, the presence of a pleasant scent causes gamblers to spend more time in a gambling area.

Q: Which of the following is correct about casinos?

(a) Casinos without windows tend to be more profitable.
(b) Gamblers are more likely to stay longer in a dimly-lit gambling area.
(c) Unpleasant fragrances can encourage gamblers to bet more quickly.
(d) Gamblers spend more money while listening to fast-paced music.

23.

Business Report

Paid Vacation Leave

A recent study highlights the vast differences in how many paid vacation days are offered to workers around the world. Most European countries, including the United Kingdom, Belgium, and France, offer employees between 24 and 28 paid vacation days per year, a number only exceeded by a handful of countries such as Algeria and Kuwait. On the lower end of the scale, Southeast Asian countries such as the Philippines and Singapore only offer 5 to 7 paid vacation days. Surprisingly, workers in the US are not automatically entitled to any paid leave per calendar year, leaving it up to the discretion of each employer.

Q: What can be inferred from the report?

(a) Employees in the US receive paid leave after one year.
(b) Southeast Asian workers are more likely to take days off.
(c) Europe has the highest number of public holidays.
(d) The benefits afforded to workers vary worldwide.

24. The Incheon Landing was a military operation planned and executed by the US general Douglas MacArthur during the Korean War. By the summer of 1950, North Korean forces had advanced southward, pushing back the South Korean and US battalions to the southern port of Busan. MacArthur devised a plan to stage an amphibious landing at Incheon, taking North Korean forces by surprise and severing their supply lines. In Washington, the Joint Chiefs of Staff feared that the landing would spread military units too thinly and result in defeats at both Incheon and Busan. They eventually authorized the operation, which proved to be a critical success and caused the North Korean forces to begin their retreat.

Q: What can be inferred about the Incheon Landing from the passage?

(a) MacArthur was concerned about maintaining US supply lines.
(b) MacArthur's superiors were hesitant to approve his plan.
(c) The Joint Chiefs of Staff put forward several alternative strategies.
(d) The operation had less impact than the US government expected.

25.

> ## <u>Notice (March 23)</u>
>
> This notice serves to inform property owner Ms. Lynda Burrows that, in accordance with the terms of the contractual agreement entered into on November 13 last year, your ongoing failure to keep up to date with monthly payments has left us no option but to initiate proceedings to disconnect the gas supply to this property. You have ten days from today to rectify the situation by paying the outstanding balance in full. Further inquiries regarding this matter may be made by calling Roylestone Gas Company's customer service department at 555-3987.

Q: What can be inferred about Ms. Burrows from the announcement?

(a) She could still avoid disconnection by making a payment.
(b) She would like to change to a different gas company.
(c) She has recently moved into a new property
(d) She contacted the gas company to discuss a bill.

Read the passage, questions, and options. Then, based on the given information, choose the option that best answers each question.

R

Questions 26-27

Ever since the first time I played an instrument in elementary school, I knew that I wanted to be a musician. Although my parents have been fairly supportive and encouraged me to learn music, they are disappointed that I have applied to several universities in the hopes of majoring in music composition. If it were up to them, I would be applying to the country's top law schools instead. They've made their feelings clear that they don't think musicians are even able to make ends meet, let alone save for the future.

I do see their point of view to an extent; the music industry is full of people who fail to make it big and have to scrape by on little money. But I know several people making music that find it to be rewarding, regardless of the financial benefits. Soundtrack composition and songwriting for popular singers are just two examples of careers where my musical skills would be able to shine. So, although I value my parents' opinions, the choice of my career is up to me at the end of the day.

26. Q: What is the writer mainly writing about in the passage?

   (a) His parent's opposition to his career choice
   (b) His parents' support of his musical talents
   (c) The difficulty of utilizing musical skills to make money
   (d) The job opportunities available in the music industry

27. Q: Which of the following is correct about the writer?

   (a) He is undecided between studying music and law.
   (b) His parents believe musicians cannot earn much money.
   (c) He does not know of any musicians who are happy in their jobs.
   (d) He plans to follow his parents' wishes for his future.

Lois ☰

R

May 23 at 3:17 p.m.

Lois

Hi, Marcie

Long time no see! I hope you, Oliver, and your daughters are doing well! I have been planning to stop by your office for a chat, but I've just been so busy with work. I'm getting in touch now because Tom is turning 40 next month! It seems like only yesterday that we were all students at Dorchester University. Where did the time go, right? Anyway, Tom asked me to forward you the directions to the party venue but I'm having trouble attaching the map to this e-mail. Do you have another address I could try? Thanks!

Hey Lois!

Thanks for getting in touch! I actually heard about it from Brian a few days ago. I think Tom asked him to make all of the arrangements for the event. I really can't believe how long it has been since we all caught up with one another. You'll definitely see Oliver and me on the 28th.

What are you planning to bring as a gift? If you haven't thought about that yet, perhaps we can put our money together to get a more expensive present. Let me know what you think. Oh, and regarding the problem you had with the attachment, try changing it to a different file type next time.

Marcie

28. **Q:** Why did Lois send the message?

(a) She wants to visit Marcie at her office.
(b) She wants to send Marcie some directions.
(c) She wants to give Marcie her new e-mail address.
(d) She wants to invite Marcie to her birthday celebration.

29. **Q:** What can be inferred from the chat messages?

(a) Oliver is Lois's husband.
(b) Brian will be unable to attend the party.
(c) Marcie has already purchased a birthday present.
(d) Tom's party is on the 28th of next month.

SEEKING: Housemaid

We would like to hire a housemaid to begin in February. Must have at least two years of experience and excellent verifiable references. Aged 30+ only. Monthly salary will be set according to skills and experience.

✓ The position requires cleaning one large mansion situated in the countryside in Norfolk. This expansive property includes 15 rooms, including 5 bedrooms, although some rooms are rarely used.

✓ This position is a full-time, permanent position. Regular hours will be from 7 a.m. to 6 p.m., Monday through Saturday, and the successful candidate will live at the mansion. Sundays are regarded as off days.

✓ The successful applicant must be in good physical condition and be capable of moving or carrying moderately heavy objects.

✓ Duties will be limited to cleaning and occasional food preparation within the house, with no expectations for child care or repair work.

Please call 555-8782 if you are interested in applying.

30. Q: Which of the following is correct about the advertised position?

(a) It is a temporary position for the month of February.
(b) It does not involve any weekend work.
(c) Its starting wage will not be based on experience.
(d) It does not involve looking after children.

31. Q: What can be inferred from the advertisement?

(a) A housemaid younger than 30 years old might be considered.
(b) First-time housemaids would be considered.
(c) Accommodation is provided as part of the job.
(d) The housemaid will be required to perform repairs

≡ MENU   🔍 SEARCH   — ▢ X

R

▲

Science World

Both Erik Erikson and Jean Piaget made valuable contributions to the field of developmental psychology, particularly in their work on child psychology and education. Jean Piaget considered imagination and play time to be crucial to enable children to develop their own sense of self and to foster productive learning habits. His development theory includes four distinct stages that he believed all children pass through during childhood: the sensorimotor stage, the preoperational stage, the concrete stage, and the formal operation stage.

While Erikson's theory of psychological development shares some similarities with Piaget's, it also expands on it in some ways. He proposed nine stages of development, and while the first five overlap with Piaget's stages, the remaining stages pertain to a person's development beyond the age of 18. Erikson and Piaget also had differing opinions on teenagers, with the former believing that they make decisions impulsively and unpredictably, and the latter believing that they are rational people with rational thoughts.

▼

32. Q: Which of the following is correct about Piaget?

(a) He believed that children should attend school from an early age.
(b) He identified several hurdles that limit psychological development.
(c) He thought that playing was a beneficial activity for children.
(d) He proposed a learning system to improve child education.

33. Q: How does Erikson's developmental theory differ from Piaget's?

(a) It is comprised of fewer developmental stages.
(b) It focuses on the rational behavior of teenagers.
(c) It is extended to encompass an individual's adult life.
(d) It begins at an earlier stage of childhood development.

R

— GORDON FORD —

The appointment of Gordon Ford as the new leader of the National Unity Party (NUP) has had a bigger impact than anyone could have anticipated. Since assuming the position, Mr. Ford has reversed his party's financial misfortunes and even won the support of senior party members who were initially opposed to his appointment. Although the NUP lost the last election by a significant margin under former leader Reece Janson, they are currently way out in front of the Democrats in opinion polls.

The NUP has also pulled ahead of the New Conservative Party (NCP), which traditionally competes with the NUP for the invaluable votes of undecided conservatives. By taking a tougher stance on immigration, Mr. Ford has swayed many independent voters to move away from the NCP. While Mr. Ford has been criticized for his lack of leadership experience, it seems as though he may be the ideal person to lead the NUP toward a monumental victory in the polls next year.

34. Q: What is the news report mainly about?

(a) The competition between two candidates who want to lead the NUP
(b) A proposal to merge two conservative political parties
(c) How a new leader has rejuvenated the NUP's political standing
(d) How Gordon Ford led his party to victory in a recent election

35. Q: Which of the following is correct according to the passage?

(a) Ford was unanimously chosen to be the leader of the NUP.
(b) The NCP narrowly lost to the NUP in the previous election.
(c) The Democratic Party is lagging behind the NUP in current polls.
(d) Ford's immigration policies have lost the NUP some independent voters.

You have reached the end of the Reading Comprehension section. Please remain seated until you are dismissed by the proctor. You are NOT allowed to turn to any other section of the test.

● 실전 모의고사의 정답 및 해설은 시원스쿨랩 홈페이지(lab.siwonschool.com)에서 확인하실 수 있습니다.

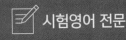

텝스 최신경향 완벽반영 **베스트셀러 기출문제집까지!**

시원스쿨 텝스 라인업
Lineup

|————— 입문서 —————|—————————— 기본서 ——————————|————— 실전서 —————|

입문

시원스쿨 텝스 Basic
텝스 기본기 완성에 필수적인
모든 것을 단 한 권에 집약
<청해+어휘+문법+독해>의
기초부터 실전까지 학습

기본

시원스쿨 텝스 청해
텝스 청해 30일 완성!
뉴텝스 최신경향 반영
기초부터 실전까지 한 권으로
텝스 청해 완성

기본

시원스쿨 텝스 어휘·문법
텝스 기출 빅데이터로
기출 유형 및 출제 비중 공개
실전 적응 훈련으로
출제 원리 이해

기본

시원스쿨 텝스 독해
어려워진 텝스 독해 출제경향 반영
오직 독해만을 다루는 독해 특화 교재
실전과 유사한 최신 기출
변형 문제 다수 수록

실전

뉴텝스 서울대 공식 기출문제집
출간하자마자 텝스 베스트셀러 1위
서울대 TEPS 관리위원회에서 제공한, 뉴텝스 공식 기출문제집
뉴텝스 공식 기출문제 4회분 + 전 문항 해설 수록
뉴텝스를 준비하는 가장 확실한 방법

*[베스트셀러 1위] 교보 국내도서 > 외국어 > 수험영어 > 텝스 > 베스트셀러(22년 1월 2주)

베스트셀러 1위

NEW TEPS
서울대 텝스관리위원회
공식 기출문제집
4개정판

시원스쿨 텝스
300%
환급반

출석NO, 성적 NO! 사자마자 50% 환급
TEPS 베스트셀러 **1위 교재** +
목표 점수 맞춤 커리큘럼으로 목표달성

50% +

응시만 인증하면
수강료 현금 환급

300% +

출석X, 성적만 달성해도
수강료 현금 환급

365일

환급 대신 목표 달성을 위한
수강 기간 연장

출제 경향 완벽 반영
텝스 교재 최대 5권 포함

뉴텝스
핵심기출 VOCA 무료

뉴텝스
문법 족보 무료

조앤박쌤의 영어 면접/발음
강의 무료

시원스쿨 텝스
오답노트 무료

정상쌤의 토익 인강
강의 무료

여러분도 할 수 있습니다.

뉴텝스 환급반
100% 실제 후기

검증된 텝스 전문가이신 선생님들의
강의를 들어봤는데 확실히 경력도
많아서 그런지 노하우와 접근법을 알려
주셔서 좋았습니다.

-네이버 블로그 girl***글에서 발췌-

교재와 강의 내에 공부 방법 및 순서 등
커리큘럼이 체계적이라 어떻게
공부를 해야 할 지 막막한 사람을 구원해
주는 것 같아요

-수강생 김*채 수강후기에서 발췌-

히트브랜드 토익·토스·오픽 인강 1위

시원스쿨LAB 교재 라인업

*2020-2024 5년 연속 히트브랜드대상 1위 토익·토스·오픽 인강

시원스쿨 토익 교재 시리즈

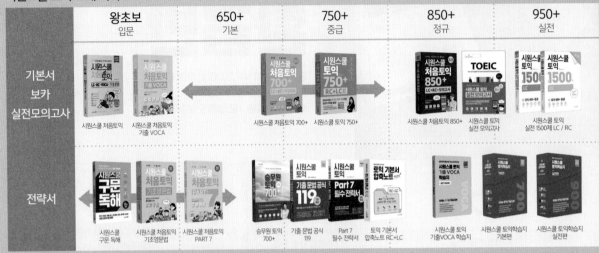

	왕초보 입문	650+ 기본	750+ 중급	850+ 정규	950+ 실전
기본서 보카 실전모의고사	시원스쿨 처음토익 / 시원스쿨 처음토익 기출 VOCA		시원스쿨 처음토익 700+ / 시원스쿨 토익 750+	시원스쿨 처음토익 850+ 실전 모의고사	시원스쿨 토익 실전 1500제 LC / RC
전략서	시원스쿨 구문 독해 / 시원스쿨 처음토익 기초영문법 / 시원스쿨 처음토익 PART 7		승무원 토익 700+ / 기출 문법 공식 119 / Part 7 필수 전략서 / 토익 기본서 압축노트 RC+LC	시원스쿨 토익 기출VOCA 학습지	시원스쿨 토익학습지 기본편 / 시원스쿨 토익학습지 실전편

시원스쿨 토익스피킹, 듀오링고, 오픽, SPA 교재 시리즈

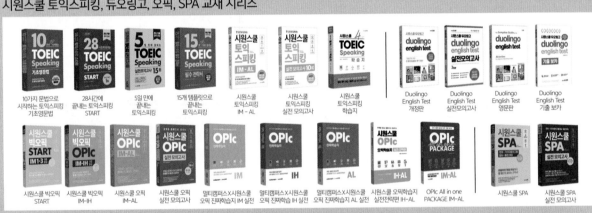

10가지 문법으로 시작하는 토익스피킹 기초영문법 · 28시간에 끝내는 토익스피킹 START · 5일 만에 끝내는 토익스피킹 · 15개 템플릿으로 끝내는 토익스피킹 필수 전략서 · 시원스쿨 토익스피킹 IM-AL · 시원스쿨 토익스피킹 실전 모의고사 10회 · 시원스쿨 토익스피킹 학습지 · Duolingo English Test 개정판 · Duolingo English Test 실전모의고사 · Duolingo English Test 영문판 · Duolingo English Test 기출 보카

시원스쿨 빅오픽 START · 시원스쿨 빅오픽 IM-IH · 시원스쿨 오픽 IM-AL · 시원스쿨 오픽 실전 모의고사 · 멀티캠퍼스X시원스쿨 오픽 진짜학습지 IM 실전 · 멀티캠퍼스X시원스쿨 오픽 진짜학습지 IH 실전 · 멀티캠퍼스X시원스쿨 오픽 진짜학습지 AL 실전 · 시원스쿨 오픽학습지 실전전략편 IH-AL · OPIc All in one PACKAGE IM-AL · 시원스쿨 SPA · 시원스쿨 SPA 실전 모의고사

시원스쿨 아이엘츠 교재 시리즈 · 시원스쿨 토플 교재 시리즈

IELTS Study Pack · 아이엘츠 MASTER · 아이엘츠 기출 VOCA · 시원스쿨 TOEFL Basic · 시원스쿨 TOEFL Intermediate · 시원스쿨 TOEFL Actual Tests · 시원스쿨 TOEFL 기출 VOCA · 시원스쿨 TOEFL Speaking · 시원스쿨 TOEFL Writing · 시원스쿨 TOEFL Listening · 시원스쿨 TOEFL Reading

시원스쿨 지텔프 교재 시리즈 · 시원스쿨 텝스 교재 시리즈

지텔프 기출문제집 공식 기출 7회분 · 지텔프 기출문법 · 지텔프 기출VOCA · 지텔프 기출 독해 · 지텔프 기출 청취 · 시원스쿨 지텔프 최신 기출 유형 문법 모의고사 · 시원스쿨 지텔프 32-50 · 시원스쿨 지텔프 65+ · 시원스쿨 텝스 Basic · 시원스쿨 텝스 청해 · 시원스쿨 텝스 어휘·문법 · 시원스쿨 텝스 독해 · 뉴텝스 서울대 공식 기출문제집

시원스쿨

NEW TEPS

독해

정답 및 해설

시원스쿨 LAB

시원스쿨
NEW TEPS

독해

Section 1
문제 유형별 접근

UNIT 01 Part 1 – 빈칸 완성

기출 Check-up Test 　　　　　　　　　　　본서 p.25

1. (b)	**2.** (d)	**3.** (c)	**4.** (b)	**5.** (b)	**6.** (d)
7. (a)	**8.** (b)	**9.** (c)	**10.** (a)	**11.** (c)	**12.** (c)

1.

> 네덜란드의 과학자들이 **범죄자를 찾아내고 검거하는** 새로운 방법을 고안해냈다. 이 기술은 '냄새 흔적'이라고 알려져 있으며, 많은 법의학자들은 이것이 지문보다 훨씬 더 유용한 것으로 여기고 있다. 우리 모두가 고유의 지문과 DNA를 갖고 있듯이, 우리는 또한 인식 가능한 특유의 냄새를 지니고 있다. 과학수사 요원들은 범죄 현장에서 물건들을 찾아내고 그것에서 '냄새 흔적'을 추출해낸다. 이 '냄새 흔적'은 약 4년 동안 보존될 수 있다.
>
> (a) 정부 청사의 보안을 개선하는
> **(b) 범죄자를 찾아내고 검거하는**
> (c) 사람들이 서로 정보를 공유하게 해주는
> (d) 절도를 예방하기 위해 공공 장소를 감시하는

해설 첫 문장에 빈칸이 있으므로 주제를 찾는 유형이다. 사람마다 고유의 냄새가 있고, 범죄 현장에 남아 있는 이러한 냄새 흔적(smell prints)을 추출해 활용한다는 내용이 주를 이루고 있으므로, 범인을 잡기 위한 방법이 주제임을 알 수 있다. 따라서 범죄자 검거가 언급된 (b)가 정답이다.

어휘 design ~을 고안하다 be known as ~라고 알려지다 print 흔적, 자국 forensic scientist 법의학자 consider A to be B: A를 B라고 여기다 even (비교급 수식) 훨씬 useful 유용한 fingerprint 지문 unique 특유의, 독특한 identifiable 인식 가능한 crime scene 범죄 현장 investigator 수사관, 조사관 recover ~을 찾아내다, 발견하다 extract A from B: B에서 A를 추출하다, 뽑아내다 preserve ~을 보존하다 improve ~을 개선하다 detect ~을 알아내다, 감지하다 apprehend ~을 검거하다, 체포하다 criminal 범죄자 let A do: A에게 ~하게 하다 individual 사람, 개인 share A with B: A를 B와 공유하다 monitor ~을 감시하다, 관찰하다 prevent ~을 예방하다, 방지하다 theft 절도

정답 (b)

2.

> 하치코는 **주인과 끊을 수 없는 유대감으로 기억되는** 아키타견이었다. 하치코는 1924년에 주인이자 대학 교수인 에이자부로 우

> 에노가 도쿄로 데려온 개였다. 매일 이 개는 현관문에서 주인을 배웅했고, 정각 4시에 그를 맞이하기 위해 시부야 역까지 걸어갔다. 이 단순한 행동 하나로도 주인을 향한 변함없는 충성심을 엿볼 수 있는 훌륭한 증거이지만, 이것이 전부가 아니다. 그 둘의 일상은 우에노 교수가 뇌졸중으로 사망하면서 충성스러운 동반자가 기다리는 역으로 돌아오지 못한 1925년 어느 날, 갑자기 중단되었다. 주인의 죽음을 알 길이 없던 하치코는 그 뒤로 10년 동안 정확히 같은 장소와 같은 시간에 계속 주인을 기다렸다.
>
> (a) 세계에서 가장 나이가 많은 개로 인정받는
> (b) 주인을 보호하면서 영웅적인 죽음을 맞이한 것으로 칭송받는
> (c) 많은 사람들의 생명을 구한 것으로 높이 평가받는
> **(d) 주인과 끊을 수 없는 유대감으로 기억되는**

해설 첫 문장에 빈칸이 있다는 것은 글의 주제를 묻는 것과 같다. 매일 주인을 배웅하고 맞이하러 갔던 개가 주인이 죽은 후에도 10년이라는 긴 시간을 매일 주인을 기다렸던 행위를 가장 잘 나타낼 수 있는 키워드는 bond(유대감)이다. 따라서 이를 언급한 (d)가 정답이다.

어휘 owner 주인 see A off: A를 배웅하다 greet ~을 맞이하다, 환영하다 sharp (시간 표현 뒤에서) ~정각에 act 행동 alone (명사 뒤에서 강조의 의미로) ~ 하나만으로도 testament 증거 unwavering 변함없는 loyalty 충성심 routine 일상(적인 것) disrupt ~을 중단시키다, 방해하다 die of (직접적 원인) ~로 사망하다 stroke 뇌졸중 companion 동반자, 벗 with no knowledge of ~을 알지 못한 채 continue to do 계속 ~하다 exact 정확한 recognized as ~로서 인정받는 commemorated for ~로 칭송받는 heroic 영웅적인 while ~하는 동안 protect ~을 보호하다 respected for ~로 높이 평가받는 unbreakable 깨뜨릴 수 없는, 부술 수 없는 bond with ~와의 유대(감)

정답 (d)

3.

> **많은 미국인들이 좋지 못한 식습관과 관련된 병으로 고통받고 있다**는 것은 잘 알려진 사실이다. 점심시간에, 그들은 샌드위치나 핫도그 같은 음식으로 아주 간단히 식사를 한다. 그리고 저녁에는 종종 패스트푸드로 급히 식사하거나, 집에서 전자레인지로 조리할 수 있는 음식을 먹는다. 이처럼 좋지 못한 식습관이 그들의 몸에 큰 타격을 주기 시작하고 있다. 미국인들이 일반적으로 세계에서 가장 덩치가 큰 몇몇 인종에 속한다는 점, 그리고 정부가 비만과의 전쟁을 선포했다는 사실은 놀라운 일이 아니다. 심지어 보건 당국자들이 학교에서 인스턴트 식품 및 당도가 높은 음료를 판매하는 자판기 설치를 금지하기까지 했지만, 거의 효과를 거두지 못했다. 오랜 습관은 좀처럼 끊기 어려운 것이 분명하다.
>
> (a) 미국 근로자들이 점점 더 영양가가 높은 음식에 끌리고 있다
> (b) 대부분의 미국인들이 저녁마다 가족과 함께 식사하는 것을 선호한다
> **(c) 많은 미국인들이 좋지 못한 식습관과 관련된 병으로 고통받고 있다**
> (d) 미국 학교의 아동들이 영양이 풍부한 식사를 제공받고 있다

해설 지문 첫 문장에 빈칸이 있으므로 글의 주제를 찾는 유형이다. 그 다음 문장에 나쁜 식습관(poor eating habits)의 구체적 사례들을 제시하고, 이것들이 몸에 타격을 준다(take a toll)고 설명하므로, 빈칸에는 이 두 가지 내용을 모두 포괄하는 내용이 들어가야 한다. 따라서, 많은 미국인들이 나쁜 식습관으로 인해 병을 얻고 있다는 문제를 잘 나타낸 (c)가 정답이다.

어휘 well known 잘 알려진 grab a quick bite to eat 아주 간단히 식사하다 grab (바빠서) 급히 하다, 낚아채다 microwavable 전자레인지로 조리할 수 있는 take a toll on ~에 큰 타격을 주다 No wonder 주어+동사: ~한 것이 놀라운 일도 아니다 generally 일반적으로 declare ~을 선포하다, 공표하다 obesity 비만 officials 당국자들, 관계자들 go so far as to do 심지어 ~하기까지 하다 ban ~을 금지하다 vending machine 자판기 junk food (고칼로리) 인스턴트 식품 sugary 당도가 높은 have very little effect 거의 효과가 없다 evident 명백한, 분명한 die hard 쉽게 사라지지 않다 increasingly 점점 더 gravitate towards ~에 끌리다 nutritious 영양가가 많은 prefer to do ~하는 것을 선호하다 suffer from ~로 고통받다 condition 병 relate to ~와 관련된 provide A with B: A에게 B를 제공하다 meal 식사

정답 (c)

4.

벤추라 대로는 한때 로스앤젤레스에서 쇼핑을 하거나 와인을 마시고 식사를 할 것으로 기대하면서 유명인을 보고 사교 활동에 참석하기 위해 찾던 곳이었지만, 요즘은 마치 빈 건물들만 있는 유령 도시와 같다. 전에 이곳은 유명 브랜드의 신발과 가방, 그리고 의류가 담긴 쇼핑백을 들고 다니면서 행복해하는 쇼핑객들로 넘쳐났었다. 매력적인 여성들이 신발이나 옷을 하나쯤은 구입하지 않고는 못 배기는 그런 곳이었다. 레스토랑들은 하루종일 그리고 일주일 내내 식사를 하고 술을 마시는 손님들로 활기가 넘쳤다. 하지만 요즘, 이곳의 여러 거리에 늘어서 있는 많은 가게들은 **창문에 "매장 임대중" 푯말을 내걸고 있다.**

(a) 가장 부유한 고객층의 구미만 맞추고 있다
(b) 창문에 "매장 임대중" 푯말을 내걸고 있다
(c) 수익 증가를 보여주기 위해 확장되고 있다
(d) 소셜미디어 덕분에 인기가 폭발하고 있다

해설 빈칸의 주어인 commercial units는 '가게, 매장'을 가리킨다. 그러므로 먼저 이것이 가리키는 키워드를 지문에서 찾아야 하는데, 두번째 문장에 commercial units의 문맥상 동의어인 buildings가 empty 상태로 묘사되고 있다. 또한 식당이 손님들로 가득했다는 바로 앞 문장과 역접 접속부사 however로 연결되려면, 손님이 없다는 맥락의 내용이 되어야 한다. 이 두 가지를 종합하면, 장사가 안되어 가게들이 '임대중' 푯말을 내걸고 있다는 의미인 (b)가 정답이다.

어휘 once ad. 한때, 언젠가 the place to go for ~하기 위해 찾는 곳 celebrity 유명인사 sociality 사교 모임 look to do ~하기를 바라다 wine and dine 먹고 마시다 resemble ~을 닮다, ~와 비슷하다 used to do (과거에)

늘 ~했다 be crammed with ~로 가득 차다 designer a. 유명 브랜드의, 유명 디자이너가 만든 rarely do without -ing ~하지 않고는 좀처럼 …하지 않다 buzz 활기가 넘치다 diner 식사 손님 booze 술을 마시다 commercial 상업적인 unit (집, 상가 등의) 점포, 세대 line v. ~을 따라 늘어서다 cater to ~의 구미에 맞추다 for lease (부동산) 임대중 expand ~을 확장하다 reflect ~을 반영하다, 보여주다 rising 증가하는, 오르는 profit 수익 a surge in ~의 급등, 급증 popularity 인기 thanks to ~덕분에

정답 (b)

5.

녹아 내리는 빙하가 오직 빙하에만 의존하여 신선한 물을 얻는 파키스탄과 주변 지역에 사는 수억 명의 사람들에게 재앙이 될 수 있다. 많은 전문가들은 그 주범이 지구 온난화이며, 그 결과 물이 빠르게 희소 자원이 되어가고 있다고 주장한다. 코펜하겐에서 열린 국제연합 기후변화 회의에서, 파키스탄 대표단은 부유한 국가들이 기후 변화의 영향과 싸우기 위해 충분히 노력하고 있지 않다고 주장하면서, 회의 진행 도중에 자리를 박차고 나가 버렸다. 이들은 **너무 늦기 전에 다가오는 물 부족 사태를 방지하기** 위한 조치를 취해야 한다고 주장했다.

(a) 가뭄으로 타격을 입은 지역에 인도주의적 지원을 제공하기
(b) 너무 늦기 전에 다가오는 물 부족 사태를 방지하기
(c) 위기에 처한 토착종의 멸종을 예방하기
(d) 더 많은 경작지를 농업용으로 이용 가능하도록 만들기

해설 빈칸이 속한 문장의 주어 They는 앞서 언급된 파키스탄 대표단을 지칭하므로 파키스탄과 관련된 내용을 파악해야 한다. 첫 문장에 녹아 내리는 빙하가 파키스탄에 재앙이 될 수 있다는 말과, 그 결과 물 자원이 빠르게 희소해진다는 전문가의 주장을 제시한다. 다음으로 국제연합 기후변화 회의에서 파키스탄 대표단이 퇴장하면서 '기후 변화의 영향과 싸우기 위해 충분히 노력하고 있지 않다'는 주장이 있는데, 이것이 그들이 주장한 빈칸의 내용과 같은 맥락이 되어야 함을 알 수 있다. '기후 변화의 영향'은 앞에 나온 '물이 빠르게 희소 자원이 되어가고 있다'는 사실을 가리키므로 같은 맥락인 'looming water shortage(다가오는 물 부족 사태)'가 포함된 (b)가 정답이다.

어휘 melting 녹고 있는 glacier 빙하 spell disaster for ~에게 재앙을 불러오다 surrounding 주변의, 인근의 region 지역 rely on ~에 의존하다 solely 오직, 단독으로 expert 전문가 claim that ~라고 주장하다 main culprit 주범, 원흉 as a result 결과적으로 scarce resource 희소 자원 delegation 대표단 walk out (회의 중 항의 표시로) 자리를 뜨다 midway through ~하는 도중에, ~을 거치는 중간에 negotiation 협의, 협상 combat ~와 싸우다 effect 영향, 효과 plead that ~라고 주장하다 take action 조치를 취하다 humanitarian aid 인도주의적 지원 drought 가뭄 avert ~을 방지하다 loom (불리한 일이) 다가오다 shortage 부족 prevent ~을 예방하다, 막다 extinction 멸종 endangered 멸종 위기에 처한

indigenous species (동식물의) 토착종 **make A 형용사:** A를 ~하게 만들다 **arable land** 경작지 **available** 이용 가능한 **farming** 농업

정답 (b)

6.

> 선사시대부터, 북은 음악 도구로서뿐만 아니라, **의사소통 수단으로**도 활용되어 왔다. 아프리카 부족들의 북은 음성 언어의 억양과 음조 변화를 모방할 수 있으며, 아주 먼 거리로 메시지를 보내는 데 사용된다. 중국에서는, 군대에 동기를 부여하고, 행군 속도를 맞추는 데 도움을 주기 위해, 그리고 명령이나 알림을 큰 소리로 전달하기 위해 북을 활용했다. 예를 들어, 기원전 684년에 제나라와 노나라 사이에 벌어진 전쟁 중에, 북은 아군 병사들에게 병력의 우세와 단결력을 전달함으로써 출전하기 전에 사기를 끌어올리는 데 사용되었다.
>
> (a) 적군을 위협하기 위한 방법으로
> (b) 국가들 사이에서 외교의 상징으로
> (c) 종교 의식의 수단으로
> **(d) 의사소통 수단으로**

해설 빈칸이 포함된 첫 문장에서 북이 악기로 사용되었다는 내용과 함께 추가를 나타내는 부사 also로 빈칸이 연결되므로, 빈칸에 북의 또 다른 용도에 대한 언급이 나와야 함을 알 수 있다. 빈칸 이후의 내용은 아프리카와 중국에서 북이 일종의 언어로서 메시지 전달에 사용된 구체적 사례들을 설명하고 있다. 그러므로 이처럼 북의 언어적 용도를 나타내는 단어 communication이 포함된 (d)가 정답이다.

어휘 **since** ~이래로 **prehistoric age** 선사시대 **not only A but also B:** A뿐만 아니라 B도 **instrument** 수단, 도구 **imitate** ~을 모방하다 **inflection** 억양 **pitch** 음조, 음의 고저 **variation** 변화, 변형 **spoken language** 음성 언어 **over great distances** 먼 거리로, 먼 거리에서 **utilize** ~을 활용하다 **motivate** ~에 동기를 부여하다 **troop** 부대, 병력 **help do** ~하는 데 도움이 되다 **pace** 속도 **call out** ~을 소리치다 **order** 명령 **announcement** 알림 **for example** 예를 들어 **convey** 전달하다 **a sense of** ~감, 느낌 **strength** 강함, 힘 **unity** 단결, 단합 **thereby** 그렇게 함으로써 **raise** ~을 끌어올리다, 높이다 **morale** 사기, 의욕 **a way to do** ~하는 방법 **intimidate** ~을 위협하다 **diplomacy** 외교 **tool** 수단 **religious ritual** 종교 의식 **means** 수단 **communication** 의사소통

정답 (d)

7.

> 저희 오션 고메이 뷔페는 고객들께서 양질의 해산물을 원하시는 만큼 충분히 드시도록 하는 것에 자부심을 느끼고 있습니다. 동시에, 저희는 저희 식당에서 발생하는 음식물 쓰레기의 양을 줄여 환경 친화성을 계속 유지하고자 합니다. 저희 고객들께서도 그러하시다는 점을 알고 있으며, 그 이유로 저희는 새로운 정책을 도입하고자 합니다. 5월 1일부터, **드시지 않은 음식을 접시에 남기는** 고객들의 계산서에 10퍼센트의 할증요금이 추가될 것입니다.

> **(a) 드시지 않은 음식을 접시에 남기는**
> (b) 최대 제한 시간을 초과해 남아 계시는
> (c) 음식을 가져 가시다가 적발되는
> (d) 접시를 깨뜨리거나 식기를 손상시키는

해설 빈칸은 새로운 정책인 10퍼센트의 할증요금 대상자를 나타내야 하는데, 새로운 정책이 도입되는 이유를 나타내는 which is why 앞에 단서가 있다. 이 식당이 음식물 쓰레기를 줄여 환경 친화성을 계속 유지하고자 하므로(we want to stay environmentally friendly by reducing the amount of food waste) 새로운 방침의 내용은 음식물 쓰레기를 줄이는 것과 관련이 있다. 따라서 음식을 다 먹지 않고 남긴다는 의미인 (a)가 정답이다.

어휘 **take pride in -ing** ~하는 것에 자부심을 갖다, ~함을 자랑스럽게 생각하다 **allow A to do:** A에게 ~할 수 있게 해주다 **as much A as B:** B만큼이나 많은 A **quality** a. 양질의, 질 좋은 **at the same time** 동시에 **stay + 형용사:** ~인 상태를 유지하다 **environmentally friendly** 환경 친화적인 **by -ing** (방법) ~함으로써 **reduce** ~을 줄이다, 감소시키다 **amount** 양, 수량, 액수 **waste** 쓰레기, 폐기물 **produce** ~을 생산하다 **customer** 고객 **introduce** ~을 도입하다 **policy** 방침, 정책 **surcharge** 할증요금 **add A to B:** A를 B에 추가하다 **bill** 계산서, 청구서, 고지서 **leave** ~을 남기다 **uneaten** 먹지 않은 **plate** 접시 **past** ~을 초과하여 **maximum** 최대의, 최고의 **time limit** 시간 제한 **be caught -ing** ~하다가 적발되다 **take food with someone** 음식을 가지고 가다 **break** 깨다 **damage** ~을 손상시키다 **utensils** 식기류

정답 (a)

8.

> 사람들은 일반적으로 돼지를 불결 및 오물과 관련지어 생각하며, 그 단어에 노골적인 부정적 의미를 부여한다. 연구에 따르면, 그와 반대로 돼지는 깨끗하고 지능적인 동물이다. 돼지 애호가들은 공장식 축산 농장에서 돼지를 사육하는 낡은 관행이 **이 동물을 둘러싼 오해의 원인이라고** 생각한다. 하지만, 요즘 돼지는 보통 방목 환경에서 길러지고 있는데, 여기서는 잘 먹여지고, 분리된 깨끗한 잠자리와 배변 공간도 갖추고 있다. 게다가, 돼지는 땀샘을 갖고 있지 않은데, 이 사실로도 돼지가 냄새나고 더럽다는 주장을 신뢰할 수 없다.
>
> (a) 돼지에게 최적의 환경을 제공한다
> **(b) 이 동물을 둘러싼 오해의 원인이다**
> (c) 돼지를 사회성이 있고 친근한 동물로 변모시킨다
> (d) 공격적인 행동을 부추기는 촉매의 역할을 한다

해설 빈칸 앞에 돼지는 더럽고 불결하다는 통념과 돼지가 깨끗하고 지능적이라는 상반된 연구 결과가 제시되어 있다. 돼지 애호가들은 돼지를 좋게 생각하는 사람들이므로 돼지가 깨끗하고 지능적이라는 것이 진실이고, 돼지가 더럽고 불결하다는 것은 잘못된 생각이라는 입장일 것이다. 따라서 돼지 애호가들이 낡은 사육 방식과 관련해 할 수 있는 자연스러운 생각은 그런

더러운 환경이 돼지가 더럽고 불결하다는 오해를 낳았다고 변호하는 것이므로 (b)가 정답이다.

어휘 typically 일반적으로 associate A with B: A를 B와 관련 짓다 uncleanliness 더러움 filth 오물, 쓰레기, 불결 attach A to B: (의미, 중요성 등) A를 B에 부여하다 outright 노골적인 negative 부정적인 connotation (함축된) 의미 on the contrary 그와 반대로 intelligent 지능적인 outdated 낡은, 구식의 practice 관행, 관습 breed ~을 사육하다 factory farm 공장식 축산 농장 raise ~을 기르다 free-range 방목의 environment 환경 be kept+형용사: ~한 상태로 관리되다, 유지되다 well-fed 잘 먹인 separate 분리된 defecation 배변 furthermore 더욱이 sweat gland 땀샘 lend no credibility to ~에 신뢰를 보내지 않다 statement 주장, 말, 진술 smelly 냄새나는 provide ~을 제공하다 optimal 최적의 be responsible for ~에 대한 원인이다 misconception 오해 surrounding ~을 둘러싼 turn A into B: A를 B로 변모시키다, 탈바꿈시키다 social 사회성 있는, 사교적인 agreeable 상냥한, 친근한 act as ~의 역할을 하다 catalyst 촉매(제) instigate ~을 부추기다 aggressive 공격적인 behavior 행동, 행위

정답 (b)

9.

이반코빅 씨께,

귀 부서에 아이소벨 스미손이라는 매우 우수한 사원이 있다는 사실을 알려 드리기 위해 편지를 드립니다. 제가 어제 귀사에 결함이 있는 제품을 반품할 때 겪었던 문제를 그분께서 처리해 주신 방식에 대해 칭찬하고 싶습니다. 그분은 저를 대신해 십여 통의 전화를 걸면서 매우 정중하고 상냥하셨으며, 제 환불 문제와 관련해 연락할 담당자를 찾아내실 때까지 포기하지 않으셨습니다. **이와 같은 인내심과 프로 의식은 요즘 흔치 않은 것입니다.** 스미손 씨의 행동에 따른 결과로, **장담하건대, 저는 귀사의 단골 고객이 될 것입니다.**

안녕히 계십시오.
첼시 마리 페레이라 드림

(a) 저는 더 이상 귀사를 자주 방문하고 싶지 않습니다
(b) 저는 어떠한 어려움도 없이 귀사의 영업소를 찾을 수 있었습니다
(c) 장담하건대, 저는 귀사의 단골 고객이 될 것입니다
(d) 귀하의 거래는 신속하고 정확하게 처리되었습니다

해설 빈칸은 스미손 씨가 한 일의 결과로 발생할 일을 나타내야 한다. 스미손 씨가 환불 문제를 도와주어서 칭찬하면서 그 직원의 흔치 않은 인내심과 프로 의식에 감동을 받은 고객이 하기에 가장 적절한 행위로는 그 회사에 신뢰를 가지고 계속 거래하는 것이 가장 타당하므로 단골 고객이 되겠다는 의지를 밝힌 (c)가 정답이다.

어휘 let A know that: A에게 ~라고 알리다 exceptional 매

우 우수한, 훌륭한 department 부서 commend A for B: B에 대해 A를 칭찬하다 the way 주어+동사: ~가 …하는 방식, 방법 handle ~을 처리하다 return ~을 반품하다, 반납하다 defective 결함이 있는 business 회사, 업체 polite 정중한, 공손한 friendly 상냥한 make a dozen telephone calls 십여 통의 전화를 걸다 on one's behalf ~를 대신해 give up 포기하다 trace ~을 찾아내다, 추적하다 contact ~에게 연락하다 regarding ~와 관련해 refund 환불 patience 인내(심) professionalism 프로 의식 uncommon 흔치 않은 as a result of ~의 결과로서 action 조치, 행동, 움직임 no longer 더 이상 ~ 않다 frequent v. ~을 자주 방문하다, ~에 자주 다니다 be able to do ~할 수 있다 locate ~의 위치를 찾다 premises (건물) 부지, 구내 count on ~을 믿다, ~에게 의지하다 regular customer 단골 고객 transaction 거래 process ~을 처리하다 accurately 정확히

정답 (c)

10.

대다수의 사람들에게 있어, 십대 시절은 **혼란과 자아 발견이 특징을 이루는 시기이다.** 이 시기에 사람들은 일반적으로 여전히 다소 아동답고 순진한 생각과 행동을 하지만, 점차 성숙해지면서 성인이 될 준비를 한다. 흔히, 십대들은 자신들이 더 이상 아이처럼 취급을 받아서는 안된다고 생각할 수 있지만, 그들은 성인이 되면서 지녀야 할 지식과 경험이 부족한 상태이다. 이런 점이 좌절감과 자아 정체감의 부족을 초래한다. 하지만, 또한 이 시기는 십대들이 자신의 장점과 단점을 파악하고, 미래로 나아가도록 이끌어줄 목표와 포부를 형성하기 시작하는 때이기도 하다.

(a) 혼란과 자아 발견이 특징을 이루는 시기이다
(b) 어떤 사람들은 극복하지 못할 수도 있을 일련의 장애물들을 제시한다
(c) 신체 활동이 핵심이 되는 삶의 한 시기를 나타낸다
(d) 시간제 일자리를 통해 소중한 근로 경험을 얻을 수 있는 최고의 시기이다

해설 지문 첫 문장에 빈칸이 있으므로 글의 주제에 해당하는 내용을 찾아야 하는데, 십대 청소년기를 정의하는 문구가 필요함을 알 수 있다. 글의 후반부에서 also를 중심으로 청소년기의 부정적 특징인 frustration and a lack of self-identity(좌절과 자아 정체감 부족) 그리고 긍정적 특징인 figure out their own strength and weakness(장단점 발견), form goals and ambitions(목표와 포부 형성)가 대비되고 있다. 주제부는 결론부와 의미가 상통해야 하므로 부정적 특징을 함축하는 confusion(혼란)과 긍정적 특징을 나타내는 self-discovery(자아 발견) 두 가지를 다 언급한 (a)가 정답이다.

어휘 the vast majority of 대다수의, 대부분의 phase 단계, 국면 typically 일반적으로 somewhat 다소 naive 순진한 thought 생각 behavior 행동, 행위 gradually 점차 mature 성숙해지다 prepare for ~을 준비하다 frequently 흔히, 자주 be treated as ~로 취급 받다, 대우 받다 not ~ anymore 더 이상 ~ 않다 result in ~을

초래하다 frustration 좌절(감) lack ~가 부족하다, 결여
되다 self-identity 자아 정체감 figure out ~을 알아내
다 strength 장점, 강점 weakness 단점, 약점 form ~
을 형성하다 goal 목표 ambition 포부, 야망 carry A
forward into B: A를 이끌어 B로 발전시키다 marked by
~로 특징지어지는 confusion 혼란 self-discovery 자아
발견 present ~을 야기하다, 제시하다 a series of 일련의
obstacle 장애물 overcome ~을 극복하다 represent ~
을 대표하다, 나타내다 physical 신체의 key 중요한 gain
~을 얻다, 획득하다 valuable 소중한 experience 경험

정답 (a)

11.

> 저희 '가제트월드'에서는, 고화질 텔레비전(HDTV) 제품 사용기
> 작성에 관한 전략이 대부분의 기술 관련 웹사이트에서 사용하
> 는 것과 다른데, 저희는 <u>모든 HDTV가 유사한 메뉴 기능을 공
> 유하고 있다</u>고 생각하기 때문입니다. 요즘, HDTV의 사용자 인
> 터페이스 대부분이 오직 소수의 소프트웨어 개발업체들에 의
> 해서만 설계되고 있습니다. 이 사실은 모든 HDTV 브랜드에 걸
> 쳐 메뉴 구조가 일반적으로 동일하다는 것을 의미합니다. 따라
> 서, 저희 제품 평가에서는 화면 비율 설정이나 오디오 설정과 같
> 은 기능들은 무시하고, 화질이나 화면 크기와 같이 더 중요한 측면을
> 강조합니다.
>
> (a) HDTV 제품 사용기에 더 많은 사진이 포함되어야 한다
> (b) 가장 인기있는 브랜드들은 그만한 가치가 없다
> **(c) 모든 HDTV가 유사한 메뉴 기능을 공유하고 있다**
> (d) 대신, 소비자들이 각자의 컴퓨터를 사용해야 한다

해설 다른 웹사이트들과 HDTV 평가 전략이 다르다고 한 뒤,
because로 시작하는 빈칸이 이어진다. 즉, 빈칸에는 평가 전
략이 다른 이유를 나타내는 내용이 와야 한다. 그리고 이유가
제시된다면 그 뒤에는 그 이유를 뒷받침하는 내용이 나오는
것이 논리적이다. 빈칸 뒤에 소수 업체들이 TV 인터페이스를
제작함으로써 모든 브랜드에서 메뉴 구조의 차별성이 없다는
내용이 이어지므로, 이것과 맥락이 같은 선택지인, (c)가 정답이
다.

어휘 strategy 전략 when it comes to ~에 관해서 review
v. ~을 평가하다, ~의 사용기를 작성하다 n. 평가, 사용기
high-definition 고화질의 differ from ~와 다르다 the
majority of 대부분의 user interface 사용자 인터페이스,
사용자 환경 design ~을 설계하다, 고안하다 a handful
of 소수의 generally 일반적으로 across ~ 전체에 걸
쳐 therefore 따라서, 그러므로 ignore ~을 무시하다
feature 기능, 특징 ratio 비율 emphasize ~을 강조하다
aspect 측면, 양상 such as 예를 들면 image quality 화
질 include ~을 포함하다 popular 인기 있는 worth+명
사: ~할 만한 가치가 있는 share ~을 공유하다 similar 유
사한 consumer 소비자 instead 대신

정답 (c)

12.

> 매출 지향적인 회사에 근무하는 직원들은 흔히 많은 고객들을 끌
> 어들여 더 높은 매출을 올림으로써 동료 직원들보다 두드러지기
> 위해 열심히 노력한다. 일각에서는, 동료들보다 더 나아지기 위
> 한 이와 같은 욕구가 낮은 직급의 직원들에게서만 존재하는 반
> 면에, 고용이 안정된 상사들은 기꺼이 가속 페달에서 발을 뗀다고
> 생각할 수도 있다. 하지만, 실제로 관리자 직급으로 일하는 것이
> 직원들 사이에서 더욱 높은 경쟁의식을 조성하는데, 그로 인해
> 그들은 목표를 충족하거나 초과할 수 있도록 어느 때보다 더 오랜
> 시간 일하고 더 열심히 노력하게 된다. 사실상, 매출 지향적인 회
> 사 내에서는 상급자 직책이 주어질 때, 직원들은 종종 **동료 직원
> 들을 능가하려는** 욕구를 더 강하게 느낀다.
>
> (a) 업무를 부하 직원들에게 위임하려는
> (b) 고객들과 직접 만나려는
> **(c) 동료 직원들을 능가하려는**
> (d) 매주 더 적은 시간 근무하려는

해설 마지막 문장의 빈칸에는 매출 지향적 회사의 상급 직원들이
가지는 특징을 설명하는 내용이 필요하다. 도입부에서 동료
들보다 돋보이려는 욕구(drive to be better than one's
peers)가 하급 직원들의 특징이라는 일부의 주장을 제시한
뒤, 이를 But으로 뒤집으면서 관리자 직급에서 더 높은 경쟁
의식(greater feelings of competitiveness)이 있다고 주
장하고 있다. 이 두 가지 주장은 결국 같은 행위를 설명하고
있는데, 한 마디로 outperform their colleagues(동료들
을 능가하기)라고 할 수 있으므로 (c)가 정답이다.

어휘 sales-oriented 매출 지향적인 stand out from ~ 중
에서 두드러지다 co-worker 동료 직원(=colleague)
achieve ~을 달성하다 sales figures 매출 수치 attract
~을 끌어들이다 a greater number of 더 많은 수
의 assume that ~라고 생각하다 drive 욕구(=desire)
peer 동료, 또래 exist 존재하다 low-level 낮은 직급
의 while ~인 반면에 supervisor 상사, 책임자 with job
security 고용이 안정된 be content to do 기꺼이 ~하
다 take one's foot off the gas 가속 페달에서 발을 떼
다 management level 관리자 직급 give rise to ~을
야기하다 competitiveness 경쟁적인 것, 경쟁력 cause
A to do: A가 ~하게 만들다 strive 애쓰다 meet ~을
충족하다 exceed ~을 초과하다 in effect 사실상 a
position of seniority 상급자 직책 desire to do ~하려
는 욕구 delegate A to B: A를 B에게 위임하다 task 업무
subordinate 부하 직원 client 고객 outperform ~을 능
가하다, ~보다 더 잘하다

정답 (c)

기출 Check-up Test   본서 p.37

1. (a)	**2.** (c)	**3.** (a)	**4.** (a)	**5.** (a)	**6.** (b)
7. (d)	**8.** (c)	**9.** (a)	**10.** (c)	**11.** (c)	**12.** (c)

1.

조류 독감의 발병이 세계 경제에 악영향을 끼치고 있으며, 그 부정적인 결과가 심지어 배드민턴 업계에서도 감지되고 있다. 중국 정부는 이 바이러스의 추가 확산을 방지하기 위한 노력의 하나로, 수백 만 마리의 거위를 살처분하였으며, 이 조치는 최고급 셔틀콕을 제조하는 데 필요한 깃털 부족 문제로 이어졌다. 일반적으로, 중국 북부 지역의 거위에서 뽑은 깃털이 최고의 품질로 여겨진다. **결과적으로**, 제조사마다 남아 있는 중국 거위 깃털 공급을 재빨리 낚아채려고 서두르고 있으며, 이로 인해 고급 셔틀콕 가격이 상승하고 있다.

(a) **결과적으로**
(b) 그럼에도 불구하고
(c) 게다가
(d) 예를 들어

[해설] 빈칸 앞에는 조류 독감 바이러스의 확산을 막기 위해 거위를 살처분하면서 배드민턴 셔틀콕 제조에 사용되는 깃털 부족 현상이 발생했다는 내용이, 빈칸 뒤에는 셔틀콕 제조사들이 깃털을 확보하기 위해 서두르면서 가격이 올랐다는 내용이 쓰여 있다. 두 문장이 원인과 결과의 연결 관계이므로 결과를 이끌 때 사용하는 (a) As a result가 정답이다.

[어휘] outbreak 발발, 발생 bird flu 조류 독감 have an adverse effect on ~에 부정적인 영향을 미치다 global economy 세계 경제 negative 부정적인 result 결과(물) world 업계, ~계 cull (병들거나 약한 개체들을 골라서) 살처분하다, 도태시키다 geese 거위 in an effort to do ~하기 위한 노력의 하나로 prevent ~을 방지하다, 막다 further 추가의 spread 확산 lead to ~로 이어지다 shortage 부족 feather 깃털 top-grade 최고급의 shuttlecock 셔틀콕 pluck A from B: B에서 A를 뽑다 be considered to be 형용사: ~한 것으로 여겨지다 of the finest quality 최상의 품질을 지닌 manufacturer 제조사 rush 서두르다 snap up ~을 낚아채다 remaining 남아 있는 supply 공급 push up ~을 상승시키다, 끌어 올리다 premium 고급의 nevertheless 그럼에도 불구하고 furthermore 더욱이, 게다가 for instance 예를 들면

[정답] (a)

2.

ABC 사의 TV 드라마 "엘리 스톤"의 최근 방송에서, 한 변호사가 백신 주사에 들어 있는 수은 성분이 자신의 아들이 앓고 있는 자폐증의 원인이라고 믿는 젊은 엄마에게 도움을 주었다. 이 방송은 을 토로하기 위해 나섰다. 이들은 성명을 통해 다음과 같이 말했

다. "저희는 가만히 앉아서 과학이 모든 것을 말해 줄 때를 기다려 왔지만, 이제는 저희도 목소리를 내고 공감을 얻어야 할 때라고 믿습니다." 그들은 나아가 자폐증이 백신 주사와 전혀 연관성이 없으며, 그 증거가 너무 명확해서 반박할 필요조차 없다고 단호하게 주장했다. **그와 반대로**, 백신 주사를 맞은 후에 아이들이 아파하는 것을 본 많은 부모들은 백신 주사와 자폐증 같은 질환 사이에 분명한 상관 관계가 존재한다고 주장하면서 자신들의 입장을 고수하고 있다.

(a) 차라리
(b) 예를 들어
(c) **그와 반대로**
(d) 그럼에도 불구하고

[해설] 빈칸 앞에는 백신 주사에 문제가 없다고 주장하는 의사들의 입장이 제시되어 있고, 빈칸 뒤에는 백신 주사에 문제가 있다고 생각하는 부모들의 입장이 제시되어 있으므로 상반된 입장이 연결된 구조이다. 따라서 대조를 나타낼 때 사용하는 (c) In contrast가 정답이다.

[어휘] recent 최근의 episode 방송의 1회분 assist ~를 돕다 mercury 수은 cause 원인 autism 자폐증 anger v. ~을 분노하게 만들다 pediatrician 소아과 의사 come forward to do ~하기 위해 나서다 air one's grievances 불만을 토로하다 statement 성명(서) sit back and wait 가만히 앉아서 기다리다 speak for itself 자신을 대변하다 be heard 공감을 얻다 go on to do 더 나아가 ~하다 firmly 단호히 state that ~라고 주장하다 have no connection to ~와 연관성이 없다 evidence 증거 so A that B: 너무 A해서 B하다 refute ~에 반박하다 see A do: A가 ~하는 것을 보다 ill 아픈 vaccinate ~에게 백신 주사를 맞히다 stick to one's guns 자신의 입장을 고수하다 argue that ~라고 주장하다 correlation between A and B: A와 B 사이의 상관 관계 condition 질환, (건강) 상태 rather 그보다는, 차라리 for example 예를 들면 in contrast 반대로, 대조적으로 notwithstanding 그럼에도 불구하고

[정답] (c)

3.

수세기 동안, 대부분의 아시아인들은 주로 쌀과 생선, 채소, 그리고 과일을 주식으로 했다. 이 식사는 요즘 젊은 세대에게는 변변찮게 보일 수도 있지만, 매우 영양가가 높은데, 아시아인들이 심장병이나 당뇨병 등과 같은 신체적 문제들을 겪을 가능성을 낮춰 주었다. **안타깝게도**, 세계화로 인해, 아시아인들은 일부 서구적인 습관을 받아들였다. 건강에 좋지 않은 음식을 먹고, 흡연과 음주를 하는 남녀들을 보여주는 광고가 점차 아시아 전역에 확산되었고, 이는 노년층과 젊은층에 똑같이 영향을 미쳤다. 결과적으로, 아시아인들은 건강에 해로운 몇 가지 습관들을 갖게 되었으며, 심장질환 발생률이 빠르게 증가하기 시작했다.

(a) 안타깝게도
(b) 역으로
(c) 그렇지 않다면
(d) 더욱이

빈칸 앞에는 과거 아시아인들의 식사 방식이 지니는 장점이 언급되어 있고, 빈칸 뒤에는 최근의 변화에 따른 부정적인 식사 습관이 제시되어 있다. 따라서 부정적인 변화에 대한 실망이나 아쉬움 등을 나타낼 때 사용하는 (a) Unfortunately가 정답이다. (b) Conversely는 앞서 언급된 것과 상반된 내용을 이끌 때 사용된다.

the vast majority of 대부분의 ~, 대다수의 ~ **live on** ~을 먹고 살다 **mainly** 주로 **seem+형용사**: ~한 것 같다, ~한 것처럼 보이다 **meager** 변변찮은, 불충분한 **generation** 세대 **highly** 매우, 크게, 대단히 **nutritious** 영양이 있는 **leave+A+형용사**: A를 ~한 상태로 만들다 **prone to** ~을 당하기 쉬운, ~을 겪기 쉬운 **physical** 신체적인 **heart disease** 심장질환 **diabetes** 당뇨병 **globalization** 세계화 **acquire** ~을 얻다 **advertisement** 광고 **gradually** 점차적으로 **spread** 확산하다 **throughout** ~ 전역에 걸쳐 **influence** v. ~에 영향을 미치다 **A and B alike**: A와 B 똑같이 **as a result** 결과적으로 **adopt** ~을 (자기 것으로) 받아 들이다, 채택하다 **detrimental to** ~에 해로운 **incidence rate** 발생률 **rise** 증가하다 **unfortunately** 안타깝게도 **conversely** 역으로, 반대로 **otherwise** 그렇지 않다면 **furthermore** 더욱이, 게다가

(a)

4.

여러 경제학자들이 단지 현재 경제가 튼튼하다는 이유만으로 꼭 취업 시장이 개선되는 것은 아니라고 경고하고 있다. 그들의 주장에 따르면, 고용을 촉진하기 위한 특별한 노력을 기울이지 않는다면, '고용 없는 성장' 기간이 지속될 것으로 예상된다. 실업 증가는 기술 혁신과 공장 자동화에서 일부 원인을 찾을 수 있으며, 이 두 가지 요소는 생산성 증가에 기여한다. **실제로**, 노동 집약적 제조가 기술 집약적 생산으로 대체되고 있으며, 자동차나 태블릿 컴퓨터, 휴대전화를 비롯한 기타 첨단기술 제품들이 현재 미국 수출품의 대다수를 차지하고 있다.

(a) 실제로
(b) 그렇다 하더라도
(c) 결국
(d) 그렇긴 하지만

빈칸 앞에는 실업의 책임 일부가 기술 혁신과 공장 자동화에 있다는 주장이 나타나고, 빈칸 뒤에는 기술 혁신과 공장 자동화가 가져오는 결과를 예시를 통해 상세하게 설명하고 있다. 특히, 노동 집약 제조 방식이 기술 집약 생산으로 대체된다는 부분에서 고용이 줄어드는 결과를 바로 확인할 수 있다. 따라서, 실질적 예시나 상세 정보 등을 제공할 때 사용하는 (a) Indeed가 정답이다.

economist 경제학자 **warn that** ~라고 경고하다 **job**

market 취업 시장 **not necessarily** 꼭 ~하는 것은 아니다 **improve** 개선되다 **currently** 현재 **argue** ~라고 주장하다 **jobless growth** 고용 없는 성장 **be expected to do** ~할 것으로 예상되다 **continue** 지속되다 **unless** ~하지 않는다면 **make an effort to do** ~하기 위한 노력을 기울이다 **boost** ~을 촉진하다, 증대하다 **rise in** ~의 증가 **partly result from** 일부 ~가 원인이다, 일부 ~에 따른 결과이다 **innovation** 혁신 **automation** 자동화 **factor** 요소 **contribute toward** ~에 기여하다, 공헌하다 **productivity** 생산성 **labor-focused** 노동 집약적인 **manufacturing** 제조 **give way to A**: A로 대체되다, A에 밀려나다 **technology-focused** 기술 집약적인 **high-tech** 첨단기술의 **comprise** ~을 차지하다, 구성하다 **the vast majority of** 대다수의, 대부분의 **export** n. 수출품 **indeed** 사실상, 실제 **even so** 그렇다 해도 **after all** 결국 **granted** 그렇기는 하지만

(a)

5.

현대 사회에서 대부분의 전과자들은 많은 장애들과 맞서 싸워야 하며, 우리가 그들에게 다가가 우리 사회에 재진입할 수 있도록 도와야 한다. 우리가 그들을 그저 외면하기만 한다면, 그들이 이전의 범죄 생활로 다시 눈을 돌리게 될 가능성이 매우 크며, 이는 결국 우리 사회가 덜 안전하도록 만들게 된다. 전과자들은 재취업을 시도할 때 종종 극도의 편견과 마주치게 된다. 전과가 있는 사람들은 일자리를 구할 때 제외되고, 꾸며진 거짓 이유를 듣게 된다. 이는 그저 그들을 더욱 배척하여 모멸감을 키우는 역할만 할 뿐이다. __간단히 말해__, 한 사회의 구성원들이 전과자들을 다시 받아 들이지 않는다면, 모든 이에게 부정적인 결과가 초래될 것이다.

(a) 간단히 말해
(b) 대조적으로
(c) 예를 들어
(d) 한편

지문 전체가 전과자들이 다시 사회의 구성원이 될 수 있도록 도와야 한다고 주장하는 내용이고, 빈칸 뒤에서는 그 주장을 다시 반복하고 있다. 따라서, 요약 또는 결론을 제시할 때 사용하는 (a) In a nutshell이 정답이다.

ex-convict 전과자 **obstacle** 장애물 **contend with** ~와 싸우다 **reach out to** ~에게 다가가다, 관심을 보이다 **help A do**: A가 ~하는 것을 돕다 **re-integrate into** ~로 다시 통합되다, 흡수되다 **turn A away**: A를 외면하다 **be highly likely to do** ~할 가능성이 매우 크다 **revert to** ~로 되돌아 가다 **crime** 범죄 **in turn** 결국, 결과적으로 **face** v. ~와 마주하다 **ex1me** 극도의 **prejudice** 편견 **attempt to do** ~하기 위해 시도하다 **workforce** 노동 인구 **individual** 사람, 개인 **conviction** 유죄 판결 **pass over** ~을 제외시키다 **false reason** 거짓 이유 **as to** ~에 관해서 **rejection** 거절 **serve to do** ~하는 역할을 하다 **ostracize** ~을 배척하다, 외면하다 **further** 더욱 **foster** (감정 등) ~을 마음에 품다 **contempt** 모멸, 멸시 **accept**

~을 받아 들이다 negative 부정적인 consequence 결과 in a nutshell 간단히 말해 in contrast 반대로 for example 예를 들면 on the other hand 한편

정답 (a)

6.

우리에게 친숙한 쏘는 특징을 지닌 모든 곤충들을 따져볼 때, 말벌이 그 중에서 가장 위험하다고 말한다. 같은 사냥 대상을 몇 번이고 계속해서 쏠 수 있다는 점에서 말벌의 침은 꿀벌과는 다르다. 말벌은 주택이나 헛간 또는 그와 유사한 장소들의 다락방이나 옥상의 좁은 틈새에 집을 짓는다. 말벌은 침에 의해 전이되는 독소에 알러지가 있는 사람들에게 특히 위험하다. **따라서**, 주기적으로 집을 점검하는 것이 중요하다. 엄청난 수의 말벌들이 있는 것을 발견한다면, 즉시 말벌과 그 집을 제거하는 조치를 취해야 한다. 하지만, 이 일은 언제나 전문가가 수행하도록 맡겨야 한다.

(a) 그렇지 않으면
(b) 따라서
(c) 사실
(d) 구체적으로

해설 빈칸 앞에는 말벌의 침에 들어 있는 독소에 알러지가 있는 사람들에게 특히 위험하다는 주장이 있고, 빈칸 뒤에는 주기적으로 집을 점검하라는 조언이 있다. 이것은 원인과 결과(조치)에 해당되는 흐름이므로, 결과를 나타낼 때 사용하는 (b) Therefore가 정답이다.

어휘 take A into account: A를 고려하다 stinging 쏘는, 찌르는 insect 곤충 be familiar with ~에 익숙하다 wasp 말벌 be said to be A: A한 것으로 전해지다, 얘기되다 hazardous 위험한 stinger 침 unlike ~와 다른 sting ~을 쏘다, 찌르다 prey 사냥감 over and over again 몇 번이고 계속해서, 반복적으로 nest 보금자리, 둥지 attic 다락방 crawlspace 좁은 공간 shed 헛간, 오두막 similar 유사한 especially 특히 those who ~하는 사람들 be allergic to ~에 알러지가 있다 toxin 독소 transfer ~을 옮기다, 전이시키다 inspect ~을 점검하다 on a regular basis 주기적으로 notice ~을 알아 차리다 a large number of 아주 많은 it is imperative that 반드시 ~해야 한다 take immediate steps 즉각적인 조치를 취하다 get rid of ~을 제거하다, 없애다 have A do: A에게 ~하도록 맡기다, 부탁하다 professional n. 전문가 carry out ~을 수행하다 task 일, 업무 otherwise 그렇지 않으면 therefore 따라서 in fact 사실 specifically 구체적으로

정답 (b)

7.

요즘 같은 세상에, 사람들은 대부분 정신 없이 바쁜 삶을 살고 있으며 계속 휴대폰을 통해 친구 및 동료들과 의사소통을 하는 자신을 발견하게 된다. 그 결과, 휴대폰 제조사들은 자사의 제품을 개선하고 시장에서 경쟁력을 유지하기 위해 계속 신기술을 개발해야 한다. 이에 꼭 들어맞는 예가 바로 현대의 휴대폰에 있어서 표준으로 여겨지는 핸즈프리 세트와 블루투스 기능이다. 귀 뒤쪽에

무선 헤드셋을 낀 채로 귀에 전화기를 갖다 댈 필요 없이 전화 통화를 하는 사람들을 흔히 볼 수 있다. **사실상**, 사람들은 그저 주머니 속에 휴대폰을 계속 넣어두기만 하면 된다.

(a) 마찬가지로
(b) 그 대신
(c) 또한
(d) 사실상

해설 빈칸 앞에는 핸즈프리 세트와 블루투스 기능을 사용하여 귀에 전화기를 대지 않고 통화하는 방식이 제시되어 있고, 빈칸 뒤에는 주머니에서 전화기를 꺼낼 필요가 없다는 내용이 이어지고 있다. 이것은 귀에 전화기를 대지 않고 통화할 수 있게 됨으로써 자연히 얻어지는 결과이므로, 현실적으로 발생할 효과를 나타내는 (d) In effect가 정답이다.

어휘 lead ~을 이끌어 가다 hectic 정신 없이 바쁜 find oneself -ing ~하는 자신을 발견하다 constantly 지속적으로 rely on ~에 의존하다 communicate with ~와 의사소통하다 colleague 동료 직원 as a result 결과적으로 manufacturer 제조사 continually 계속해서 develop ~을 개발하다 in order to do ~하기 위해 improve ~을 개선하다 remain+형용사: ~한 상태로 유지되다, 계속 ~하게 남아 있다 competitive 경쟁력 있는 functionality 기능, 기능성 come as standard 표준으로 여겨지다 handset 전화기, 수화기 It is common to do ~하는 것은 흔한 일이다 behind ~ 뒤에 without ~하지 않고, ~하지 않은 채 hold ~을 붙잡다 leave A in B: A를 B에 놓아두다 the whole time 계속, 내내 likewise 마찬가지로 instead 그 대신 also 또한 in effect 사실상

정답 (d)

8.

열대우림과 마찬가지로, 바다도 가연성 연료를 통해 인간이 만들어 내는 이산화탄소를 흡수하는 데 있어 매우 중요한 역할을 한다. 작년 한 해만 해도, 바다가 기록적인 수준인 23억 톤의 탄소를 흡수했는데, 이것이 지구 온난화를 둔화시키는 데 크게 기여했다. **하지만**, 바다의 탄소 흡수 능력이 약해지는 것과 관련된 우려가 제기되고 있다. 해양 생물학자들은 바다가 스스로를 희생하면서 인간에게 유익한 서비스를 제공하고 있다는 사실에 우려를 나타내 왔다. 그들은 온실가스가 바닷물을 산성화하고, 그것이 결국 해양 생태계를 더 큰 위험에 처하게 한다고 주장한다.

(a) 그렇지 않다면
(b) 그 밖에
(c) 하지만
(d) 더욱이

해설 빈칸 앞에는 바다의 중요성과 함께 지구 온난화를 둔화시키는 데 크게 기여했다는 긍정적인 사실이 언급되어 있고, 빈칸 뒤에는 그와 같은 바다의 역할과 관련된 우려를 말하는 부정적인 내용이 쓰여 있다. 따라서 서로 반대되는 내용이 이어지는 흐름에 해당되므로 반대 또는 전환 등을 나타낼 때 사용하는

(c) However가 정답이다.

어휘 rainforest 열대우림 play a crucial role in ~에 있어 매우 중요한 역할을 하다 absorb ~을 흡수하다 man-made 인간이 만드는 carbon dioxide 이산화탄소 combustible fuel 가연성 연료 alone (강조) ~하나만으로도 greatly 크게, 대단히 contribute to -ing ~하는 데 기여하다, 공헌하다 slow down ~을 둔화시키다, 늦추다 global warming 지구 온난화 concern 우려 raise (문제 등) ~을 제기하다 diminishing 약해지다, 줄어들다 ability to do ~하는 능력 biologist 생물학자 express fear(s) that ~라는 우려를 나타내다 beneficial 유익한 at one's own expense 스스로를 희생해 argue that ~라고 주장하다 greenhouse gas 온실가스 acidify ~을 산성화하다 in turn 결국, 결과적으로 put A at greater risk: A를 더 큰 위험에 처하게 하다 ecosystem 생태계 otherwise 그렇지 않다면 in addition 그 밖에 however 하지만 furthermore 더욱이

정답 (c)

9.

산업화는 어느 국가에서든 경제 발전에 있어 핵심적인 요소이다. 하지만, 사람들은 산업 발전이 가져다 주는 물질적 이익에 초점을 맞추는 경향이 있는 반면, 그 결과로 발생되는 생태계의 상당한 질적 저하는 보통 외면한다. 예를 들어, 삼림 생태계를 농지로 전환하면, 생태계에 피해를 입히고 동물들에게서 자연 서식지를 빼앗게 된다. 또 다른 요소는 지속적으로 발생하는 상업적 벌목인데, 벌목 업체들이 베어낸 나무들을 다시 채워놓지 못하기 때문이다. **한편**, 해양 생태계의 질적 저하는 주로 강과 해안 지역에 유독성 폐기물을 투기함으로써 발생한다. 다시 말해, 비록 산업화가 많은 혜택을 가져다 주고 있기는 하지만, 우리는 항상 그것이 우리 환경에 초래하는 피해를 고려해야 한다.

(a) 한편
(b) 그렇다고 해도
(c) 따라서
(d) 결국

해설 빈칸 앞에는 삼림 생태계에 발생되는 피해가, 빈칸 뒤에는 해양 생태계에서 나타나는 피해가 언급되어 있어, 피해는 같지만, 생태계의 종류가 다르다. 이렇게 서로 다른 영역에 대해 동시에 발생하는 상황을 이끌 때는 (a) On the other hand를 사용한다. Meanwhile, In the meantime도 같은 뜻이다.

어휘 industrialization 산업화 factor 요소 economic development 경제 발전 while ~인 반면 tend to do ~하는 경향이 있다 focus on ~에 초점을 맞추다 material gain 물질적 이익 brought by ~가 가져다 주는 turn a blind eye to ~을 외면하다, 못 본 체하다 significant 상당한, 많은 degradation 질적 저하, 악화 ecosystem 생태계 occur 발생되다 as a result 결과적으로 conversion of A into B: A를 B로 전환 agricultural land 농지 damage v. ~에 피해를 입히다 deprive A of B: A에게서 B를 빼앗다 habitat 서식지 continuous 지속적인 commercial 상업적인 logging 벌목 fail to do

~하지 못하다 replace ~의 대체물을 갖다놓다 remove ~을 제거하다 mainly 주로 due to ~로 인해 dumping 버리기, 투기 toxic waste 유독성 폐기물 coastal 해안의, 연안의 in other words 다시 말해 benefit 혜택, 이점 consider ~을 고려하다 harm 피해 cause ~을 초래하다 on the other hand 한편 granted 그렇다고 해도 hence 그리하여, 따라서 in the end 결국

정답 (a)

10.

현재 5억 달러 규모의 그린빌 해안지역 재개발은 우리 지방 정부에서 지금까지 추진했던 것 중 가장 많은 비용이 드는 프로젝트입니다. 시에서는 아주 길게 뻗은 레이크쇼어 블러바드를 따라 늘어서 있는 다수의 폐건물들을 깨끗이 철거할 것입니다. 그 후에는 보행자용 목책길과 자전거 전용 포장도로를 설치할 것입니다. **게다가**, 스포츠 및 피트니스용 공공시설을 만들 예정이며, 여기에는 농구 코트와 옥외 체육관이 포함됩니다. 이 프로젝트는 내년까지 완료될 예정입니다.

(a) 그 대신
(b) 그럼에도 불구하고
(c) 게다가
(d) 결과적으로

해설 빈칸 앞에는 목책길과 자전거 도로가 만들어지고, 빈칸 뒤에는 그와 같은 건축물인 스포츠와 피트니스용 시설들이 만들어지는 내용이 연결되고 있다. 즉 유사한 것이 추가되는 것이므로 추가 정보를 연결할 때 사용하는 부사인 (c) Furthermore가 정답이다.

어휘 current 현재의 waterfront 해안, 호안 redevelopment 재개발 local 지역의, 현지의 ever (최상급과 함께) 지금까지 중에서 undertake ~에 착수하다 clear away ~을 깨끗이 치우다 multiple 다수의, 많은 abandoned 버려진 along (길 등) ~을 따라 huge 커다란, 대단한 stretch (길게 뻗은) 구간, 지역 then 그 후에, 그런 다음 construct ~을 설치하다, 짓다 wooden walkway 목책길 pedestrian 보행자 paved path 포장도로 cyclist 자전거 여행자 create ~을 만들어내다 fitness 피트니스, 건강 체조 facility 시설(물) including ~을 포함해 gym 체육관 completion 완료, 완수 instead 그 대신 regardless 그럼에도 불구하고, 하여튼 furthermore 더욱이, 게다가 consequently 그러므로, 결과적으로

정답 (c)

11.

지지 않는 얼룩, 그러려니 한다구요?

가구나 의류에 묻은 얼룩을 제거하려고 애쓰다가 결국 더 엉망으로 만들어 버린 경험이 있으신가요? 많은 분들이 얼룩의 유형마다 그것을 제거할 수 있는 화학물질이 다르다는 점을 알지 못하고 계십니다. **그런 이유로**, 매장에서 구매하는 일반적인 세제로는 모든 얼룩이 성공적으로 제거되지 않습니다. 그렇기 때문에 여러분은 대체 무엇인지 알 수 없는 미지의 얼룩들에

대비해 "스테인 위저드" 한 통을 자택에 항상 비치해 두셔야 합니다. "스테인 위저드"는 어떤 얼룩이든 다 제거할 수 있는 특수한 조합의 화학물질을 사용합니다! 오늘 www.stainwizard.net을 방문하셔서 500밀리리터 무료 샘플을 신청하시기 바랍니다.

(a) 그럼에도 불구하고
(b) 비슷하게
(c) 그런 이유로
(d) 하지만

해설 빈칸 앞에는 얼룩 유형마다 제거에 필요한 화학물질이 다르다고 주장하고 있으며, 빈칸 뒤에는 일반적인 세제로는 모든 얼룩을 다 제거할 수 없다는 말이 나온다. 이 둘은 원인과 결과의 관계로 판단할 수 있으므로, 결과를 이끌 때 사용하는 (c) For that reason이 정답이다.

어휘 at peace 마음이 편한 persistent 지속적인, 끈질긴 stain 얼룩 try to do ~해 보려 하다 remove ~을 제거하다, 없애다 clothing 의류 end up -ing 결국 ~하게 되다 fail to do ~하지 못하다 realize that ~임을 알아 차리다, 깨닫다 require ~을 필요로 하다 chemical 화학물질 in order to do ~하기 위해 successfully 성공적으로 typical 일반적인, 전형적인 store-bought 매장에서 구매한 mysterious 미지의 properly 제대로, 적절히 identify ~을 알아내다, 찾아내다 unique 특별한, 독특한 combination 조합(물), 결합 sign up for ~을 신청하다 nonetheless 그럼에도 불구하고 similarly 비슷하게 for that reason 그런 이유로 however 하지만

정답 (c)

12.

노비아 600은 노비아의 저가형 제품군에 속하는 최신 스마트폰으로, 이전 모델인 노비아 550에 비해 새로운 개선사항들이 많이 포함되어 있다. 이 600 제품은 품질이 더 뛰어난 카메라와 향상된 수행 속도, 그리고 거의 두 배에 달하는 기본 탑재 어플리케이션을 제공한다. 솔직히, 이것은 이 전화기가 전작 제품들보다 약간 부피가 크다는 것을 의미한다. **그렇다 하더라도**, 노비아 600은 기존 노비아의 전화기 제품들에 비하면 분명 한 단계 진보한 것이며, 시중에 나와 있는 많은 베스트셀러 전화기들과 비교해도 상당한 우위에 있을 수 있다.

(a) 따라서
(b) 더욱이
(c) 그렇다 하더라도
(d) 한편

해설 빈칸 앞에는 이전의 제품들보다 부피가 약간 더 크다는 다소 부정적인 의견이, 빈칸 뒤에는 베스트셀러 제품들과 비교될 만한 제품이라는 긍정적인 의견이 제시된다. 서로 상반되는 내용이 연결되므로, 양보적 연결 관계를 나타내는 (c) Even so가 정답이다.

어휘 budget a. 저가의, 알뜰한 n. 예산 range 범위 contain ~을 포함하다 a wealth of 많은, 풍부한 improvement 개

선(사항) over (비교) ~에 비해 previous 이전의 offer ~을 제공하다 higher-quality 품질이 더 뛰어난 boosted 향상된, 증대된 performance 수행, 성능 double the 명사: ~의 두 배 pre-installed 사전에 설치된, 미리 탑재된 admittedly 솔직히, 확실히 handset 전화기, 수화기 slightly 약간, 조금 bulky 부피가 큰 entry 출품작, 등록품 series 시리즈, 연속물 mark ~을 나타내다 a step forward 한 단계 발전, 진일보 be compared favorably to ~에 비해 우위에 있다 quite 상당히, 꽤 on the market 시중에 나와 있는 accordingly 따라서 moreover 더욱이, 게다가 even so 그렇다 하더라도 meanwhile 한편

정답 (c)

기출 Check-up Test					본서 p.49
1. (c)	**2.** (a)	**3.** (b)	**4.** (c)	**5.** (c)	**6.** (d)
7. (c)	**8.** (b)	**9.** (a)	**10.** (a)	**11.** (d)	**12.** (b)

1.

새로운 연구에 따르면, 건강에 좋은 식사가 암 및 심장병과 관련된 위험 요소들을 감소시킬 수 있는 것으로 나타난다. (a) 이 연구는 세계암연구학회에 의해 실시되었으며, 식사와 체중, 그리고 생활 방식이 대장암에 미치는 영향을 살펴보았다. (b) 연구자들은 미정제 곡물과 식이섬유를 섭취하는 것이 대장암과 심장병 발생 위험을 상당히 낮춰 준다는 점을 발견했다. **(c) 연구 참가자들은 3개월간 이 영양 프로그램에서 시간을 보낸 후에 심신 활동이 상당히 향상된 것에 주목했다.** (d) 한편, 과도한 양의 건강에 해로운 가공 처리 식품과 높은 수준의 지방 및 당분이 포함되어 있는 식사는 암 발생 위험을 증가시킨다.

해설 첫 문장에 주제로 제시된 건강에 좋은 식사의 긍정적인 영향에 관한 연구와 관련해, (a)와 (b), 그리고 (d)는 각각 해당 연구의 목표와 상세 연구 내용을 언급하고 있다. 하지만, (c)는 특정 영양 프로그램에 따른 다른 참가자들의 심신 활동의 향상에 초점을 맞추고 있어 주제 문장과 관련성이 없으므로 (c)가 정답이다.

어휘 indicate that ~임을 나타내다 reduce ~을 감소시키다, 낮추다 risk 위험 (요소) associated with ~와 관련된 cancer 암 heart disease 심장병 conduct ~을 실시하다, 수행하다 review ~을 살펴 보다, 검토하다 have an impact on ~에 영향을 미치다 colorectal cancer 대장암 find that ~임을 발견하다 whole grains 미정제 곡물 dietary fibre 식이섬유 significantly 상당히, 많이 participant 참가자 note ~에 주목하다 improvement 향상, 개선 physical and mental performance 심신 활동 nutrition 영양 on the other hand 한편 include ~을 포함하다 excessive amounts of 과도한 양의 processed 가공 처리된 fat 지방 increase ~을 증가시키다

정답 (c)

2.

한국의 실질 GNI(국민총소득)가 올해 0.2퍼센트 증가되었는데, 이 수치는 한국 정부에 놀라움으로 다가왔다. **(a) 경제학자들은 정부의 새로운 일자리 창출 실패가 높은 실업률에 대한 기여 요인임을 주장하고 있다.** (b) 실질 GNI는 한 국가의 소득 지표이며, 국외원천소득도 포함한다는 점에서 GDP(국내총생산)와 차이가 있다. (c) 실망스러울 정도로 적은 GNI 증가는 한국 경제가 최근의 불황에서 아직 회복하지 못했다는 사실을 단적으로 보여 주는 것이다. (d) 그 결과, 한국 정부는 내년에 자동차와 반도체 수출 물량을 증가시킬 계획이다.

해설 첫 문장에 실질 GNI가 0.2퍼센트 증가한 것이 놀랍다는 내용과 관련해, (b)와 (c), 그리고 (d)는 실질 GNI의 특징과 해당 증가 수치가 의미하는 것, 그리고 그에 따른 정부의 조치를 언급하고 있다. 하지만, 실업률의 원인에 초점을 맞추고 있는 (a)는 나머지 문장들과 어울리지 않는 내용이어서 정답이다.

어휘 Gross National Income 국민총소득 up 증가한, 오른 by (차이) ~만큼, ~ 정도 rise 증가, 상승 come as a surprise 놀라움으로 다가 오다 suggest that ~라는 생각을 넌지시 밝히다, 암시하다 contributing 원인을 제공하는 factor 요소 unemployment rate 실업률 failure to do ~하지 못함 create ~을 만들어 내다 indicator 지표 differ from ~와 다르다 Gross Domestic Product 국내총생산 in that ~라는 점에서 include ~을 포함하다 net income from overseas sources 국외원천소득 disappointingly 실망스러울 정도로 speak volumes for A: A를 단적으로 보여주다 the fact that ~라는 사실 have yet to do 아직 ~하지 못했다 recover 회복되다 recession 불황, 불경기 as a result 그 결과 plan to do ~할 계획이다 increase ~을 증가시키다 exports 수출품 automobile 자동차 semiconductor 반도체 in the coming year 내년에, 새해에

정답 (a)

3.

타이핑은 많은 일자리에 필수적인 기술이며, 삶의 여러 다른 영역에서 유용할 수 있는 실용적인 기술이다. (a) 예를 들어, 어떠한 유형의 대학 과정에 등록하는 사람이든 장문의 에세이와 레포트 과제를 제출해야 하며, 많은 대학 교수들은 오직 타이핑 작업이 된 문서만을 받는다. **(b) 대부분의 타이핑 작업 과정은 문서 작성 기술에 집중되며, 스프레드시트와 데이터베이스 작업에 부차적인 초점이 맞춰진다.** (c) 타이핑 기술을 보유하는 것은 또한 도서관이나 공항 등과 같은 공공 장소에서도 더욱 수월하게 컴퓨터를 활용할 수 있게 해 준다. (d) 키보드에 대한 익숙함이 유용할 수 있는 다른 영역에는 납세 신고서와 신청서, 그리고 이메일 서신 작성이 있다.

해설 첫 문장에 주제로 제시된 내용은 타이핑의 필요성과 다양한 영역에서의 활용이며, 이와 관련해 (a)와 (c), 그리고 (d)는 타이핑 능력이 필요한 다양한 경우를 소개하고 있다. 하지만, (b)는 타이핑 작업 자체의 종류와 관련되어 있어 다른 문장들과 어울리지 않는 내용이므로 (b)가 정답이다.

어휘 necessary 필수의, 필요한 skill 기술, 능력 practical 실용적인 area 영역, 분야, 부문 enroll in ~에 등록하다 be required to do ~해야 하다 submit ~을 제출하다 lengthy 아주 긴 accept ~을 받아 들이다 typed 타이핑이 된 the majority of 대부분의 focus on ~에 집중되다, 초점을 맞추다 word processing 문서 작성 secondary 부차적인 spreadsheet 스프레드시트(회계 응용 프로그램) allow A to do: A가 ~할 수 있게 해 주다 individual 사람, 개인 utilize ~을 활용하다 familiarity with ~에 대한 익숙함 completion (문서 등의) 작성 application form 지원서, 신청서 correspondence 서신, 편지

정답 (b)

4.

성 정체성은 남성 또는 여성으로서 한 사람의 신분 증명에 해당되며, 연구에 따르면, 생물학적 요소와 사회적 요소 둘 모두에 의해 영향을 받는 것으로 나타난다. (a) 남자 아이와 여자 아이는 명확히 구별되는 생식 기관을 갖고 태어나며, 성 정체성은 일반적으로 이 생물학적 기관을 바탕으로 날 때부터 부여된다. (b) 아이들이 사춘기에 도달하면, 체내의 호르몬은 남성과 여성이 지닌 신체적 특징과 특성을 한층 더 구별하여 나타내는 일을 맡는다. **(c) 십대들은 체내에서 발생하는 호르몬 변화로 인해 사춘기를 겪는 동안 지나치게 감정적일 수 있다.** (d) 사회적 요소와 관련해서는, 아이들의 성 정체성이 부모와 교사, 그리고 생활하는 환경에 의해 크게 영향을 받을 수 있다.

해설 첫 문장에 남녀의 성 정체성에 영향을 미치는 두 가지 요소가 언급된 것과 관련해, (a)와 (b), 그리고 (d)는 그 요소들과 관련된 정보를 제시하고 있지만, (c)는 십대들이 사춘기 동안 겪는 감정적 상태에 초점을 맞추고 있으므로 흐름상 어울리지 않는다. 따라서 (c)가 정답이다.

어휘 gender identity 성 정체성 individual 사람, 개인 identification 신분 증명, 신원 확인 studies show that 연구에 따르면 ~이다 affect ~에 영향을 미치다 biological 생물학적인 factor 요소 distinctive 명확히 구별되는, 독특한 sexual organ 생식기 generally 일반적으로 assigned 부여된, 배정된 based on ~을 바탕으로 puberty 사춘기 be responsible for ~에 대한 책임이 있다 further 한층 더, 더욱 express ~을 나타내다, 표현하다 distinctively 구별 지어, 특징적으로 physical 신체적인 characteristic 특징 trait 특성 excessively 지나치게 emotional 감정적인 while ~하는 동안 go through ~을 거치다, 겪다 due to ~로 인해 occur 발생되다 as for ~에 관해서는 be influenced by ~에 의해 영향을 받다 strongly 크게, 대단히 environment 환경

정답 (c)

5.

미국 작가 윌리엄 S. 버로스는 소설을 쓰는 혁신적인 방식을 대중화했다. (a) 그는 더 일반적인 소설 기법에 따라 전에 작성해둔 여러 원고를 가져왔다. (b) 그런 다음, 이 원고들을 여러 부분으로 나누고 콜라주를 만드는 것과 유사한 방식으로 재구성했다. **(c) 하지만, 그는 종종 많은 작품들의 내용으로 인해 외설이라는 비난을 받았다.** (d) 그는 이러한 서술 요소들의 무작위 병치 방식이 문학 작품의 새로운 깊이를 보여준다고 생각했다.

해설 도입부의 키워드는 어느 소설가가 사용한 글을 쓰는 method(방법)이다. (a)와 (b)는 그 방법의 구체적인 설명을, (d)는 그 방법의 효과를 나타내지만, (c)는 소설가에 대한 전반적인 평가를 나타내므로 전체 흐름에 어울리지 않는다. 그러므로 (c)가 정답이다.

어휘 author 작가 popularize ~을 널리 알리다, 대중화하다 innovative 혁신적인 method 방식 compose (글, 음악 등) ~을 쓰다, 짓다, 작곡하다 novel 소설 manuscript 원고 previously 이전에, 과거에 typical 전형적인 novelistic

technique 소설 기법 then 그런 다음 slice A up into B: A를 B로 나누다 section 부분, 구획 reorganize ~을 재구성하다, 재편하다 manner 방식 similar to ~와 유사한 create ~을 만들어 내다 collage 콜라주 (종이나 사진 등의 조각들을 붙여 하나의 그림으로 만드는 기법) dog 계속 ~를 따라다니다 accusation 비난, 혐의 obscenity 외설 however 하지만 due to ~로 인해 content 내용 work 작품 random 무작위의 juxtaposition 병치, 병렬 narrative 서술체의, 이야기의 element 요소 reveal ~을 보여주다 depth 깊이 literature 문학

정답 (c)

6.

특히 더운 여름 기간에, 물을 절약하는 것은 필수이며, 이는 심지어 식기 세척기를 사용할 때에도 할 수 있는 일입니다. (a) 우선, 불필요하게 물을 낭비하는 기계의 '예비 세척' 기능을 건너 뛰어야 하며, 접시를 기계에 넣기 전에 거기에 붙어 있는 고형물을 긁어내느라 더 많은 시간을 소비합니다. (b) 식기 세척기에 넣을 때, 큰 것을 측면이나 뒤쪽에 놓아 두셔야 물줄기를 막지 않게 됩니다. (c) 반드시 각 접시의 가장 지저분한 면이 기계의 중앙을 향하게 해 두셔야 물과 세제가 직접적으로 닿을 수 있고, 추가적인 물의 낭비를 막을 수 있습니다. **(d) 대부분의 식기 세척기는 내부에 돌아다니는 어떠한 음식물 찌꺼기도 제거할 수 있는 자가 세척 기능을 특징으로 합니다.**

해설 식기 세척기를 사용할 때도 물을 절약할 수 있다는 말이 첫 문장에 주제로 제시되어 있으며, 이와 관련해 (a)와 (b), 그리고 (c)는 각각 기기 사용 중에 물을 절약하기 위해 알아둬야 하는 주의 사항들을 말하고 있다. 하지만, (d)는 식기 세척기의 기본 기능과 관련된 특징을 언급하고 있어 전체 흐름에 어울리지 않으므로 (d)가 정답이다.

어휘 particularly 특히 it is necessary to do ~하는 것이 필수이다 skip ~을 건너 뛰다 pre-rinse 예비 세척 function 기능 unnecessarily 불필요하게 waste ~을 낭비하다 scrape A off of B: B에서 A를 긁어 내다 solid n. 고형물 place v. ~을 두다, 놓다 so that (결과) 그래야, 그러므로 (목적) ~할 수 있도록 block ~을 막다 water flow 물줄기 make sure that 반드시 ~하도록 하다 surface 표면 face toward ~을 향해 있다, ~쪽으로 마주하다 directly 직접적으로, 곧장 detergent 세제 prevent ~을 방지하다 further 추가의 feature ~을 특징으로 하다, 포함하다 self-cleaning 자가 세척 remove ~을 제거하다 stray 길 잃은, 헤매는, 방황하는 scrap 찌꺼기, 조각, 파편, 단편

정답 (d)

7.

재즈는 독특하게 구별되는 흑인 예술 형식이며, 전통적인 미국 음악 형식이다. (a) 그 유래는 흑인 이민자 음악인들이 블루스와 래그타임 요소들을 통합한 음악을 연주하기 시작했던 1900년대 초로 거슬러 올라간다. (b) "재즈"라는 용어는 1913년 샌프란시스코의 인쇄 매체에서 처음 등장했으며, F. 스콧 피츠제럴드가 1922년에 "재즈 시대"라는 용어를 만들어 낸 것으로 널리 인정받

고 있다. (c) 하지만, 일부 평론가들은 미국 내 다른 지역에서도 동시에 유사한 형식의 음악이 연주되었기 때문에 뉴올리언스가 재즈의 발상지라는 점에 동의하지 않고 있다. (d) 재즈 음악은 1920년대와 30년대 전반에 걸쳐 계속 치솟는 인기를 누렸으며, 남부의 여러 주에서 미국 전역으로 확산되었다.

해설 첫 문장에서 제시한 재즈가 독특한 흑인 음악이자 전통적인 미국 음악의 형식이라는 주장과 관련해, (a)와 (b), 그리고 (d)는 재즈 음악의 유래 및 확산에 관한 정보를 담고 있지만, (c)는 재즈 발상지로서 뉴올리언스 지역에 관한 평론가들의 의견을 나타내고 있으므로 흐름상 어울리지 않는다. 따라서 (c)가 정답이다.

어휘 distinctively 독특하게, 특징적으로 form 형식, 유형 traditionally 전통적으로 origin 유래, 기원 trace back to (유래, 기원 등이) ~로 거슬러 올라 가다 immigrant 이민자 incorporate ~을 통합하다 element 요소 ragtime 래그타임(재즈의 초기 형태) term 용어 appear 나타나다 in print 인쇄되어 be credited with ~에 대한 공을 인정받다 largely 널리, 크게 coin (단어, 말 등) ~을 만들어 내다 critic 평론가 disagree that ~라는 점에 동의하지 않다 birthplace 발상지 similar 유사한 simultaneously 동시에 continue to do 지속적으로 ~하다 soaring 치솟는 popularity 인기 throughout ~ 동안 내내 spread 확산되다, 퍼지다

정답 (c)

8.

디지털 저작권 관리(DRM)는 애플 사가 사용하는 접근 제어 기술에 대한 총칭이다. (a) 애플 아이팟 외에는 DRM 시스템을 지원하는 다른 휴대용 재생기가 없기 때문에, 오직 아이팟만이 아이튠즈 스토어의 보호된 콘텐츠를 재생할 수 있다. (b) 아이튠즈 스토어는 아이팟의 엄청난 성공으로 인해 다운로드 방식의 디지털 음악 시장에서 주도적인 역할을 하게 되었다. (c) 구입한 음성 파일은 암호화 작업이 추가된 AAC 형식을 사용하며, 이 암호화 작업은 페어플레이 DRM 시스템을 기반으로 한다. (d) 최대 5대의 승인된 컴퓨터와 대수 제한이 없는 아이팟에서 사용자가 다운로드한 DRM 암호화 파일을 재생하도록 허용된다.

해설 디지털 저작권 관리가 언급된 첫 문장의 내용과 관련해, (a)와 (c), 그리고 (d)는 애플 사의 디지털 저작권 관리를 통한 음악 재생 방식과 관련된 정보를 담고 있다. 하지만, (b)는 아이튠즈 스토어가 시장 내에서 차지하는 위상을 나타내는 내용이므로 전체 지문의 내용 흐름상 자연스럽지 않다. 따라서 (b)가 정답이다.

어휘 digital rights management 디지털 저작권 관리 generic term 총칭 access control 접근 제어 employ (기술, 방법 등) ~을 사용하다, 쓰다 portable 휴대용의 other than ~ 외에는 support ~을 지원하다 protected 보호된 content 콘텐츠, 내용(물) market leader 시장 주도자, 시장 주도 상품 thanks to ~로 인해, ~ 덕분에 huge 엄청난 success 성공 added 추가된 encryption 암호화 be based on ~을 기반으로 하다 up to 최대 ~까지 authorized 승인된 an unlimited number of 무제한의 be permitted to do ~하도록 허용되다 encrypt ~을 암호화하다

정답 (b)

9.

달리기가 취향에 맞다면, 비싼 운동화를 치워 버리고 맨발로 달리기를 하는 것이 더 좋을 수 있다고 새로운 연구가 밝혔다. (a) 달리기가 전 세계에서 가장 인기 있는 운동 종목으로 떠올랐으며, 이는 체중 감량을 원하는 모든 이들에게 엄청난 도움이 된다. (b) 이 연구 결과를 발표한 사람들은, 운동화가 관절에 가해지는 충격을 충분히 흡수하지 못해, 발목과 무릎, 그리고 엉덩이에 심각한 손상을 초래한다는 것을 발견했다. (c) 그에 반해서, 맨발로 달리기를 하면 관절에 초래되는 스트레스와 영향이 더 적다. (d) 6개월이라는 기간에 정기적으로 맨발로 달리기를 했던 연구 참가자들은 최신 운동화를 착용하고 달렸던 사람들보다 접질림이나 부상 발생 횟수가 훨씬 더 적었다고 보고했다.

해설 맨발로 달리기를 하는 것이 더 좋다는 첫 문장의 내용과 관련해, (b)와 (c), 그리고 (d)는 각각 해당 연구에 따른 결과물과 일치하는 정보를 말하고 있지만, (a)는 달리기의 전 세계적 인기를 언급하고 있어 흐름상 어울리지 않는 문장이다. 따라서 (a)가 정답이다.

어휘 one's cup of tea 취미에 맞는 것, 기호에 맞는 것 be better off -ing ~하는 것이 좋다 throw away ~을 치워 버리다, 없애 버리다 fancy 값비싼, 고급의 run barefoot 맨발로 달리다 according to ~에 따라, 따르면 emerge as ~로서 떠오르다 form 형태, 유형 exercise 운동 tremendously 엄청나게 beneficial 도움이 되는, 유익한 publish 발표하다 find that ~임을 발견하다 fail to do ~하지 못하다 absorb ~을 흡수하다 shock 충격 joint 관절 damage 피해, 손해 by contrast 그에 반해서 cause ~을 초래하다 impact 영향 participant 참가자 regularly 주기적으로 far (비교급 수식) 훨씬 strain 접질림 injury 부상

정답 (a)

10.

요즘 같이 경제적 어려움이 존재하는 시기에, 여성들은 단지 한가롭게 앉아 부자 남편이 자신에게 찾아오기만을 기다리지는 않는다. (a) 영화 "백만장자와 결혼하는 법"에서, 마릴린 먼로에게 있어 부자 남편을 붙잡는 일은 식은 죽 먹기에 불과했다. (b) 예를 들어, 일본에서는, 점점 더 많은 여성들이 백만장자의 마음을 끌어 결혼하는 데 필요한 방법을 배우기 위해, 많은 돈을 들여 데이트 강좌에 등록하고 있다. (c) 그들은 데이트 세계가 대단히 경쟁적이기 때문에, 다른 여성이 부자 남성들을 채가기 전에 자신 있게 그들에게 다가가는 법을 반드시 배워야 한다고 믿는다. (d) 이와 같은 새로운 유형은 여성들이 스스로 재정적 책임을 져야 한다고 믿는 여성 인권단체들로부터 비난을 받았다.

해설 여성들이 가만히 앉아서 부자 남편을 기다리고만 있지 않는다는 첫 문장의 내용과 관련해, (b)와 (c), 그리고 (d)는 그 예시

로서 일본의 여성들이 부자 남편을 만나기 위해 기울이는 노력 및 그에 대한 부정적 시선을 언급하고 있다. 하지만, (a)는 현실이 아닌 영화 속 여배우의 모습을 말하고 있어 어울리지 않으므로 (a)가 정답이다.

어휘 economic hardship 경제적 어려움 sit idly 한가롭게 앉아 있다 approach ~에게 다가가다, 접근하다 how to do ~하는 법 millionaire 백만장자 a piece of cake 식은 죽 먹기 a growing number of 점점 더 많은 (수의) sign up for ~에 등록하다 in order to do ~하기 위해 required to do ~하는 데 필요한 attract ~의 마음을 끌다, 유혹하다 belief 믿음 dating world 데이트의 세계 highly 대단히, 매우 competitive 경쟁적인 confidently 자신 있게 fad 유행 criticize ~을 비난하다 women's rights group 여성 인권단체 take financial responsibility for ~에 대한 재정적 책임을 지다

정답 (a)

11.

이력서를 작성할 때, 지나치게 복잡하거나 혼란스러워 보일 수 있지 않도록 주의하십시오. (a) 고용주들은 구직 지원자들이 제출한 아주 많은 서류들을 검토해야 하므로, 단순한 형식으로 되어 있어야 고용주들이 한눈에 더 쉽게 읽을 수 있습니다. (b) 기본적인 서체와 중요 항목 표기를 사용해 근무 경력과 자격 사항들을 명확하고 직접적인 방식으로 제시하십시오. (c) 추가로, 지원하시는 일자리와 관련되지 않은 불필요한 정보를 포함하지 않도록 하십시오. **(d) 직접 대면 상황에서 효과적으로 의사소통을 할 수 있는 능력은 대부분의 구직 활동에서 필수적인 능력입니다.**

해설 첫 문장에 제시된 이력서 작성 시의 주의사항과 관련해, (a)와 (b), 그리고 (c)는 그 내용이 구체적으로 설명되고 있지만, (d)는 인터뷰에 필요한 효과적인 의사소통 능력을 언급하고 있으므로 흐름상 맞지 않는다. 따라서 (d)가 정답이다.

어휘 résumé 이력서 take care (not) to do ~하도록(하지 않도록) 주의하다 overly 지나치게 complicated 복잡한 potentially 잠재적으로 confusing 혼란스럽게 하는 a large number of 아주 많은 (수의) submit ~을 제출하다 job applicant 구직 지원자 format 형식 at a glance 한눈에 font 서체 bullet point 주요 항목 표기 present ~을 제시하다 qualification 자격 (요건) in a clear manner 명확한 방식으로 direct 직접적인 in addition 추가로 avoid -ing ~하는 것을 피하다 include ~을 포함하다 unnecessary 불필요한 pertain to ~와 관련되다 apply for ~에 지원하다 ability to do ~할 수 있는 능력 effectively 효과적으로 face-to-face 직접 대면하는 setting 상황, 환경 integral 필수적인 when it comes to ~함에 있어, ~에 관한 한 secure ~을 확보하다

정답 (d)

12.

꿀벌이 집으로 돌아가는 길을 찾는 방법을 설명하는 데 새로운 연구가 도움이 되고 있다. (a) 과학자들은 조류나 포유류가 사용하는 것과 동일한 방법으로, 꿀벌도 주변 환경에 대한 정신 지도를 활용한다는 것을 알아냈다. **(b) 하지만, 일부 꿀벌은 좀처럼 벌집을 떠나지 않는데, 대신 잠재적 위협으로부터 여왕벌을 보호하는 임무를 맡고 있기 때문이다.** (c) 꿀벌은 나무나 도로와 같은 주요 지형지물을 인식할 수 있는 능력이 있으며, 한 장소에서 다른 곳으로 날아갈 때 경로를 파악하기 위해 그 능력을 활용한다. (d) 이와 같은 발견은 꿀벌이 길을 잃지 않으려고 태양의 위치를 활용한다는 기존의 이론이 근본적으로 잘못되었음을 입증하고 있다.

해설 꿀벌이 집으로 돌아가는 길을 찾는 방법을 설명하는 데 새로운 연구가 도움이 된다는 첫 문장의 내용과 관련해, (a)와 (c), 그리고 (d)는 그와 같은 꿀벌의 능력과 해당 연구 결과가 언급되어 있다. 하지만 (b)는 일부 꿀벌이 집을 떠나지 않는 이유를 말하는 문장이므로 흐름상 어울리지 않는다. 따라서 (b)가 정답이다.

어휘 explain ~을 설명하다 manage to do ~해 내다 one's way back to ~로 되돌아 가는 길, 방법 hive 벌집 mental 정신의, 마음의 environment 환경 in the same way that ~하는 것과 동일한 방법으로 mammal 포유 동물 rarely 좀처럼 ~ 않다 leave ~을 떠나다 tasked with ~하는 일을 맡은 instead 대신 defend A from B: B로부터 A를 보호하다 potential 잠재적인 threat 위협 be capable of -ing ~하는 능력이 있다 recognize ~을 인식하다 landmark 주요 지형지물 in order to do ~하기 위해 navigate 경로를 파악하다, 탐색하다 discovery 발견 essentially 근본적으로 disprove ~가 잘못되었음을 입증하다 theory 이론 position 위치 avoid -ing ~하는 것을 피하다 get lost 길을 잃다

정답 (b)

기출 Check-up Test   본서 p.59

1. (c)   **2.** (b)   **3.** (a)   **4.** (a)   **5.** (a)   **6.** (d)
7. (d)   **8.** (d)   **9.** (b)   **10.** (d)

1.

전 세계의 스테인리스강 제조사들이 원자재 공급과 중국의 스테인리스강 산업에 관한 문제를 포함해 몇 가지 주요 현안을 논의하기 위해 중국 베이징에 모여 있다. 토요일에 중국 국제박람회센터에서21 21어 내일 종료되는 국제스테인레스강포럼은 또한 아시아 지역에서 수집되는 업계 관련 데이터를 분석할 위원회도 설치할 것이다. 현재 21개국에서 56개 스테인리스강 제조사들이 이 포럼에 참석하고 있다. 이 포럼의 회원사들은 1,620만 톤이 넘는 스테인리스강을 대량 생산함으로써 전 세계 총 스테인리스강 생산량의 86퍼센트를 차지하고 있다.

Q: 지문에 가장 적합한 제목은 무엇인가?
(a) 철강업계의 신제품 개발 과정
(b) 스테인리스강 제조사들의 생산 능력
(c) 철강 생산업체들을 위한 국제적 모임
(d) 중국, 스테인리스강 업계의 신흥 강국

해설 첫 문장에서 현재 베이징에 전 세계의 철강 제조사들이 모여 있다(are meeting in Beijing)는 말과 함께 그 목적이 언급되어 있다. 뒤이어 특정 행사명과 함께 현재 참가중인 회사들과 관련된 정보가 이어지는 흐름이다. 따라서 철강업계의 행사에 관한 지문임을 알 수 있으므로 (c)가 정답이다.

어휘 discuss ~을 논의하다 several 여럿의, 몇몇의 major 주요한 issue 사안, 문제 including ~을 포함해 raw material 원자재 supply 공급 industry 업계 install ~을 설치하다 committee 위원회 analyze ~을 분석하다 gather ~을 모으다 attend ~에 참석하다 account for ~을 차지하다 production 생산(량) churn out ~을 대량 생산하다 over ~가 넘는 metric ton (무게 단위) 톤 development 개발 capacity 능력, 수용력, 용량 gathering 모임 powerhouse 강국, 강호

정답 (c)

2.

새로운 연구에 따르면, 체중 증가의 가장 중요한 원인들 중 하나는 과당 섭취이며, 그 안에 함유된 칼로리뿐만 아니라, 그것이 우리 체내의 신진대사에 미치는 영향 때문인 것으로 밝혀졌다. 과당은 우리가 먹는 거의 모든 음식에서 찾아 볼 수 있는 당이므로, 그것을 포함하지 않는 음식을 찾는 것이 어려울 정도다. 그것을 우리의 식단에서 없애는 것은 말처럼 쉬운 일이 아닌데, 그 주된 이유는 심지어 아기 이유식, 과일과 채소, 사탕, 요거트, 스포츠 음료, 그리고 온갖 종류의 통조림 및 가공식품 등 모든 음식에 과당이 들어 있기 때문이다. 우리의 식단에서 다른 유형의 당은 쉽게 없앨 수 있지만, 과당을 없애는 것은 완전히 다른 이야기이다.

Q: 지문은 주로 무엇에 관한 것인가?
(a) 과당이 신진대사에 영향을 미치는 방식
(b) 과당을 피하기 어려운 이유
(c) 체중 증가에 있어 과당이 하는 역할
(d) 과당의 이점과 단점

해설 지문 시작 부분에 체중 증가의 주요 원인 중 하나인 과당 섭취(fructose intake)를 언급한 이후로, 과당이 들어 있지 않은 음식을 찾는 것이 어렵다는(it is difficult to find foods that don't contain it) 말과 함께 그 이유를 밝히는 내용들이 계속 전개되고 있다. 따라서 과당을 피하기 어려운 이유를 의미하는 (b)가 정답이다.

어휘 significant 중요한, 상당한 cause 원인 weight gain 체중 증가 fructose 과당 intake 섭취 not only A but also B: A뿐만 아니라 B도 due to ~로 인해 contain ~을 함유하다, 포함하다 effect on ~에 대한 영향 metabolism 신진대사 hence 그런 이유로, 따라서 eliminate ~을 없애다, 제거하다 easier said than done 행동보다 말이 쉬운 mainly 주로 canned 통조림으로 된 processed 가공 처리된 remove A from B: B에서 A를 없애다, 제거하다 entirely 완전히, 전적으로 affect ~에 영향을 미치다 avoid ~을 피하다 role 역할 benefit 이점, 혜택 disadvantage 단점

정답 (b)

3.

오늘날 우리가 마주하고 있는 주요 문제들 중의 하나가 삼림 파괴이다. 상업적으로 또는 기타 여러 목적으로 삼림을 이용하려는 우리의 욕망으로 인해, 우리는 아름다운 삼림을 파괴로 내몰고 있다. 인류는 거주의 토대를 마련하고 농경지를 확대하기 위해, 그리고 연료와 종이, 나무로 만든 제품들에 대해 증가하는 수요를 충족하기 위해 풍부한 삼림 자원을 활용하고 있다. 이 모든 요인들은 빠른 인구 증가로 인해 촉진되고 있다. 이 관행을 억제하기 위한 조치가 취해지지 않는다면, 우리는 곧 환경뿐만 아니라, 인류 자체의 존속에도 영향을 미치는 돌이킬 수 없는 위기 상황에 처하고 말 것이다.

Q: 이 글은 주로 무엇에 관한 것인가?
(a) 삼림 파괴의 배후 요인
(b) 삼림 파괴의 경제적 영향
(c) 인구 증가의 원인이 되는 요소
(d) 도시 개발의 효과

해설 삼림 파괴(deforestation)가 매우 중요한 문제라는 말과 함께, 지문 전반에서 삼림 파괴의 원인들을 다루고 있으며, 그에 따른 부정적인 결과를 경고하는 것으로 지문이 마무리되고 있다. 따라서 삼림 파괴의 원인을 언급한 (a)가 정답이다.

어휘 major 주요한 issue 문제, 사안 face ~와 마주하다, 맞닥뜨리다 deforestation 삼림 파괴, 삼림 벌채 desire to do ~하려는 욕망 forestland 삼림지 commercial 상업적인 purpose 목적 be driven to do ~하도록 내몰다 destroy ~을 파괴하다 humankind 인류 utilize ~을 활용하다 resource 자원, 재원 make way for ~을 위해 길을 터 주

다 settlement 거주지, 정착지 expand ~을 확대하다, 확장하다 agricultural 농업의 meet ~을 충족하다 increasing 증가하는 demand for ~에 대한 수요 factor 요소 be stimulated by ~에 의해 촉진되다, 자극을 받다 increase in ~의 증가 population 인구 unless ~하지 않는다면 curb ~을 억제하다 practice 관행, 관례 find oneself in 스스로 ~에 처하게 만들다 irreversible 돌이킬 수 없는 crisis 위험 situation 상황 have an impact on ~에 영향을 미치다 not only A but also B: A뿐만 아니라 B도 existence 존재 behind ~ 이면의 economical impact 경제적 영향 contribute to ~의 원인이 되다, ~에 기여하다 effect 영향 urban development 도시 개발

정답 (a)

4.

말라카 해협은 인도양과 태평양을 연결하는 좁은 수로로, 해적의 습격이 개별 선박들에게 심각한 피해를 일으키면서 세계에서 가장 분주한 해양 고속도로 중 하나인 이곳을 마비시킬 수도 있어서 주요 관심 대상 지역이다. 미국이 이미 이 해협을 보호하기 위해 동남아 국가들과 공조하는 계획을 제시했지만, 이 계획은 해협 양단에 위치한 두 나라의 반대에 직면해 있다. 말레이시아와 인도네시아는 그 공해상에 대한 미국의 치안 유지 활동을 자국의 주권 침해로 인식하여 거부하고 있다. 하지만 그 수로의 안전을 제공하는 능력에 있어 한계를 인식하고 있기 때문에, 두 나라는 미국 및 기타 관련국과 협력하는 다양한 방안을 검토하고 있다.

Q: 이 기사는 주로 무엇에 관한 것인가?
(a) 말라카 해협 주변의 안전 우려
(b) 동남아 지역에 대한 미군의 군비 지출 증가
(c) 미국의 인도네시아 자주권 침해
(d) 미국과 동남아 지역 사이의 해상 운송 경로

해설 말라카 해협에서 일어나는 해적의 습격으로 인해 이 지역이 주요 관심 대상이 되었다는 것이 글의 요지이다. 이후에는 이 문제를 해결하려는 미군의 개입 시도와 이에 대한 주변국들의 반응을 설명하고 있으므로, 말라카 해협 주변의 안전에 대한 우려를 의미하는 (a)가 정답이다.

어휘 strait 해협 narrow 좁은 waterway 수로 link A to B: A를 B와 연결시키다 point 지점 major concern 주요 관심사 pirate 해적 attack 습격, 공격 paralyze ~을 마비시키다 maritime highway 해양 고속도로 while ~하면서, ~하는 동안 severely 심각하게 damage ~에게 피해를 입히다 individual 각각의 vessel 선박 put forward ~을 제안하다 initiative 계획 face ~에 직면하다, ~와 마주하다 opposition 반대 on either side of ~의 양측면에 reject ~을 거부하다 policing 치안 유지 활동 high seas 공해 infringement 침해 sovereignty 주권 be aware of ~을 인식하다, 알고 있다 limitation 한계, 제한 capability 능력 security 안전, 보안, 방위 consider ~을 고려하다 way of -ing ~하는 방법 cooperate 협조하다 concerned 관련된 spending 지출, 소비 shipping route 해상 운송 경로

정답 (a)

5.

전 세계의 수많은 나라들이 석탄이나 석유 등의 화석 연료 의존도를 낮추기 위해 친환경 에너지를 개발하는 데 안간힘을 쓰고 있다. 그리고 다수에게 있어, 바이오에탄올은 전통적 에너지원에 대한 해결책이다. 바이오에탄올은 대부분 옥수수로 만들어진다. 미국을 포함한 선진국들이 점점 더 이 바이오연료를 생산하고 활용하기를 바라면서, 생산된 옥수수의 대부분이 동물 사료 대신 에탄올 제조에 사용되고 있으며, 이로 인해 옥수수 가격이 치솟게 되었다. 가축 먹이로 생산되던 옥수수가 에탄올 제조로 전환된 것과, 옥수수를 재배하는 데 필요한 농지 비용이 증가한 두 가지 요인으로 야기된 옥수수 가격의 고공 비행이 경제를 긴장시키고 있다.

Q: 이 글에 가장 적합한 제목은 무엇인가?
(a) 에탄올, 양날의 검
(b) 사회의 점점 높아지는 에탄올 의존도
(c) 에탄올, 유망한 대체 에너지
(d) 석유 의존도를 낮추는 좋은 방법

해설 지문 전체적으로, 초반에는 기존 에너지원을 대체할 수 있는 친환경 에너지로서 바이오에탄올(bioethanol)이 소개되고 있고, 중반부 이후로는 에탄올 생산에 필수적인 옥수수의 가격이 치솟아 경제를 긴장시킨다는 부정적인 상황이 소개되고 있다. 따라서 에탄올이 경제에 미치는 두 가지 대조적인 측면을 말하는 흐름이므로 이것을 양날의 검으로 표현한 (a)가 정답이다.

어휘 bend over backwards to do ~하느라 안간힘을 쓰다, ~하려고 등골이 휘다 develop ~을 개발하다 green energy 친환경 에너지 reduce ~을 줄이다, 감소시키다 dependence on ~에 대한 의존(도) fossil fuel 화석 연료 traditional 전통적인 source of energy 에너지원 be made from ~로 만들어지다 including ~을 포함해 increasingly 점점 더 be keen to do ~하기를 열망하다 instead of ~ 대신에 animal feed 동물 사료 send A -ing: A를 ~하는 상태로 만들다 soar 치솟다 rise in ~의 증가(=increase in) stem from ~에서 야기되다, ~에 기인하다 shift away from ~로부터의 전환 livestock 가축 in favor of ~을 위해, ~에 찬성해 grow ~을 기르다, 재배하다 strain ~을 긴장시키다 double-edged sword 양날의 검 promising 유망한 alternative 대안의, 대체하는 alleviate ~을 완화하다

정답 (a)

6.

중국은 풍부한 천연자원과 영토를 보유하고 있다. 하지만, 개발 도상국인 중국이 자연 환경까지 희생시키면서 경제 발전과 성장 가속화에 전적으로 매달리고 있는 것은 부인할 수 없는 사실이다. 그 부작용들 중의 하나가 "황사와 젓가락"이라고 일컬어진다. 즉, 중국의 벌목 회사들이 나무를 베어 젓가락을 만들고, 중국의 발전과 성장에 박차를 가하기 위해 그 젓가락을 수출하고 있다. 이 삼림 파괴는 중국 내에 사막 지역을 확대시키는 결과를 낳고 있으며, 그곳에서 바람이 불면 남쪽으로 황색 먼지 입자를 날려 보내면서 한반도와 일본에 일년 내내 황사를 일으키고 있다.

Q: 이 기사는 주로 무엇에 관한 것인가?
(a) 중국의 놀랄 만한 경제 성장
(b) 젓가락, 중국의 주요 수출품
(c) 중국 전역의 사막화를 줄이기 위한 노력
(d) 중국의 경제 성장에 따른 부정적인 영향

해설 중국이 자국의 발전과 성장을 위해 자연을 희생시키는(at the expense of the environment) 상황의 예시로 벌목 작업을 언급하고 있고, 삼림 파괴와 황사라는 문제점을 야기하게 된 과정을 설명하는 내용이다. 따라서 중국 경제가 성장하면서 생겨난 부작용을 말하는 지문임을 알 수 있으므로 (d)가 정답이다.

어휘 abundant 풍부한 natural resources 천연 자원 space 공간, 영토 yet 하지만 developing country 개발 도상국 undeniable 부인할 수 없는 wholly 완전히, 전적으로 be intent on ~하는 데 여념이 없다, 열중하다 accelerate ~을 가속화하다 development 발전, 개발 growth 성장 at the expense of ~을 희생시켜 environment 환경 side effect 부작용 be referred to as ~라고 일컬어지다 Asian dust 황사 chopsticks 젓가락 that is 즉, 다시 말해 logging firm 벌목 회사 cut down trees 나무를 베다 export ~을 수출하다 in order to do ~하기 위해 spur ~에 박차를 가하다 deforestation 삼림 파괴, 삼림 벌채 result in ~의 결과를 낳다 expansion 확대, 확장 desert 사막 blow (바람 등이) 불다 carry ~을 옮기다, 나르다 particle 입자 cause ~을 야기하다, 초래하다 peninsula 반도 all year round 일년 내내 remarkable 놀랄 만한, 주목할 만한 export item 수출품 effort to do ~하기 위한 노력 throughout ~ 전역에서 adverse effect 부정적인 영향

정답 (d)

7.

범죄단체 조직원들은 흔히 온몸이 문신으로 뒤덮여 있다. 이 문신으로 인해 조직원들이 충성심을 증명할 수도 있지만, 아주 큰 대가를 치를 수도 있다. 일단 조직원이 문신을 새기게 되면, 다른 유형의 일자리를 찾거나 경쟁 조직으로 충성 대상을 바꾸는 것이 어려워질 수 있다. 그 결과, 이들은 종종 각자의 조직에 영원히 속박된 상태가 되곤 하는데, 조직이 그들을 금전적으로 그리고 다른 여러 방식으로 착취할 수 있다.

Q: 문신과 관련된 글쓴이의 요점은 무엇인가?
(a) 연합을 맺은 조직의 구성원을 식별하는 데 도움이 된다.
(b) 조직원들에게 소속감을 제공해 준다.
(c) 적대 관계의 조직원들을 위협하는 데 활용된다.
(d) 조직원들을 통제하는 수단이 될 수 있다.

해설 주장하는 글의 요지는 주로 글 앞부분에 제시되며 but과 같은 반전의 접속사 뒤를 주목해야 한다. prove their loyalty(충성심 증명)라는 문신의 기능을 이야기한 뒤 but come at a steep price이라고 하므로 문신의 불리한 결과를 지적하는 것이 글의 요지이다. 따라서, 당사자들에게 불리한 내용인 (d)가 정답이다.

어휘 criminal gang 범죄단체 be covered in ~로 덮여 있다 tattoo n. 문신 v. ~에게 문신을 새기다 allow A to do: A가 ~할 수 있게 하다 prove ~을 증명하다 loyalty 충성(심) come at a steep price 아주 큰 대가를 치르다 cf. steep (경사가) 가파른, (변화가) 급격한, (가격이) 과도한 employment 일자리, 고용 shift ~을 바꾸다, 변화시키다 allegiance 충성 as a result 그 결과, 결과적으로 find oneself in ~에 처하게 되다 in the grip of ~에 속박된, 휘말린 respective 각자의, 각각의 exploit ~을 착취하다, 이용하다 financially 금전적으로, 재정적으로 in other ways 여러 다른 방식으로 identify ~을 식별하다, 확인하다 a sense of belonging 소속감 intimidate ~을 위협하다 means 수단 control ~을 통제하다, 지배하다

정답 (d)

8.

인종 간의 관계는 1990년대 미국인들의 삶에 있어 지속적으로 감정적인 역할을 했으며, 이는 1992년에 발생한 로스앤젤레스 폭동 중에 명백히 드러났다. 모든 것은 1991년 3월에 로스앤젤레스 경찰관들이 고속 차량 추격전 끝에 로드니 킹을 체포하면서 시작되었다. 킹이 네 명의 경찰관들에 의해 무참히 폭행당하는 모습이 녹화되었으며, 이 경찰관들은 나중에 과잉 폭력 행사 혐의로 재판에 회부되었다. 하지만, 이 네 경찰관이 킹을 폭행한 것에 대해 1992년 4월 무죄 판결을 받았을 때, 로스앤젤레스의 중남부 지역 전체에 걸쳐 대규모 폭동을 촉발시켰으며, 10억 달러 상당의 피해를 초래하고 50명이 넘는 목숨을 앗아갔다. 피해자들의 상당수가 이 지역 내의 한국인 상인들이었는데, 이 사건이 일련의 인종 폭력을 촉발했기 때문이었다.

Q: 이 지문에 가장 적합한 제목은 무엇인가?
(a) 로스앤젤레스 경찰관들에 대한 유죄 판결
(b) 로스앤젤레스 지역에 대한 한국인의 편견
(c) 로스앤젤레스 폭동을 종료시키기 위한 전략
(d) 인종간의 갈등이 사회에 미치는 영향

해설 인종 간의 관계(Race relations)가 지속적으로 감정적인 역할을 했다는 주장으로 지문이 시작되면서, 그 예시에 해당하는 실제 사건을 소개하는 흐름이다. 인종 문제와 관련된 사건이 폭동과 주민들의 사망, 물리적 피해를 초래했음을 설명하고 있으므로 이것을 사회적 영향으로 표현한 (d)가 정답이다.

어휘 race relations 인종간의 관계 continue to do 계속 ~하다 play an emotional role 감정적인 역할을 하다 evident 명백한, 분명한 riot 폭동 arrest ~을 체포하다 car chase 차량 추격 film ~을 촬영하다 while ~하는 동안 brutally 무참히, 난폭하게 beat ~을 때리다 subsequently 그 후에 be put on trial 재판에 회부되다 unnecessary 불필요한 be acquitted of ~에 대해 무죄 판결을 받다 assault ~을 폭행하다 set off ~을 촉발시키다, 유발하다 widespread 광범위한, 널리 퍼진 all over ~ 전역에 걸쳐 cause ~을 초래하다, 야기하다 damage 피해, 손해 more than ~가 넘는 victim 피해자 merchant 상인 incident 사건 create ~을 만들어 내다 a chain of 일련의 violence 폭력 conviction

유죄 판결 **bias** 편견 **strategy** 전략 **effects of A on B**: A가 B에 미치는 영향 **tension** 갈등, 긴장

정답 (d)

9.

안녕하세요, 오그던 씨,

저는 로우톤 지사의 인사부장입니다. 곧 열릴 우리 교육과 관련된 정보를 담고 있는 편지를 귀하로부터 받았습니다. 저희 직원들에게 이 정보를 전달하기에 앞서, 귀하께 몇 가지 확인해 보고자 합니다. 귀하는 교육이 10월 10일에 열릴 예정이라고 말씀해 주셨습니다. 저는 이것이 실수일 수 있다는 생각이 드는데, 제가 달력을 확인해보니 이날이 공휴일이기 때문입니다. 또한, 귀하께서 정확한 장소를 기재해 주신 것인지도 여쭤보고 싶습니다. 귀하의 편지에는 교육 행사가 다운필드 골프장에서 열린다고 나와 있었습니다. 저는 우리 모두 작년의 행사가 끝난 후에 새로운 장소를 찾아보자는 데 동의했다고 생각했는데, 그곳의 연회장이 우리의 목적에 비해 너무 협소했기 때문입니다. 가능한 한 빨리 제게 연락을 주셔서 이 모든 정보가 정확한 것인지 말씀해 주신다면, 이곳 저희 지사에 근무하는 전 직원들에게 알리겠습니다.

안녕히 계십시오.

리즈 샘슨
인사부장, 로우톤 지사
가필드 코퍼레이션

Q: 이 편지의 목적은 무엇인가?
(a) 제안된 교육에 관해 간략히 설명하는 것
(b) 상세 정보 일부를 확인하는 것
(c) 일정상의 변경 사항을 알리는 것
(d) 행사 준비를 돕겠다고 제안하는 것

해설 상대방이 전달해 준 정보와 관련해 '몇 가지 확인해 보겠다(I just wanted to check a few things with you)'라고 하면서, 행사 날짜와 장소가 잘못된 것 같다고 한다. 그리고, '그 정보가 모두 정확한 것인지(if all of this information is accurate)' 알려달라는 요청으로 글이 마무리되고 있다. 따라서 행사와 관련된 상세 정보를 확인하는 것이 목적임을 알 수 있으므로 (b)가 정답이다.

어휘 **HR department** 인사부 **branch** 지사, 지점 **receive** ~을 받다 **contain** ~을 포함하다, 담고 있다 **upcoming** 다가오는, 곧 있을 **training** 교육 **pass on A to B**: A를 B에게 전달하다 **state that** ~라고 말하다 **be scheduled to do** ~할 예정이다 **take place** (일, 행사 등이) 발생되다, 개최되다 **discover that** ~임을 알게 되다, 발견하다 **question** ~을 질문하다 **whether** ~인지 (아닌지) **agree that** ~라는 점에 동의하다 **look for** ~을 찾다 **location** 장소, 위치, 지점 **find A to be B**: A가 B하다고 생각하다 **function room** 연회장 **get back to** ~에게 다시 연락하다 **as soon as possible** 가능한 한 빨리 **accurate** 정확한 **outline** ~을 간략히 설명하다 **proposed** 제안된 **verify** ~을 확인하다, 인증하다

---

details 상세 정보 **offer to do** ~하겠다고 제안하다 **help do** ~하는 것을 돕다 **organize** ~을 조직하다

정답 (b)

10.

툰드라 지역에서 자라는 극지방 초지 식물들은 부족한 햇빛과 적은 양의 자유수, 강한 바람, 그리고 낮은 기온에서 생존하는 데 적응되어 있다. 툰드라 지역의 식물들은 주로 여름 기간에만 자라는데, 식물의 잎에 밀랍 성분의 피막이 생기기 때문이다. 많은 식물들은 뿌리나 줄기, 또는 덩이 줄기의 형태로 겨울을 난다. 지의류는 서리 피해를 피하기 위해 겨울 동안 건조 상태가 된다. 마찬가지로, 그 지역에 사는 동물들도 여러 가지 방법으로 적응해 왔다. 이곳의 동물들은 별도의 지방층, 혈액 속에 들어 있는 동결방지용 화학물질, 그리고 열을 보존하기 위한 단순하고 작은 체형을 지니고 있다. 또한, 이들은 두터운 피부나 가죽을 지니고 있으며, 새들은 솜털로 되어 단열재 역할을 하는 깃털 위에 방수 깃털을 가지고 있다.

Q: 이 글의 주제는 무엇인가?
(a) 식물이 가혹한 날씨 환경으로부터 받는 영향
(b) 툰드라 지역의 생물들이 보온을 하는 방법
(c) 툰드라 지역에 살고 있는 동물과 식물의 유형
(d) 동물과 식물이 툰드라 지역에서 생존하는 방법

해설 지문 초반부에는 툰드라 지역의 식물이 생존하는 방법을, 후반부에는 그 지역의 동물이 생존하는 방법을 소개하는 내용으로 구성되어 있으므로, 툰드라 지역 동식물의 생존 방법을 의미하는 (d)가 정답이다.

어휘 **polar** 극지방의 **grassland** 초지 **plant** 식물 **grow** 자라다, 성장하다 **be adapted to do** ~하도록 적응하다 **survive** 생존하다 **free water** 자유수 **temperature** 기온, 온도 **primarily** 주로 **leaf** 잎 **waxy** 밀랍의 **outer coating** 피막 **tuber** (감자 등과 같은) 덩이 줄기 **lichen** (이끼 등의) 지의류 **dehydrate** 건조 상태가 되다 **avoid** ~을 피하다 **frost damage** 서리 피해 **similarly** 마찬가지로, 유사하게 **region** 지역 **in several ways** 여러 방법으로 **extra** 별도의, 추가의 **layer** 층, 막 **fat** 지방 **chemical** 화학물질 **keep A from -ing**: A가 ~하는 것을 막다 **freeze** 동결되다, 얼다 **compact** 소형의 **conserve** ~을 보존하다 **thick** 두터운 **fur** 가죽 **waterproof** 방수의 **feather** 깃털 **above** ~ 위로 **downy** 솜털이 뒤덮인 **insulating** 절연의, 단열의 **affect** ~에 영향을 미치다 **harsh** 가혹한 **organism** 미생물, 유기체 **stay warm** 따뜻함을 유지하다 **the way that** ~하는 방법

정답 (d)

UNIT 05 Part 3&4 – 세부 내용 파악

기출 Check-up Test 본서 p.71

1. (d) **2.** (d) **3.** (c) **4.** (d) **5.** (d) **6.** (c)
7. (d) **8.** (a) **9.** (c) **10.** (b)

1.

토리노의 수의는 크기가 대략 폭 15피트에 길이가 4피트인 고대의 천 조각으로, 십자가에 못박힌 남성의 신체 이미지를 담았던 것으로 보이는 천이다. 이 물품은 현재 이탈리아의 토리노에 위치한 성요한 세례자 성당에 진열되어 있으며, 대부분의 기독교인들은 이것이 예수 그리스도의 수의라고 여기고 있다. 하지만, 1988년 한 실험실에서 이 직물의 탄소 연대 측정 실험을 실시했고, 과학자들은 이것이 1250년에서 1375년 사이에 만들어진 것이라는 결론을 내렸는데, 이는 예수가 사망한 것으로 여겨지는 시점보다 1천년도 넘게 지난 시기이다. 핏자국으로 추정되는 부분에 대해 더 최근에 실시된 실험에서, 그 자국은 실제 핏자국과 일치하는 패턴이 아닌 것으로 드러났다.

Q: 토리노의 수의에 관해 다음 중 옳은 것은?
(a) 1250년에 처음 발견되었다.
(b) 상태 보존을 위한 처리를 거쳤다.
(c) 최초의 진열 장소에서 옮겨졌다.
(d) 과학자들에 의해 진위성이 반박되었다.

해설 기독교인들이 예수의 수의로 여기는 토리노의 수의에 대해 과학자들이 행한 실험 결과, 예수 사망 시기보다 훨씬 나중에 만들어진(originated between 1250 and 1375) 물품으로 결론이 내려졌다고 한다. 결국 과학자들의 실험에서 예수의 수의가 아니라는 결론이 내려진 것은 진위성이 반박되었다고 볼 수 있으므로 (d)가 정답이다.

어휘 ancient 고대의 cloth 천 measure A by B: 크기가 폭은 A, 길이가 B이다 approximately 약, 대략 appear to do ~하는 것으로 보이다 bear ~을 담다 crucified 십자가에 못박힌 currently 현재 on display 진열된, 전시된 the vast majority of 대부분의, 대다수의 burial cloth 수의 fabric 직물, 천 undergo ~을 거치다, 겪다 carbon dating 탄소 연대 측정 실험 laboratory 실험실 conclude that ~라고 결론 내리다 originate 유래되다 more than ~가 넘는 recent 최근의 alleged 주장된 bloodstain 핏자국 consistent with ~와 일치하는 discover ~을 발견하다 treatment 처리, 처치 preserve ~을 보존하다 original 최초의 authenticity 진위 dispute ~에 이의를 제기하다

정답 (d)

2.

'주니어 어취브먼트'는 1919년 호레이스 모시스와 씨어도어 베일, 그리고 고 머레이 크레인 상원의원에 의해 설립된 단체로, 전 세계의 청소년들에게 기업가 정신과 직장생활대비에 관한 교육을 전문으로 하는 비영리 단체이다. 이 단체는 사업을 시작하고 키워 나가는 방법, 직장 내에서 성공하는 방법, 그리고 탄탄한 재무 계획의 중요성에 초점을 맞춘 프로그램들을 통해 청소년들에게 영감을 주는 데 도움이 되고 있다. '주니어 어취브먼트'는 아이들에게 비판적 사고와 팀워크, 그리고 리더십과 같은 중요한 능력을 가르치고, 경험을 통한 학습과 실무 프로그램을 통해 경제 관련 지식을 쌓는 데 도움을 주고 있으며, 배운 것들을 현실 세계에서 응용하는 방법을 알려주고 있다.

Q: '주니어 어취브먼트'와 관련해 다음 중 옳은 것은?
(a) 성공적인 인턴 프로그램을 운영하고 있다.
(b) 다양한 회사를 위해 직원을 모집한다.
(c) 매년 상당한 수입을 올리고 있다.
(d) 아이들에게 재무와 관련된 실용적인 조언을 제공한다.

해설 '주니어 어취브먼트'가 제공하는 프로그램과 관련해, 이것이 탄탄한 재무 계획의 중요성(the importance of sound financial planning)을 가르치고, 경제 관련 지식을 기르도록(cultivate financial literacy) 해준다는 내용이 있으므로 재무와 관련된 조언을 제공한다는 의미인 (d)가 정답이다.

어휘 found ~을 설립하다 the late 고인이 된 senator 상원의원 non-profit 비영리의 organization 단체, 기관 dedicated to -ing ~하는 데 전념하는 educate ~을 교육하다 entrepreneurship 기업가 정신 readiness 준비, 태세 inspire ~에게 영감을 주다 through ~을 통해 focus on ~에 초점을 맞추다 how to do ~하는 법 grow ~을 키우다, 성장시키다 sound 탄탄한, 안정된 financial 재무의, 재정의 critical thinking 비판적 사고 help A do: A가 ~하는 데 도움이 되다 cultivate ~을 배양하다, 기르다 financial literacy 경제 분야의 지식 experiential learning 경험에 의한 학습 hands-on 실무의, 현장의 apply ~을 적용하다, 응용하다 run ~을 운영하다 recruit ~을 모집하다 significant 상당한 earnings 수입 practical 실용적인

정답 (d)

3.

신경성 식욕 부진증, 즉 거식증은 생명을 위협하는 섭식 장애이다. 이 증상은 날씬함에 대한 지속적인 추구와 함께 살이 찌는 것에 대한 터무니없는 두려움이 특징이다. 이 환자들은 임상적으로 체중 미달 진단을 받더라도 자신이 과체중이라고 생각한다. 거식증에는 제한형과 폭식 후 제거형 두 가지 유형이 있는 것으로 알려져 있다. 제한형 거식증 환자들은 전반적인 음식 섭취량의 감소로 체중이 줄어든다. 두 번째 유형의 환자들은 식사 때 폭식을 한 후에 바로 억지로 구토를 한다. 거식증의 원인은 명확히 밝혀지지 않았지만, 영양 요법과 인지 요법, 그리고 가족 및 집단 요법 등과 같은 다양한 치료법들이 이 장애를 치료하는 데 사용될 수 있다.

Q: 이 지문과 관련해 다음 중 옳은 것은?
(a) 거식증 환자들은 특정 음식을 먹도록 권장된다.
(b) 거식증은 네 가지 범주로 분류될 수 있다.
(c) 거식증의 정확한 원인은 완전히 밝혀지지 않았다.
(d) 집단 요법이 가장 성공적인 치료 유형이다.

지문 후반부에 거식증의 명확한 원인을 알 수 없다(there is no definite cause determined for anorexia)라고 하므로, 이와 의미가 비슷한 (c)가 정답이다.

life-threatening 생명을 위협하는 eating disorder 섭식 장애 be characterized by ~가 특징이다 illogical 터무니 없는 along with ~와 함께 constant 지속적인 pursuit 추구 thinness 날씬함 overweight 과체중의 even if 설사 ~라 하더라도 clinically 임상적으로 be diagnosed as ~로 진단 받다 underweight 체중 미달의 known 알려진 restricted type 제한형 binge 흥청망청, 탐닉 purging 정화, 제거, 숙청 lose weight 체중이 줄다 due to ~로 인해 overall 전반적인 reduction 감소 intake 섭취(량) overindulge 지나치게 탐닉하다 force A to do: A에게 ~하도록 강요하다 vomit 구토하다 immediately afterwards 직후에 definite 명확한, 분명한 cause 원인 determined 밝혀진 anorexia 거식증 various 다양한 therapy 요법 nutritional 영양적인 cognitive 인지의 treat ~을 치료하다 sufferer 환자 specific 특정한, 구체적인 classify ~을 분류하다 according to ~에 따라 category 범주 precise 정확한 form 유형, 종류 treatment 치료, 처치

(c)

4.

윌리엄 셰익스피어는 최고의 역량을 지닌 시인이자 극작가로서 세계적으로 유명하다. 그의 산문과 운문은 전 세계의 아주 다양한 부류의 사람들에 의해 다르게 해석되어 왔으며, 수많은 영화와 TV 프로그램의 줄거리에 영향을 끼쳐 왔다. 흔히 음유시인으로 일컬어지는 셰익스피어는 또한 "각광을 받는"과 같은 자신만의 독창적인 문구들을 추가함으로써 우리가 사용하는 사전에 크게 기여했다. 아름다운 말들이 가득한 연극과 소넷, 그리고 시들로 인해, 고전 문학 애호가들 사이에 아마도 역사상 최고의 영문 작가로 명성이 자자하다. 그의 작품인 "햄릿"과 "맥베스"는 "로미오와 줄리엣" 같이 더 인기 있고 단순한 작품들의 그늘에 가려 빛을 보지 못했음에도, 셰익스피어의 글쓰기 재능을 가장 잘 보여주는 예로 여겨지고 있다.

Q: 이 글에 따르면, 다음 중 윌리엄 셰익스피어에 대해 옳은 것은?
(a) "로미오와 줄리엣"은 영어라는 언어에 대한 그의 모든 재능을 보여 준다.
(b) "햄릿"과 "맥베스"는 열등한 수준의 글로 인해 비난 받았다.
(c) "맥베스"의 저조한 반응에 대응해 "로미오와 줄리엣"을 썼다.
(d) 영어사전에 추가된 여러 표현들을 만들어 냈다.

지문 중반부에 셰익스피어가 독창적인 문구들을 추가함으로써 우리가 사용하는 사전에 크게 기여했다는(contributed to our dictionaries through his unique addition of phrases) 말과 함께 "in the limelight"가 예시로 제시되므로 (d)가 정답이다.

playwright 극작가 of the highest calibre 최고 수준의 prose 산문 verse 운문 interpret ~을 해석하다 a diverse range of 아주 다양한 influence ~에 영향을 미치다 numerous 수많은 plot 줄거리 The Bard (of Avon)

음유시인 as A is popularly called: A가 흔히 일컬어지듯 greatly 크게, 대단히 contribute to ~에 기여하다, 공헌하다 through ~을 통해 unique 독특한, 특별한 addition 추가(된 것) phrase 문구, 구절 in the limelight 각광을 받는 sonnet 소넷(영시의 한 종류) be renowned as ~로서 명성이 높다, 유명하다 the finest ever 역사상 최고의 classic literature 고전 문학 work 작품 be considered to be A: A로 여겨지다 gift 재능 despite ~에도 불구하고 be overshadowed by ~의 그늘에 가려 빛을 보지 못하다 showcase ~을 보여주다, 선보이다 the full extent of 전체 규모의 be criticized for ~에 대해 비난 받다 inferior 열등한 in response to ~에 대응하여 poor reception 저조한 반응 coin 말을 만들어 내다 several 여럿의, 몇몇의 expression 표현 be added to ~에 추가되다

(d)

5.

> ### 그레이스톤산 스키 강습
>
> 이곳 그레이스톤에 위치한 저희 스키장의 시즌 개장이 불과 한 달 앞으로 다가온 가운데, 바로 지금이 스키 강습을 고려해야 할 최적의 시점입니다.
>
> 개장 전에 온라인으로 예약하시고 다음과 같은 혜택을 누리십시오:
> · 1대1 강습 패키지 15% 할인
> · 5인 이상 단체 패키지 20% 할인
>
> 그리고 모든 강습 패키지에 다음의 추가 혜택이 포함된다는 점도 기억하시기 바랍니다:
> · 대기 없이 승강기 줄 앞으로 바로 이동 가능
> · 특별 야간 도보여행 등의 기타 활동에 대한 50% 할인
>
> 지금 등록하십시오!
>
> Q: 광고에 따르면, 다음 중 어느 것이 옳은가?
> (a) 그레이스톤산이 지금 스키장을 정식 개장했다.
> (b) 강습은 5인 이상의 단체만을 대상으로 제공된다.
> (c) 개인 강습 온라인 예약 서비스는 아직 열리지 않고 있다.
> **(d) 스키 강습에 야간 도보여행 할인 서비스가 포함되어 있다.**

비즈니스 광고의 사실확인 유형은 대체로 예외사항 또는 특별사항 등이 정답으로 다뤄지는 경우가 많으므로 이런 부분을 먼저 확인하는 것이 요령이다. 광고 후반부 extra benefits 항목에서 A 50% discount ~ special night hikes를 확인할 수 있으므로 (d)가 정답이다.

with A + 기간 + away: A가 ~앞으로 다가온 시점에 ski slopes 스키장 cf. slope 경사지 now is the time to do 바로 지금이 ~할 때이다 book v. 예약하다 benefit 혜택, 이점 opening day 개장일 off 할인되어 or more ~정도 come with ~을 포함하다, ~이 딸려 있다 extra 추가의, 별도의 including ~을 포함해 wait-free 대기할 필요가 없는 fast track to ~로 가는 빠른 길 front 앞 lift 승강기 discount on ~에 대한 할인 activity 활동 such as 예를 들면 hike 도보여행 sign up 등록하다, 가입하다 officially 공식적으로,

정식으로 **offer** ~을 제공하다 **booking** 예약 **individual** 개인의, 개별의 **include** ~을 포함하다

정답 (d)

6.

> 발리는 경치가 아름다운 인도네시아의 섬으로, 아시아에서 가장 그림 같은 관광지들 중 하나이다. 이 섬은 또한 음악과 춤, 그리고 지역 공예품을 포함한 전통 예술로도 유명하다. 햇볕이 내리쬐는 해변, 열대림, 활화산, 그리고 아름다운 계단식 논은 이 섬의 수많은 명소들 중 일부에 불과하다. 발리에는 또한 저예산 여행자들뿐만 아니라, 더욱 고급스럽고 세련된 경험을 찾는 사람들 모두의 구미를 충족하는 바, 레스토랑, 클럽, 기념품 매장과 호텔들이 아주 많다. 마찬가지로, 발리 주민들의 환대와 온정은 이곳에 머무르는 경험을 더욱 기쁘고 즐겁게 만든다.
>
> Q: 이 글에 따르면, 다음 중 옳은 것은?
> (a) 발리는 성공적으로 자체 문화를 해외에 수출했다.
> (b) 발리 주민들은 관광산업의 하락을 우려하고 있다.
> **(c) 발리에는 다양한 예산의 여행에 알맞은 호텔들이 있다.**
> (d) 발리의 풍경은 지속적으로 변화를 거치고 있다.

해설 지문 중반에 저예산으로 여행하는 사람뿐만 아니라 고급스러운 경험을 원하는 사람들을 모두 충족시킬 수 있는 호텔들이(hotels that cater both to budget travelers and to those seeking a more expensive and sophisticated experience)이 있다고 하므로, 저가에서 고가형까지 다양한 예산에 맞는 호텔들이 있음을 의미하는 (c)가 정답이다.

어휘 **scenic** 경치가 좋은 **picturesque** 그림 같은 **tourist destination** 관광지 **be known for** ~로 알려져 있다 **traditional** 전통적인 **including** ~을 포함해 **craft** 공예품 **sun-kissed** 햇볕이 내리쬐는 **tropical forests** 열대림 **active volcano** 활화산 **rice terrace** 계단식 논 **attraction** 명소, 인기 장소 **abound with** ~가 아주 많다, 풍부하다 **souvenir** 기념품 **cater to** (욕구 등)을 충족하다 **budget** a. 저예산의 n. 예산 **seek** ~을 찾다, 구하다 **sophisticated** 세련된 **likewise** 마찬가지로 **hospitality** 환대, 접객 **warmth** 온정 **make A 형용사:** A를 ~하게 만들다 **pleasant** 기쁜 **enjoyable** 즐거운 **export** ~을 수출하다 **overseas** 해외에 **concerned** 우려하는 **decline in** ~의 하락, 감소 **suit** ~에 어울리다, 적합하다 **a variety of** 다양한 **landscape** 풍경 **constantly** 끊임없이 **undergo** ~을 겪다

정답 (c)

7.

> 요즘, 부모들은 아이들에게 좋은 식사 예절을 가르치는 시간을 갖는 데 관심이 없는 듯하다. 나는 학교 구내식당에서 일하는데, 많은 아이들이 입을 벌린 채로 음식을 씹고, 식사 중에 휴대전화로 통화하거나, 손으로 음식물을 집어먹는 것을 본다. 나는 개인적으로 좋은 식사 예절이 식사를 훨씬 더 즐겁게 만들고, 모든 이들에게 있어 식사 경험을 더욱 즐겁게 만들어 준다고 생각한다. 나는 부모들이 꼭 식사 예절에 관해 아이들을 교육해야 한다고 생각하며, 레스토랑이 좋은 출발점이라고 굳게 믿는다. 부모들은 식

> 탁 앞에 앉아 인내심을 갖고 공손한 태도로 음식을 기다려야 하는 근처의 레스토랑으로 아이들을 데려가도 좋다.
>
> Q: 글쓴이에 따르면, 다음 중 사실인 것은?
> (a) 식사 예절이 최근 대부분의 아이들 사이에서 개선되었다.
> (b) 식사 시간은 즐거운 대화를 나누는 데 사용되어야 한다.
> (c) 아이들이 교사들을 통해 좋은 식사 예절을 배워야 한다.
> **(d) 외식은 좋은 식사 예절을 기를 수 있는 효과적인 방법이다.**

해설 지문 마지막에, 아이들에게 좋은 식사 예절을 가르쳐야 한다는 주장과 함께, 근처의 레스토랑으로 아이들을 데려가도 좋다(Parents can take their kids to nearby restaurants ~)라고 언급되어 있으므로 외식이 식사 예절을 가르칠 수 있는 좋은 기회임을 의미하는 (d)가 정답이다.

어휘 **it seems that** ~인 것 같다 **be uninterested in** ~하는 데 관심이 없다 **take time to do** ~할 시간을 갖다 **table manners** 식사 예절 **cafeteria** 구내 식당 **see A -ing:** A가 ~하는 것을 보다 **chew** 씹다, 씹어 먹다 **while** ~하는 동안 **pick up** ~을 집어 들다 **make A 형용사:** A를 ~하게 만들다 **much** (비교급 수식) 훨씬 **enjoyable** 즐거운 **it is imperative to do** 반드시 ~해야 한다 **strongly believe that** ~라고 굳게 믿다 **take A to B:** A를 B로 데려 가다 **nearby** 근처의 **be required to do** ~해야 하다 **patiently** 인내심을 갖고 **politely** 공손하게, 정중하게 **improve** 개선되다, 향상되다 **among** ~ 사이에서 **eat out** 외식하다 **effective** 효과적인 **way to do** ~하는 방법

정답 (d)

8.

> 휴대폰은 없어서는 안될 가장 중요한 의사소통 수단들 중 하나인데, 몇 초만에 전 세계의 누구와도 연결될 수 있도록 해 주기 때문이다. 하지만, 이 대단히 정교한 기기가 우리의 건강에 위협이 될 수 있다. 12,000가지가 넘는 사례를 검토하면서 휴대폰의 유해한 영향에 관해 30년간 철저히 연구한 끝에, 한 연구팀이 휴대폰 사용과 뇌종양 사이에 연관성이 있다는 결론에 도달했다. 연구자들은 휴대폰 사용자들이 휴대폰을 한 번도 사용한 적이 없거나 좀처럼 사용하지 않는 사람들보다 종양 발생 가능성이 20~30퍼센트 더 높다고 말한다. 이는 한동안 많은 과학자들이 의구심을 품어왔던 연관성을 입증한 동종 분야 최초의 연구이다.
>
> Q: 이 지문에 따르면, 다음 중 사실인 것은?
> **(a) 이 연구는 많은 과학자들이 오랫동안 품어 온 우려를 확인해 주었다.**
> (b) 휴대폰 사용자들이 집중력 감소를 보일 가능성이 더 크다.
> (c) 이 연구는 20년이라는 기간에 걸쳐 실시되었다.
> (d) 휴대폰 기술이 발전하면서 휴대폰이 점점 더 안전해지고 있다.

해설 지문 후반에, 한 연구팀이 30년의 연구 끝에 '휴대폰 사용과 뇌종양 사이에 연관성이 있다(there is a link between cell phone use and brain tumors)'는 결론에 도달했다는 것이 이 글의 핵심이다. 그 다음에 이 연구가 가지는 의의를 '많은 과학자들이 의구심을 품어왔던 연관성을 입증한(establish a connection that many scientists have suspected for some time) 최초의 연구' 라고 평가하고 있는데, suspected for some time을 long-held fears로 바꿔서 표현한 (a)가 정답이다.

어휘 indispensable 없어서는 안될 tool 도구, 수단 allow A to do: A가 ~할 수 있게 해 주다 connect with ~와 연결되다 in seconds 몇 초만에 immensely 대단히, 굉장히 sophisticated 정교한 device 기기, 장치 pose a threat 위협이 되다 exhaustive 철저한 study 연구, 조사 harmful 유해한 effect 효과 review ~을 검토하다 more than ~가 넘는 case 사례, 경우 come to the conclusion that ~라는 결론에 도달하다 link between A and B: A와 B 사이의 연관성 tumor 종양 more likely to do ~할 가능성이 더 큰 develop (병이) 생기다 those who ~하는 사람들 rarely 좀처럼 ~않다 the first of its kind 동종 분야 최초의 것 establish a connection 연관성을 입증하다 suspect 의심하다 for some time 한동안 confirm ~을 확인해 주다 long-held 오래 지속된 fear 우려, 불안 lapse 저하, 감소 concentration 집중(력) conduct ~을 실시하다, 수행하다 over ~ 동안에 걸쳐 decade 10년 increasingly 점점 더 evolve 발전하다, 진화하다

정답 (a)

9.

> 몽골족은 문화가 아주 명확한 형태로 발전된 목축 유목민이었다. 이런 유형의 유목 생활은 아마 인류가 여러 문명 사이의 비옥한 땅을 가로질러 가축 떼를 몰기 시작했을 때부터 시작되었을 것이다. 이 방식은 기원전 800년경에 유라시아 전역에 걸쳐 널리 행해졌고, 수렵 채집 활동을 대체하게 되었다. 이런 생활 방식을 유목이라고 하는 것은 목동들이 가축 떼를 따라다녔기 때문이었다. 투르크어를 사용하는 유라시아인들은 말을 기르는 유목 세계를 지배했지만, 다른 이들은 순록과 낙타를 따라다녔다. 남아프리카와 동아프리카에서는 소를 몰고 다녔고, 아메리카 대륙에서는 사람들이 라마와 알파카를 따라다녔다. 목축 생활을 하는 사람들이 돌아다니던 지역은 가혹한 기후를 지녔으며, 바람과 가뭄에 취약해 생산성이 매우 미약했다. 유목민들과 정주민들의 관계는 유목민들이 정주민 지역에서 생산된 상품과 동물을 교환하는 등 대체로 공생적이었다.
>
> Q: 이 지문과 관련해 다음 중 옳은 것은?
> (a) 남아프리카 지역의 유목민들은 아주 다양한 동물을 몰았다.
> (b) 몽골의 유목민들은 농업 기술로 유명하다.
> **(c) 유목민들은 도시의 상인들과 서로 유익한 관계를 누렸다.**
> (d) 가혹한 날씨가 많은 유목민들로 하여금 도시의 새 삶에 적응하도록 만들었다.

해설 지문 맨 마지막에서, 유목민과 정주민의 관계는 대체로 공생적이었다(The relationship among nomadic people and settled societies was mostly symbiotic ~)고 알리면서 서로 상품과 동물을 교환했다는 예를 들고 있으므로, 이 관계를 유익한 관계라고 표현한 (c)가 정답이다.

어휘 pastoral 목축의 nomad 유목민 evolve into ~로 발전되다, 진화하다 well-defined 명확한 form 형태, 유형

nomadism 유목 생활 originate 유래되다, 비롯되다 herd n. 가축 떼 v. (짐승 등) ~을 몰다 across ~을 가로질러, ~ 전역에서 fertile 비옥한 civilization 문명(사회) widely practiced 널리 행해진 by ~ 무렵에 replace ~을 대체하다 hunting and gathering 수렵과 채집 활동 nomadic 유목의, 방랑의 herdsman (가축 떼를 모는) 목동, 목자 follow ~을 따라가다 flock 떼, 무리 Turkic-speaking 투르크어를 사용하는 dominate ~을 지배하다 reindeer 순록 camel 낙타 cattle 소 roam 돌아다니다, 방랑하다 harsh 가혹한 climate 기후 marginally 아주 미미한 productive 생산성 있는 vulnerable to ~에 취약한 drought 가뭄 relationship 관계 settled society 정착 사회 symbiotic 공생하는 trade A for B: A를 B와 교환하다 goods 상품 region 지역 a wide variety of 아주 다양한 be known for ~로 유명하다 agriculture 농업 beneficial 유익한 merchant 상인 drive A to do: A가 ~하게 만들다 adopt ~에 적응하다

정답 (c)

10.

> 악몽은 꿈을 꾸는 사람에게 고도의 불안감 또는 두려움을 유발하는 복잡한 꿈의 연속이다. 꿈을 꾸는 사람은 자기 자신이나 사랑하는 사람들을 향한 신체적 위험을 느끼는 경험을 하거나, 무언가 용인될 수 없는 것을 하는 행위와 관련해 강한 당혹감을 경험할 수도 있다. 이 꿈들은 생생하게 느껴지기 때문에, 종종 잠에서 깨는 순간 꿈을 꾼 사람이 상세하게 설명할 수 있으며, 일반적으로 수면 상태의 마지막 단계에서 나타난다. 그에 반해, 야경증은 훨씬 더 깊은 수면 상태에서 발생되며, 비명이나 발작성 움직임, 또는 울부짖음과 같은 행동들을 수반한다. 또한, 야경증을 겪는 사람은 어떤 공포가 유발하는 모든 공격 행위들을 겪으면서 움직임이 꽤 많을 수 있지만, 여전히 깊이 잠든 상태이다.
>
> Q: 이 지문에 따르면, 다음 중 옳은 것은?
> (a) 악몽과 야경증은 대체로 구분하기 어렵다.
> **(b) 야경증을 앓는 사람은 잠든 상태에서 소리를 지를 수 있다.**
> (c) 악몽은 제어되지 않은 신체적 움직임이 특징이다.
> (d) 야경증은 잠에 든 직후에 발생한다.

해설 지문 중반부에, 야경증을 앓는 사람에게 수반되는 증세로 비명(screaming), 발작성 움직임(jerking movement), 울부짖음(crying) 등이 언급되어 있다. 또한, 지문 마지막의 '많은 움직임을 보일 수 있지만(be quite mobile)'과 '여전히 잠든 상태(yet be fully asleep)'라는 부연 설명을 통해 야경증 환자의 상태를 알 수 있으므로 (b)가 정답이다.

어휘 nightmare 악몽 elaborate 복잡한, 정교한 sequence 연속 high level of 고도의 anxiety 불안 fear 두려움 sense 감각 physical 신체적인 embarrassment 당혹감 unacceptable 용인될 수 없는 vivid 생생한 elaborately 상세히, 정교하게 describe ~을 묘사하다, 설명하다 upon -ing ~하자마자 awaken (잠에서) 깨다 generally 일반적으로 occur 발생되다 stage 단계 in contrast 그에 반해 night terror 야경증 involve ~을 수

반하다, 포함하다 **behavior** 행동 **jerking movement** 발작성 움직임 **suffer from** ~을 겪다, ~로 고통받다 **quite** 상당히, 꽤 **mobile** 이동하는, 움직이는 **go through** ~을 겪다, 경험하다 **motion** 행동, 활동, 움직임 **attack** ~을 공격하다 **horror** 공포 **fully asleep** 깊이 잠든 **largely** 대체로 **indistinguishable** 구분하기 어려운 **be characterized by** ~가 특징이다 **uncontrolled** 제어되지 않은 **immediately after** ~한 직후에

정답 (b)

기출 Check-up Test 본서 p.83

1. (b)	**2.** (d)	**3.** (c)	**4.** (c)	**5.** (c)	**6.** (d)
7. (b)	**8.** (d)	**9.** (d)	**10.** (d)	**11.** (a)	**12.** (a)
13. (d)	**14.** (a)				

1.

지진은 매년 수천 명의 목숨을 앗아가고 있으며, 수십 억 달러 가치의 재산을 파괴하고 있다. 사람을 죽이는 것은 지진이 아니라, 지진 발생 시에 사람들 위로 무너지는 형편 없게 지어진 건물들이라고 흔히 얘기한다. 따라서 반드시 지진을 견디는 건물을 지어야 한다. 대부분의 건물들이 일정 정도의 움직임을 견뎌 낼 수 있기는 하지만, 지진에 의한 충격을 당해 낼 수 있도록 지어진 건물은 거의 없다. 더 많은 내진 구조물을 짓기 위해 여러 가지 공법들이 개발되었지만, 심지어 이 건물들조차도 특히 강력한 지진 발생 중에 붕괴될 수 있다. 사실, 내진 설계의 목적은 건물 내에 있는 입주자들이 안전하게 대피할 수 있는 시간을 충분히 벌기 위한 것이다.

Q: 이 지문을 통해 내진 건물에 대해 유추할 수 있는 것은 무엇인가?
(a) 10억 달러 규모 투자의 핵심이다.
(b) 지진 피해로부터 완전히 안전한 것은 아니다.
(c) 효과를 거두려면 특정 높이 범위 이내여야 한다.
(d) 재래식 건물보다 더 비싼 자재를 사용한다.

해설 지문 중반부에, 건물들이 어느 정도의 움직임을 견뎌 낼 수는 있어도 지진의 충격을 당해 낼 수 있도록 지어진 건물은 거의 없다고(few of them are built to stand up to seismic shocks) 언급한 부분이 있는데, 이는 지진을 완벽하게 견디지 못한다는 뜻이므로 그 의미에 해당되는 (b)가 정답이다.

어휘 **earthquake** 지진 **claim** (목숨을) 앗아 가다 **thousands of** 수천의 **destroy** ~을 파괴하다 **property** 재산, 자산 **worth 명사:** ~의 가치가 있는 **poorly-constructed** 형편 없이 지어진 **fall** 무너지다, 떨어지다 **occur** 발생되다 **hence** 따라서, 그런 이유로 **it is imperative to do** 반드시 ~해야 한다 **earthquake-proof** 지진을 견디는, 내진의(=earthquake-resistant) **withstand** ~을 견뎌 내다 **a certain degree of** 일정 정도의 **movement** 움직임 **stand up to** ~을 당해 내다, ~에 맞서다 **seismic** 지진에 의한 **develop** ~을 개발하다 **structure** 구조(물) **collapse** 붕괴되다 **particularly** 특히 **in fact** 사실, 실제로 **buy enough time** 충분한 시간을 벌다 **evacuate** 대피하다 **to safety** 안전하게, 무사히 **focus** 초점, 중점, 핵심 **investment** 투자 **completely** 완전히 **impervious to** ~로부터 손상되지 않는, 영향을 받지 않는 **damage** 손해, 피해 **within** ~이내에 **specific** 특정의 **height range** 높이 범위 **effective** 효과적인 **utilize** ~을 이용하다 **expensive** 비싼 **material** 자재 **conventional** 재래식의, 종래의, 구식의

정답 (b)

2.

계란은 인류 역사가 시작된 이래로 소비되어 왔다. 기원전 1420 년경에 이집트 테베에 지어진 하렘하브의 무덤에 그려진 벽화를 보면 파라오에게 바치는 공물로서 계란이 들어 있는 그릇을 나르 는 남자가 있다. 계란은 다양한 용도를 지닌 요리 재료서서 많은 종류의 음식에 사용되며, 단백질과 콜린의 뛰어난 공급원으로 여 겨진다. 일부 사람들은 계란의 모든 부분이 실제로 먹을 수 있다 는 사실을 알면 놀라워할 수도 있는데, 여기에는 타원형의 보호 벽인 껍질, 흰자, 노른자, 그리고 다양한 얇은 막이 포함된다. 계 란 껍질은 특히 인 성분이 풍부한데, 이는 뼈와 치아의 형성에 필 수적이지만, 요즘은 일반적으로 버려진다.

Q: 이 지문을 통해 계란 껍질에 대해 유추할 수 있는 것은 무엇인가?
(a) 고대 이집트인들은 계란 껍질을 장식용으로 이용했다.
(b) 일반적으로 계란의 속부분보다 영양가가 떨어진다.
(c) 인간의 뼈와 비슷한 구성물로 이뤄진다.
(d) 과거에는 문명국가들의 식단에 포함되었다.

해설 질문의 대상인 eggshells가 등장하는 곳을 지문에서 찾아보 면 가장 마지막 문장에서 사람의 치아와 뼈를 형성하는 인 성 분이 풍부하다는 내용 다음에 요즘은 일반적으로 버려진다는 말이 나온 (they are generally discarded these days)는 말이 나온 다. 이 말을 뒤집어 보면, 과거에는 달걀 껍질을 먹었다고 추론 할 수 있으므로 (d)가 정답이다.

어휘 consume ~을 소비하다, 먹다 since ~ 이래로 dawn 시초 wall painting 벽화 tomb 무덤 carry ~을 나르다, 옮기다 bowl 그릇 offering 공물 versatile 다양한 용도의, 다목적 의 ingredient (음식) 재료, 성분 be considered A: A로 여겨지다 source 공급원 protein 단백질 be surprised to do ~해서 놀라다 actually 실제로, 사실 edible 먹을 수 있는 including ~을 포함해 oval 타원형의 eggshell 계 란 껍질 albumen 흰자 vitellus 노른자, 난황 thin 얇은 membrane 막, 세포막 rich in ~가 풍부한 phosphorus 인 required 필수의, 필요한 formation 형성 generally 일반적으로 discard ~을 버리다, 폐기하다 decoratively 장식용으로 nutritious 영양가 있는 inner part 내부, 속 similar to ~와 유사한 composition 성분, 구성물 bone 뼈 include 포함하다 diet 식단 historical 역사상의, 역사 상 실재한 civilization 문명국가

정답 (d)

3.

초신성은 우리 은하와 같은 규모의 은하계에서 약 50년마다 한 번씩 생겨난다. 이들은 별이 폭발하는 것으로서 대단히 밝게 빛나 며 폭발하는 방사선을 발산하면서 종종 잠깐 동안 은하계 전체보 다 더 밝게 빛난 후에 몇 주 또는 몇 개월에 걸쳐 시야에서 사라진 다. 초신성은 더 높은 질량 요소로 인해 성간 물질을 풍성하게 해 주는 데 있어 중대한 역할을 한다. 더욱이, 초신성의 폭발로부 터 팽창하는 충격파는 새로운 별들의 형성을 촉발시킬 수 있다.

Q: 지문을 통해 유추할 수 있는 것은 무엇인가?
(a) 초신성은 완전히 새로운 은하계를 생성해 낼 수 있다.
(b) 초신성에 의해 야기된 폭발은 육안으로 볼 수 없다.
(c) 새로운 별들이 초신성의 뒤를 이어 생성될 수 있다.
(d) 초신성 폭발은 최대 1개월까지 지속된다.

해설 지문 마지막 부분에 초신성의 폭발로부터 팽창하는 충격파 가 새로운 별들의 형성을 촉발시킬 수 있다는(expanding shock waves from supernova explosions can trigger the formation of new stars) 말이 있으므로 이와 같은 별 의 생성을 언급한 (c)가 정답이다.

어휘 supernova 초신성(supernovae는 복수) occur 발생 되다, 일어나다 galaxy 은하계 Milky Way 은하수, 우리 은하 stellar 별의 explosion 폭발 extremely 대단히, 매우 luminous 빛나는 give off ~을 발산하다, 내뿜다 burst 파열, 폭발, 터짐 radiation 방사선 briefly 잠깐 동 안 outshine ~ 보다 더 빛나다 entire 전체의 fade from view 시야에서 사라지다 over ~ 동안에 걸쳐 play a crucial role in ~에서 중대한 역할을 하다 enrich ~을 풍 성하게 하다 interstellar medium 성간 물질 mass 질량 element 요소 furthermore 더욱이, 게다가 expanding 팽창하는 shock waves 충격파 trigger ~을 촉발시키다 formation 형성 be capable of ~할 수 있다 create ~ 을 만들어 내다 brand new 완전히 새로운 caused by ~ 에 의해 야기된 invisible 눈에 보이지 않는 naked eye 육 안 in the wake of ~의 뒤를 이어, ~의 뒤를 쫓아 last 지 속되다 up to 최대 ~까지

정답 (c)

4.

'전국 TV 끄기 주간'은 1994년에 한 무리의 단체들에 의해 시작 되었으며, 전국적인 비영리 단체 TV 프리 아메리카의 후원을 받 았다. 처음에는 과도한 텔레비전 시청의 유해 영향에 대한 인식 을 드높이고 미국들에게 TV 시청 대신 건강하고 생산적이며 지 역 사회 중심의 활동에 참여하도록 장려하기 위해 전국적으로 실시된 운동이었다. 2007년에, 컴퓨터와 PDA, 스마트폰, 그리고 아이패드를 포함한 다양한 디지털 기기들의 지배가 증가하고 있 음을 반영하기 위해 'TV 끄기 주간'이라는 명칭이 '디지털 중독 치료 주간'으로 변경되었다.

Q: 지문을 통해 추론할 수 있는 것은 무엇인가?
(a) '전국 TV 끄기 주간'은 일반 대중으로부터 좋지 못한 반응을 얻었다.
(b) 점점 더 많은 사람들이 가족과 함께 소중한 시간을 더 많이 보 내고 있다.
(c) '디지털 중독 치료 주간'은 사람들에게 전자 기기의 플러그 를 뽑도록 요구했다.
(d) '디지털 중독 치료 주간'이 미국에서 전 세계의 다른 국가로 확산되었다.

해설 지문 마지막에 Digital Detox Week가 TV-Turnoff Week 라는 명칭에서 변경된 것으로 나타나 있고, 중반부에 TV

-Turnoff Week는 텔레비전 시청의 유해 영향에 대한 인식을 드높이고 TV 시청 대신 건강하고 생산적이며 지역 사회 중심의 활동에 참여하도록 장려했다고(raise awareness of the harmful effects ~ encourage Americans to get involved in healthy, productive, and community-oriented activities) 쓰여 있다. 따라서 TV 시청을 줄이도록 장려했음을 알 수 있으므로 이에 해당되는 의미로 쓰인 (c)가 정답이다.

어휘 launch ~을 시작하다, ~에 착수하다 organization 단체, 기관 champion ~을 옹호하다 non-profit 비영리의 nationwide 전국적인 effort (조직적인) 운동 raise awareness of ~에 대한 의식을 드높이다 harmful 유해한 effect 영향 excessive 과도한 encourage A to do: A에게 ~하도록 장려하다 get involved in ~에 참여하다, 관여하다 productive 생산적인 community-oriented 지역 사회 중심의 instead of ~하는 대신 in order to do ~하기 위해 reflect ~을 반영하다 growing 증가하는, 늘어나는 dominance 지배 a variety of 다양한 device 기기 including ~을 포함해 be poorly received 좋지 못한 반응을 얻다 the public 일반 대중 a growing number of 점점 더 많은 (수의) quality time 소중한 시간, 단란한 시간 challenge A to do: A에게 ~하도록 요구하다 spread 확산되다, 퍼지다

정답 (c)

5.

존 도의 변호사들은 그가 살인을 저지르기에는 너무 몸집이 비대했다고 주장했지만, 배심원들은 그 변호사들의 '비만' 변호를 받아 들이지 않았으며, 2년 전에 전처 케이트 린에 대한 살인 혐의로 유죄를 선고했다. 이 변호사들은 도가 일련의 계단을 올라가 린을 여러 차례 쏜 후에 경찰이 현장에 도착하기에 앞서 재빠르게 도망치기에는 너무 뚱뚱했다고 주장했다. 피고에 관한 이 변호 내용을 일축한 검찰은 도가 총기 소음기를 구입해 완벽한 범죄를 저지르는 방법을 찾기 위해 온라인으로 검색한 증거를 제시했다.

Q: 지문을 통해 유추할 수 있는 것은 무엇인가?
(a) 배심원단은 피고가 유죄인지 아닌지를 결정할 수 없었다.
(b) 존 도의 아내는 과체중이었던 것으로 알려졌다.
(c) 검찰 측은 사전에 계획된 살인이었다고 결론을 내렸다.
(d) 존 도는 범죄 현장에서 경찰에 의해 발견되었다.

해설 지문 마지막에 검찰 측이 도가 총기 소음기를 구입해 완벽한 범죄를 저지르는 방법을 온라인으로 검색한 증거를 제시했다는(Doe searched online to find out how to buy a gun silencer and commit a perfect crime) 내용이 있는데, 이는 계획된 살인임을 입증하기 위한 것이므로 (c)가 정답이다.

어휘 attorney 변호사 argue that ~라고 주장하다 too A to do: ~하기에는 너무 A한 obese 비만인, 몸집이 비대한 commit ~을 저지르다 murder 살인 juror 배심원 buy ~을 믿다 defense 변호 convict A of B: A에게 B에 대해 유죄를 선고하다 ex-wife 전처 climb ~을 올라 가다 several times 여러 차례 make a quick getaway 빠르게 도망 치

다 scene 현장 dismiss ~을 일축하다, 무시하다 defense theory 변호 내용 the prosecution 검찰 present ~을 제시하다 evidence 증거 search online 온라인으로 검색하다 how to do ~하는 법 gun silencer 총 소음기 jury 배심원단 decide if ~인지 결정하다 guilty 유죄인 be known to be A: A한 것으로 알려지다 overweight 과체중인 prosecutor 검사 conclude that ~라고 결론을 내리다 premeditated 사전에 계획된

정답 (c)

6.

선도적인 정책 입안자들과 경제 전문가들을 한데 모으는 국제적인 두뇌 집단인 세계경제포럼(WEF)이 오늘 종료되는 이틀 간의 모임 행사를 스위스의 다보스-클로스터에서 개최하고 있다. WEF는 가장 권위 있는 세계 경제 컨퍼런스들 중의 하나인 다보스포럼을 총괄하고 있으며, 또한 지역 별 정상 회담도 주관하고 있다. 하지만, 전 세계의 일부 시민 협회와 학생 운동가들은 그 모임이 서구 강국들에게만 편향되어 있으며 오직 부유한 국가들을 위한 이익만을 추구한다고 말하면서, 이 국제 포럼을 강력히 비난하고 있다. 이 경제 포럼에서, 전 세계에서 찾아 온 참가자들은 현재 아시아 지역 내 비즈니스 분야에서 신 자유주의를 확산시키는 방법을 논의하고 있다.

Q: 지문을 통해 유추할 수 있는 것은 무엇인가?
(a) WEF는 권위주의적인 시스템으로 잘 알려져 있다.
(b) 많은 정치 지도자들과 경제 전문가들이 WEF를 비난해 왔다.
(c) WEF 모임은 매년 다른 곳에서 개최된다.
(d) 일부 사람들은 WEF가 부유한 국가들을 위한 편견을 보이고 있다고 생각한다.

해설 WEF에 대한 비난이 언급된 지문 후반부에, 일부 사람들이 그 모임이 서구 강국들에게만 편향되어 있으며 오직 부유한 국가들을 위한 이익만을 추구한다(the meeting is lopsided toward Western powers and only pursues profits for rich countries)고 주장하고 있다는 점이 언급되어 있으므로 이와 같은 편견을 말한 (d)가 정답이다.

어휘 think tank 두뇌 집단 group v. ~을 모으다 leading 선도적인, 앞서 가는 policymaker 정책 입안자 economist 경제 전문가 hold ~을 개최하다, 열다 supervise ~을 총괄하다, 감독하다 authoritative 권위 있는 organize ~을 주관하다, 조직하다 regional 지역의 summit meeting 정상 회담 civic 시민의 association 협회, 단체 activist 운동가 strongly 강력히 criticize ~을 비난하다 lopsided 편향된 toward ~ 쪽으로, ~을 위해 Western powers 서구 강국들 pursue ~을 추구하다 profit 이익, 수익 participant 참가자 discuss ~을 논의하다 how to do ~하는 법 proliferate ~을 확산시키다 new liberalism 신자유주의 be renowned for ~로 잘 알려져 있다 authoritarian 권위주의적인 suggest (that) ~라고 생각하다 bias 편견 affluent 부유한

정답 (d)

7.

콘텐츠 제공업체들, 특히 신문 출판업체들은 구글의 검색 엔진이 작동되는 방식에 반대해 왔다. 그리고 현재 구글은 '퍼스트 클릭 프리'라는 이름의 특별 프로그램에 함께 하도록 함으로써 신문 업계를 달래기 위한 해결책을 내놓는 듯 하다. 이 새로운 프로그램을 통해, 출판업체들은 온라인 사용자들이 회원이 되지 않으면 공짜로 읽을 수 있는 신문 기사의 수를 제한할 수 있다. 구글은 과거에 이 업계로부터 집중 포화를 맞은 적이 있었는데, 구글 검색 결과가 일부 뉴스 사이트들의 구독 시스템을 자주 건너 뛰고 있기 때문이다.

Q: 지문을 통해 유추할 수 있는 것은 무엇인가?
(a) 온라인 사용자들이 구글 검색 엔진의 정확성에 대해 불만을 제기했다.
(b) 신문사들이 잠재적인 신규 구독자들을 계속 놓쳐 왔다.
(c) 구글의 새로운 프로그램이 신문사들의 반대에 부딪혀 왔다.
(d) 모든 온라인 콘텐츠 출판업체들은 '퍼스트 클릭 프리' 프로그램에 가입해야 한다.

해설 ▸ 첫 문장에 신문사들이 구글의 검색 엔진 작동 방식에 반대한 사실이(newspaper publishers, have disapproved of the way Google's search engine works) 쓰여 있고, 마지막 부분에는 구글 검색 결과가 일부 뉴스 사이트들의 구독 시스템을 자주 건너 뛴다고(Google searches frequently bypass some news sites' subscription systems) 언급하는 것으로 볼 때 고객들이 그 구독 시스템을 이용할 수 없었음을 알 수 있다. 이는 신규 고객들을 놓친 결과로 이어질 수 있는 일이므로 그 의미에 해당되는 (b)가 정답이다.

어휘 ▸ content provider 콘텐츠 제공업체 especially 특히 disapprove of ~에 반대하다 the way A do: A가 ~하는 방식 work 작동되다 seem to do ~하는 것 같다 come up with (아이디어 등) ~을 내놓다, 제시하다 solution 해결책 appease ~을 달래다 industry 업계 by (방법) ~함으로써 allow A to do: A가 ~하게 해 주다 join ~와 함께 하다, ~에 가입하다 through ~을 통해 be able to do ~할 수 있다 set a limit on ~을 제한하다 the number of ~의 수, 숫자 for nothing 공짜로 unless ~하지 않는다면 subscriber 구독자, 서비스 가입자 come under heavy fire 집중 포화를 맞다, 집중 비난을 받다 in the past 과거에 frequently 자주, 흔히 bypass ~을 건너 뛰다, 우회하다 subscription 구독, 서비스 가입 complain about ~에 대해 불만을 제기하다 accuracy 정확성 lose out on ~을 놓치다 potential 잠재적인 be met with opposition 반대에 부딪히다 be required to do ~해야 하다

정답 ▸ (b)

8.

국가가 완전히 수몰될 수 있다는 두려움이 커짐에 따라 몰디브 정부는 기후 변화의 위협에 대한 인식을 드높이기 위해 수중 각료 회의를 개최했다. 지구 온난화를 그대로 내버려 둘 경우, 전문가들은 이 국가가 향후 백 년 이내에 높아지는 해수면으로 인해 물에 잠길 수 있다고 예측하고 있다. 몰디브는 인도양에 속한 약 1,190개의 산호섬으로 구성되어 있으며, 겨우 해발 고도 약 1.5미터의 평균 자연 지면 높이로 인해 세계에서 가장 저지대에 위치한 국가이다. 세계에서 온실 가스를 가장 많이 배출하고 있는 강대국들이 보이고 있는 명백한 무관심과 결합된 해수면 상승은 이 국가 뿐만 아니라 방글라데시와 같은 기타 저지대 지역에 대재앙을 불러 오고 있다.

Q: 이 지문을 통해 상승하는 해수면에 대해 유추할 수 있는 것은?
(a) 인도양에서 수많은 섬들이 가라앉는 결과를 낳고 있다.
(b) 몰디브의 어업에 엄청난 영향을 끼치고 있다.
(c) 연간 1.5미터씩 상승하고 있다.
(d) 일부 국가의 지도자들에게 우선사항으로 여겨지지 않는다.

해설 ▸ 해수면 상승 현상으로 몰디브가 받고 있는 위협을 나타내는 지문 마지막 부분에서 세계 최대의 온실가스 배출 국가들의 명백한 무관심(the apparent apathy displayed by the world's largest greenhouse gas emitting nations)이라는 말이 나오는데, 여기에서 일부 국가들이 해수면 상승 현상을 우선사항으로 여기지 않는다고 추론할 수 있으므로 (d)가 정답이다.

어휘 ▸ with A -ing: A가 ~함에 따라, ~하면서 completely 완전히 submerged 수몰된, 침몰된 hold ~을 개최하다, 열다 underwater 수중의 cabinet meeting 각료 회의 raise awareness of ~에 대한 인식을 드높이다 threat 위협 climate change 기후 변화 global warming 지구 온난화 be left unchecked 그대로 내버려져 있다 expert 전문가 forecast that ~라고 예측하다 go under water 물에 잠기다 due to ~로 인해 sea level 해수면 within ~ 이내에 consist of ~로 구성되다 approximately 약, 대략 coral island 산호섬 low-lying 저지대에 위치한 average 평균의 above sea level 해발 고도 combined with ~와 결합하여 apparent 명백한 apathy 무관심 displayed by ~가 내보이는 greenhouse gas-emitting nation 온실 가스 배출 국가 spell catastrophe for ~에 대재앙을 불러 오다 result in ~의 결과를 낳다 submerging 수몰, 침수 numerous 수 많은 profound 지대한, 엄청난 impact on ~에 대한 충격, 영향 fishing industry 어업 at an average rate of 평균 ~의 비율로 priority 우선사항 issue 문제

정답 ▸ (d)

9.

선배나 친구들과 함께 술을 마시는 친목 모임은 일부 대학 신입생들이 캠퍼스에 처음 발을 들여 놓을 때 불편하게 여길 수 있는 일들 중의 하나이다. 고등학교 졸업 직후에, 그들은 폭음 문화에 갑작스레 노출된다. 적당한 알코올 섭취는 좀처럼 문제가 되지 않지만, 과잉 섭취로 인해 학생들이 강의를 빼먹거나 뒤쳐지게 만들며, 시험을 망치거나 낙제 점수를 받도록 한다. 또한, 다치거나 부상을 입고 재물을 파손시키고 경찰과 곤란한 상황에 빠지거나 음주 운전을 하게 될 가능성이 매우 높아진다. 신입생들은 밤새도록 파티를 해야 한다는 또래들의 압박보다 각자의 행복한 생활과 학업에 대한 책임감을 우선시해야 한다.

Q: 지문을 통해 유추할 수 있는 것은 무엇인가?
(a) 음주는 많은 대학 캠퍼스에서 금지되어 있다.
(b) 대학 캠퍼스에서 발생하는 음주 부상 사례가 급격히 늘었다.
(c) 술을 적당히 마시는 학생들은 낙제하는 경향이 있다.
(d) 과도한 음주가 학생들에게 부정적인 결과를 초래한다.

해설 지문 중반부에 음주 경험으로 인해 학생들이 강의를 빼먹거나 뒤쳐지게 만들고 시험을 망치거나 낙제 점수를 받는다는 말과 함께 신체적 부상이나 재물 파손, 경찰과 관련된 문제, 음주 운전과 같은(miss classes, fall behind, fail exams and receive failing grades. Also, they are highly likely to get hurt or injured, damage property, get in trouble with the police, and drive while drunk) 부정적인 영향이 언급되어 있으므로 이를 말한 (d)가 정답이다.

어휘 social gathering 친목 모임, 사교 모임 involving ~을 동반하는, ~와 관련된 consumption 소비, 마심 senior 선배 find A 형용사: A를 ~하다고 생각하다 uncomfortable 불편한 set foot on ~에 발을 들이다 suddenly 갑자기 be exposed to ~에 노출되다 practice 관습, 관례 binge drinking 폭음 moderate 적당한 intake 섭취 rarely 좀처럼 ~ 않다 problematic 문제가 되는 overindulgence 과잉 섭취, 지나친 탐닉 cause A to do: A가 ~하게 만들다, ~하도록 초래하다 miss ~을 놓치다, 지나치다 fall behind 뒤쳐지다 fail exams 시험을 망치다 receive ~을 받다 failing grades 낙제 점수 be highly likely to do ~할 가능성이 높다 get hurt 다치다 injured 부상을 입은 damage ~을 손상시키다 property 재산, 자산 get in trouble 문제를 겪다 while drunk 취한 상태로 prioritize ~을 우선시하다 welfare 행복, 안녕, 복지 responsibility 책임(감) over (비교) ~보다 peer pressure 동료들이 주는 압력 party v. 파티를 하다 ban ~을 금지하다 steeply 급격히 increase 증가하다 in moderation 적당히 tend to do ~하는 경향이 있다 negative 부정적인 consequence 결과

정답 (d)

10.

저조한 출산율이 점점 더 우려의 원인이 되어 가고 있다. 그리고 이곳 대한민국의 문제는 다른 어느 국가들보다 훨씬 더 심각하다. 믿기 어려울 정도의 사교육비를 포함해 출산율 하락세를 설명하는 여러 가지 요소들을 말할 수 있을 것이다. 많은 부부들이 '아이를 갖지 말자'고 결정하고 있는데, 아이를 갖는 것에 따른 재정적, 정서적 부담과 마주하기를 원하고 있지 않기 때문이다. 이는 전혀 문제될 것이 없는데, 부모가 되는 것은 개인 선택의 문제이기 때문이다. 하지만, 안타깝게도, 아기를 갖기 위해 무엇이든 다 하려 하지만 임신을 할 수 없는 많은 부부들이 존재한다.

Q: 이 지문을 통해 대한민국의 사교육에 대해 유추할 수 있는 것은 무엇인가?
(a) 교사들의 급여가 세계 평균 수준에 미치지 못한다.
(b) 등록 학생 수가 놀라운 상승세를 보이고 있다.
(c) 제공되는 교육 수준이 최근 몇 년 간 하락했다.
(d) 많은 사람들이 터무니 없는 비용을 감당하지 못한다.

해설 사교육이 처음 언급되는 부분을 찾아보면 중간 부분에 staggering private education expenses라고 나오는데, staggering expenses는 비용이 너무 엄청나서 할말을 잃을 정도라는 뜻이다. 그 뒤에 다시 많은 무자녀 부부들이 자녀를 가질 경우의 경제적 부담 때문에 그런 결정을 내린다고 부연 설명하고 있다. 이를 종합하면, 많은 사람들이 엄청난 사교육 비용을 감당하기 어렵다는 것을 추론할 수 있으므로 (d)가 정답이다.

어휘 birth rate 출산율 increasingly 점점 더 cause 원인 concern 우려, 걱정 much (비교급 수식) 훨씬 name ~의 이름을 대다 several 여럿의, 몇몇의 factor 요소 account for ~을 설명하다 downward trend 하락세 including ~을 포함해 staggering 믿기 어려운, 엄청난, 충격적인 private education 사교육 expense 비용 decide to do ~하기로 결정하다(=choose to do) go 형용사: ~한 상태가 되다 childfree 자녀가 없는 deal with ~에 대처하다, ~을 다루다 financial 재정적인 emotional 정서적인 burden 부담 a matter of personal choice 개인 선택의 문제 unfortunately 안타깝게도 be unable to do ~할 수 없다 conceive (아이를) 임신하다 salary 급여 below the global average 세계 평균 이하인 enrolled 등록된 surprising 놀라운 upturn 상승세 standard of education 교육 수준 provided 제공된 decline 하락하다 in recent years 최근 몇 년 간 exorbitant 엄청난, 터무니 없는 cost 비용 be met by ~가 감당하다 individual 사람

정답 (d)

11.

내 딸이 8살이 되었을 때, 동물에 깊은 관심을 보이기 시작했다. 그래서 어느 날, 나는 경험을 통해 많은 것을 배울 수 있겠다는 생각에 딸을 데리고 국립 동물원을 방문해 놀게 해 주었다. 우리는 고릴라와 팬더 곰에서 사자와 호랑이에 이르기까지 아주 다양한 동물들을 봤다. 처음에, 딸은 조금 무서워하면서 동물 우리로 가까이 가기를 주저했고, 이는 당연한 일이었지만, 하루가 지날 무렵에는 심지어 사육사와 함께 몇몇 동물에게 먹이를 주기까지 했다. 동물원을 방문한 일은 딸에게 있어 매우 보람 있는 경험이었던 것으로 드러났으며, 딸은 심지어 그날 자신이 본 모든 동물을 바탕으로 하는 학교 프로젝트를 만들기도 했다.

Q: 지문을 통해 글쓴이에 대해 유추할 수 있는 것은?
(a) 동물원 방문이 교육적이기를 바랐다.
(b) 딸이 함께 국립 동물원을 방문하도록 요구했다.
(c) 딸이 결국 동물에 대한 관심을 잃게 되었다.
(d) 자신이 어린 아이였을 때 동물에 깊은 관심이 있었다.

해설 지문 초반부에 딸을 동물원으로 데려 가는 일이 경험을 통해 많은 것을 배울 수 있겠다는 생각에서 비롯된(by taking her to visit the National Zoo, believing that she could learn a lot from the experience) 것이라고 쓰여 있는데, 이는 그 방문이 교육적이기를 바랐다는 것과 같은 의미이므로 (a)가 정답이다.

turn 숫자: ~살이 되다 keen interest in ~에 대한 깊은 관심 surprise ~을 놀라게 하다 by (방법) ~함으로써, ~할 무렵 take A to B: A를 B로 데려 가다 a wide variety of 아주 다양한 at first 처음에는 a little 조금, 약간 scared 무서워 하는 hesitant to do ~하기를 주저하는 get close to ~에 가까이 가다 enclosure (동물) 우리 understandable 당연한, 이해할 수 있는 even 심지어 (~도) feed ~에게 먹이를 주다 turn out to be A: A한 것으로 드러나다, 판명되다 rewarding 보람 있는 based on ~을 바탕으로 하는, 기반으로 하는 educational 교육적인 request that ~하도록 요구하다 eventually 결국, 마침내

정답 (a)

12.

┌─────────────────────────────────────┐

뉴타운 디스패치

스탠포드, 킹스 팀을 떠맡다
글: 새라 스티븐스

은퇴한 농구 전설 피트 리는 웨스턴 킹즈의 신성 존 스탠포드가 팀 동료 알 왓슨이 팀을 떠난 후에 허둥댈 것이라는 추측을 믿지 않는다. 리는 과거 자신의 스타 동료였던 조니 웨버가 리의 선수 경력 중반에 은퇴한 기억을 떠올렸다. 더 유명한 동료가 떠난 후에, 리는 팀 공격의 중추라는 새로운 역할을 받아들였고, 자신의 경력에서 가장 생산적인 한 해를 보냈다. 다가오는 이번 시즌에, 리는 앞날이 창창한 스탠포드에서 그와 비슷한 운명을 보고 있다.

Q: 기사에서 무엇을 유추할 수 있는가?
(a) 스탠포드는 왓슨보다 덜 알려진 선수이다.
(b) 리는 웨버에게 은퇴하지 말라고 설득하려 했다.
(c) 스탠포드는 과거의 리보다 더 뛰어난 농구 선수이다.
(d) 왓슨의 농구 선수 경력이 부상으로 인해 끝났다.

└─────────────────────────────────────┘

해설 선택지가 모두 두 사람이 대비되는 구조이므로 사람 이름 중심으로 지문을 확인해야 한다. 일단 Stanford의 동료인 Watson의 경력을 확인할 수 없는데, Pete Lee가 둘의 관계를 자신과 Webber의 경우에 비유하면서 After his better-known teammate's departure라고 하므로, 후자가 더 유명한 선수였음을 알 수 있다. 그러므로 Stanford is a lesser-known player라고 한 (a)가 정답이다.

어휘 take charge of ~을 떠맡다 retired 은퇴한 legend 전설적 인물 buy into ~을 믿다 speculation 추측 rising 떠오르는 flounder (어쩔 줄 몰라) 허둥대다, 당황하다 departure 이탈, 떠남 recall ~에 대한 기억을 떠올리다, ~을 회상하다 retirement 은퇴 midway through ~의 중도에 embrace ~을 받아들이다, 수용하다 focus 중심, 초점 offense 공격 productive 생산적인 upcoming 다가오는, 곧 있을 similar 비슷한, 유사한 fate 운명 up-and-coming 전도 유망한 lesser-known 덜 알려진 attempt to do ~하려 시도하다 persuade A (not) to do: ~하도록(하지 않도록) A를 설득하다 end 끝나다 due to ~로 인해 injury 부상

정답 (a)

13.

┌─────────────────────────────────────┐

모리슨의 시합 준비

토미 모리슨은 자신이 직접 개발한 특이한 고탄수화물 식단을 따르면서 다음 달에 있을 헤비급 복싱 타이틀 방어전 준비를 하고 있다. 그는 상대 선수이자 무패 복서인 조르제 루이즈보다 훨씬 더 체중이 가볍기 때문에, 루이즈의 몸무게 수준에 맞추기 위해 몇 킬로그램 찌울 수 있기를 바라고 있다. 하지만, 그의 트레이너들은 득보다 실이 더 많을 것이라는 우려의 목소리를 내 왔다.

시합에서 승리를 거두기 위해, 모리슨은 분명히 추가로 체중과 근육을 늘려야 한다. 하지만 그는 체계적인 식이요법을 따르지 않음으로써 전반적인 몸 상태와 경기력을 위태롭게 만들고 있다. 그는 자격을 갖춘 영양 전문가들의 도움을 받아야 하며, 그렇지 않으면 그 큰 시합이 벌어지는 밤이 될 때 승산이 없을 것이다.

Q: 글쓴이가 토미 모리슨에 관해 동의할 것 같은 내용은?
(a) 현재의 체중을 그대로 유지하는 편이 더 나을 것이다.
(b) 트레이너들은 그의 판단을 더 신뢰해야 한다.
(c) 논란이 많은 그의 식단이 성공의 열쇠가 될 수 있을 것이다.
(d) 올바르게 식사하지 않으면서 승리할 기회를 날리고 있다.

└─────────────────────────────────────┘

해설 지문 후반부에 체계적인 식이요법을 따르지 않음으로써 전반적인 몸 상태와 경기력을 위태롭게 만들고 있다는(he is risking his overall condition and performance by not following a structured diet regimen) 말이 쓰여 있는데, 이는 적절하지 못한 식사 방법으로 인해 승리 가능성을 낮추고 있음을 뜻하는 것이므로 그 의미에 해당되는 (d)가 정답이다.

어휘 get ready to do ~할 준비를 하다 defend ~을 방어하다 by (방법) ~함으로써 follow ~을 따르다 unorthodox 특이한 high-carb 고탄수화물의 come up with ~을 생각해 내다 oneself (부사적으로) 직접 much (비교급 수식) 훨씬 opponent 상대 undefeated 무패의 gain several kilograms 몇 킬로그램 더 살을 찌우다 in order to do ~하기 위해 match ~에 맞추다, 필적하다 voice one's concerns that ~라는 우려의 목소리를 내다 do more harm than good 득보다 실이 더 많다 certainly 분명히 put on (살을) 찌우다 risk v. ~을 위태롭게 하다 overall 전반적인 performance 경기력, 실력 structured 체계적인 diet regimen 식이 요법 seek the help of ~의 도움을 구하다 qualified 자격 있는, 적격인 nutritionist 영양 전문가 stand no chance 승산이 없다 come around (때가) 돌아 오다 be better off -ing ~하는 편이 낫다 current 현재의 have faith in ~을 신뢰하다 judgement 판단(력) controversial 논란이 많은 hurt one's chances of ~할 기회를 날리다 correctly 올바르게, 정확히

정답 (d)

14.

알림

이 통지서는 구독자 제니 메인 씨께 알려 드리기 위한 것이며, 라이프스타일 매거진의 계약 약관에 따라, 저희는 구독 서비스 갱신에 대한 귀하의 반응이 없으므로 추가로 1년 동안 구독 서비스를 연장하실 의향이 없으신 것으로 간주하겠습니다. 추가로 1년 더 갱신하시는 모든 구독자는 특별 할인 요금과 함께, 직접 선택한 무료 선물도 받으신다는 점을 기억해 주시기 바랍니다. 귀하는 11월 12일까지 서비스 갱신을 확정하실 수 있으며, 이는 www.lifestylemag.com/subscriptions에서 하실 수 있습니다.

Q: 안내를 통해 메인 씨에 관해 유추할 수 있는 것은 무엇인가?
(a) 웹사이트를 방문함으로써 여전히 구독 서비스를 연장할 수 있다.
(b) 라이프스타일 매거진의 가장 최신 호를 받지 못했다.
(c) 지난 1년 동안 할인된 요금을 지불해 오고 있었다.
(d) 즉시 해당 잡지사에 온라인으로 비용을 지불해야 한다.

해설 지문 맨 마지막에, 11월 12일까지 서비스를 갱신할 수 있다는 말과 함께 그 방법으로 웹 사이트 주소를 알려 주고 있는데(You have until November 12th to confirm the renewal, which you can do by visiting www.lifestylemag.com/subscriptions), 이는 웹 사이트 방문을 통해 여전히 갱신할 기회가 있음을 뜻하는 것이므로 그 의미로 쓰인 (a)가 정답이다.

어휘 notice 알림, 공지 notification 통지(서) serve to do ~하는 역할을 하다 inform A that: A에게 ~라고 알리다 subscriber 구독자, 서비스 가입자 in accordance with ~에 따라 terms and conditions (계약) 약관 lack of ~의 부족 response 반응, 응답 subscription 구독, 서비스 가입 renewal 갱신 assume that ~라고 생각하다, 추정하다 extend ~을 연장하다 renew ~을 갱신하다 receive ~을 받다 discounted rate 할인된 요금 as well as ~뿐만 아니라 free 무료의 of one's choosing ~가 선택하는 confirm ~을 확정하다, 확인해 주다 by (방법) ~함으로써 extend ~을 연장하다 issue (잡지 등의) 호 make a payment 비용을 지불하다 immediately 즉시

정답 (a)

UNIT 07 Part 4 – 1지문 2문항

기출 Check-up Test 본서 p.102

1. (b)	**2.** (b)	**3.** (b)	**4.** (d)	**5.** (d)	**6.** (c)
7. (d)	**8.** (b)	**9.** (c)	**10.** (c)	**11.** (b)	**12.** (c)
13. (b)	**14.** (a)	**15.** (d)	**16.** (c)		

1-2.

아버지께서 처음 자동차 경주 행사에 나를 데려 가셨을 때, 바로 그곳에서 그곳에서 나는 자동차 경주 선수가 되고 싶었다는 것을 알았다. 어머니와 아버지께서는 언제나 삶에 있어서 내 결정을 변함 없이 지지해 주셨지만, 내가 고등학교에서 대학교로 곧장 진학하는 대신 자동차 경주 팀에 가입하겠다는 결정을 내렸다고 말씀 드렸을 때, 부모님께서는 귀를 의심하실 수 밖에 없었다. **1 2** 두 분의 말씀에 따르면, 자동차 경주 선수가 되는 것은 내가 다치거나 더 심한 상황에 처하게 된다는 것을 의미한다.

두 분의 말씀에 일리가 있을 수는 있는데, **1** 자동차 경주에는 많은 위험 요소가 동반되며, 선수에게 신체적으로 큰 타격을 입힐 수 있기 때문이다. 하지만 나는 내 경주 팀에 속한 사람들이 경험 많은 전문가들이라는 것을 알고 있다. 그들은 항상 내 차를 완벽한 작동 상태로 유지하고 각각의 새 코스를 상세히 설명해 줌으로써 내게 발생될 위험을 반드시 최소화하도록 보장해 준다. 따라서, 결국, 나는 부모님의 우려를 이해하기는 하지만, 내 꿈을 지속적으로 추구해 세계 챔피언이 되는 것이 목표이다.

1. Q: 글쓴이는 지문에서 주로 무엇에 관해 쓰고 있는가?
(a) 진로에 대해 결정하려는 힘든 노력
(b) 자신의 직업 선택에 대한 부모님의 걱정
(c) 자동차 경주 드라이버가 되기 위한 훈련의 어려움
(d) 대학을 일찍 중퇴하고 싶어 하는 이유

2. Q: 글쓴이에 관해 다음 중 어느 것이 옳은 내용인가?
(a) 부모님의 바람대로 따를 계획이다.
(b) 자동차 경주가 위험하다는 점을 부모님께서 우려하고 계신다.
(c) 자동차 경주 업계 내에서 다른 일을 살펴 볼 것이다.
(d) 부모님을 자랑스럽게 느끼도록 만드는 것이 주요 관심사이다.

어휘 take A to B: A를 B에 데려 가다 then 그때 stand by ~을 변함 없이 지지하다 decision 결정 decide to do ~하기로 결정하다 join ~에 가입하다, 합류하다 instead of ~ 대신에 go straight from A to B: A에서 B로 곧장 가다 hardly 거의 ~ 않다 according to ~에 따르면 wind up 형용사: ~한 상태에 처하게 되다 worse 더 안 좋은, 더 나쁜 have a point 일리가 있다 involve ~을 동반하다, 수반하다 risk 위험 physically 신체적으로 take one's toll on ~에게 큰 타격을 입히다 experienced 경험 많은 professional 전문가 ensure that ~임을 보장하다 minimize ~을 최소화하다 by (방법) ~함으로써 keep A in perfect working order: A를 완벽한 작동 상태로 유

지하다 explain ~을 설명하다 in detail 상세하게 at the end of the day 결국 concern 우려, 관심사 aim to do ~하는 것이 목표이다 continue -ing 지속적으로 ~하다 pursue ~을 추구하다 struggle to do ~하기 위한 힘든 노력 decide on ~에 대해 결정하다 choice 선택 training 훈련, 교육 drop out of ~에서 중퇴하다, 중간에 그만 두다 plan to do ~할 계획이다 follow ~을 따르다 be concerned that ~라는 점을 우려하다 explore ~을 살펴보다, 탐구하다 within ~ 이내에 make A 형용사: A를 ~한 상태로 만들다 proud 자랑스러워하는

Q1 해설 첫 단락에는 자동차 경주 드라이버가 되는 것과 관련해 다치거나 더 심한 상황에 처하게 된다는(I'm going to wind up hurt, or worse) 부모님의 우려가, 두 번째 단락에는 많은 위험 요소가 동반된다는 점과 드라이버에게 가해지는 타격(a lot of risk and can physically take its toll on drivers)의 가능성이 언급된다. 따라서 이와 같은 선택에 대한 부모님의 우려가 주된 내용임을 알 수 있으므로 (b)가 정답이다.

정답 (b)

Q2 해설 첫 번째 단락 끝부분에 부모께서 말씀하신 것으로 자동차 경주 드라이버가 되면 다치거나 더 심한 상황에 처하게 된다는(According to them, being a race car driver means that I'm going to wind up hurt, or worse) 내용이 쓰여 있으므로 이와 같은 부모님의 우려를 언급한 (b)가 정답이다.

정답 (b)

3-4.

7월 14일, 오후 1:33 제이미

안녕하세요, 제프리,

그쪽 스탠필드 지점에 계신 앤디 밑에서 즐겁게 일하고 계시기를 바랍니다! 잠깐 들러서 당신뿐만 아니라 그쪽에 계신 나머지 직원들과 이야기할 계획이었지만, 최근에 여유 시간이 없었습니다. 저는 **4** 레이 씨가 모든 지점들을 대상으로 다음 달로 마련해 두신 교육 워크숍에 관해 알려 드리려고 합니다. 지난 번 워크숍이 얼마나 재미 있었는지 분명 기억하실 겁니다. 어쨌든, 당신이 근무하는 지점의 모든 분들께서 오실 수 있기를 바랍니다. **3** 제가 우편으로 워크숍 일정표를 보내 드리려고 했는데, 당신 사무실 호수가 기억이 나지 않습니다. 그 호수를 좀 알려 주시겠어요? 감사합니다.

4 7월 14일, 오후 1:35 제프리

안녕하세요, 제이미!

연락 주셔서 반가웠어요! 제 생각에 제가 스탠필드로 전근 오고 난 이후로 서로 보지 못한 것 같아요. 사실 어제 그렉을 통해서 그 워크숍에 관한 얘기를 들었어요. 레이 씨한테서 부탁을 받고 준비 작업을 도와 드리는 것 같은데, 작년에 아주 잘 해 주셨기 때문이에요. 어쨌든, 앤디 씨께서 이미 이곳에 계신 모든 분들에게 그 행사를 언급해 주셨기 때문에, **4** 16일에 분명 함께 할 예정입니다.

저는 빨리 다시 한 번 워크숍에 참석했으면 좋겠어요. 작년 행사도 너무 재미 있고 유익했어요! 우리 신입 사원들을 위해 비슷한 행사를 막 마련했기 때문에, 많은 준비가 필요하다는 것을 알고 있지만, 그 결과가 결국 큰 성과를 올릴 거예요.

그건 그렇고, 이곳 스탠필드 지점에 있는 제 사무실은 306호입니다.

안녕히 계세요.

3. Q: 제이미 씨는 왜 메시지를 보냈는가?
(a) 제프리 씨의 사무실을 방문하고 싶어 한다.
(b) 제프리 씨에게 행사 일정표를 보내고 싶어 한다.
(c) 제프리 씨의 전근에 관해 얘기해 주고 싶어 한다.
(d) 행사를 마련하는 일에 관해 제프리 씨의 조언을 원한다.

4. Q: 메시지를 통해 추론할 수 있는 것은?
(a) 앤디 씨는 제이미 씨의 상사이다.
(b) 그렉 씨는 교육 워크숍에 참가할 수 없다.
(c) 제프리 씨는 최근에 제이미 씨와 근무하기 시작했다.
(d) 레이 씨의 워크숍은 8월 16일에 열린다.

어휘 branch 지점, 지사 plan to do ~할 계획이다 the rest of ~의 나머지 free time 여유 시간 let A know about B: A에게 B에 관해 알리다 training 교육 organize ~을 마련하다, 조직하다 anyway 어쨌든 itinerary 일정(표) by mail 우편으로 since ~한 이후로 transfer v. 전근되다 n. 전근 actually 실은, 사실은 have A -ing: A에게 ~하도록 부탁하다, 시키다 assist with ~을 돕다 arrangement 준비, 마련, 조치 mention ~을 언급하다 definitely 분명히, 확실히 join ~와 함께 하다 can't wait to do 빨리 ~하고 싶다 attend ~에 참석하다 beneficial 유익한 similar 비슷한 new recruits 신입 사원들 preparation 준비 result 결과(물) pay off 성과를 올리다, 결실을 맺다 in the end 결국 by the way (화제 전환 시) 그건 그렇고 supervisor 상사, 책임자, 감독 be unable to do ~할 수 없다 participate in ~에 참가하다 recently 최근에

Q3 해설 첫 지문에, 곧 있을 워크숍 행사를 언급하면서 마지막 부분에 우편으로 워크숍 일정표를 보내려고 했는데(I was going to send you the workshop itinerary) 사무실 호수가 기억나지 않아 보내지 못했다는 말이 쓰여 있는 것으로 보아 그 일정표를 보내는 것이 목적임을 알 수 있으므로 (b)가 정답이다.

정답 (b)

Q4 해설 두 번째 지문 첫 단락에, 상대방이 언급한 워크숍 행사와 관련해 16일에 분명히 함께 할 것이라고(we'll definitely be joining you on the 16th) 언급하는 것으로 볼 때 해당 행사가 16일에 열린다는 점을 알 수 있다. 그런데 첫 지문 중반부에 그 행사가 다음 달에 열리는 것이라고(Ray has organized for all branches next month) 쓰여 있고, 상단에 메시지 작성 날짜가 7월(July 14)로 되어 있으므로 8월

16일이 행사 날짜임을 알 수 있다. 따라서 이 정보를 언급한 (d)가 정답이다.

정답 (d)

5-6.

> **강아지 산책시켜 주실 분을 찾습니다**
>
> 저희는 주기적으로 강아지를 산책시켜 주실 분으로서 3월에 시작해 가을이 지날 때까지 일하실 수 있는 분을 찾고 있습니다. 경험자 및 추천서가 있으신 분을 우대하며, 시급은 시간 당 14달러로 고정됩니다. 반드시 오전 7시에서 9시, 그리고 오후 6시에서 8시 사이의 시간대에 시간이 나시는 분이셔야 합니다. 이 일자리는 두 마리의 강아지를 산책시키는 일을 포함하는데, 3살짜리 인형 같은 푸들 한 마리와 6살짜리 달마시안 한 마리입니다.
>
> 이 일자리가 시간제이기는 하지만, 가능한 한 여러 해 동안 저희와 함께 일하실 수 있는 믿을 만한 분을 찾고자 합니다. 필요 시에 위에 써 드린 근무 시간은 약간 조정될 수 있습니다. 토요일 또는 일요일에는 일하실 필요가 없으신데, 그때는 남편과 제가 저희 강아지들과 함께 집에 있을 것이기 때문입니다.
>
> 일은 저희 강아지 두 마리를 산책시키시는 것으로 한정되며, 씻기거나 몸단장을 시키시는 일은 필요치 않습니다. 관심 있으신 분은 555-3987로 저희에게 전화 주시기 바랍니다. 그 후에 저희 집으로 초대해 편안하게 면접을 볼 생각입니다.

5. Q: 광고된 일자리에 관해 다음 중 어느 것이 옳은 내용인가?
(a) 3월 한 달 동안만 하는 일시적인 일자리이다.
(b) 일일 근무 시간은 변경될 수 없다.
(c) 지원자의 추천서에 따라 급여가 달라질 것이다.
(d) 어느 동물도 씻기는 일은 포함되지 않는다.

6. Q: 광고를 통해 유추할 수 있는 것은 무엇인가?
(a) 강아지를 산책시키는 사람은 월 단위로 돈을 지급 받을 것이다.
(b) 강아지를 산책시키는 일이 처음인 사람은 고려되지 않을 것이다.
(c) 주말에는 주인들이 강아지를 산책시킬 것이다.
(d) 지원자는 아침 또는 저녁 근무로 선택할 수 있다.

어휘 **dog walker** 강아지 산책시키는 사람 **through until ~** 까지 계속 **reference** 추천서, 추천인 **preferred** 우대되는, 선호되는 **hourly rate** 시급 **fixed** 고정된 **available** (사람이) 시간이 나는 **involve** ~을 포함하다, 수반하다 **reliable** 믿을 수 있는 **if possible** 가능할 경우 **slightly** 약간, 조금 **adjust** ~을 조정하다 **if necessary** 필요 시에 **be required to do** ~해야 하다 **duty** 일, 업무 **be limited to** ~로 한정되다 **grooming** 몸단장, 털 손질 **interested** 관심 있는 **then** 그 후에, 그리고 나서 **invite A around:** A를 집으로 초대하다 **informal** 격식을 차리지 않은 **temporary** 일시적인 **depend on** ~에 달려 있다, ~에 따라 다르다 **applicant** 지원자 **on a monthly basis** 한 달 단위로 **consider** ~을 고려하다 **owner** 주인,

소유주 **choose** ~을 선택하다

Q5 해설 마지막 단락에 해야 하는 일과 관련해 씻기거나 몸단장을 시키는 일은 필요치 않다고(no cleaning or grooming required) 쓰여 있으므로 이를 언급한 (d)가 정답이다.

정답 (d)

Q6 해설 두 번째 단락 끝부분에, 토요일 또는 일요일에는 일할 필요가 없다는 말과 함께 그 이유로 남편과 자신이 강아지들과 함께 집에 있을 것이라고(You will not be required to work on Saturday or Sunday, as both my husband and I will be at home with our dogs ~) 알리고 있으므로 주인들이 대신 강아지들을 산책시킨다는 사실을 알 수 있다. 따라서 이를 언급한 (c)가 정답이다.

정답 (c)

7-8.

> **내일의 세상**
>
> 과학자들은 최근 선명한 '새로운 파란색' 색상을 발견했다고 발표했으며, 아트 매직은 자사가 이 새로운 색상으로 된 크레용을 생산하는 첫 번째 회사가 될 것이라고 발표했다. 이 밝은 파란색은 1802년에 프랑스의 화학자 루이 자크 테나르에 의해 코발트 블루가 발견된 이후로 처음 만들어지는 새로운 파란색 색소이다. 밀레대학교의 한 교수가 실험실 오븐에서 화학 물질을 가열하던 중에 우연히 이 발견을 이뤘다. 이 연구가가 산화 이트륨과 산화 인듐, 그리고 소량의 산화 망간을 가열한 후에 이 혼합물을 화로에서 꺼냈을 때, 선명한 파란색으로 변해 있었다는 것을 알게 되었다. 이 새로운 색상의 선명함은 화학 물질들이 독특한 구조로 묶이면서 빛의 적색 파장과 녹색 파장을 완전히 흡수해 오직 파란색만 반사하면서 생겨난 결과물이다. 추가로, 이 색상은 절대로 색이 바래지 않는데, 그 화합물이 매우 안정적이기 때문이다.
>
> 일부 회사들은 새로운 건물을 지을 때 에너지 효율 기술에 이 새로운 색상을 사용하는 데 관심이 있다고 즉시 발표했는데, 이 색상이 잠재적으로 태양의 자외선 파장을 반사시킬 수 있어서 건물의 온도를 낮추는 데 도움이 될 수 있기 때문이다. 한편, 아트 매직은 아이들에게 이 색상에 대해 새롭고 기억하기 쉬운 이름을 제안하도록 요청하고 있으며, 수상작으로 선정된 아이디어는 새로운 크레용이 정식으로 출시되는 8월 22일에 발표될 것이다.

7. Q: 새로운 색상의 발견과 관련해 무엇이 독특한가?
(a) 처음에는 비밀로 유지되었다.
(b) 한 학생에 의해 이뤄졌다.
(c) 한 과학 수업 중에 일어난 일이었다.
(d) 우연히 발생된 일이었다.

8. Q: 새로운 색상에 관해 다음 중 어느 것이 옳은 내용인가?
(a) 아동 의류를 제조하는 데 사용될 것이다.
(b) 건설업계에서 응용될 수도 있다.
(c) 빛의 녹색과 적색 파장을 반사한다.
(d) 두 가지 화학 혼합물의 조합이다.

어휘 recently 최근에 announce that ~라고 발표하다 discover ~을 발견하다 vivid 선명한, 생생한 pigment 색소, 안료 create ~을 만들어 내다 since ~ 이후로 chemist 화학자 make a discovery 발견하다 by chance 우연히 while ~하는 동안 chemical 화학 물질 laboratory 실험실 a small quantity of 소량의 remove ~을 꺼내다, 제거하다 mixture 혼합물 furnace 화로 notice (that) ~임을 알아 차리다 vibrant 선명한 result 결과 bind 묶이다 unique 독특한 structure 구조(물) entirely 완전히, 전적으로 absorb ~을 흡수하다 wavelength 파장 reflect ~을 반사하다 fade 색이 바래다 compound 화합물, 혼합물 highly 매우, 대단히 stable 안정적인 immediately 즉시 be interested in ~하는 데 관심이 있다 energy efficiency 에너지 효율 potentially 잠재적으로 ultraviolet waves 자외선 파장 reduce ~을 감소시키다 in the meantime 한편, 그러는 동안 ask A to do: A에게 ~하도록 요청하다 suggest ~을 제안하다 catchy 기억하기 쉬운, 눈에 잘 띄는 winning 수상작으로 선정된 suggestion 아이디어, 의견 officially 공식적으로, 정식으로 launch ~을 출시하다, 공개하다 initially 처음에 accidental 우연한 occurrence 발생 manufacture ~을 제조하다 application 응용, 적용 industry 업계 combination 조합(물), 결합

Q7 해설 첫 단락 중반부에 밀레대학교의 한 교수가 실험실 오븐에서 화학 물질을 가열하던 중에 우연히 그 새로운 색상을 발견하게 되었다고(A professor at Millet University made the discovery by chance while heating chemicals) 쓰여 있으므로 이와 같은 우연한 발견을 언급한 (d)가 정답이다.

정답 (d)

Q8 해설 두 번째 단락 시작 부분에, 태양의 자외선 파장을 반사시킬 수 있어서 건물의 온도를 낮추는 데 도움이 될 수 있다는 이유로 건물을 지을 때 사용하는 일이(~ using the new color in energy efficiency technology when building new structures, as it could potentially reflect the ultraviolet waves of the sun) 언급되어 있으므로 건설 업계에서의 응용을 의미하는 (b)가 정답이다.

정답 (b)

9-10.

로드리고 벨라리오 시장이 엄청난 경제 붕괴를 거치면서 고통받고 있는 베네수엘라 도시 마라카이의 시장으로서 3선에 성공했다. 이 도시는 만연해 있는 실업, 치솟는 범죄 발생률, 그리고 낙제 수준의 의료 시스템 문제를 오랫동안 겪어오고 있다. 이로 인해 환멸을 느낀 시민들의 대탈출이 초래되었다.

벨라리오 시장이 금요일 밤에 카를로스 페냐를 물리치고 당선자로 발표되었을 때, **9** 비판자들이 즉시 나서서 그에게 유리한 쪽으로 크게 조작된 승리라고 주장했다. **10** 이들은 유권자들의 약 58퍼센트가 투표를 하지 않기로 결정하면서 투표율이 대단히 낮았다는 점에 주목했으며, 이는 현 정부에 대한 경멸의 뜻으로서 투표를 전적으로 거부하기 위한 상대 후보자들의 요청에 따른 결과라고 말했다. **9** 이들은 벨라리오에 반대하는 시민들이

더 많이 투표를 하러 나왔다면 그 결과가 달라졌을 것이라고 생각하고 있다.

시 전역에 위치한 투표소는 주로 완전히 비어 있었는데, 이는 과거의 선거에서 나타난 79퍼센트의 투표율과 비교해 볼 때 상당한 다른 점이었다. 많은 이들은 벨라리오 시장의 소속 정당이 그의 승리를 보장할 수 있다는 생각에 노동자 계급에 속한 시민들이 투표하지 못하게 만들기 위한 캠페인도 시작했다고 주장하고 있다.

9. Q: 뉴스 보도는 주로 무엇에 관한 것인가?
(a) 로드리고 벨라리오가 어떻게 최근 선거에서 자신의 정당을 승리로 이끌었는가
(b) 로드리고 벨라리오가 어떻게 시민들을 설득해 자신에게 투표하도록 만들었는가
(c) 선거 결과가 어떻게 시민들의 생각을 정확히 나타내고 있지 못하는가
(d) 마라카이 시의 선거에서 승리하기 위해 노력하는 후보자들 사이의 경쟁

10. Q: 지문에 따르면, 다음 중 옳은 것은?
(a) 노동자 계급 시민들 사이에서 벨라리오의 인기가 올랐다.
(b) 벨라리오가 도시의 기반 시설과 공공 서비스를 개선시키겠다고 맹세했다.
(c) 절반이 넘는 투표자들이 선거에서 투표하지 않기로 결정했다.
(d) 대부분의 투표소들이 정확히 투표자 수치를 알리지 못했다.

어휘 win a third term 3선에 성공하다 mayor 시장 suffer (고통 등) ~을 겪다, 당하다 monumental 엄청난, 기념비적인 economic collapse 경제의 붕괴 widespread 만연한 unemployment 실업 soaring 치솟는 crime rates 범죄 발생률 failing 낙제 수준의 result in ~을 초래하다, ~라는 결과를 낳다 mass exodus 대탈출 disenchanted 환멸을 느낀 election 선거 victor 승리자 over ~을 넘어, 능가하여 critic 비판자 immediately 즉시 come forward 나서다, 앞장 서다 claim that ~라고 주장하다 heavily (정도 등) 크게, 대단히 rig ~을 조작하다 in one's favor ~에게 유리하게 note that ~라는 점에 주목하다 voter turnout 투표율 extremely 매우, 대단히 eligible voter 유권자 choose not to do ~하지 않기로 결정하다(=decide not to do) cast ballots 표를 던지다 result 결과(물) oppose 반대하다 candidate 후보자 call 요청 boycott ~을 거부하다 entirely 완전히, 전적으로(= completely) in a show of ~을 나타내 contempt 경멸 current 현재의 administration 정부, 행정부 polling center 투표소 throughout ~ 전역에서 significant 상당한, 많은 compared with ~와 비교해 볼 때 previous 이전의, 과거의 election 선거 argue that ~라고 주장하다 party 정당 mount ~을 시작하다 discourage A from -ing: A가 ~하지 못하게 만들다 working-class 노동자 계급의 ensure ~을 보장하다 lead A to B: A를 B로 이끌다 persuade A to do: A를 설득해 ~하게 만들다 **fail to do** ~하지 못하다 **accurately** 정확하게 **portray** ~을 나타내다 **rivalry** 경쟁 **seek to do** ~하기 위해 노력하다, 시도하다 **rise in popularity** 인기가 오르다 **pledge to do** ~하겠다고 맹세하다 **improve** ~을 개선시키다 **infrastructure** 사회 기반 시설 **figure** 수치, 숫자

Q9 해설 두 번째 단락에 로드리고 벨라리오가 선거에서 승리한 것과 관련해 그것이 조작되었음을(it was heavily rigged in his favor) 주장하는 내용과 함께 벨라리오에 반대하는 시민들이 더 많이 투표했었다면 결과가 달라졌을 것이라는(the result would have been very different had more citizens who oppose Bellario came out to vote) 말이 있으므로 벨라리오의 승리가 사람들이 원하는 바가 아님을 알 수 있다. 따라서 이에 해당되는 의미로 쓰인 (c)가 정답이다.

정답 (c)

Q10 해설 둘째 단락에서 반대자들의 주장 가운데, '58%의 유권자들이 투표하지 않기로 결정한 가운데(with around 58% of eligible voters choosing not to cast ballots)'라는 부분을 볼 때 (c)가 정답이다.

정답 (c)

11-12.

사설: 도심 행사 중의 쓰레기 투기 행위

[독자 의견]

스티브 챔버스, 7월 13일

도심 광장에서 최근에 열린 섬머 히트 음악제 등의 행사 중에 사람들이 쓰레기를 투기하는 문제에 관해 글을 써 주셔서 감사드립니다. 저는 가족과 함께 그 행사에 참석했고, 바닥에 버려진 빈 플라스틱 컵과 음식물 포장지의 양을 보고 정말 경악했습니다. ⓫ 의회가 쓰레기를 버리지 말도록 경고하는 표지판 몇 개를 세워 놓는 조치를 취하기는 했습니다. 하지만 10달러라고 적힌 벌금은 억제 효과가 충분하지 않으며, 이번 행사는 지난 12월에 열린 크리스마스 축제만큼이나 많은 쓰레기를 만들어 냈습니다.

이는 분명 시의회에서 곧장 처리해야 하는 문제이지만, 저는 귀하의 신문사도 마찬가지로 관여한다면 도움이 될 것이라고 생각합니다. ⓬ 우리 시에 연례적으로 열리는 스프링 축제와 스프링 음식 박람회에 앞서 몇몇 광고를 실어 사람들에게 우리 도시를 아름답고 깨끗하게 유지하도록 상기시키는 것은 어떨까요? 귀 신문은 우리 시의 거의 모든 사람들이 읽고 있기 때문에, 그들이 메시지를 알아 차리지 못하는 일은 없을 것입니다. 저는 우리 시의 이미지를 위해 귀사가 이 방법의 잠재적인 이점을 꿰뚫어 보실 수 있기를 바랍니다.

11. Q: 이 독자 의견에 따르면 다음 중 어느 것이 옳은 내용인가?
(a) 최근에 열린 음악제가 계획대로 진행되지 않았다.
(b) 의회가 최근 행사에서 쓰레기 투기자들에게 벌금을 물리겠다고 위협했다.
(c) 크리스마스 축제는 참석자들에 의해 대성공으로 여겨졌다.
(d) 챔버스 씨는 섬머 히트 축제에 불참하기로 결정했다.

12. Q: 독자 의견의 주 목적은 무엇인가?
(a) 스프링 축제에 대한 의회의 계획을 비난하기
(b) 도시의 행사들을 다룬 보도 내용에 대해 신문사를 칭찬하기
(c) 향후 모임 행사를 개선하기 위한 광고 캠페인을 제안하기
(d) 신문사 구독자 수를 늘리는 방법에 대한 아이디어를 제공하기

어휘 editorial 사설 comment 평, 의견 litter v. 쓰레기를 투기하다 n. 쓰레기 issue 문제, 사안 drop ~을 버리다 attend ~에 참석하다 extremely 대단히, 매우 dismayed 경악한 amount 양, 수량 wrapper 포장지 discard ~을 버리다, 폐기하다 council 의회 make a minor attempt to do ~하는 데 별다른 시도를 하지 않다 prevent ~을 예방하다 by (방법) ~함으로써 put up ~을 세워 놓다, 내걸다 sign 표지(판) warn A to do: A에게 ~하도록 경고하다 stated 명시된 fine 벌금 of a deterrent 억제 효과가 있는 just as much A as B: B만큼이나 많은 A while ~이기는 하지만, ~인 반면 certainly 분명히 address v. ~을 처리하다 get involved 관여되다 as well 마찬가지로, 또한 How about −ing? ~하는 것은 어떨까요? run an ad 광고를 내다 prior to ~에 앞서 annual 연례적인 remind A to do: A에게 ~하도록 상기시키다 fail to do ~하지 못하다 notice ~을 알아 차리다 for the sake of ~을 위해 potential 잠재적인 benefit 이점, 혜택 go ahead 진행되다 as planned 계획대로 threaten to do ~하겠다고 위협하다 be seen as ~로 여겨지다 huge success 대성공 attendee 참석자 decide (not) to do ~하기로(하지 않기로) 결정하다 criticize ~을 비난하다 praise A for B: B에 대해 A를 칭찬하다 coverage 보도, 취재 suggest ~을 제안하다 improve ~을 개선하다 gathering 모임 offer ~을 제공하다 how to do ~하는 법 increase ~을 늘리다, 증가시키다 readership 구독자 수

Q11 해설 첫 단락 중반부에, 의회가 쓰레기를 버리지 못하게 경고하는 표지판을 몇 개 세워 놓았다(The council had made a minor attempt to prevent this by putting up a few signs warning people not to litter)고 하면서, 표지판에 10달러 벌금이 적혔다고 한다. 따라서, 의회가 쓰레기 투기꾼들에게 10달러 벌금으로 위협했음을 알 수 있으므로 (b)가 정답이다.

정답 (b)

Q12 해설 첫 단락에 먼저 배경 설명을 한 후에, 두 번째 단락에 가서 스프링 축제와 스프링 음식 박람회에 앞서 몇몇 광고를 실어 사람들에게 도시를 아름답고 깨끗하게 유지하도록 상기시키는 일을 제안하고(How about running some ads ~ reminding people to keep our town beautiful and clean?) 있으므로 이와 같은 개선안을 언급한 (c)가 정답이다.

정답 (c)

13-14.

엘링턴 레저센터의 요금 인상
글: 테스 그레이브스

엘링턴 – 내년 초부터, 회원과 비회원 모두 엘링턴 레저센터의 편의시설을 이용하려면 더 많은 비용을 내야 한다. 요금 인상은 20센트에서 45센트 범위이며, 이는 수영장 이용을 원하는 비회원들에게 가장 큰 타격이 될 것이다. 인상된 요금은 내년 7월에 개장할 것으로 예상되는 건물 내 새 뷰티 스파의 공사에 필요한 자금을 충당하는 데 쓰일 것이다.

하지만, 곧 있을 요금 변동에도 불구하고, 최근 개조된 매력적인 건물에서 이용할 수 있는 훌륭한 수준의 장비와 시설들을 감안하면, 이 레저센터는 여전히 비용에 비해 훌륭한 가치를 제공할 것이다. 현재, 회원들이 수영장을 이용하는 데 이용시간당 2.50달러가 드는 반면, 비회원은 4.50달러를 내야 한다. 체육관의 경우, 회원은 이용시간당 2달러의 비용을 지불하며, 비회원은 4달러를 지불한다. 1월 25일부터 모든 요금이 10% 인상되어, 각각 2.75달러, 4.95달러, 2.20달러, 그리고 4.40달러가 된다. **13** 하지만, 인공 암벽 이용을 즐기는 사람들에게는 현 회원제 요금이 당분간 변동되지 않고 그대로 유지된다는 기쁜 소식이 있다.

레저센터 회원들은 이 요금 인상 공지에 대해 불편한 기색이다. 일주일에 최소 두 번 체육관과 수영장을 자주 찾는 크레이그 페리어 씨는 이 요금 인상이 매우 부당하다고 생각했다. **14** 또한 일부 회원들은 일년 전의 시설 축소 이후로 줄곧, 체육관이나 수영장에 갈 때 자신이 쓸 타월과 바디 워시, 그리고 샴푸를 가지고 가야 한다는 점을 지적한다.

13. Q: 다음 중 어느 것이 변경되지 않을 것인가?
(a) 회원의 체육관 이용 요금
(b) 회원의 인공 암벽 이용 요금
(c) 비회원의 체육관 이용 요금
(d) 비회원의 수영장 이용 요금

14. Q: 뉴스 기사를 통해 추론할 수 있는 것은?
(a) 엘링턴 레저센터는 한때 방문객들에게 타월을 제공했었다.
(b) 엘링턴 레저센터의 편의 시설 대부분이 업그레이드될 것이다.
(c) 인공 암벽이 과거에는 비회원들에게 이용 가능한 것이었다.
(d) 몇몇 회원들이 체육관의 상태에 대해 불만을 제기했다.

어휘 hike 급등 amenities 편의 시설 increase in ~의 증가 fee 요금 range from A to B: A에서 B의 범위에 이르다 biggest hit 가장 큰 타격 gym 체육관 help do ~하는 데 도움이 되다 finance v. ~에 자금을 대다 on-site 건물 내의, 부지 내의 be expected to do ~할 것으로 예상되다 despite ~에도 불구하고 upcoming 곧 있을, 다가오는 great value for money 비용에 비해 뛰어난 가치 considering ~을 감안하면, 고려하면 equipment 장비 facility 시설(물) attractive 매력적인 renovated 개조된, 보수된 at the moment 현재 session (특정 활동을 위한) 시간 cost A B: A에게 B의 비용을 들이게 하다 while ~인 반

면 rate 요금 respectively 각각 those who ~하는 사람들 climbing wall 인공 암벽 current 현재의 members-only 회원제의 remain 형용사: ~한 상태로 유지되다, 남아 있다 for the foreseeable future 당분간 at least 최소한, 적어도 find A 형용사: A가 ~하다고 생각하다 unfair 부당한, 불공평한 point out that ~라고 지적하다 ever since ~ 이후로 줄곧 used to do (과거에) 한때 ~하곤 했다 previously 이전에, 과거에 available to ~가 이용 가능한 complain about ~에 대해 불만을 제기하다 condition 상태, 조건

Q13 해설 변경되지 않는 것은 두 번째 단락 끝부분에 나온다. 인공 암벽 이용과 관련해 현재의 회원제 요금이 당분간 변동되지 않은 상태로 유지된다(the current members-only rate will remain unchanged for the foreseeable future)고 알리는 내용이 있으므로 (b)가 정답이다.

정답 (b)

Q14 해설 지문 맨 마지막 부분에, 시설을 축소한 이후로는 계속 각자 타월을 가져가야 한다(ever since cutbacks one year ago, they even have to bring their own towels)고 알리는 부분이 있는데, 이는 그 전에는 타월이 제공되었음을 의미하므로 (a)가 정답이다.

정답 (a)

15-16.

자카르타, 인도네시아, 2월 25일 – 인도네시아에서 급성장하는 독립 기술지원 업체 중 하나인 사나디 테크놀러지 솔루션 사가 **15** 최근 자사의 표준 전화 서비스에 몇 가지 변화를 주었다.

"저희 기술지원 비상연락망은 이제 이용하기가 훨씬 더 수월해 졌으며, 이것은 저희가 훨씬 더 효율적으로 고객을 지원할 수 있음을 의미합니다."라고 이 회사 최고경영자 누르 이스칸다르 씨가 말했다. **15** 추가된 기능으로는 고객들이 미리 녹음된 질문에 대해 숫자 버튼을 눌러 반응하는 자동화 메뉴 시스템이 있는데, 이 시스템은 고객들이 자신들의 구체적인 문의를 가장 잘 처리할 준비를 갖춘 부서로 연결되도록 도울 것이다. "**16** 그 밖에 평균 상담시간을 줄이기 위한 노력에 따라 직원들이 고급 과정의 교육훈련을 받고 있습니다."라고 이스칸다르 씨가 덧붙였다.

사나디 테크놀러지 솔루션 사는 현재 매월 평균 50만 건 이상의 통화를 지원하고 있다. 이 회사는 컴퓨터와 디지털카메라와 같은 다양한 전자기기들에 대한 기술 지원을 제공하고 있으며, 올해 하반기에는 텔레비전과 게임기에 관한 기술 문의를 전담할 부서를 설치할 것이다. 이 회사의 서비스에 대한 상세한 설명을 보려면 웹사이트 www.sanaditech.id를 방문하면 된다.

15. Q: 이 기사의 목적은 무엇인가?
(a) 신임 고객서비스 부장의 임명을 발표하기
(b) 인기 전자제품에 대해 이뤄진 변경사항을 요약하기
(c) 한 기업이 제공하는 기술지원 수준을 평가하기
(d) 전화 서비스에 대해 이뤄진 개선사항을 설명하기

16. Q: 사나디 테크놀러지 솔루션 사에 대해 추론할 수 있는 것은?
(a) 매일 보통 50만 명에게 서비스를 제공한다.
(b) 직원들이 매월 정기적으로 교육훈련에 참석해야 한다.
(c) 경영진이 신속한 서비스에 중점을 두고 있다.
(d) 인도네시아 최대의 컴퓨터 제조사이다.

어휘 fastest-growing 급성장하는 independent 독립적인 technical support 기술지원 provider 서비스 제공업체 recently 최근 make a change to ~을 변경하다 standard 표준의 helpline 전화상담 서비스 mean 의미하다 assist 지원하다 customer 고객 efficiently 효율적으로 firm 회사 added 추가된 feature 기능, 특징 include 포함하다 automated 자동화된 press 누르다 in response to ~에 대응하여 pre-recorded 미리 녹음된 thereby 그 때문에 be put through to ~에게 (통화가) 연결되다 whichever 어느 ~이든지 be best-equipped to do ~할 준비가 가장 잘 되어있다 deal with ~을 처리하다 specific 구체적인 query 질의, 문의 in addition 추가로, 덧붙여 undergo ~을 겪다, 거치다 advanced 고급 과정의 in an effort to do ~하려는 노력으로 reduce 줄이다 average 평균의 call time 통화 시간 caller 전화 문의자 on average 평균적으로 offer 제공하다 a variety of 다양한 electronic device 전자기기 such as 예를 들면 later this year 올해 하반기에 inquiry 문의 regarding ~에 관한 game console 게임기 full description 상세한 설명

Q15 해설 기사의 목적은 초반에 제시되는 것이 보통이므로 첫 문장부터 살펴보자. 한 회사가 최근 표준 전화 서비스에 변화를 주었다(recently made some changes to its standard phone service)라고 전한다. 또한 둘째 단락에서 Added features include(추가 기능은 ~이다) 이후에 그 변경 내용을 상세히 설명하고 있다. 따라서 Added features를 improvements로 패러프레이징한 (d)가 정답이다.

정답 (d)

Q16 해설 추론 문제는 선택지에서 핵심 어휘들만 파악한 뒤, 지문을 처음부터 빠르게 읽으며 선택지와 대조하면서 오답을 소거하는 것이 요령이다. 이때 똑같은 단어를 사용한 함정에 빠지지 말아야 한다. 둘째 단락 후반에 직원들이 평균 상담 시간을 줄이는 교육훈련을 받았다(employees have undergone advanced training in an effort to reduce average call times)고 최고경영자가 말한다. 고객서비스에서 평균 상담 시간을 줄이면 고객의 대기 시간이 줄어들어 서비스가 빨라지므로 (c)를 유추할 수 있다. (a)의 50만명은 매월 기준이므로 오답이며, (b)의 교육훈련은 빈도가 지문에 제시되지 않으므로 오답이다. (d)의 인도네시아 기업은 맞지만, 제조가 아니라 고객서비스로서 업종이 다르다.

정답 (c)

Section 2
지문 유형별 접근

UNIT 08 서신

기출 Check-up Test 본서 p.120

1. (d)	2. (c)	3. (a)	4. (a)	5. (c)	6. (b)
7. (c)	8. (a)	9. (c)	10. (d)	11. (c)	12. (d)

1.

편집자께,

직업이 영양 전문가인 저는 우유가 영양가가 많지 않다는 것뿐만 아니라 심지어 사람에게 유해하다고까지 주장하는 사람들 때문에 점점 지치고 있습니다. 따라서, 저는 우유가 지닌 아주 오랜 건강상의 이점과 그것이 아몬드나 두유와 같은 대체품과 비교해 어떻게 나은지에 관해 지난 주에 난 기사에 대해 감사하게 생각했습니다. 하지만, 저는 이른바 영양 전문가라고 하는 사람들이 소셜 미디어를 통해 사람들에게 전달하고 있는 미심쩍은 조언을 귀하께서 부각시키지 못했다고 생각합니다. 귀하께서 확실히 그 보도 내용을 제공해 주신 것은 칭찬해 드리고 싶지만, **그 기사가 인터넷상에 존재하는 거짓 정보를 폭로해 주었어야 했다**고 생각합니다.

안녕히 계십시오.
진 안데일

(a) 건강과 좋은 몸매를 유지할 수 있는 몇몇 추가 방법들을 실었어야
(b) 아몬드 우유가 지닌 건강상의 이점에 관해 더 자세히 설명해 주었어야
(c) 우유가 몇몇 잠재적으로 부정적인 영향을 미친다는 점을 언급했어야
(d) 인터넷상에 존재하는 거짓 정보를 폭로해 주었어야

해설 should have p.p.의 형태로 동사가 쓰여야 하므로 해당 기사가 하지 못한 일을 나타내는 것을 찾아야 한다. 앞서 전문가들이 소셜 미디어를 통해 전달하고 있는 미심쩍은 조언을 부각시키지 못했다(failed to emphasize the questionable advice ~ through social media platforms)는 말이 있는데, 이 내용과 연결되는 것으로서 인터넷상의 거짓 정보에 대한 폭로를 언급한 (d)가 정답이다.

어휘 editor 편집자 nutritionist 영양 전문가 by profession ~을 직업으로 하는 grow tired of ~에 점점 지치다, 싫증나다 claim that ~라고 주장하다 not only A but (also) B: A뿐만 아니라 B도 nutritious 영양가가 많은 harmful 유해한 appreciate ~에 대해 감사하다 article (신문 등의) 기사 age-old 아주 오랜, 오래 전해내려 오는 benefit

이점, 혜택 favorably compare with ~와 비교해 더 낫다 alternative 대체(품), 대안 fail to do ~하지 못하다 emphasize ~을 강조하다 questionable 미심쩍은 so-called 이른바, 소위 through ~을 통해 commend ~을 칭찬하다 coverage 보도 (내용) should have p.p. ~했어야 했다 list ~을 싣다, 기재하다 additional 추가적인 way to do ~하는 방법 keep in shape 좋은 몸매를 유지하다 go into more detail 더 자세히 설명하다 mention that ~라고 언급하다 potentially 잠재적으로 have negative effects 부정적인 영향을 미치다 expose ~을 폭로하다 false 거짓의 exist 존재하다

정답 (d)

2.

로저 씨께,

귀하의 여름 인턴 근무 기간이 거의 끝나가고 있기 때문에, **한 달 더 귀하의 근무 기간을 연장하실 수** 있기를 바랍니다. 저희는 귀하께서 이곳에 계신 시간 동안 보여 주신 업무 능력에 대해 매우 깊은 인상을 받았으며, 행정팀에 대단히 큰 도움이 되는 분이라는 것을 입증해 주셨습니다. 저희는 7월 31일에 귀하를 잃게 되어 매우 유감스럽습니다. 따라서, 저는 귀하께서 8월 30일까지 저희와 함께 계속 일해 주시기를 제안하고자 합니다. 저희에게는 바쁜 한 달이 될 것이기 때문에, 분명 추가 일손이 필요할 수 있습니다. 저희는 또한 감사의 뜻으로 귀하의 시급도 기꺼이 인상해 드릴 것입니다. 답변 주시기를 고대하겠습니다.

안녕히 계십시오.
리암 넬슨

(a) 다른 사무실로의 전근을 고려해 보실 수
(b) 저희가 감사의 뜻으로 구입한 선물을 받으실 수
(c) 한 달 더 귀하의 근무 기간을 연장하실 수
(d) 귀하의 자리를 메울 적합한 후임자를 찾으실 수

해설 hope의 목적어 역할을 하는 that절에 빈칸이 속해 있으므로 희망사항으로 적절한 것을 찾아야 한다. 빈칸 이후에 상대방의 업무 능력을 칭찬하는 말과 함께, 7월 31일에 일을 그만두지 말고 8월 30일까지 계속 일하도록 제안하는(suggest that you continue working with us until August 30th) 말이 쓰여 있으므로 한 달 간의 근무 연장을 의미하는 (c)가 정답이다.

어휘 over 끝난 be impressed with ~에 깊은 인상을 받다 performance 수행 능력, 성과, 실적 prove to be A: A인 것으로 드러나다, 판명되다 administration 행정 therefore 따라서, 그러므로 suggest that ~하도록 제안하다 continue -ing 계속 ~하다 certainly 분명히, 확실히 extra pair of hands 추가 일손 increase ~을 인상하다, 증가시키다 hourly pay rate 시급 as a token of ~의 표시로 appreciation 감사(의 마음) look forward to -ing ~하기를 고대하다 response 답변, 반응 consider -ing ~하는 것을 고려하다 transfer 전근하다 accept ~을 받아 들이다 purchase ~을 구입하다 gratitude 감

사(의 뜻) extend ~을 연장하다 employment 고용 suitable 적합한, 어울리는 replacement 대체(자), 후임(자) fill ~을 메우다, 충원하다 position 일자리, 직책

정답 (c)

3.

하몬 씨께,

귀하의 매장에서 판매하는 제 제과 상품과 관련해 연락 드립니다. 지난 수요일에 만나 뵙고 논의한 바와 같이, 저는 9월 한 달 내내 귀하의 매장으로 매일 아침 도넛 50개와 베이글 50개를 배달해 드릴 것입니다. 귀하께서는 판매를 통해 발생되는 매상의 25%에 대한 대가로, 그 달 말일까지 이 상품을 광고하고 판매하시는 데 동의해 주셨습니다. 우리가 서로 사업 협의가 성공적이었다고 결론을 내릴 경우, 추가로 3개월 동안 연장됩니다. 이 조건들에 동의하시면, 월요일 오전 8시에 처음 배송되는 상품을 받아 보시게 될 겁니다.

안녕히 계십시오.
조 아볼리오

(a) 귀하의 매장에서 판매하는 제 제과 상품
(b) 저희 계약상에서 위반된 조항들
(c) 귀하의 매장 개조 공사에 대한 상호 합의
(d) 귀하께서 보내 주실 상품에 대한 배송 일정

해설 전치사 regarding의 목적어 자리에 해당되는 빈칸은 편지의 목적과 관련된 것이어야 한다. 지문 전체적으로, 9월 한 달 동안 상대방의 매장으로 매일 아침 도넛 50개와 베이글 50개를 배달해 주는(I will deliver 50 donuts and 50 bagels) 일과 그 제품의 판매를 통한 수익 분배와 관련된 내용이 쓰여 있으므로 이 제과 제품의 판매를 언급한 (a)가 정답이다.

어휘 contact ~에게 연락하다 regarding ~과 관련해 discuss ~을 논의하다 business 매장, 업체, 회사 agree to do ~하는 데 동의하다 advertise ~을 광고하다 goods 상품 in return for ~을 대가로, ~을 조건으로 takings 매상 through ~을 통해 sales 판매(량), 영업 decide that ~라고 결정하다 arrangement 협의, 조정, 조치 extend ~을 연장하다 further 추가의, 한층 더 한 terms 조건, 조항 receive ~을 받다 shipment 배송(품) baked goods 제과 제품 break ~을 위반하다, 깨다 contract 계약(서) renovation 개조, 보수 merchandise 상품

정답 (a)

4.

폴슨 교수님께,

제가 박사 학위를 준비하는 데 도움이 될 수 있도록 추천 도서 목록을 이메일로 보내 주셔서 감사드립니다. 제가 이렇게 글을 쓰는 이유는 **그 목록을 다시 전송해 주시기를 요청 드려야 하기** 때문입니다. 일전에 제 이메일 계정을 확인하던 중에, 제가 실수로 어

떻게 하다 보니 모든 메시지를 삭제하게 되었는데, 여기에는 교수님께서 보내 주신 것들도 포함되어 있었습니다. 이 일로 인해 저는 아주 많은 스트레스를 받게 되었는데, 그 메시지들은 제 학업과 관련된 중요한 정보를 아주 많이 포함하고 있었기 때문입니다. 따라서, 저는 여러 사람들에게 특정 자료들을 다시 보내도록 요청하기 위해 연락 드리고 있습니다. 저를 위해 이렇게 해 주시는 것에 개의치 않으셨으면 합니다!

대단히 감사합니다.
올리비아 브룩

(a) 그 목록을 다시 전송해 주시기를 요청 드려야 하기
(b) 자료를 정리해 주신 목록에서 일부 오류를 발견했기
(c) 추천해 주신 몇몇 책들을 찾을 수 없었기
(d) 다른 사람들과 목록을 공유하기 위해 허락을 받고 싶었기

해설 I am writing 뒤에 이어지는 because절이 빈칸이므로 편지의 목적과 관련된 내용을 찾아야 한다. 뒤에 이어지는 문장들을 보면 실수로 이메일의 메시지들을 삭제했고 거기에 상대방인 교수가 보낸 것들도 포함되어 있다고(accidently managed to delete all my messages, including the ones from you) 알리고 있다. 따라서 첫 문장에서 언급한 추천 도서 목록(recommended reading list)을 다시 보내달라는 것이 목적이 되어야 하므로 (a)가 정답이다.

어휘 recommended reading list 추천 도서 목록 help A do: A가 ~하는 데 도움이 되다 prepare for ~을 준비하다 PhD 박사 학위 while ~하는 동안, ~하면서 account 계정 the other day 일전에 accidently 실수로 manage to do 어떻게 하다 보니 ~하게 되다 delete ~을 삭제하다 including ~을 포함해 cause A B: A에게 B를 초래하다, 야기하다 a great deal of 아주 많은 contain ~을 포함하다, ~가 들어 있다 relevant to ~와 관련된 contact ~에게 연락하다 request that ~하도록 요청하다 certain 특정한, 일정한 material 자료, 재료 mind -ing ~하는 것을 언짢아 하다 ask A to do: A에게 ~하도록 요청하다 forward ~을 전송하다, 회송하다 compile (자료 등을 모아) ~을 정리하다 be able to do ~할 수 있다 would like ~을 원하다, ~하고자 하다 permission 허락 share A with B: A를 B와 공유하다

정답 (a)

5.

하스킨 씨께,

저는 몇 주 전에 함께 논의했던 오래된 컴퓨터의 기부와 관련해 리지몬트 고등학교를 대신해 렙튼 사에 편지를 드립니다. 지금쯤 저에게 다시 연락을 주실 것으로 생각했기에, 저희 학생들에게 큰 도움이 될 장비를 제공해 주실 의향이 아직도 분명히 있으신 것인지 확인해 보고자 합니다. 아시다시피, 정부의 최근 교육비 감축이 저희 예산을 심각하게 축소시켰기 때문에, 귀사에서 제공해 주실 수 있는 어떠한 추가 자원에 대해서도 정말 감사히 받겠습니다.

안녕히 계십시오.
모린 오다우드

Q: 편지의 주 목적은 무엇인가?
(a) 고등학교 행사를 후원하도록 기업에 요청하기
(b) 몇몇 컴퓨터의 배송에 대해 감사의 뜻을 표하기
(c) 이전의 기부 요청에 대한 후속 조치를 취하기
(d) 고등학교의 자원 부족 문제에 대해 불만을 제기하기

해설 지문 시작 부분에 몇 주 전에 함께 논의했던 오래된 컴퓨터 기부 문제와 관련해 편지를 쓴다고(regarding the donation of old computers we discussed a few weeks ago) 알리면서, 지금도 그럴 생각이 있는지 확인하려 한다고 말하고 있다. 이는 사전에 논의한 문제를 처리하기 위한 후속 조치에 해당되는 것이므로 (c)가 정답이다.

어휘 on behalf of ~을 대신해, 대표해 regarding ~와 관련해 donation 기부(품) discuss ~을 논의하다, 이야기하다 would have p.p. ~했을 것이다 get back in touch with ~에게 다시 연락하다 by now 지금쯤 intend to do ~할 작정이다, 계획이다 part with ~을 내주다 equipment 장비 of great benefit 큰 도움이 되는, 큰 혜택이 되는 recent 최근의 cutback 감축, 삭감 severely 심각하게 diminish ~을 축소시키다 budget 예산 be appreciative of ~에 대해 감사하다 extra 추가의, 별도의 resource 자원, 재원 provide ~을 제공하다 invite A to do: A에게 ~하도록 요청하다 sponsor ~을 후원하다 express ~을 표현하다 gratitude 감사(의 마음) follow up on ~에 관한 후속 조치를 취하다 prior 이전의, 앞선 request 요청 complain about ~에 대해 불만을 제기하다 lack of ~의 부족

정답 (c)

6.

케이츠 씨께,

가장 먼저, 지난 3년 동안 '홈 인테리어즈 매거진'의 장기 구독자가 되어 주신 것에 대해 감사드리고자 합니다. 제가 오늘 편지를 드리는 이유는, 저희 배송 기사가 이번 달 호를 귀하께 전해 드릴 수 없었기 때문입니다. 귀하의 주소지에 계신 입주자께서 저희 배송 기사에게 귀하께서 최근에 이사를 하셨다고 알려 주셨습니다. 저는 귀하께서 너무 바빠서 이사한다는 사실을 저희에게 미리 알려 주지 못하셨다고 생각합니다. 가급적 빨리 저에게 새 주소를 알려 주실 수 있다면, 반드시 저희 잡지의 어떤 호도 놓치시지 않도록 해 드리겠습니다. 미리 감사의 말씀드립니다.

안녕히 계십시오.
글렌다 제이콥스
홈 인테리어즈 매거진

Q: 편지의 주 목적은 무엇인가?
(a) 잡지 구독 서비스에 대한 비용 지불을 요청하는 것
(b) 케이츠 씨에게 업데이트된 배송 정보를 요청하는 것
(c) 케이츠 씨에게 새로 출시된 출판물을 추천하는 것
(d) 케이츠 씨에게 잡지 구독을 연장하도록 권하는 것

해설 지문 중반부에 수신인이 다른 곳으로 이사한 일과 관련해 빨리 새 주소를 알려줄 수 있는지(If you could let me know your new address at your earliest convenience ~) 묻고 있는데, 이는 새로운 배송 정보를 요청하는 일에 해당되므로 (b)가 정답이다.

어휘 long-time 장기간의 subscriber 구독자, 서비스 가입자 courier 배송 기사, 택배 기사 be unable to do ~할 수 없다 issue (잡지 등의) 호 occupant 입주자, 사용자 inform A that: A에게 ~라고 알리다 recently 최근에 assume (that) ~라고 생각하다, 추정하다 too A to do: 너무 A해서 ~하지 못하다 inform A of B: A에게 B를 알리다 in advance 미리, 사전에 at your earliest convenience 가급적 빨리 make sure that 반드시 ~하도록 하다 miss ~을 놓치다, 지나치다 request ~을 요청하다 payment 지불(금) subscription 구독, 서비스 가입 ask A for B: A에게 B를 요청하다 details 상세 정보 newly-launched 새로 출시된 publication 출판(물) suggest that ~하도록 권하다, 제안하다

정답 (b)

7.

던디 시 주민 여러분께,

올 여름, 우리는 건조하고 더운 기간 중에 사용되는 수돗물의 양을 제한하기 위해 정원용 스프링클러와 호스에 대한 계절적 사용 제한을 시행할 예정입니다. 이 제한 정책은 7월 1일부터 효력이 발생되며, 바로 8월말까지 계속 그 효력이 유지될 것입니다. 이 기간에, 스프링클러와 호스는 오직 매주 월요일과 수요일, 그리고 토요일에 오전 7시에서 오전 9시 사이에만 사용될 수 있습니다. 지정된 요일과 시간대 외에 잔디에 물을 주는 모습이 발견되는 분은 누구든지 최대 500달러의 벌금에 처해질 것입니다. 모두 함께 노력해 우리 도시의 소중한 자원을 절약합시다.

안녕히 계십시오.
던디 공공사업부

Q: 편지는 주로 무엇에 관한 것인가?
(a) 정원용 스프링클러의 전면적인 사용 금지
(b) 도시의 규제 위반에 대한 벌금 액수의 증가
(c) 더운 날씨에 대한 도시의 물 사용 정책
(d) 가정에서 주민들이 물을 절약하도록 돕는 방법

해설 지문 첫 문장에 더운 기간 중에 사용되는 수돗물의 양을 제한하기 위해 정원용 스프링클러와 호스에 대한 계절적 사용 제한을 시행한다(seasonal restrictions on garden sprinklers and hoses in order to limit the amount of water used during the dry, hot months)고 알린 후에 관련 세부사항들을 설명하고 있으므로, 물 사용 정책을 의미하는 (c)가 정답이다.

어휘 implement ~을 시행하다 seasonal 계절적인 restriction 제한, 제약 in order to do ~하기 위해 limit ~을 제한하다 amount 양, 수량 go into effect 효력이 발생되다, 발효되다 remain ~한 상태로 유지되다, 남아 있다 in effect 효력이 있는 found -ing ~하다가 틀키는 water ~에 물을 주다 lawn 잔디(밭) outside ~ 외에 stated 지정된, 명시된 face a fine of ~의 벌금에 처해지다 up to 최대 ~의 valuable 소중한 resource 자원, 재원 complete 전면적인, 완전한 ban 금지 break ~을 위반하다 regulation 규제, 규정 policy 정책 resident 주민

정답 (c)

8.

수신: John S. <johnsmyth@starmail.com>
발신: 나 <gina.edwards@topmailbox.com>
날짜: 3월 13일
제목: 부탁하고 싶은 것

안녕, 존!

지난주에 내 새 식당에 와 줘서 고마워. 네가 맛있게 식사했다니 좋구나. 내가 지금 온라인에서 식당을 홍보하려 하고 있어서, 인기 사이트인 TravelFoodAdvisor.com에 등록해 놓았어. 관광객들에게 우리 식당을 한 번 이용해 보도록 권하는 후기들이 그 사이트에 있으면 도움이 될 것 같아. 네 경험에 대한 생각을 좀 공유해 줄 수 있다면, 정말 고마울 거야.

곧 다시 만나자!

지나

Q: 이메일의 주 목적은 무엇인가?
(a) 웹사이트에 식당 후기 작성을 요청하는 것
(b) 식당 웹사이트에 관한 의견을 구하는 것
(c) 긍정적인 식당 후기에 대해 존에게 감사 인사하는 것
(d) 식당 후기를 볼 수 있는 웹사이트를 추천하는 것

해설 처음부터 부탁을 할 수는 없으므로 요청 글의 목적은 대부분 후반에 드러난다. 완곡하게 요청을 하는 표현인 It'd be helpful if(~라면 좋을 텐데) 다음에 I got some reviews there라고 하므로 언급된 사이트에 후기를 써 달라는 요청을 하는 것이 이 글의 목적이다. 그리고 뒤에서 share some thoughts about your experience라는 말로 review를 부연 설명하고 있다. 그러므로 (a)가 정답이다.

어휘 ask a favor 부탁하다 promote ~을 홍보하다 at the moment 현재, 지금 list (목록에) ~을 등록하다, 올리다 popular 인기 있는 helpful 도움이 되는, 유익한 review 후기, 의견, 평가 encourage A to do: A에게 ~하도록 권하다, 장려하다 give A a try: A를 한번 시도해 보다 share ~을 공유하다 thought n. 생각 grateful 고마워하는, 감사하는

look forward to -ing ~하기를 고대하다 ask for~을 요청하다 seek ~을 구하다, 찾다 feedback 의견 positive 긍정적인 recommend ~을 추천하다, 권하다

정답 (a)

9.

소기업 소유주께,

오피스 템프는 귀사와 같은 신생 소기업 전용의 혁신적인 새 프로그램을 개발했습니다. 오피스 템프는 1975년 창업한 이래, 모든 고객사들에게 제공해온 고품질 서비스에 대한 명성을 자랑하고 있습니다. 저희는 신설된 소기업사업부를 통해 임시직 사무원, 비서, 그리고 경리사원들을 그 어느 때보다 효율적으로 공급합니다. 오피스 템프가 귀사의 일시적 도움에 대한 필요를 어떻게 충족시킬 수 있는지에 대해 더 상세히 알아보시려면 전화를 주시거나, 귀사가 다음 번에 임시직원을 필요로 할 때 저희를 시험해 삼아 이용해 주십시오. 귀사에 제공해드릴 수 있는 모든 서비스 기회에 대해 감사드리며, 귀사와 함께 일하게 되기를 바라 마지않습니다.

Q: 다음 중 오피스 템프에 대해 옳은 것은?
(a) 사무환경에서 사용되는 소프트웨어를 개발한다.
(b) 소기업들에게 사무용 문구류를 공급한다.
(c) 신생 기업들에게 임시 근로자들을 찾아준다.
(d) 최근 몇 년간 인력난에 시달려왔다.

해설 지문 중간에 나오는 We provide temporary clerical, secretarial, and accounting employees를 통해 이 회사의 주요 업종이 인력 공급임을 알 수 있다. 따라서, (c)가 정답이다. 결정적으로, 지문 후반에 '임시 직원이 필요할 때 자사를 이용해달라'는 내용이 나오므로 (c)가 정답이다.

어휘 develop 개발하다 innovative 혁신적인 exclusively 전적으로, 독점적으로 emerging 신흥의 have a reputation for ~에 대한 명성을 자랑하다 quality 고품질의 every business기업 since ~이래로 establish 설립하다 provide ~을 제공하다 temporary 임시의, 일시적인 clerical 사무직의 secretarial 비서직의 accounting 회계 employee 직원 effectively 효과적으로 than ever before 그 어느 때보다 further 더 상세한 information 정보 satisfy ~을 충족시키다 need for ~에 대한 필요 give A a try: A를 시험해 보다 the next time 다음 번에 ~할 때 temp 임시직원 appreciate ~에 감사하다 opportunity 기회 be of service ~에게 도움이 되다 look forward to -ing ~하기를 고대하다 the following 뒤따르는 것 correct 옳은 office environment 사무환경 stationery 문구류 supplies 물품 start-up 신생 기업 understaffed 인력이 부족한 in recent years 최근 몇년간

정답 (c)

10.

론다 씨께,

제 동료 직원들이 근무 중에 흔히 자리에서 음식을 먹거나 휴대전화로 통화를 하는데, 이로 인해 제가 업무에 집중하지 못하고 있습니다. 이것이 사소한 문제로 보일 수 있다는 것을 알고는 있지만, 정말로 저를 방해하고 있기 때문에, 제 업무의 질뿐만 아니라 마감시한을 맞추는 능력에 영향을 미치기 시작하고 있습니다. 문제의 일부는 제가 최근 입사자이기 때문에, 동료 직원들에게 행동을 고치도록 직접 대면해서 요청하는 게 불편하다는 것입니다. 제가 도움을 요청하기 위해 상사에게 가봤지만, 그분은 제가 과민 반응을 보인다고 생각하셨습니다. 제가 어떻게 하면 동료들이 그렇게 많은 방해 행위를 멈추게 할 수 있을까요?

안녕히 계세요.
화난 사무직원

Q: 편지에 따르면, 글쓴이에 관해 다음 중 어느 것이 옳은 내용인가?
(a) 동료 직원들의 업무 처리 수준이 충분히 좋지 않다고 불평하고 있다.
(b) 상사가 정하는 마감시한이 너무 엄격하다는 점이 불만스럽다.
(c) 동료 직원들이 새로 입사했기 때문에, 그들과 이 문제를 논의하고 싶지 않다.
(d) 상사에게 이미 해당 문제와 관련된 도움을 요청한 적이 있었다.

해설 지문 후반부에 글쓴이는 자신이 겪고 있는 문제와 관련해 이미 상사에게 도움을 요청하러 갔었다(I've been to my boss to request her help)고 밝히고 있으므로 (d)가 정답이다.

어휘 co-worker 동료 직원 while ~하면서, ~하는 동안 A distract B from C: A로 인해 B가 C에 집중하지 못하다 seem like ~인 것 같다 minor 사소한 bother ~를 방해하다 affect ~에 영향을 미치다 quality 질, 품질 ability to do ~할 수 있는 능력 meet ~을 충족하다 deadline 마감시한 comfortable 편한 ask A to do: A에게 ~하도록 요청하다 face-to-face 직접 대면해서 behavior 행동 request ~을 요청하다 overreact 과민 반응을 보이다 get A to do: A가 ~하게 만들다 cause ~을 초래하다 distraction 방해(가 되는 일) irate 화난, 성난 complain that ~라는 점에 대해 불평하다 restrictive 제한적인 would prefer (not) to do ~하고 싶다(하고 싶지 않다) discuss ~을 논의하다 ask A for B: A에게 B를 요청하다 assistance 도움

정답 (d)

11-12.

화이트 씨께,

침수로 인해 최근 심각한 피해를 입은 모시 가 149번지에 위치한 귀하의 주택 내 주방에 대해 예정된 작업 건으로 편지를 드립니다.

11 귀하의 주택 소유주 보험 상품은 오직 자재 비용만 보상해 주기 때문에, 인건비는 직접 지불하셔야 할 것입니다. 이것은 귀하께서 귀하의 주택을 위해 구매하신 표준 보험 상품에 따른 일반적인 조치입니다. 따라서, 자재 관련 청구액은 저희 직원 중 한 명에 의해 직접 처리될 것입니다.

하지만, 인건비를 추정하기 위해, 토요일 아침에 귀하의 댁으로 작업팀이 보내질 것입니다. 그 팀이 도착하는 대로, **12** 책임자가 현장과 함께 물이 나왔던 파이프를 조사한 후, 해당 작업에 들어가는 총 비용을 귀하께 알려 드릴 것입니다. 문의 사항이 있으시면 주저하지 마시고 저에게 연락 주시기 바랍니다.

로이 번즈
딜런 주택보험

11 Q: 편지에 따르면, 다음 중 옳은 것은?
(a) 수리 작업이 있는 당일에 화이트 씨는 집에 있지 않을 것이다.
(b) 화이트 씨의 주택은 어떠한 인건비도 지불할 필요가 없을 것이다.
(c) 화이트 씨의 보험은 주방에 필요한 자재 비용을 보상해 준다.
(d) 작업팀이 이미 화이트 씨 집에서 피해 정도를 평가했다.

12 Q: 화이트 씨의 주방에 관해 추론할 수 있는 것은?
(a) 손상된 경우가 이번이 처음이 아니다.
(b) 최근에 새로운 가전기기가 설치되었다.
(c) 로이 번즈 씨가 점검할 것이다.
(d) 터진 수도 파이프로 인해 피해를 입었다.

어휘 in reference to ~와 관련된 scheduled 예정된 recently 최근에 suffer (고통, 손상 등) ~을 겪다, 당하다 severe 심각한, 극심한 damage n. 손상, 손해, 피해 v. ~에 피해를 입히다, 손상을 입히다 due to ~로 인해 flooding 침수, 홍수 insurance 보험 cover (보험 등이) ~에 대해 보상해 주다 material 자재, 재료, 물품 cost of labor 인건비 oneself (부사적으로) 직접 arrangement 조치, 처리 under ~ 하에서 standard 표준의 policy 보험 증서 billings 청구액 deal with ~을 다루다 deduce ~을 추정하다 once 일단 ~하면, ~하는 대로 arrive 도착하다 supervisor 책임자, 상사, 감독자 survey ~을 조사하다 site 현장, 부지 inform ~에게 알리다 cost A B: A에게 B의 비용을 들이게 하다 in total 총 ~, 전부 합쳐 hesitate to do ~하기를 주저하다, 망설이다 contact ~에게 연락하다 query 문의 repair 수리 evaluate ~을 평가하다 appliances 가전기기 install ~을 설치하다 inspect ~을 조사하다 burst 터진, 파열된 (burst-burst-burst)

Q11 해설 첫 문장에 언급된 침수 피해에 따른 작업과 관련해, 바로 다음 문장에서 고객이 갖고 있는 보험이 자재 비용만 보상해 주는 (Your homeowner's insurance covers only the cost of materials) 것이라고 설명하므로, 이 자재 비용 보상 서비스를 언급한 (c)가 정답이다.

정답 (c)

Q12 해설 지문 후반부에서, 작업 책임자가 도착하면 사고 현장과 물이 나왔던 파이프를 조사할 것이라고(the supervisor will survey the site, and the pipe from which the water came out) 알리고 있는데, 여기서 피해의 유형이 터진 파이프로 물이 새는 것임을 알 수 있으므로, (d)가 정답이다.

정답 (d)

1.

여러분의 지붕이나 다락방에 위험한 건조 부패를 제거할 전문가가 필요하실 경우, 저희 칼슨 루핑 사로 전화 주시기 바랍니다. 저희는 여러분께서 전화하셔야 하는 유일한 사람들로, **지붕 문제를 효과적으로 해결해 드릴 것을 보증하기** 때문입니다. 경험 많은 저희 팀이 건조 부패된 부분의 원인과 영향 받은 부분들을 파악하고 즉시 문제를 바로잡기 시작할 것입니다. 건조 부패는 매우 심각한 곰팡이 문제로서, 제대로 처리되지 않는다면 빠르게 목재 구조물 전체로 퍼질 수 있습니다. 믿기 어려울 정도로 낮은 요금을 제공하는 미숙한 다른 업체들로 눈을 돌리지 마십시오. 저희 칼슨 루핑은 100%의 고객 만족도를 자랑하는 유일한 업체입니다. 저희 작업 결과물이 모든 것을 말해 주므로, 약간의 비용을 추가 지불하실 가치가 충분합니다.

(a) 믿을 만한 여러 업체 중 한 곳에 귀하를 소개해 드릴 수 있기
(b) 업계에서 가장 저렴한 요금을 제공해 드리기
(c) 지붕 문제를 효과적으로 해결해 드릴 것을 보증하기
(d) 여러분이 작업을 하시는 데 필요한 도구들을 완비하고 있기

해설　because절에 속한 빈칸은 해당 업체로 전화해야 하는 이유를 나타내야 한다. 뒤에 이어지는 내용을 보면, 건조 부패의 원인뿐만 아니라, 영향을 받은 부분들을 확인하고 즉시 문제를 바로잡기 시작한다(~ will identify the cause of the dry rot and the affected areas and begin fixing the problem immediately)고 작업 방식을 설명하고 있는데, 요약하면 지붕 문제를 효과적으로 해결한다고 알리는 것이므로 (c)가 정답이다.

어휘　professional 전문가　get rid of ~을 제거하다, 없애다　hazardous 위험한　dry rot (목재의) 건식, 건조 부패　roof 지붕　attic 다락방　experienced 경험 많은　identify ~을 파악하다, 알아내다　cause 원인　affected 영향을 받은　fix ~을 바로잡다, 고치다　immediately 즉시　fungal 곰팡이의　spread 퍼지다, 확산되다　through ~을 통해　structure 구조(물)　unless ~하지 않는다면　properly 제대로, 적절히　deal with ~을 처리하다, 다루다　pay attention to ~에 주목하다, 주의를 기울이다　inexperienced 미숙한, 경험이 부족한　offer ~을 제공하다　suspiciously 의심스러울 정도로　rate 요금　boast ~을 자랑하다　customer satisfaction rate 고객 만족도　worth -ing ~할 만한 가치가 있는　pay extra 추가 비용을 지불하다　a little 약간, 조금　result 결과(물)　A speak for itself: A가 모든 것을 말해 주다

정답　(c)

2.

저희 스마트 푸드 주식회사에서는 아주 다양한 식음료 제품에 대해 오직 친환경적 포장재만 사용합니다. 전 세계의 생태계와 야생 동물들이 플라스틱과 같은 유해 물질을 남용하는 인류로 인해 고통을 받고 있습니다. 저희는 포장재에 100% 자연 분해성 재질을 사용하며, 이 재질은 자연적으로 분해되고 아무런 해도 끼치지 않음을 보장합니다. 저희는 최근 이러한 노력에 대해 세계환경협회(WES)로부터 표창을 받았습니다. 저희 목표가 **오직 친환경 물질만 사용해 지구를 보호하는 것**이라고 말씀드릴 수 있어 기쁩니다.

(a) 건강을 우려하는 분들에게 영양가 높은 식사를 제공하는 것
(b) 농업과 관련된 저희의 노력을 통해 생태계를 되살리는 것
(c) 오직 친환경 물질만 사용해 지구를 보호하는 것
(d) 멸종 위기종에 관한 의식을 고양하는 것

해설　빈칸이 our goal의 보어 역할을 하는 to부정사구가 되어야 하므로 목표에 해당되는 것을 찾아야 한다. 시작 부분에 오직 친환경적인 포장재만 사용한다고(we only use eco-friendly packaging) 언급한 이후로 그 이유와 함께 표창까지 받은 사실이 나온다. 따라서 이와 같은 환경 보호 노력이 제시된 (c)가 정답이다.

어휘　eco-friendly 친환경적인　packaging 포장재　one's extensive range of 아주 다양한, 폭넓은 종류의　beverage 음료　ecosystem 생태계　suffer 고통 받다, 시달리다　due to ~로 인해　humankind 인류　overuse 남용　harmful 유해한　material 물질, 재료　biodegradable 자연적으로 분해되는　ensure that ~임을 보장하다, ~임을 확실히 하다　decompose 분해하다, 부패하다　cause ~을 초래하다　harm 피해, 손해　recently 최근에　be recognized for ~에 대해 표창을 받다, 인정받다　effort 노력　nutritious 영양가 높은　those+분사: ~하는 사람들　concerned about ~을 우려하는　rebuild ~을 되살리다, 재건하다　through ~을 통해, ~을 매개체로 하여　agricultural 농업의　planet 세상, 지구　green 친환경의　raise awareness about ~에 대한 인식을 고양하다　endangered 멸종 위기에 처한　species (동식물) 종

정답　(c)

3.

넓은 마음을 지니고 있다고 느끼는 분이시라면, 마음을 나누고 싶으신 분께 저희 알레그로 레스토랑 쿠폰을 선물해 보십시오. 저희 식사 쿠폰은 최소 100달러의 금액을 소비하실 경우에 쿠폰 소지자께 총 결제 금액에 대해 20% 할인을 받으실 수 있는 자격을 드립니다. 쿠폰은 오직 애버딘의 하이 스트리트 459번지에 위치한 저희 본점에서만 사용하실 수 있습니다. 쿠폰을 사용하시는 어느 분이든 저희 월간 경품 추첨 행사에도 참여하시게 되며, 5가지 코스로 구성된 무료 식사 서비스를 받으실 기회도 얻으실 수 있습니다. 쿠폰은 하이 스트리트 레스토랑 지점에서 구입하실 수 있으며, 매력적인 기프트 카드와 봉투의 형태로 제공됩니다.

Q: 이 광고에 따르면, 알레그로 레스토랑 식사 쿠폰에 관해 다음 중 옳은 것은?
(a) 최소 이용 금액 조건이 들어 있다.
(b) 다양한 곳에서 사용할 수 있다.
(c) 경연대회에 참가함으로써 받을 수 있다.
(d) 5가지 코스의 식사를 주문하는 사람들에게 제공된다.

[해설] 지문 초반부에 최소 100달러의 금액을 소비할 경우에(when they spend at least $100) 쿠폰을 이용한 할인 혜택을 받을 수 있다고 알리고 있으므로, at least가 minimum으로 바뀌어 최소 구매 요건이 언급된 (a)가 정답이다.

[어휘] generous 마음이 넓은, 너그러운 care about ~에게 마음을 쓰다, 관심을 갖다 entitle A to do: A에게 ~할 자격을 주다, A가 ~할 수 있게 해 주다 bearer 소지자 bill 청구서, 계산서 at least 최소한, 적어도 redeem (쿠폰 등) ~을 사용하다, 상품과 교환하다 main location 본점 enter A into B: A를 B에 참가시키다 monthly 월간의, 달마다의 prize draw 경품 추첨 행사 stand a chance to do ~할 가능성이 있다 win (상 등) ~을 받다, 타다 free 무료의 purchase ~을 구입하다 come in ~의 형태로 나오다 attractive 매력적인 envelope 봉투 minimum 최소의 condition 조건 various 다양한 competition 경연대회 those who ~하는 사람들 order ~을 주문하다

[정답] (a)

4.

몇 파운드 체중을 감량하셔서 휴가 중에 해변에서 멋진 모습을 보이려고 노력 중이신가요? 그러시다면, 매주 목요일 오후 8시에 글렌포드 주민회관으로 찾아오셔서 몸매 관리라는 사명에 대해 비슷한 마음가짐을 지니신 분들과 함께 해 보시기 바랍니다! 저희 '최고로 멋지게 보이기' 회원들은 매주 모여 저희가 제공해 드리는 다이어트 계획을 이야기하고 서로의 진행 과정과 어려움에 관한 이야기를 공유하고 계십니다. 그리고 가장 중요한 부분은, 완전히 무료라는 점입니다! 또한, 친구분을 '최고로 멋지게 보이기' 모임에 소개해 주실 경우, 동기 부여에 도움을 드릴 수 있도록 무료 운동용 가방과 물병을 받으시게 됩니다.

Q: 주로 무엇이 광고되고 있는가?
(a) 체중 감량에 도움을 주는 모임
(b) 건강한 식사에 관련된 새로운 책
(c) 곧 해변으로 떠나는 여행
(d) 체육관에서 열리는 운동 강좌

[해설] 첫 문장에 체중 감량을 위해 노력 중인지(Trying to lose a few pounds ~) 물은 후에 같은 생각을 지닌 사람들과 함께 해 보라고(join some like-minded people) 권하는 내용이 이어지고 있으므로 체중 감량 모임을 의미하는 (a)가 정답이다.

[어휘] try to do ~하려 노력하다 so that (결과) 그러므로, 그 결과 (목적) ~할 수 있도록 look 형용사: ~하게 보이다 then 그렇다면 come on down to ~로 찾아 오다 join ~와 함께 하다, ~에 합류하다 like-minded 비슷한 마음을 가진

mission 사명 get in shape 몸매를 가꾸다 discuss ~을 이야기하다, 논의하다 put A on B: A를 B에 처하게 하다 share ~을 공유하다 progress 진행 상황, 진척 completely 완전히, 전적으로 free 무료의 refer A to B: A를 B에 소개하다 receive ~을 받다 help A do: A가 ~하는 데 도움이 되다 get motivated 동기가 부여되다 healthy 건강에 좋은 upcoming 곧 있을, 다가오는 exercise 운동

[정답] (a)

5.

친구나 가족과 함께 하는 멋진 일일 여행 장소를 찾고 계신가요? 아칸소의 리틀 락으로 여행을 떠나 보세요! 저희는 모든 연령대의 사람들에게 적합한 아주 다양한 명소와 활동을 보유하고 있습니다. 저희 도시는 그림 같은 여러 공원들을 비롯해 아칸소에서 가장 높은 구조물인 시몬스 타워의 고향이며, 이 타워에는 전망대와 옥상 레스토랑이 있습니다. 역사와 문화를 즐기고 싶으신가요? 과학과 관련된 전시물을 보실 수 있는 디스커버리 박물관과 저희 주의 주요 문화 기관인 아칸소 아트 센터를 확인해 보십시오.

Q: 광고에 따르면, 리틀 락에 관해 다음 중 옳은 것은?
(a) 아주 다양한 수상 스포츠를 제공한다.
(b) 훌륭한 소매 직판 매장들로 알려져 있다.
(c) 주에서 가장 높은 건물을 자랑한다.
(d) 관광 산업의 증대를 경험했다.

[해설] 지문 시작 부분에 아칸소의 리틀 락으로 여행을 떠나 보도록(Take a trip to Little Rock, Arkansas) 권하면서 그 이유와 관련해 중반부에 아칸소에서 가장 높은 구조물을(Arkansas' tallest structure) 언급하고 있으므로 주에서 가장 높은 건물을 자랑한다는 의미로 쓰인 (c)가 정답이다.

[어휘] look for ~을 찾다 day out 일일 여행 take a trip to ~로 여행을 떠나다 a wide variety of 아주 다양한(=a wide range of) attraction 명소 be suitable for ~에게 적합하다, 어울리다 home to ~의 본고장, 고향 several 여럿의, 몇몇의 picturesque 그림 같은 structure 구조(물) viewing area 전망대 rooftop 옥상 science-related 과학과 관련된 exhibit 전시물 state 주, 국가 institution 기관, 단체 be known for ~로 알려져 있다 retail outlet 소매 직판 매장 boast ~을 자랑하다 experience ~을 겪다, 경험하다 rise in ~의 증대, 상승 tourism 관광 산업

[정답] (c)

6.

저희 홈 헬퍼즈는 시카고 시의 중심 구역뿐만 아니라 시내 도심 바로 외곽에 위치한 엄선된 지역들에 대한 양질의 부동산 서비스를 제공해 드리고 있습니다. 가정용 대형 주택이나 원룸 아파트를 찾으시는 분이든, 또는 사업체 장소를 찾고 계시는 분이든 상관없이, 저희 부동산 중개 담당 직원들이 도시의 심장부에 위치한

아주 다양한 빈 건물들을 소개해 드릴 수 있습니다. 20년 전에 저희 업체가 문을 연 이후로, 저희는 성장을 거듭해 시카고에서 가장 잘 알려진 부동산 중개업 회사가 되어 매년 수백 명의 고객들을 만족시켜 드리고 있습니다.

Q: 광고에 따르면, 홈 헬퍼즈에 관해 다음 중 옳은 것은?
(a) 오직 주거용 건물들만 다룬다.
(b) 시내 지역의 부동산을 전문으로 한다.
(c) 약 10년 전에 설립되었다.
(d) 시카고 중심부에 새 지점을 개설할 예정이다.

해설 지문 첫 문장에 시카고 중심부에 대해 양질의 부동산 서비스를 제공한다는(provides quality real estate services for the city center of Chicago) 점을 알리고 있으므로 시내 지역의 부동산을 전문으로 한다는 의미로 쓰인 (b)가 정답이다.

어휘 provide ~을 제공하다 quality a. 양질의, 질 좋은 real estate 부동산 as well as ~뿐만 아니라 (…도) selected 엄선된 neighborhood 지역, 인근 located just outside ~ 바로 외곽에 위치한 whether A, B, or C: A 나 B, 또는 C에 상관 없이 studio apartment 원룸 아파트 realtor 부동산 중개인 be able to do ~할 수 있다 a wide selection of 아주 다양한 vacant 비어 있는 property 건물, 부동산 since ~ 이후로 decade 10년 rise (더 나은 지위 등으로) 떠오르다 well-known 잘 알려진 real estate agency 부동산 중개업체 deal with ~을 처리하다, 다루다 residential 주거의 specialize in ~을 전문으로 하다 establish ~을 설립하다 around 약, 대략 branch 지점, 지사

정답 (b)

7.

저희와 함께 즐겁게 머무르시는 동안, 저희 마젠타 호텔의 <u>고급 뷰티 스파</u>를 잊지 말고 확인해 보시기 바랍니다. 가장 현대적인 편의시설이 갖춰져 있고 경험 많은 전문가들로 직원들이 구성되어 있는 이곳은 여러분께 긴 하루 동안의 고단한 관광을 마치신 후에 최신 유행하는 방식으로 휴식하고 긴장을 푸실 수 있는 기회를 제공해 드립니다. 마사지와 얼굴 관리, 그리고 매니큐어를 포함해 다양한 트리트먼트 서비스가 들어 있는 목록에서 원하시는 것을 선택하시기 바랍니다. 저희는 고객들께 매우 경쟁력 있는 가격을 제공해 드리고 있으므로 모든 분들께서 소중하게 가꾸실 수 있는 여유를 누리실 수 있습니다. 이곳을 확인해 보시려면, 옥외 수영장 옆을 지나 레스토랑 출입구 다음에 좌회전하시면 됩니다.

(a) 잘 갖춰진 피트니스 센터
(b) 편안한 바와 라운지
(c) 아름다운 수영장
(d) 고급 뷰티 스파

해설 check out의 목적어 역할을 하는 빈칸은 확인해 보도록 권하는 대상을 나타내야 하는데, 뒤에 이어지는 서비스를 보면 마사지와 얼굴 관리, 그리고 매니큐어가(including

massages, facials, and manicures) 언급되어 있으므로 이와 같은 서비스를 제공할 수 있는 곳으로 뷰티 스파를 의미하는 (d)가 정답이다.

어휘 while ~하는 동안, ~하면서 forget to do ~하는 것을 잊다 check out ~을 확인해 보다 equipped with ~가 갖춰진 amenities 편의시설 staffed by ~로 직원들이 구성된 experienced 경험 많은 professional 전문가 provide A with B: A에게 B를 제공하다 relax 휴식하다, 긴장을 풀다 unwind 긴장을 풀다 in style 최신 유행하는 방식으로 exhausting 고단하게 만드는 sightseeing 관광 take one's pick from ~에서 원하는 것을 고르다 treatment 트리트먼트, 치료(법) including ~을 포함해 offer ~을 제공하다 highly 매우, 대단히 competitive 경쟁력 있는 pricing 가격 (책정) so that (결과) 그래서, 그 결과 (목적) ~할 수 있도록 can afford to do ~할 여유가 있다 pamper ~을 소중하게 가꾸다 past ~을 지나 take a left 좌회전하다 well-equipped 잘 갖춰진 comfortable 편안한 luxurious 고급의

정답 (d)

8.

전시회: 현대 조각품

포츠빌 미술관의 최신 행사이자
역대 가장 인기 있는 전시회인 현대 조각전이
곧 대단원의 막을 내리게 됩니다.

전국 각지의 미술관에서 대여해 한 자리에 모은
이 훌륭한 작품들을 감상할 기회를 놓치지 마십시오!
이 전시회는 10월 9일까지 단 한 차례의
주말 전시만을 남겨두고 있습니다.

입장권은 성인 9달러, 학생 및 노인 5달러입니다.

Q: 무엇이 주로 공지되고 있는가?
(a) 미술관의 작품 대여 프로그램 종료
(b) 현대 조각 전시회의 재개장
(c) 곧 있을 미술 전시회 종료
(d) 조각 전시회의 연장

해설 글의 주제를 묻는 문제의 단서는 대체로 시작 부분에 제시된다. 전시회가 곧 종료한다고(will soon be coming to an end) 알리는 글이므로 coming to an end의 다른 표현인 upcoming closure를 단서로 가지고 있는 (c)가 정답이다. (a)는 art loan program이, (b)는 return이, 그리고 (d)는 extension이 틀린 정보이다. 주제 또는 사실확인 유형에서는 이렇게 한 단어씩 바꾼 오답 함정에 주의해야 한다.

어휘 exhibition 전시(회) sculpture 조각품 latest 최신의 popular 인기 있는 to date 현재까지, 지금까지 soon 곧 come to an end 끝나다 miss ~을 놓치다 chance 기회 collection 모음, 수집(품), 소장(품) piece 작품 on loan 대여한 across the country 전국 각지에서 be scheduled to do ~할 예정이다 run 진행되다, 운영되다

adult 성인 **senior** 노인 **mainly** 주로 **termination** 종료 **return** 재발, 복귀, 반환 **upcoming** 곧 있을, 다가오는 **closure** 종료, 폐쇄 **extension** 연장

정답 (c)

9.

더욱 폭넓은 범위의 디지털 음악을 찾고 계신가요? 이번 달에 한해, 기존의 사운드존 서비스 가입자들께서는 저희가 보유한 가장 종합적인 서비스 이용 패키지인 VIP 플러스로 업그레이드하실 수 있으며, 첫 6개월 동안은 기존의 일반 서비스 이용 요금을 계속 지불하실 수 있습니다. 이 체험 서비스 기간 후에는, 정상적인 VIP 플러스 요금이 적용될 것입니다. VIP 플러스는 일반 서비스 가입자들께서 이용하지 못하시는 1백만 개가 넘는 추가 곡들에 대한 이용 권한을 제공해 드립니다. 여기에는 구하기 어려운 희귀하고 절판된 음반들이 포함되어 있습니다. 오늘 업그레이드하시고 사운드존 온라인 저장소의 모든 음악을 경험해 보시기 바랍니다!

Q: 광고에 따르면, 다음 중 어느 것이 옳은 내용인가?
(a) 사운드존이 최근 온라인 저장소에 새로운 디지털 음악을 추가했다.
(b) VIP 플러스 서비스 가입자들은 총 1백만 개의 곡들에 대한 이용 권한을 얻는다.
(c) 사운드존 서비스는 오직 6개월의 기간 후에 취소될 수 있다.
(d) VIP 플러스로 업그레이드하는 가입자들은 한정된 기간에 추가 요금을 전혀 지불하지 않는다.

해설 지문 초반부에 VIP 플러스로의 업그레이드를 언급하면서 첫 6개월 동안 기존의 일반 서비스 요금을 낼 수 있다(~ continue paying their regular subscription rate for the first six months)고 알리고 있으므로 이와 같은 요금 지불 정책을 설명하는 (d)가 정답이다.

어휘 **look for** ~을 찾다 **a more extensive selection of** 더욱 폭넓은 범위의 **existing** 기존의 **subscriber** 서비스 가입자 **comprehensive** 종합적인, 포괄적인 **subscription** 서비스 가입, 서비스 이용 **continue -ing** 계속 ~하다 **regular** 정규의, 일반의 **rate** 요금 **trial period** 체험 이용 기간 **normal** 정상적인 **apply** 적용되다 **access to** ~에 대한 이용 (권한) **more than** ~가 넘는 **extra** 추가의, 별도의 **standard** 일반의, 표준의 **include** ~을 포함하다 **rare** 희귀한 **out-of-print** 절판된 **obtain** ~을 얻다, 획득하다 **archive** (자료 등의) 저장소, 보관소 **recently** 최근에 **add** ~을 추가하다 **cancel** ~을 취소하다 **for a limited time** 한정된 기간에

정답 (d)

10.

== 에이돌론 솔루션 ==

모든 유통회사들의 비전과 목표를 충족하기 위한 전략적 광고 접근법

· 첫 상담 무료
· 웹사이트 및 온라인 광고 디자인
· 전단지/포스터 디자인 및 인쇄
· 로고와 선전 문구 제작
· 잡지 광고에 대한 조언

저희가 과거에 도움을 주었던 유통업체들로부터 받은 긍정적 의견들의 일부를 보시려면, 저희 웹사이트 www.eidolonsolutions.com을 방문하시기 바랍니다. 또한 저희 웹사이트를 통하거나, 555-3747로 바로 전화를 주셔서 상담을 예약하실 수 있습니다.

Q: 이 광고에서 에이돌론 솔루션에 대해 추론할 수 있는 것은?
(a) 기업용 잡지 디자인을 전문으로 한다.
(b) 단골 고객들에게 상담이 무료로 제공된다.
(c) 자사의 작품들을 웹사이트에 게시하고 있다.
(d) 웹사이트에 고객 이용후기들이 올라와 있다.

해설 후반부에 '과거에 도와주었던 유통업체들의 의견을 읽으려면 자사의 웹사이트를 방문하라'는 요청이 나온다. 여기에서 과거에 도와주었던 업체란 이 회사의 이전 고객들이다. 즉, 고객들의 평을 보려면 웹사이트를 방문하라는 뜻이므로 (d)를 추론할 수 있다. 광고 지문은 초반에서 광고 상품/서비스, 중반에서 제품/서비스의 특징, 그리고 후반에서 추가 조건이나 요청 등에 대해 출제된다.

어휘 **solution** 해결책, 해법 **strategic** 전략적인 **advertising** 광고(하기) **approach** 접근법 **suit** 충족하다 **retail company** 유통회사 **vision** 비전 **goal** 목표 **initial** 초기의 **consultation** 상담 **ad** 광고 **printing** 인쇄 **flyer** 전단지 **slogan** 선전문구, 구호 **advice** 조언 **advertisement** 광고 **positive** 긍정적인 **feedback** 반응, 의견 **retailer** 소매점, 유통매장 **assist** 돕다 **set up** 계획하다, 예약하다 **specialize in** ~을 전문으로 하다 **corporate** 기업의 **customer** 고객 **testimonial** 증언, 이용 후기 **present** ~을 제시하다 **recently** 최근에 **redesign** 다시 설계하다

정답 (d)

11-12.

❶ 중소기업을 운영하시는 분들은 규모에 상관없이, 아주 다양한 방법으로 실버 라이닝의 도움을 받으실 수 있습니다. 이 혁신적이고 효율적인 프로그램은 업무용 컴퓨터에 10분 이내에 설치될 수 있으며, 여러분은 그 결과에 놀라워하시게 될 것입니다. 비즈니스 업계에서 가장 빠르게 인기를 얻고 있는 도구의 하나가 되면서, 실버 라이닝은 '기업가 투데이'와 '뉴 달러 매거진'에서 별 5개의 평점을 받았습니다. 그리고 3백만 회가 넘는 다운로드 횟수가 증가하고 있는 실버 라이닝의 인기를 입증하고 있습니다.

실버 라이닝은 가장 최신의 생산 및 재고 관리 기술을 제공하여, 직원들이 매출을 관리하고 제조 수준을 파악하는 것뿐만 아니라, 실버 라이닝 대시보드를 이용해 편리하고 안전하게 주문을 넣을 수 있도록 도와드립니다. **12** 이는 제조와 소매에서부터 건설과 과학에 이르기까지 어느 분야의 기업에게도 도움이 될 수 있습니다. 더욱이, 실버 라이닝의 경쟁력 있는 가격 책정은 어떠한 업체도 실버 라이닝이 제공하는 수많은 혜택을 누릴 수 있도록 합니다. 오늘 www.silverlining.ca를 방문하셔서 체험판을 다운로드하시거나, 대규모 회사나 조직을 위한 스페셜 그룹 서비스 이용 패키지에 관한 정보를 확인해 보세요.

11. Q: 주로 무엇이 광고되고 있는가?
(a) 보안을 강화하는 도구
(b) 직원용 교육 안내서
(c) 비즈니스 소프트웨어 패키지
(d) 제품 조립용 기기

12. Q: 광고에 따르면, 실버 라이닝에 관해 다음 중 옳은 것은?
(a) 다양한 소매 직판장에서 구입할 수 있다.
(b) 오직 한정된 기간에만 구입 가능하다.
(c) 업계 내에서 많은 상을 받았다.
(d) 아주 다양한 업종에서 사용될 수 있다.

어휘 **whether A or B:** A이든 B이든 상관 없이 **small- and medium-sized business** 중소 기업 **in a wide variety of ways** 아주 다양한 방법으로 **revolutionary** 혁신적인 **streamlined** 효율적인, 간소화된 **install** ~을 설치하다 **less than** ~ 미만의 **be amazed by** ~에 놀라워하다 **result** 결과(물) **entrepreneur** 기업가 **speak for itself** 자명하다 **the very latest** 가장 최신의 것 **inventory** 재고(품) **employer** 고용주 **sales** 매출, 판매(량) **track** ~을 파악하다, 추적하다 **manufacturing** 제조 **place an order** 주문하다 **conveniently** 편리하게 **securely** 안전하게 **dashboard** 대시보드, 계기판 **benefit** ~에 도움이 되다, 이득이 되다 **field** 분야 **retail** 소매 **competitive** 경쟁력 있는 **pricing** 가격 책정 **guarantee (that)** ~임을 보증하다, 약속하다 **afford** ~할 여유가 있다 **benefit** 혜택 **trial version** 체험판 **subscription** 구독, 서비스 사용, 가입 **gadget** 도구, 기구 **enhance** ~을 강화하다 **training** 교육 **manual** 안내서, 설명서 **assembly** 조립 **device** 기기, 장치 **outlet** 직판장 **available** 구입 가능한, 이용 가능한 **for a limited time** 한정된 기간에 **a number of** 많은 **industry** 업계 **application** 적용, 응용 **a wide range of** 아주 다양한

Q11
해설 제품 광고가 시작되는 초반부에서 중소기업 사업가들에게 다양한 방법으로 도움이 될 것(Whether you are running a small- or medium-sized business, Silver Lining can help you in a wide variety of ways)이라고 한 뒤, 혁신적이고 효율적인 프로그램이라고 실버 라이닝을 소개하므로, 비즈니스 소프트웨어 패키지를 광고하고 있음을 알 수 있으므로 (c)가 정답이다.

정답 (c)

Q12
해설 지문 후반부에 제조와 소매에서부터 건설과 과학에 이르기까지 다양한 분야에 속한 업체에 도움이 된다(It can benefit any business in any field, from manufacture and retail to construction and science)라는 말이 있으므로 이와 같은 특징에 해당되는 (d)가 정답이다.

정답 (d)

UNIT 10 공지

기출 Check-up Test
본서 p.148

| **1.** (a) | **2.** (b) | **3.** (d) | **4.** (d) | **5.** (c) | **6.** (d) |
| **7.** (c) | **8.** (d) | **9.** (b) | **10.** (b) | **11.** (c) | **12.** (d) |

1.

> 대체 출생 증명서 발급 신청서를 제출하시기 전에 주의 깊게 양식을 확인하시기 바랍니다. 반드시 양식 내의 모든 영역이 완전하게 그리고 정확히 기입되어야 합니다. 불완전하게 작성된 신청서는 발신인에게 반송될 것입니다. 여러분의 출생 증명서는 가장 중요한 신분증들 중의 하나이므로, 정부에서는 대체 증명서를 발급하기 전에, 반드시 여러분의 개인정보를 확인해야 합니다. 따라서, 꼭 신청서가 완전하게 작성되도록 해 주시기 바라며, 그렇지 않을 경우에는 **정부에서 처리해 드릴 수 없습니다.**
>
> **(a) 정부에서 처리해 드릴 수 없습니다**
> (b) 여러분의 출생 증명서가 더 이상 유효하지 않을 것입니다
> (c) 추가 신분증이 필요하게 될 것입니다
> (d) 정부는 양식을 되돌려 드릴 수 없을 것입니다

해설 otherwise 뒤에 위치한 빈칸은 바로 앞에 언급된 '신청서를 완전하게 작성하는 일'이 이뤄지지 않았을 경우에 발생되는 부정적인 결과를 나타내야 한다. 따라서 지문 전체적으로 제시된 특정 서류 신청 절차와 관련해, 양식이 완전하게 작성되지 않으면 처리될 수 없음을 나타내는 문장이 되어야 적절하므로 (a)가 정답이다.

어휘 application form 신청 양식, 신청서 carefully 주의 깊게, 신중히 submit ~을 제출하다 replacement 대체(물) birth certificate 출생 증명서 field 영역 fill in ~을 작성하다, 기입하다 completely 완전하게 accurately 정확하게 incomplete 불완전한 return ~을 돌려 보내다 form of identification 신분증 verify ~을 확인하다, 입증하다 issue v. ~을 발급하다 ensure (that) 반드시 ~하도록 하다, ~임을 확실히 하다 otherwise 그렇지 않으면 process ~을 처리하다 no longer 더 이상 ~ 않다 valid 유효한 additional 추가의 required 필요한, 필수의 be unable to do ~할 수 없다

정답 (a)

2.

> 미나즈 부티크의 온라인 담당 부서 직원으로서, 여러분들은 우리 고객들의 만족을 보장할 책임을 지고 있습니다. 온라인으로 주문할 때, 고객들은 정확한 제품을 받기를 기대합니다. 고객들이 가장 원하지 않는 일은 엉뚱한 제품을 받는 데 따른 실망감과, 우리가 실수를 바로잡을 때까지 기다려야 하는 번거로움입니다. 누구든 이와 같은 불편을 겪어 본 고객은 우리를 다시 찾지 않을 수 있으며, 이것이 바로 주문사항을 처리할 때 반드시 실수를 피해야 하는 이유입니다.

Q: 이 공지는 주로 무엇에 관한 것인가?
(a) 온라인 주문과 관련된 문제점을 바로잡는 가장 좋은 방법
(b) 온라인 주문을 정확히 처리하는 일의 중요성
(c) 고객이 왜 비용 지불에 앞서 반드시 주문사항을 확인해야 하는가
(d) 온라인 의견이 어떻게 고객 만족도를 측정하는 데 도움이 되는가

해설 지문 전체적으로 고객들의 주문 사항이 제대로 처리되지 않을 경우에 따른 부정적인 영향을 언급하면서, 맨 마지막에 주문사항을 처리할 때 반드시 실수를 피해야 하는 이유(it is vital to avoid errors when processing orders)라고 강조한다. 따라서, 직원들이 주문사항을 제대로 처리하는 것의 중요성을 의미하는 (b)가 정답이다.

어휘 division (회사 등의) 부, 과 be responsible for ~을 책임지다 ensure ~을 보장하다 satisfaction 만족(도) place one's order 주문하다, 발주하다 expect to do ~하기를 기대하다, 예상하다 receive ~을 받다 right 정확한, 맞는, 옳은 The last thing A want: A가 가장 원하지 않는 것 disappointment 실망(감) wrong 엉뚱한, 잘못된 hassle 번거로움, 성가심 correct v. ~을 바로잡다, 고치다 go through ~을 겪다, 거치다 ordeal 불쾌한 일, 시련 be unlikely to do ~할 가능성이 없다, ~할 것 같지 않다 repeat customer 다시 찾는 고객 it is vital to do ~하는 것이 필수적이다 avoid ~을 피하다 process ~을 처리하다 fill ~을 이행하다 correctly 정확히 confirm ~을 확인해 주다 feedback 의견 help do ~하는 데 도움이 되다 gauge ~을 측정하다 further education 평생교육

정답 (b)

3.

> 아주 멋진 지역사회인 프레스티지 빌리지에 위치한 새 아파트에 오신 것을 환영합니다! 모든 신규 세입자들께 아파트 내의 문제점을 신고하는 일의 중요성을 말씀드리고자 합니다. 배관, 가스 서비스, 그리고 전기와 관련된 문제들은 발생하자 마자 관리부에 알려 주셔야 즉시 처리해 드릴 수 있으며, 추가 피해를 예방할 수 있습니다. 시설 관리 문제에 대한 늑장 보고 또는 가전 기기나 배관 및 전기 시스템의 의도적인 오용으로 인해 초래되는 피해에 대해서는 세입자에게 비용이 청구될 수 있습니다.

Q: 지문을 통해 유추할 수 있는 것은 무엇인가?
(a) 세입자가 매주 건물 관리부와 만남을 가져야 한다.
(b) 세입자가 손상된 어떤 가전기기에 대해서도 개인적으로 수리 일정을 잡아야 한다.
(c) 오작동하는 모든 기기들이 새것으로 교체될 것이다.
(d) 일반적인 마모로 인한 손상에 대해서는 세입자에게 비용이 청구되지 않는다.

해설 지문 마지막에 가전기기나 배관 및 전기 시스템의 의도적인 오용으로 인한 피해에 대해서는 세입자에게 비용이 청구될 수 있다고(intentional misuse of appliances or plumbing/electrical systems may be charged to tenants) 알리고 있는데, 이는 반대로 말하면 자연적인 문제에 대해서는 비용이 청구되지 않는다는 뜻이므로 그 의미에 해당되는 (d)가 정답이다. 공지에서 예외 또는 특수 조건은 그에 대해 출제될 가능성이 높다.

어휘 tenant 세입자 would like to do ~하고자 하다, 하고 싶다 report ~을 알리다, 보고하다 issue 문제, 사안 plumbing 배관 electricity 전기 management 관리(부) as soon as ~하는 대로, ~하자마자 so that (결과) 그래야, 그 결과 (목적) ~할 수 있도록 address v. ~을 처리하다, 해결하다 promptly 즉시, 즉각 further 추가적인, 한층 더 한 damage 피해, 손상, 손해 prevent ~을 예방하다 result from ~로 인해 초래되다, ~의 결과 생기다 maintenance 시설 관리, 유지 관리 intentional 의도적인, 고의적인 misuse 오용, 남용 appliance 가전기기 be charged to ~에게 비용이 청구되다, 부과되다 be required to do ~해야 하다 schedule ~의 일정을 잡다 repair 수리 household 가정의 malfunction 오작동되다 be replaced with ~로 교체되다 due to ~로 인해 general 일반적인 wear and tear 마모

정답 (d)

4.

> 네바다 대학의 이메일 서비스가 6월 10일 오전 6시에서 오후 6시까지 직원이 시스템 소프트웨어를 업데이트하는 동안 이용 중지될 것입니다. 저장된 이메일을 포함해 계정 정보에는 영향을 미치지 않겠지만, 업데이트 시간대에 수신되는 메시지는 자동으로 거부된다는 점에 유의하시기 바랍니다. 발신인은 메시지가 전달되지 않았다는 점과 일요일 오후 6시 이후에 메시지를 재전송하도록 권고하는 내용의 답장을 받을 것입니다.
>
> Q: 이 공지에 따르면, 다음 중 옳은 것은?
> (a) 이메일 업데이트 작업이 이틀에 걸쳐 진행될 것이다.
> (b) 저장된 편지는 업데이트에 따른 결과로 분실될 수 있다.
> (c) 유지관리 작업 중에 수신되는 메시지는 저장될 것이다.
> **(d) 전달되지 않은 메시지에 관해 발신인이 통보받을 것이다.**

해설 지문 후반부에 발신인에게 메시지가 전달되지 않았다는 점을 알리는 답장이 보내질 것이라고(Senders will receive a reply to advise them that their message was not delivered ~) 알리고 있으므로, 이 정보와 같은 맥락을 지닌 (d)가 정답이다. 발신인의 뜻으로 sender가 correspondent로 바뀌어 제시되었다.

어휘 down (프로그램, 시스템 등) 작동하지 않는 while ~하는 동안 account 계정 including ~을 포함해 correspondence 편지 unaffected 영향을 받지 않은 however 하지만 be aware that ~임에 유의하다, 알고 있다 receive ~을 받다 interval 간격, 중간 시간 reject ~을 거부하다, 거절하다 reply 답장 advise A that: A에게 ~라고 권고하다, 조언하다 resend ~을 재전송하다 take place (일, 행사 등이) 발생되다, 일어나다 over ~ 동안에 걸쳐 as a result of ~에 따른 결과로 incoming 수신되는, 들어 오는 store ~을 보관하다 maintenance 유지 관리, 시설 관리 correspondent 편지 작성자

정답 (d)

5.

> 보트를 타는 분들께,
>
> 최근, 라고미어 호수에 정박된 보트 한 대가 얼룩말 홍합에 오염된 것으로 밝혀졌습니다. 얼룩말 홍합은 빠르게 번식하는 외래 침입종입니다. 이들은 이 호수의 플랑크톤을 먹어 치우는데, 이로 인해 토착종이 먹이 공급원을 빼앗기고 있습니다. 얼룩말 홍합의 침입은 쉽게 전이되기 때문에, 천연자원관리국에서는 모든 보트를 반드시 건선거에 넣어 보관하고, 호수에 배를 띄우도록 허가 받기 전에 얼룩말 홍합 검사를 통과하도록 하는 규제를 시행합니다. 이 조치는 이 종의 추가 확산을 방지하기 위해 시행되는 것입니다.
>
> 천연자원관리국
>
> (a) 이 호수에 플랑크톤이 발생하지 않도록 위해
> (b) 얼룩말 홍합의 서식지를 보호하기 위해
> **(c) 이 종의 추가 확산을 방지하기 위해**
> (d) 더 많은 보트 운전자들이 이 호수를 이용하도록 장려하기 위해

해설 빈칸 앞의 to를 보고 목적의 to부정사 구문임을 파악한다면, 앞에서 원인을 나타내는 접속사 Because절을 바로 확인해볼 수 있다. easily transmitted(쉽게 전이되는)라는 얼룩말 홍합의 특성 때문에 이 조치를 취하는 것이므로 transmitted와 같은 맥락의 명사 spread(확산)을 사용한 (c)가 정답이다.

어휘 Attention + 대상: ~에게 알립니다 recently 최근에 dock (배 등) ~을 정박시키다 be found to do ~하는 것으로 밝혀지다 contaminate ~을 오염시키다 zebra mussel 얼룩말 홍합 rapidly 빠르게 reproduce 번식하다 invasive species 외래 침입종 consume ~을 먹다 deprive A of B: A에게서 B를 빼앗다 native 토착의, 토종의 food source 먹이 공급원 infestation (해충 등의) 들끓음, 우글거림, 침입 transmit ~을 전이시키다 institute (제도 등) ~을 실시하다, 도입하다 regulation 규제, 규정 stipulate (법률, 계약서 등이) ~을 규정하다 dry-dock v. ~을 건선거에 넣다 n. 건선거 (선박을 넣고 물을 빼는 시설) pass ~을 통과하다, ~에 합격하다 examination 검사 prior to ~ 전에, ~에 앞서 permit ~을 허용하다 measure 조치 implement ~을 시행하다 keep A 형용사: A를 ~한 상태로 유지하다 free from ~이 없는 protect ~을 보호하다 habitat 서식지 deter ~을 방지하다 further 추가적인 spread 확산 encourage A to do: A에게 ~하도록 장려하다, 권장하다

정답 (c)

6.

시중에는 무선 전자기기들에 의해 만들어진 전자기장으로부터 사용자를 보호하는 것으로 알려져 있는 특수 필름과 스티커, 그리고 케이스들이 있습니다. 하지만 이 부대용품들을 구입하기에 앞서, 이 제품들의 이른바 유용성이라는 부분과 관련된 몇 가지 사실들을 인식해야 합니다. 우선, 전자기기 제조사들은 이미 전자기파 배출을 제한하는 국제적인 가이드라인을 따르고 있습니다. 더욱이, 무선 전자기기의 주기적인 사용과 연관된 건강상의 문제점으로 입증된 것이 없습니다. 따라서 보호용 커버 구입을 원하실 경우에, 그 제품들이 나와 있기는 하지만, 그 제품들이 없어도 충분히 안전할 것 같습니다.

Q: 이 공지의 주 목적은 무엇인가?
(a) 전자기파의 위험성을 말하는 것
(b) 무선 전자기기를 사용하지 못하게 하는 것
(c) 보호용 커버가 전자기파를 거르는 방법을 설명하는 것
(d) 보호용 커버가 필요치 않다는 점을 지적하는 것

> **해설** 무선 전자기기에 사용하는 다양한 보호용 부대용품들과 관련해 알아야 하는 사실들을 언급한 후에, 맨 마지막에 그 제품들이 없어도 충분히 안전하다고(it is likely just as safe to do without them) 알리고 있다. 이는 해당 제품들이 불필요하다는 말과 같으므로 (d)가 정답이다.

> **어휘** electronic device 전자 기기 on the market 시중에 나와 있는 purport to do ~하는 것으로 알려져 있다 protect A from B: A를 B로부터 보호하다 created by ~에 의해 만들어진 accessories 부대용품, 액세서리 be aware of ~을 인식하다, 알고 있다 fact that ~라는 사실 bear on ~와 관련되다 supposed 이른바 (~라는) usefulness 유용성 manufacturer 제조사 follow ~을 따르다 restrict ~을 제한하다 emission 배출, 방출 electromagnetic radiation 전자기파 furthermore 더욱이, 게다가 proven 입증된 drawback 문제점, 결점 linked to ~와 연관된 regular 주기적인 protective covering 보호용 커버 likely 가능성 있는, ~할 것 같은 do without ~ 없이 지내다 state ~을 말하다, 서술하다 discourage ~하지 못하게 하다 explain ~을 설명하다 filter v. ~을 거르다 point out ~을 지적하다 superfluous 필요치 않은

> **정답** (d)

7.

우리 웸블리 항공사는 현재 **배터리 결함으로 인해 발생한 비용을 보상받기 위해** 보유 항공기의 제조사와 논의 중에 있습니다. 최근 구입한 우리 점보 제트기 중 세 대가 배터리 결함으로 인한 수리를 위해 운행을 중단한 상태입니다. 그 결과, 우리는 많은 항공편을 취소해야 했으며, 그로 인해 어쩔 수 없이 고객들께 다른 항공사를 다시 예약해 드리거나, 전액 환불을 제공해 드려야 했습니다. 이는 상당한 비용 지출을 초래했으며, 우리는 이것이 항공기 제조사의 책임이라고 생각합니다. 아직 합의에 이르지는 못했지만, 진행 중인 대화가 지금까지는 생산적입니다.

(a) 결함이 있는 배터리를 교체하는 가격을 협의하기 위해
(b) 배터리 오작동의 원인을 밝혀 내기 위해
(c) 배터리 결함으로 인해 발생한 비용을 보상받기 위해
(d) 발이 묶인 승객들에게 보상을 제공하기 위해

> **해설** 빈칸 앞의 to와 동사원형이 연결되므로, 목적을 나타내는 to부정사 구조이다. 그러므로 논의를 진행하는 목적을 나타내야 한다. 글의 키워드로 내용을 파악해 보면, [faulty batteries(배터리 결함) → cancel(취소) → expenditures(비용) → responsibility of the plane maker(항공기 제조사 책임)]의 흐름이다. 여기서 항공기 제조사와 협의하는 목적이 비용 손실을 만회하려는 것임을 알 수 있으므로 costs(비용)라는 키워드를 가진 선택지 (c)가 정답이다.

> **어휘** currently 현재 in discussions 논의 중인 manufacturer 제조사 fleet (비행기) 편대, (선박) 함대 (보유한 항공기, 자동차, 선박 전체를 가리킴) recently 최근에 purchase ~을 구입하다 jumbo jet 초대형 제트 여객기 be grounded 운항이 중단되다 repair 수리 faulty 결함이 있는(= defective) as a result 그 결과 flight 비행편 force A to do: A가 어쩔 수 없이 ~하도록 만들다 rebook ~을 다시 예약하다 offer A B: A에게 B를 제공하다 full refund 전액 환불 result in ~을 초래하다, ~라는 결과를 낳다 significant 상당한 expenditure 비용 지출 responsibility 책임 agreement 합의(서) while ~한 반면에, ~하는 동안 reach an agreement 합의에 도달하다 ongoing 계속 진행 중인 talks 협상 so far 지금까지 productive 생산적인 negotiate ~을 협의하다 replace ~을 교체하다 determine ~을 밝혀내다 cause 원인 malfunction 오작동 recoup (비용, 손실 등) ~을 보상받다, 벌충하다 cost 비용 incur ~을 발생시키다 due to ~로 인해 provide A with B: A에게 B를 제공하다 stranded 발이 묶인, 오도가도 못하는 compensation 보상

> **정답** (c)

8.

우리 대학교에서는 각 학기 마지막 주 동안 특별 교통편 서비스를 제공합니다. 무료 공항 셔틀버스가 오전 7시에 한 차례, 그리고 그 후에 오후 1시에 다시 운행되며, 캠퍼스 정문에서 출발합니다. 학생들은 반드시 학생회에 이 셔틀버스에 대한 이용 신청을 해야 하는데, 자리가 한정되어 있기 때문입니다. 또한, 학생들은 주 내에 있는 여러 주요 도시로 가실 때 요금이 할인된 시외 버스 승차권도 학생회에서 구입하실 수 있습니다. 이 승차권이 환불은 불가능하지만, 이용 가능 여부에 따라 추가 비용 없이 날짜를 변경하실 수 있습니다.

Q: 공지에 따르면 다음 중 어느 것이 옳은 내용인가?
(a) 공항 셔틀버스 서비스가 학기 내내 운영된다.
(b) 공항 셔틀버스가 오전 7시에서 오후 1시까지 한 시간에 한 번씩 운행된다.
(c) 학생회가 전국 여러 도시행 할인 버스 승차권을 제공한다.
(d) 시외버스 승차권의 날짜는 추가 요금 없이 변경될 수 있다.

해설 시외 버스 승차권 관련 정보가 제시된 중반부 이후로, 환불은 불가능하지만 추가 비용 없이 날짜를 변경할 수는 있다고(~ dates may be changed at no extra charge based on availability) 알리고 있으므로 이에 해당되는 (d)가 정답이다. 공지는 특수 조건이나 예외사항이 출제되기 쉽다.

어휘 offer ~을 제공하다 transportation 교통편 semester 학기 free 무료의 run 운행되다, 운영되다 then 그 후에, 그런 다음 depart 출발하다, 떠나다 sign up for ~을 신청하다, ~에 등록하다 Student Union 학생회 limited 한정된 purchase ~을 구입하다 reduced-rate 요금이 할인된 intercity bus 시외 버스 several 여럿의, 몇몇의 major 주요한 state (행정 구역) 주 non-refundable 환불이 불가능한 at no extra charge 추가 비용 없이 based on ~에 따라, ~을 바탕으로 availability 이용 가능성 operate 운영되다 throughout ~ 동안 내내 nationwide 전국에 있는, 전국적으로 alter ~을 변경하다 additional 추가적인

정답 (d)

9.

우리 올트비즈의 부속 건물 공사 기간 중에 보여 주신 여러분 모두의 인내에 대해 감사드립니다. 새로운 건물이 완공됨에 따라, 우리는 마케팅부와 회계부를 이전할 수 있었으며, 이를 통해 본관에 많은 공간을 확보하게 되었습니다. 현재 우리 소매 판매부가 한때 마케팅부가 있었던 곳에 자리를 잡는 중이며, IT부는 3층의 공간을 물려 받을 예정입니다. 부속 건물과 본관을 잇는 다리는 월요일에 이용 가능하게 될 것입니다.

Q: 무엇이 주로 공지되고 있는가?
(a) 올트비즈 사의 신규 지사 사무실 개설
(b) 두 건물로 올트비즈 사가 확장한 것에 관한 상세 설명
(c) 새로운 지역으로 이전하려는 올트비즈 사의 계획
(d) 완공이 임박한 올트비즈 사의 부속 건물

해설 지문 초반부에 새 건물의 완공(the completion of the new building)을 알리면서, 그로 인해 부서별 장소 이동에 대해 안내하고 있으므로, 건물 확장에 대한 상세 설명을 의미하는 (b)가 정답이다. 신규 '지사'나 완공 '임박'과 같은 유사 함정에 속지 말아야 한다.

어휘 patience 인내(심) annex building 부속 건물 completion 완공, 완료 be able to do ~할 수 있다 relocate ~을 이전하다 accounting 회계 free up space 공간을 확보하다 retail 소매 currently 현재 set up 자리 잡다, 설치되다, 마련되다 used to do (과거에) 한때 ~하곤 했다 take over ~을 이어 받다, 물려 받다 connect A to B: A를 B와 연결하다 accessible 이용 가능한, 접근 가능한 branch 지사, 지점 expansion 확장, 확대 neighborhood 지역, 인근 impending 임박한, 곧 닥칠

정답 (b)

10.

신속 퇴실수속 서비스

저희는 고객의 편리를 정말로 중요하게 생각합니다. 그래서 저희 크랜달 호텔은 신속 퇴실수속 서비스를 모든 고객들께 제공하고 있습니다. 고객께서 요금을 빨리 지불하고자 하시면, 모든 크랜달 호텔 로비에 위치한 신속 퇴실수속 카운터를 이용하실 수 있습니다. 고객께서는 퇴실하고 요금을 지불하시기 전에 카운터의 컴퓨터를 통해 청구서를 검토하실 수 있으며, 그 컴퓨터를 이용해 청구서를 출력하실 수도 있습니다. 만약 청구서에서 오류가 발견되면, 이 문제를 저희 접객직원 중 한 분이 현장에서 신속하게 처리하실 것입니다. 서두르시는 고객께서는 청구서를 온라인으로 확인하실 수도 있습니다. 모든 객실에 비치된 고객서비스 안내서를 보시거나 또는 저희 웹사이트 www.krandallhotels.com을 방문하시면 더 자세한 정보를 보실 수 있습니다.

Q: 이 공지의 목적은 무엇인가?
(a) 우대 고객을 위한 특별 할인 홍보하기
(b) 숙박업소에서 퇴실수속 절차를 설명하기
(c) 호텔 접수대의 혁신 내용을 설명하기
(d) 새로운 온라인 지불 시스템을 공개하기

해설 제목을 비롯해, 둘째 문장을 보면 we offer our Quick Checkout service for all guests라면서 신속 퇴실수속 서비스를 소개하면서 그 이용 방법을 안내하고 있으므로 (b)가 정답이다.

어휘 convenience 편리 extremely 매우 That's why 그래서 ~이다 offer A for B: B에게 A를 제공하다 terminal 종점, 기점, 말단 시설 located in ~에 위치한 pay one's bills 청구서를 지불하다 review 검토하다 checkout 체크아웃, 퇴실수속 payment 지불 invoice 청구서 error 오류 dispute 분쟁 handle 처리하다, 해결하다 receptionist 접수원 on-site 현장의 in a hurry 급한, 서두르는 guide 안내서 guest room 객실 purpose 목적 information 정보 promote 홍보하다, 촉진하다 special 특별 서비스 preferred 선호하는 describe 설명하다 leaving procedure 퇴실 절차 lodging 숙박업소 explain 설명하다 renovation (건축물) 수리 reception area 접수대 announce 발표하다

정답 (b)

11-12.

저희 벨라즈 비스트로는 ⑪ 옆 건물의 빈 주차장이 새로운 소유주에게 매각되어 더 이상 레스토랑 주차용으로 이용할 수 없다는 사실을 모든 고객들께 알려드리고자 합니다. 현재 주차장이 들어서 있는 이 부지는 새로운 가전기기 매장 공사 준비를 위해 개발될 것입니다.

⑪ 지금부터, 스테이트 스트리트의 공영 주차장에 주차하시거나 저희 레스토랑 건물 앞에 주차 미터기가 설치된 공간을 이용하시도록 식사 손님께 권해 드립니다. ⑫ 식사를 위해 보통 저녁 시간에 저희 레스토랑에 들르시는 분들께서는 도로 주차 요금(시간당 3달러)이 오전 8시와 오후 6시 사이에만 적용된다는 사실이 반가우실 것입니다. 저희 레스토랑은 버스나 지하철을 이용해 편리하게 찾아오실 수 있기 때문에 차를 가져오시지 않는 것이 좋을 수 있다는 점도 기억해 두시기 바랍니다.

저희는 이와 같은 불편함에 대해 사과드리며, 여러분의 지속적인 성원에 감사드립니다.

11. Q: 이 공지는 주로 무엇에 관한 것인가?
(a) 새로운 소유주에 의한 레스토랑 매입
(b) 도시 소유 공간의 주차 요금
(c) 레스토랑의 주차 방식에 대한 변동사항
(d) 새로운 고객 주차장의 개장

12. Q: 지문을 통해 유추할 수 있는 것은 무엇인가?
(a) 스테이트 스트리트는 교통 혼잡으로 유명한 곳이다.
(b) 이 식당은 어떤 주요 교통로와도 연결되지 않는다.
(c) 식당 손님들이 주차 요금에 대해 보상받을 것이다.
(d) 이 식당 근처의 거리 주차가 오후 6시 이후에 무료이다.

Q11 해설 첫 단락에서 옆 건물의 빈 주차장을 레스토랑 주차용으로 이용할 수 없다는 사실(the empty lot next door has recently been sold ~ is no longer available)을 알리면서, 두 번째 단락에 그 대안으로 공영 주차장이나 미터기가 설치된 주차 공간(to park either in the municipal lot on State Street or to use the metered street parking)을 이용하도록 권하고 있다. 따라서 주차 방식과 관련해 변경된 점을 알리는 내용임을 알 수 있으므로 (c)가 정답이다.

정답 (c)

Q12 해설 두 번째 단락 중반부에, 거리 주차 요금이 오직 오전 8시와 오후 6시 사이에만 적용된다고(the street parking charge ($3 per hour) only applies between the hours of 8 a.m. and 6 p.m.) 알리는 부분이 있는데, 이는 오후 6시 이후에는 무료라는 말과 같으므로 (d)가 정답이다.

정답 (d)

어휘 advise A that: A에게 ~라고 알리다, 권고하다, 조언하다 recently 최근에 owner 소유주 no longer 더 이상 ~ 않다 available 이용 가능한 site 부지, 장소 lot 주차장 currently 현재 develop ~을 개발하다 in preparation for ~에 대한 준비로 appliance (가전) 기기 advise A to do: A에게 ~하도록 권고하다, 조언하다 park 주차하다 either A or B: A 또는 B 둘 중의 하나 municipal 공영의, 지자체의 metered 미터기가 설치된 in front of ~ 앞에 establishment (식당, 학교, 회사 등의) 건물, 시설 typically 보통, 일반적으로 come by ~에 들르다 charge 청구 요금, 부과 요금 apply 적용되다 reach ~에 도달하다, 이르다 conveniently 편리하게 avoid -ing ~하는 것을 피하다 altogether 완전히 apologize for ~에 대해 사과하다 inconvenience 불편함 continued 지속된 patronage (고객의) 성원, 애용 purchase 매입, 구입 city-owned 시에서 소유한 be known for ~로 알려져 있다 traffic congestion 교통 혼잡 transportation 교통편 bistro 식당 diner 식사 손님 be compensated for ~에 대해 보상 받다 near ~ 근처의 free 무료의

UNIT 11 기사

1.

요즘, 회사들은 흔히 정크 푸드를 위한 광고 캠페인을 통해 아이들을 직접적으로 겨냥하고 있습니다. 많은 사람들이 아이들의 운동량에 초점을 맞추고 있기는 하지만, 전문가들은 우리가 어린이들의 식사에 대해 더욱 관심을 가져야 한다고 생각합니다. 최근의 설문 조사에 따르면, 25퍼센트의 아이들이 현재 비만인 것으로 분류되고 있습니다. 더욱이, 50퍼센트의 아이들은 매일 적어도 한 개의 초코바나 감자칩 한 봉지를 먹는다고 보고했습니다. 전문가들은 균형 잡힌 식사를 유지하기 위해 아이들이 주기적으로 과일과 채소를 먹어야 한다고 경고합니다.

Q: 이 기사의 주제는 무엇인가?
(a) 아이들이 학교 생활을 하는 동안 더 많이 운동해야 한다.
(b) 아이들의 식사 습관이 건강에 대한 우려를 낳고 있다.
(c) 텔레비전 회사들이 광고에 너무 많은 돈을 소비하고 있다.
(d) 아이들의 영양을 개선하기 위한 캠페인이 적절하게 성공적이었다.

해설 지문 중반부에 어린이들의 식사에 대해 더욱 관심을 가져야한다(we should be more concerned about the diets of young people)고 언급하면서, 비만인 아이들의 비율과 그 아이들에게 권고되는 식사 습관을 알리고 있다. 따라서 아이들의 식사 습관과 관련해 우려되는 일을 말하는 지문임을 알 수 있으므로 이에 해당되는 (b)가 정답이다.

어휘 directly 직접적으로 target ~을 겨냥하다, 목표로 삼다 advertising 광고 although (비록) ~이기는 하지만 focus on ~에 초점을 맞추다 amount 양, 수량 exercise 운동 expert 전문가 be concerned about ~에 관심을 갖다 according to ~에 따르면 recent 최근의 survey 설문 조사(지) be classified as ~로 분류되다 obese 비만인 furthermore 더욱이, 게다가 at least 적어도, 최소한 packet 한 봉지 warn that ~라고 경고하다 regularly 주기적으로 maintain ~을 유지하다 balanced 균형 잡힌 create ~을 만들어 내다 concern 우려, 걱정 spend A on B: (돈, 시간 등) A를 B에 소비하다 improve ~을 개선하다 nutrition 영양 moderately 적정하게, 알맞게

정답 (b)

2.

테이스트 오브 이태리 아이스크림 매장의 소유주인 토니 주세페 씨가 최근 전국 규모의 체인점인 헤븐리 디저트에 본인의 업체를 매각하려는 계획을 발표했습니다. 주세페 씨는 8살에 미국으로 이주한 사람으로, 40년 넘게 이 업체를 운영해 왔습니다. 주세페 씨는 흥미로운 맛을 지닌 다양한 신제품뿐만 아니라, 신예 요리사들에게 자신의 기술을 가르치는 주세페 아카데미로 가장 잘 알려져 있습니다. 주세페 씨는 자신과 아들이 더 이상 매장에서 일하지는 않겠지만, 막내 딸인 마리아 씨가 새로운 소유주 밑에서 계속해서 일상적인 운영을 총괄할 것이라고 밝혔습니다.

Q: 기사에 따르면, 토니 주세페 씨에 관해 다음 중 옳은 것은?
(a) 자식이 여러 명 있다.
(b) 평생교육 과정에 다니기 위해 회사를 떠날 것이다.
(c) 최근에 새로운 사업을 시작했다.
(d) 미국에서 태어났다.

해설 지문 후반부에 아들이 함께 일했던(he and his son will no longer work at the store) 사실과 함께, 막내 딸이 계속 근무할 것임을(his youngest daughter Maria will continue ~) 알리는 부분을 통해 여러 명의 자식이 있음을 알 수 있으므로 (a)가 정답이다.

어휘 owner 소유주 parlor 매장, 상점 recently 최근에 announce ~을 발표하다, 알리다 intention to do ~ 하려는 계획, 의도 firm 회사, 업체 operate ~을 운영하다 business 사업(체) over ~가 넘는 be best known for ~로 가장 잘 알려져 있다 one's range of 다양한 exciting 흥미로운 flavor 맛, 풍미 budding 신예의, 피어 오르는 state that ~라고 말하다 although (비록) ~이기는 하지만 no longer 더 이상 ~ 않다 continue to do 지속적으로 ~하다 oversee ~을 총괄하다, 감독하다 day-to-day 일상적인, 매일의 operation 운영, 가동, 작동 under (영향) ~ 하에서 ownership 소유(권)

정답 (a)

3.

문화교육위원회 의장이 오늘 지역 주민들과 만나 랙싱턴 박물관의 계획된 폐쇄를 논의할 것입니다. 이 위원회는 이전에 박물관의 폐쇄를 제안한 바 있었는데, 방문객 숫자가 점차 감소하면서 박물관을 운영하는 것이 더 이상 비용 효율적이지 않기 때문입니다. 지역 내 학부모회의 한 대표자가 이 박물관의 폐쇄는 도시의 청소년들을 위한 중요한 교육 기회를 잃는 결과를 낳게 된다고 주장할 것으로 예상되고 있습니다. 하지만, 빠듯한 예산상의 제약으로 인해, 의장은 박물관의 폐쇄를 확정할 것으로 예상됩니다.

Q: 기사를 통해 추론할 수 있는 것은 무엇인가?
(a) 박물관 지지자들은 박물관이 아이들의 교육에 도움이 된다고 생각한다.
(b) 지역 관계자들이 만남을 갖고 예산 과잉을 논의할 예정이다.
(c) 랙싱턴 박물관은 기록적인 수준의 방문객 수를 경험했다.
(d) 이 위원회의 위원장은 박물관의 강력한 지지자이다.

해설 지문 후반부에 한 학부모가 박물관의 폐쇄가 청소년들을 위한 중요한 교육 기회를 잃는 결과를 낳을 것(its closure will result in the loss of an important educational opportunity ~)이라고 주장할 것으로 예상하는 내용이 있는데, 이는 박물관이 청소년 교육에 도움이 된다는 말과 같은 맥

락이므로 (a)가 정답이다.

어휘 chairman 위원장, 의장, 회장 committee 위원회 local 지역의, 현지의 resident 주민 discuss ~을 논의하다 planned 계획된 closure 폐쇄 previously 이전에, 과거에 propose ~을 제안하다 dwindle 점차 줄어들다 no longer 더 이상 ~ 않다 cost-efficient 비용 효율적인 operate 운영되다 representative 대표자, 대리인 be expected to do ~할 것으로 예상되다 argue that ~라고 주장하다 result in ~의 결과를 낳다 loss 잃음, 분실, 손실 opportunity 기회 however 하지만 due to ~로 인해 tight 빠듯한, 빡빡한 budgetary 예산의 constraint 제약 confirm ~을 확정하다, 확인해 주다 benefit v. ~에 도움이 되다, 이득이 되다 authorities 관계자들, 당국자들 surplus 과잉, 여분 advocate 지지자, 옹호자

정답 (a)

4.

래드빌 와일드캣츠 축구 팀이 지역 타이틀을 거머쥐는 데 성공한 것을 자축하기 위해 어젯밤 도시로 돌아왔습니다. 상대 팀인 보스턴 세이버즈가 단호한 투지를 보였지만, 매진을 기록한 이 경기에서 결국 마지막 10분을 남기고 패배하고 말았습니다. 축하 행사는 밤 늦게까지 한참 동안 지속되었으며, 팬들이 거리에 줄지어 서서 지붕이 없는 버스를 타고 도심을 통과하는 선수들의 귀환을 환영해 주었습니다. 팬들은 비시즌 기간에도 팀의 스타 선수들을 계속 보유할 수 있기를 희망할 것입니다.

Q: 이 뉴스 기사에 가장 적합한 제목은 무엇인가?
(a) 첫 트로피를 따낸 보스턴 세이버즈
(b) 라이벌 팀에 스타 선수를 내준 와일드캣츠
(c) 승리 퍼레이드로 축하 행사를 한 챔피언들
(d) 타이틀전을 관람할 수 있는 입장권

해설 첫 문장에 축구 팀이 지역 타이틀을 따낸 것을 축하한다(to celebrate their regional football title success) 말이 있고, 지문 후반부에 지붕이 없는 버스를 타고 이동했다(who traveled through the city center on an open-top bus)고 하므로 거리 축하 퍼레이드를 했음을 알 수 있다. 따라서 이것이 승리 퍼레이드로 언급된 (c)가 정답이다.

어휘 return to ~로 돌아 오다 celebrate ~을 기념하다, 축하하다 regional 지역의 success 성공 opponent 상대자 put up (시합 등에서) ~을 보이다, 선보이다 stern 단호한 fight 투지 eventually 결국, 마침내 overcome ~을 이기다, 극복하다 sell-out 매진된 celebration 기념 행사, 축하 행사 last v. 지속되다 long into the night 밤 늦게까지 오래 with A -ing: A가 ~하면서, A가 ~하는 채로 line v. 줄 서다 travel 이동하다 through ~을 통과해, ~ 사이로 open-top 지붕이 없는 be able to do ~할 수 있다 hold on to ~을 계속 붙잡고 있다, 유지하다 throughout ~ 동안에 걸쳐, ~ 내내 off season 비시즌 secure ~을 확보하다 lose A to B: A를 B에게 내주다 available 이용 가능한

정답 (c)

5.

에너지 회사 그릿코가 지난 1월 이후로 세 번째 전기 요금을 인상하자, 지난 밤에 고객들이 격분했습니다. 식품 및 연료 가격도 동시에 인상된 가운데, 부모들이 아이들에게 줄 선물을 구입하기 위해 발버둥치는 크리스마스가 다가오면서, 많은 저소득층 가정이 경제적 부담을 느낄 가능성이 높아지고 있습니다. 그릿코 사의 블라드 로스토프 대표이사는 최근 국내 석유 수입이 감소한 가운데 전 세계적으로 발생한 공급 문제를 이유로 들었습니다. 이 지역을 대표하는 라이언 렌코 상원의원은 다음 주 로스토프 씨를 만나 이 회사의 요금 인상 조치로 각 가정에 야기된 영향을 논의할 것으로 보입니다.

Q: 이 기사에 따르면, 다음 중 옳은 것은?
(a) 고객들이 크리스마스 이후에 환불을 받을 것이다.
(b) 에너지 가격이 올해 여러 차례 인상되었다.
(c) 지역 의원이 그릿코 이사회의 직원이다.
(d) 지역 내 공급 라인에 어려움이 있다.

해설 지문 첫 문장에 지난 1월 이후로 에너지 회사 그릿코가 세 번째로 전기 요금을 인상했다(energy company Gridco raised electricity prices for the third time since January) 말이 있는데, 이를 통해 여러 차례 인상했음을 알 수 있으므로 (b)가 정답이다.

어휘 be left+형용사: ~한 상태가 되다 outraged 격분한 raise ~을 인상하다, 올리다 electricity prices 전기 요금 since ~ 이후로 with A -ing: A가 ~하면서, ~하는 채로 rise 오르다 low-income 저소득층의 be likely to do ~할 가능성이 있다 feel stretched 경제적 부담을 느끼다 approach 다가오다, 다가가다 struggle to do ~하기 위해 발버둥치다 cite ~을 이유로 들다 supply 공급 with A p.p.: A가 ~인 상태로 imported 수입된 recently 최근에 local 지역의, 현지의 senator 상원 의원 be expected to do ~할 것으로 예상되다 discuss ~을 논의하다 impact on ~에 대한 영향 caused by ~에 의해 야기된, 초래된 action 조치, 행동 receive ~을 받다 refund 환불 board 이사회

정답 (b)

6.

보스턴 경찰이 어젯밤 브로드 스트리트에 위치한 플렉시트러스트 은행에서 강도 행각을 벌인 두 남성을 찾고 있습니다. 이들은 오후 2시 30분에 은행을 덮쳤고, 1백만 달러 약간 넘는 액수의 지폐를 챙겨 달아난 것으로 추정되고 있습니다. 플렉시트러스트 직원들이 이 사건으로 겁에 질린 것으로 전해지기는 했지만, 다행히도 다친 사람은 아무도 없었습니다. 이 강도들이 이용한 차량이 애비뉴 하이츠에서 버려진 채로 발견되었습니다. 하지만, 경찰이 현장에 도착했을 때 이들은 흔적도 없이 사라진 상태였습니다. 경찰은 당시에 은행 외부의 목격자들을 대상으로 활발히 탐문 수사를 벌이고 있습니다.

Q: 기사를 통해 유추할 수 있는 것은 무엇인가?
(a) 두 명의 용의자들이 경찰의 심문을 받고 있다.
(b) 강도들은 은행 직원들이었다.
(c) 훔쳐 간 돈이 회수되었다.
(d) 강도들이 은행에서 차를 타고 달아났다.

해설 지문 초반부에는 은행 강도 사건(a robbery on FlexiTrust Bank)이 언급되어 있고, 후반부에 그 강도들이 탄 차량이 버려진 채로 발견된(The robbers' vehicle was found abandoned in Avenue Heights) 사실이 쓰여 있으므로 은행에서 차를 타고 달아났음을 알 수 있다. 따라서 이를 언급한 (d)가 정답이다.

어휘 search for ~을 찾다 commit ~을 저지르다 robbery 강도 strike ~을 덮치다 it is estimated (that) ~한 것으로 추정되다 escape 달아나다, 탈출하다 just over ~을 약간 넘는 bank notes 은행 지폐 although (비록) ~이기는 하지만 be reported to do ~하는 것으로 전해지다 frightened 겁에 질린 experience 경험 thankfully 다행히도 robber 강도 vehicle 차량 be found 형용사: ~한 채로 발견되다 abandoned 버려진 however 하지만 sign 흔적, 징후, 조짐 arrive 도착하다 scene 현장 be keen to do ~하기 위해 혈안이 되다, 간절히 ~하기를 원하다 interview ~을 탐문하다, 심문하다 witness 목격자 at the time 당시에 suspect 용의자 recover ~을 회수하다, 되찾다

정답 (d)

7.

지난 밤에 허리케인이 웨스트햄튼 지역을 휩쓸고 지나가면서 시내 지역에 심각한 피해를 초래했습니다. 이 허리케인은 지난 한 주 동안 당국자들이 계속 경고를 보냈던 것으로, 현지 시각으로 오후 9시를 막 지난 시점에 강타했습니다. 앞선 보도에 따르면, 그리스인 구역 내의 지역 업체들뿐만 아니라 북쪽 지역 내의 주거 구역에도 상당한 건물 피해가 초래되었습니다. 한 업체 대표는 자신의 제과점이 '여러 달' 동안 문을 닫을 수도 있다고 추정했습니다. 이와 같은 건물 파괴에도 불구하고, 조기 경보 시스템이 효과적으로 기능을 한 것으로 보이며, 인명 피해는 없는 것으로 전해졌습니다.

Q: 신문 기사에 따르면 다음 중 사실인 것은?
(a) 많은 가게들이 다음 날 평소대로 문을 열 수 있었다.
(b) 허리케인에 의해 사망한 사람은 아무도 없었다.
(c) 경보 시스템에 결함이 있었던 것으로 전해졌다.
(d) 주거용 건물들은 폭풍에 의해 영향을 받지 않았다.

해설 지문 맨 마지막에 허리케인에 의한 피해와 관련해 인명 피해는 없는 것으로 전해졌다(with no loss of life reported)는 말이 있으므로 이와 같은 의미인 (b)가 정답이다.

어휘 sweep through ~을 휩쓸고 지나가다 cause A to B: B에게 A를 초래하다, 야기하다 severe 심각한, 극심한 damage 피해, 손해, 손상 authorities 당국자들, 관계자들 warn of ~에 대해 경고하다 strike 강타하다, 덮치

다 local time 현지 시각으로 indicate (that) ~임을 나타내다, 보여주다 significant 상당한, 많은 structural 구조물의, 구조적인 business 업체, 회사 as well as ~ 뿐만 아니라 residential 주거의 estimate (that) ~라고 추정하다 despite ~에도 불구하고 destruction 파괴 warning system 경보 시스템 seem to do ~하는 것 같다 function v. 기능하다 effectively 효과적으로 with A p.p.: A가 ~되면서, ~된 채로 loss 분실, 상실, 손실 be able to do ~할 수 있다 as normal 평소대로 defective 결함이 있는 property 부동산, 재산 unaffected 영향을 받지 않은

정답 (b)

8.

지역 주민인 로라 해너티 씨가 지역사회를 위한 활동의 공로로 전국자원봉사상 시상식에서 표창을 받을 것이라고 어젯밤 발표되었습니다. 클리프트 시의 거리에서 눈에 띄는 노숙자들의 비율이 높은 것에 충격을 받은 후, 해너티 씨는 클리프트 구조 센터를 설립했으며, 이는 시에서 가장 취약한 상태에 있는 사람들에게 숙소와 음식을 제공하려고 노력하는 노숙자 쉼터입니다. 지칠 줄 모르는 노력을 통해, 해너티 씨는 시내 지역에 두 번째와 세 번째 지점을 열 수 있었습니다. 그분은 자신에게 수여되는 이 영예로운 상을 받을 만한 완전한 자격을 갖추고 계십니다.

Q: 이 기사에 따르면 다음 중 옳은 것은?
(a) 해너티 씨는 누가 전국 자원봉사 상을 받을 것인지를 심사할 것이다.
(b) 클리프트 구호 센터는 노숙자들에게 의류를 제공한다.
(c) 해너티 씨는 과거에 노숙자였다.
(d) 클리프트 구호 센터 지점들이 여러 곳에 있다.

해설 지문 중반부에 해너티 씨가 클리프트 구호 센터를 설립한 사실(Ms. Hannity founded the Clift Rescue Center)과 함께, 후반부에 두 번째와 세 번째 지점을 열 수 있었다(she was able to open a second and third branch)고 알리는 내용이 있으므로, 여러 곳에 지점들이 존재함을 언급한 (d)가 정답이다.

어휘 local 지역의, 현지의 resident 주민 be honored for ~에 대해 표창을 받다, 영예가 주어지다 community 지역사회 announce ~을 발표하다 be shocked by ~에 충격을 받다 rate 비율 found ~을 설립하다 shelter 쉼터, 대피소 seek to do ~하기 위해 시도하다, ~하는 것을 추구하다 accommodation 숙소, 숙박 시설 vulnerable 취약한 through ~을 통해 tireless 지칠 줄 모르는 effort 노력 be able to do ~할 수 있다 branch 지점, 지사 thoroughly 전적으로, 완전히 deserving of ~을 받을 자격이 있는 accolade 영예로운 상, 표창 award ~을 수여하다 judge ~을 심사하다 receive ~을 받다 clothing 의류 former 과거의, 전직 ~인 several 여럿의, 몇몇의 location 지점, 위치

정답 (d)

9.

> **더 뉴 타임즈**
>
> **레고마 사의 곤경**
> 글: 찰스 크레이븐
>
> 세금 관련 추문들이 연이어 터져 나오는 가운데, 어제 레고마 사의 테리 랜달 회장이 체포되면서 또 다른 대기업 하나가 명성에 타격을 입었습니다. 랜달 회장은 개인의 재무 수지를 맞추기 위해 회사 자금에서 수백만 달러를 빼돌린 혐의로 기소되었습니다. 이는 랜달 회장이 전 회사 소믹시에서 엄청난 손실을 은폐한 혐의로 유죄 선고를 받은 지 5년 만의 일입니다. 랜달 회장이 이후 2년간의 형 집행 유예 기간 동안 보호 관찰 조건을 이행하기는 했지만, 최근 그의 무분별한 행동은 많은 사람들이 왜 초기의 처벌이 더 엄격하지 않았는지에 대해 의아해하게 만들고 있습니다.
>
> Q: 테리 랜달은 무엇을 한 혐의를 받고 있는가?
> (a) 정부 관리들에게 뇌물을 줌
> (b) 업무상의 기록을 위조함
> **(c) 회사 자금을 빼돌림**
> (d) 보호 관찰을 위반함

해설 질문의 is suspected of ~한 (혐의를 받다)에 해당하는 표현을 지문에서 찾아보면 지문 중반부에 is charged with(~로 기소되다, 혐의를 받다)라고 나온다. 그 뒤의 siphoning off millions of dollars from the company's coffers(회사 자금에서 수백만 달러를 빼돌린)가 바로 혐의 내용이므로 siphoning을 Stealing으로 바꾸어 표현한 (c)가 정답이다.

어휘 trouble 곤경, 위기 amidst ~인 가운데, ~하면서 ongoing 계속되는 wave of ~의 물결, 연속 reputation 명성, 평판 yet another (지금까지 나온 것에 이은) 또 하나의 take a hit 타격을 입다 following ~ 후에 arrest 체포 chairperson 회장 be charged with ~혐의로 기소되다 siphon off ~을 빼돌리다 coffers 금고 in order to do ~하기 위해 balance v. ~의 수지를 맞추다 finances 자금, 재무 conviction 유죄 선고 conceal ~을 은폐하다, 숨기다 loss 손실 former 이전의 comply with ~을 따르다, 준수하다 term 조건, 조항 probation 보호 관찰 subsequent 그 후의 suspended sentence 형 집행 유예 latest 최근의 indiscretion 무분별한 행동 wonder ~을 의아해 하다, 궁금해 하다 initial 초기의, 처음의 (Sommixe 사에 대한 횡령 사례를 가리킴) punishment 처벌 harsh 엄격한, 가혹한 be suspected of ~에 대한 혐의를 받다 bribe v. ~에게 뇌물을 주다 officials 관리, 당국자 falsify ~을 위조하다 steal ~을 훔치다 funds 자금 violate ~을 위반하다

정답 (c)

10.

> **맞벌이 가정 부모가 더 많은 시간 일해**
>
> 최근의 한 조사에 따르면, 대부분의 맞벌이 가정에서 부모 중 한 쪽이 많은 시간 또는 비정상적인 시간을 일하고 있다. 대다수의 맞벌이 가정에서 부모 한 쪽 또는 모두가 '9시 출근 5시 퇴근'이라는 표준 근로시간을 벗어나 일하고 있으며, 종종 주 40시간 근로 제한을 넘기도 한다. 새로운 연구에 따르면, 전문직과 관리직의 아빠가 누구보다도 많은 시간을 일하며, 육아에 참여할 가능성이 가장 낮다. 설문 참여 가정들은 부모가 정상 근무시간을 초과해 일하면서 시간을 조정할 재량도 갖지 못하는 환경에서 커다란 차이를 보여준다. 부부가 함께 보내는 시간과 자녀 활동에 참가할 기회가 비정상적인 근로시간의 두 가지 주요 희생양이다.
>
> Q: 이 지문에서 추론할 수 있는 것은?
> (a) 오랜 시간 일하는 부모들은 더 많은 사치품을 구입할 수 있다.
> (b) 몇몇 아빠들은 집에서 아이들을 돌보는 일을 거부한다.
> **(c) 비정상적인 근로시간은 가정 생활의 붕괴를 초래한다.**
> (d) 아이들은 부모들이 오랜 시간 일하는 것에 쉽게 적응한다.

해설 기사에 맞벌이 부부가 비정상적으로 많은 시간을 일한다는 연구 결과와, 전문직 아빠가 가사 육아에 참여할 시간이 가장 부족하다는 두 개의 연구 결과가 인용되고 있다. 이를 근거로 atypical hours(비정상적 근로시간)가 부부가 함께 보낼 시간과 부모가 자식과 함께 할 활동이 희생된다는 결론을 내린다. 이 결론과 가장 가까운 것으로 가족관계의 붕괴를 말하는 (c)를 추론할 수 있다.

어휘 recent 최근의 survey 설문조사 dual-income 맞벌이의 include 포함하다 atypical 비정상적, 불규칙한 a majority of 대부분의 outside ~을 벗어나 the standard 'nine to five' 9시 출근 5시 퇴근의 표준 근무시간 over the 40 hours-per-week limit 주 40시간 제한을 초과하여 managerial 관리직의 be least likely to do ~할 가능성이 가장 낮다 children's care 육아 according to ~에 따르면 reveal ~임을 보여주다 difference 차이 circumstance 환경 lead A to do: A가 ~할 생각이 들게 하다 the normal working day 정상 근무시간 ability 능력 couple 부부 involvement in ~에의 참여 casualty 피해자, 희생자 afford ~할 여유가 있다 luxury 사치품 refuse to do ~하기를 거부하다 stay home 집에 머물다 care for ~을 돌보다 disruption to ~의 단절, 붕괴 adapt to ~에 적응하다

정답 (c)

11-12.

항공사 럭셔리 스카이는 유럽과 중앙 아시아로 향하는 최고 수준의 항공편으로 잘 알려져 있습니다. 오로지 미국 내 여러 중심지들만 기점으로 운영되고 있는 이 회사는 최근 몇 년 사이에 부러울 정도의 명성을 쌓아 왔고, 현재 많은 유명인들과 기업 임원들이 똑같이 가장 먼저 찾는 항공사이며, ⑪ 회원제로만 항공편 내의 자리가 구매 가능합니다. 완전히 펼 수 있는 좌석과 5성급 고급 식사, 그리고 최신 기내 엔터테인먼트 시스템을 포함하는 고급 객실에 고객들이 마음을 빼앗긴 것으로 여겨집니다.

바로 이것이, 럭셔리 스카이가 독일의 베를린을 기점으로 운항하는 완전히 새로운 공항 허브를 개장할 예정이라는 내용의 어제 발표에 비즈니스 고객들이 특히 들떴던 이유일 수 있습니다. 기자 회견장에서, 오랜 기간 대표이사직을 맡아 온 스테판 리히트 씨가 ⑫ 사업 확장을 통해 회사가 일본과 한국, 그리고 중국을 포함해 내년 초부터 아시아에 위치한 더 많은 목적지로 항공편을 운항할 수 있을 것이라고 알렸습니다. 리히트 씨는 그런 과정에서 이번 조치가 기존에 개척하지 못했던 여러 시장의 문을 활짝 열어젖히고, 자신들이 고급 여행 분야에서 진정으로 세계의 선두주자가 되는 데 경쟁사들보다 유리한 입장에 서게 될 것으로 희망한다고 말했습니다.

11. Q: 기사에 따르면, 다음 중 옳은 것은?
(a) 회원 자격을 보유하지 않고는 티켓을 구입할 수 없다.
(b) 일부 항공편이 캐나다에서 출발한다.
(c) 럭셔리 스카이는 아프리카로 떠나는 항공편을 제공한다.
(d) 각 항공편 기내에서 고급 요리 전문 요리사를 볼 수 있다.

12. Q: 뉴스 기사를 통해 추론할 수 있는 것은 무엇인가?
(a) 사업 확장 이후에 가격이 인상될 것이다.
(b) 럭셔리 스카이는 현재 한국으로 떠나는 항공편을 제공하지 않는다.
(c) 리히트 씨는 최근에 현 직책에 선임되었다.
(d) 럭셔리 스카이는 최근에 경쟁사와 합병했다.

어휘 be well known for ~로 잘 알려져 있다 premium-quality 최고 수준의 operate out of ~을 기점으로 운영되다 exclusively 오로지, 독점적으로 several 여럿의, 몇몇의 hub 허브, 중심지, 중추 enviable 부러울 정도의 build a reputation 명성을 쌓다 first-choice 가장 먼저 선택하는 air carrier 항공사 celebrity 유명인사 executive 임원 A and B alike: A와 B 둘 모두 똑같이 available 이용 가능한 by members only 회원제로만 be drawn to ~에 마음이 이끌리다 cabin 객실, 선실 include ~을 포함하다 fully-reclining (의자 등이) 완전히 펼 수 있는 gourmet meal 고급 식사 in-flight 기내의 may have p.p. ~했을지도 모른다 particularly 특히, 특별히 be excited by ~에 들뜨다 announcement 발표, 공지 brand-new 완전히 새로운 press conference 기자 회견 long-term 장기간의 expansion (사업) 확장, 확대 allow A to do: A가 ~할 수 있게 해 주다 firm 회사 fly to ~로 비행기를 타고 가다 destination 목적지

in doing so 그렇게 함으로써 state that ~라고 말하다 move 조치, 움직임 open up ~을 활짝 열다 previously 이전에, 과거에 unexplored 개척되지 않은 outcompete (경쟁 등에서) ~보다 유리하다 without ~하지 않고, ~ 없이는 hold ~을 보유하다 depart from ~에서 출발하다 provide ~을 제공하다 on board 탑승한 rise 오르다, 증가하다 following ~ 후에 currently 현재 recently 최근에 be appointed to ~로 선임되다 merge with ~와 합병하다 competitor 경쟁자

Q11 해설 첫 단락 중반부에 회원제로만 항공편 내의 자리를 구매할 수 있다(with a space on its flights available to be purchased by members only)라고 알리는 부분이 있으므로 이와 같은 탑승권 구매 정책을 언급한 (a)가 정답이다.
정답 (a)

Q12 해설 두 번째 단락 중반부에 사업 확장으로 인해 일본과 한국, 그리고 중국을 포함해 내년 초부터 더 많은 아시아 지역으로 항공편을 운항할 수 있을 것(the expansion will allow the firm to fly to more destinations in Asia from early next year, including Japan, South Korea ~)이라고 하는데, 이는 현재 이들 국가로 운항하는 항공편이 없음을 의미하므로 (b)가 정답이다.
정답 (b)

UNIT 12 인문학

기출 Check-up Test 본서 p.176

| **1.** (d) | **2.** (b) | **3.** (b) | **4.** (b) | **5.** (b) | **6.** (c) |
| **7.** (d) | **8.** (c) | **9.** (b) | **10.** (b) | **11.** (d) | **12.** (a) |

1.

'북북서로 진로를 돌려라'는 일반적으로 가장 뛰어난 알프레드 히치콕 영화들 중의 하나로 여겨지는데, 많은 영화 평론가들은 <u>그 효과가 상징적인 장소들을 활용한 것에 일부 기인한다는 점</u>에 주목했다. 예를 들어, '사이코'나 '현기증'과 같이 잘 알려진 다른 히치콕 영화들의 배경과 비교해 볼 때, '북북서로 진로를 돌려라'는 관람객들을 데리고 더욱 시각적으로 매력적이고 쉽게 인식할 수 있는 미국 여행을 떠난다. 영화의 대부분은 매디슨 가와 그랜드 센트럴 역으로 설정된 장면들과 함께 뉴욕 시를 배경으로 전개되지만, 관람객들이 무엇보다도 잘 기억하는 부분은 사우스 다코타의 러쉬모어 산 꼭대기에서 벌어지는 영화의 절정을 이루는 추격 장면이다.

(a) 특수 효과의 남용이 줄거리에 집중하지 못하게 하는 점
(b) '사이코'를 대단한 성공작으로 만드는 데 도움이 되었던 연기가 부족하다는 점
(c) 여러 눈에 띄는 장면에서 예산 제한 문제가 명확히 드러난다는 점
(d) 그 효과가 상징적인 장소들을 활용한 것에 일부 기인한다는 점

해설 많은 평론가들이 주목한 점을 나타내는 that절에 빈칸이 있으므로 '북북서로 진로를 돌려라'가 가장 뛰어난 알프레드 히치콕 영화들 중의 하나인 이유에 해당되는 내용을 찾아야 한다. 지문 전체적으로 영화의 대부분에서 보여지는 뉴욕 시의 장소들과 함께(Much of the film takes place in New York City ~) 절정을 이루는 장면의 배경인 러쉬모어 산(the film's climactic chase scene atop Mount Rushmore in South Dakota)을 언급하고 있다. 따라서, 이와 같은 장소적 특징을 말하는 (d)가 정답이다.

어휘 typically 일반적으로, 보통 be regarded as ~로 여겨지다 accomplished 뛰어난 critic 평론가 note that ~라는 점에 주목하다, ~임을 언급하다 compared with ~와 비교해 setting 배경 well-known 잘 알려진 take A on a journey: A를 데리고 여행을 떠나다 viewer 관람객, 시청자 visually 시각적으로 engaging 매력적인 easily 쉽게 recognizable 인식할 수 있는, 알아 볼 수 있는 take place (일, 행사 등) 발생되다, 일어나다 most of all 무엇보다도 climactic 절정을 이루는 chase scene 추격 장면 atop ~ 꼭대기에, 맨 위에 overuse 남용 special effects 특수 효과 detract from ~로부터 벗어나게 하다, ~로부터 주의를 돌리다 plotline 줄거리 lack A: A가 부족하다 acting performances 연기 help do ~하는 데 도움이 되다 budget 예산 limitation 제한, 한정 several 여럿의, 몇몇의 notable 눈에 띄는, 주목할 만한 effectiveness 효과

(적임) stem from ~에 기인하다 partly 일부분, 부분적으로 iconic 상징적인 location 장소, 위치

정답 (d)

2.

성공적인 자녀 양육이라는 측면에 있어, 많은 부모들이 같은 실수를 저지르고 있습니다. 부모들은 성공을 이룬 것에 대해 아이들을 칭찬하지만, 그러한 결과를 얻는 데 필요한 노력은 무시합니다. 아이들은 가끔씩 어쩔 수 없이 실패하기도 하므로, 진정으로 칭찬받아야 마땅한 것은 그 노력입니다. 칭찬의 초점을 변경함으로써, 어른들은 아이들에게 더욱 일관되고 지속적인 성공의 바탕이 될 헌신에 대해 보상해 줄 수 있습니다. 요컨대, 부모들은 항상 **성과보다 노력을 더 인정하도록** 노력해야 합니다.

(a) 심지어 사소한 성과도 강조하도록
(b) 성과보다 노력을 더 인정하도록
(c) 정말로 훌륭한 일을 칭찬하기 위해 칭찬을 보류하도록
(d) 아이들의 성공과 관련된 기쁨을 표현하도록

해설 글의 주제는 앞부분의 주장과 끝부분의 결론으로 나타나는데, 주장과 결론은 상통하므로 빈칸의 단서는 글 전반부에 있다. 부모들의 실수를 They praise their children for successes but ignore the hard work라고 표현하므로 실수를 바로잡으려는 결론은 이와 반대일 것이다. 따라서, praise와 동의어인 recognize, hard work와 동의어인 effort를 사용하여 노력을 인정한다는 의미가 되는 (b)가 정답이다.

어휘 when it comes to ~라는 측면에 있어, ~와 관련해서는 raise ~을 양육하다, 기르다 make a mistake 실수를 저지르다 praise A for B: B에 대해 A를 칭찬하다 ignore ~을 무시하다 hard work 상당한 노력, 근면 required 필수적인, 필요한 outcome 결과 inevitably 어쩔 수 없이, 불가피하게 fail 실패하다 from time to time 가끔씩, 때때로 it is A that: ~하는 것은 A이다 effort 노력 truly 진정으로 deserve ~을 받을 만하다 praise 칭찬 shift v. ~을 바꾸다 focus 초점 adults 어른들 reward A for B: B에 대해 A에게 보상하다 dedication 헌신, 전념 set A up for B: A가 B하는 버팀목이 되다 consistent 일관된, 한결같은 lasting 지속적인 in short 요컨대 highlight ~을 강조하다 even 심지어 (~도) minor 사소한 accomplishment 성과, 업적, 달성(= achievement) recognize ~을 인정하다 more than ~보다도 더 reserve ~을 보류하다 exceptional 뛰어난, 우수한 express ~을 표현하다 joy 기쁨

정답 (b)

3.

활동 기간 내내, 프린스라고 알려진 음악가는 **자신의 음악 배포 방식을 두고 음반사들과 충돌했다.** 대중음악 연주에 프린스가 미친 영향은 의심의 여지가 없지만, 음반 제작의 사업적인 측면을 변화시키기 위해 그가 얼마나 지독하게 싸웠는지에 대해서도 기억되어야 한다. 음악 작품을 많이 만들어 내는 것에 대한 워너 브러더스 레코드 사의 제약이 불만스러웠던 프린스는, 그 음반사를 떠나 완전히 독립적인 아티스트가 되어 자신이 옳다고 생각하는 대로 자유롭게 음악을 발표함으로써 음악계를 충격에 빠트렸다. 통제에 대한 그의 반항심은, 영국의 '메일 온 선데이' 신문과 함께 자신의 '플래닛 어스' 앨범을 무료로 배포한 것과 같이 그가 앨범 발매 대체 전략을 개척하는 데 도움이 되었다. 여러 아티스트들이 유사한 접근 방식을 취했는데, 가장 주목할 만한 아티스트는 2007년에 발표한 '인 레인보우즈' 앨범에 대해 '원하는 대로 비용을 지불하는' 전략을 적용한 라디오헤드가 있다.

(a) 세계에서 가장 재능있는 몇몇 작곡가들과 협업했다
(b) 자신의 음악 배포 방식을 두고 음반사들과 충돌했다
(c) 자기 음악의 매력을 몰라주는 음악 평론가들에게 항의했다
(d) 개인적인 차원에서 자신의 음악을 사랑하는 팬들과 교류하기 위해 애썼다

해설 첫 문장에 빈칸이 있으므로 지문의 주제와 관련된 내용을 찾아야 한다. 뒤에 이어지는 내용을 보면 음반회사의 제약이 불만스러워(Unhappy with Warner Bros Records' restriction of his prolific musical output ~) 그 회사를 떠나 스스로 자유롭게 음악을 발표하고 본인이 원한 전략으로 배포한 일화가 언급되어 있다. 따라서 음악의 배포와 관련해 음반회사들과 충돌했다는 의미인 (b)가 정답이다.

어휘 throughout ~ 동안 내내 career 활동 기간, 경력 known as ~라고 알려진 influence on ~에 미친 영향 unquestionable 의심의 여지가 없는 fiercely 지독하게, 사납게 aspect 측면 restriction 제약, 제한 prolific 다작하는 output 생산(량), 결과물 quit ~을 그만두다 record label 음반 회사 entirely 완전히, 전적으로 independent 독립적인 free to do 자유롭게 ~하다 release v. ~을 발표하다, 공개하다 n. 발표, 출시, 공개 as and when ~하게 되는 대로 see fit 옳다고 생각하다, 맞다고 여기다 rebellious 반항적인 desire 욕망, 욕구 control 통제, 제어 help A do: A가 ~하는 데 도움이 되다 pioneer v. ~에서 선구자가 되다, ~을 개척하다 alternative 대체의, 대안의 strategy 전략 give away ~을 나눠 주다 for free 무료로 several 여럿의, 몇몇의 take similar approaches 유사한 접근 방식을 취하다 notably 주목할 만하게 pay-what-you-choose 원하는 대로 지불하는 collaborate with ~와 협업하다 gifted 재능있는 clash with ~와 충돌하다 over (대상) ~을 두고, ~에 대해 distribution 유통, 배포 challenge v. ~에 이의를 제기하다 critic 평론가 fail to do ~하지 못하다 appeal 매력 strive to do ~하려 애쓰다 engage with ~와 교류하다 on a personal level 개인적인 차원에서

정답 (b)

4.

20세기로 접어들 무렵, 브라질은 세계 최대의 고무 생산국이라는 지위를 빼앗겼다. 브라질은 그 전에는 고무에 대한 독점권을 갖고 있었는데, 고무나무의 유일한 원산지였기 때문이었다. 하지만, 이 나무는 재배하기가 어려웠다. 서로 너무 가깝게 심으면 기생충이 퍼져 나무를 죽게 만들었다. 이 나무가 원산지 밖에서 더 잘 자랄 것으로 믿은 한 영국 중개상이 아시아에 위치한 여러 영국 식민지로 씨앗을 수출했다. 결국, 각각 현재의 스리랑카와 말레이시아 서부 지역에 해당하는 실론과 말라야에서 대형 농장들이 우후죽순 생겨나면서, 영국이 세계 고무 시장을 지배하는 상황으로 이어지게 되었다.

Q: 지문에서 무엇을 유추할 수 있는가?
(a) 고무나무 씨앗과 함께 해충이 실론에 전해졌다.
(b) 영국 농장들이 브라질의 고무 시장 점유율을 감소시켰다.
(c) 브라질의 기후가 고무나무 재배에 친화적이지 않았다.
(d) 브라질의 고무가 실론의 고무보다 품질이 더 뛰어났다.

해설 선택지에 고유명사들이 등장할 경우에는 이를 지문에서 찾아서 대조하는 것이 효율적이다. (a)의 Ceylon을 찾아보면 그 결과 시장에 대한 British stranglehold(영국의 지배)로 이어졌다고 하므로 (a)의 Pests와 같은 부정적 요인이 없었음을 유추할 수 있다. 같은 위치에서 leading to a British stranglehold를 통해 고무 시장을 독점하던(a monopoly on rubber) 브라질의 시장 몫이 줄어들었을 것을 유추할 수 있으므로 (b)가 정답이다.

어휘 around the turn of ~로 접어들 무렵 be overtaken as ~로서의 자리를 빼앗기다 leading 최고의, 일류의, 앞서가는 rubber 고무 producer 생산자 previously 이전에, 과거에 monopoly 독점(권) native to ~가 원산지인, ~ 토종의 prove (to be) + 형용사: ~한 것으로 드러나다, 판명되다 cultivate ~을 재배하다 plant v. ~을 심다 near to ~에 가까이 one another 서로 allow A to do: A에게 ~하게 하다 parasite 기생충 spread 확산되다, 퍼지다 destroy ~을 죽이다, 파괴하다 successful 성공적인 outside of ~의 밖에서 region 지역 agent 중개상 export ~을 수출하다 seed 씨앗, 종자 colony 식민지 eventually 결국, 마침내 huge 거대한 plantation 농장 spring up 생겨나다, 솟아나다 respectively 각각, 말한 순서대로 lead to ~로 이어지다 stranglehold on ~에 대한 지배력 pest 해충 introduce ~을 도입하다, 전파하다 reduce ~을 감소시키다 market share 시장 점유율 climate 기후 friendly to ~에 친화적인 cultivation 재배 of higher quality than ~보다 품질이 더 뛰어난

정답 (b)

5.

테노치티틀란은 고대 아즈텍 제국의 수도로서 콜럼버스가 미 대륙을 발견하기 이전에 한때 가장 큰 도시였다. 각각 길이가 4킬로미터가 넘는 두 개의 이중 송수로를 보유했던 이 도시는 깨끗한 물의 무한한 공급을 자랑스럽게 여겼으며, 그 대부분은 근처에 위치한 차풀테펙의 수원지에서 나왔다. 이 물은 주로 세탁 및 청소용으로 사용된 반면, 마시는 물은 인근의 다양한 산악 수원지에서 얻었다. 주민들은 하루에 여러 차례 목욕을 즐겼고, 마실 물을 많이 보유했으며, 그 시대에 비해 비교적 높은 생활 수준을 즐겼다.

Q: 지문에 따르면, 테노치티틀란에 관해 다음 중 어느 것이 옳은 내용인가?
(a) 자연적인 경계가 효과적인 방어선을 형성했다.
(b) 신선한 수원지와의 근접성으로 인해 혜택을 누렸다.
(c) 건축학적 디자인에 있어 여러 발전을 이뤘다.
(d) 차풀테펙에 위치한 장소로부터 이전되었다.

해설 지문 중반부에 특정 송수로를 이용해 깨끗한 물이 무한히 공급된 사실이(the city prided itself on its limitless supply of clean water) 언급된 이후로 일상 생활에 있어 마음껏 물을 사용한 사실이 제시되어 있으므로 이와 같은 혜택을 말한 (b)가 정답이다.

어휘 ancient 고대의 capital 수도 empire 제국 at one time 한때 Pre-Columbian Americas 콜럼버스가 미 대륙을 발견하기 이전의 시대 boast ~을 보유하다, 자랑하다 aqueduct 송수로, 송수교 more than ~가 넘는 pride oneself on ~을 자랑스러워하다 limitless 무한한 supply 공급 nearby 근처의 spring 수원지, 샘 primarily 주로 while ~인 반면 derive A from B: B로부터 A를 얻다 various 다양한 in the vicinity 인근에 resident 주민 plenty of 많은, 풍부한 relatively 비교적, 상대적으로 standard 수준, 기준 boundary 경계 form ~을 형성하다 effective 효과적인 defense 방어(선) benefit from ~로부터 혜택을 얻다 proximity 근접(함) source 원천, 자원 make an advance 발전을 이루다 architectural 건축학적인 relocate ~을 이전하다 site 장소, 부지

정답 (b)

6.

어느 국가에 가장 여행 경험이 풍부한 국민들이 있는지를 알아보기 위해 최근에 조사가 실시되었다. 이 조사는 110개국의 국민들을 대상으로 실시되었으며, 세계관광기구를 통해 확보한 데이터를 활용했다. 놀랍게도, 세계에서 가장 높은 GDP를 보유하고 있음에도, 미국인들이 세계적으로 가장 여행 경험이 적은 사람들에 속해 있으며, 그들 중 절반이 채 되지 않는 사람들만 여권을 소유하고 있다. 홍콩이 이 목록의 최상위에 자리 잡고 있는데, 그곳의 국민들은 1인당 해마다 평균 11차례의 여행을 떠난다. 그 다음은 룩셈부르크로, 이곳의 국민들은 여행 중에 가장 많은 돈을 소비하는 사람들로 잘 알려져 있으며, 3위는 헝가리가 차지했다.

Q: 이 글은 주로 무엇에 관한 것인가?
(a) 다양한 국가로 여행하는 관광객들이 직면하는 서로 다른 비용들
(b) 지속적으로 증가하고 있는 해외 여행객 숫자
(c) 서로 다른 나라 사람들이 여행하는 정도의 다양함
(d) 미국 시민들이 해외 여행을 하지 않으려는 이유

해설 지문 시작 부분에 어느 국가에 가장 여행 경험이 풍부한 국민들이 있는지를(which countries have the most well-traveled citizens) 알아보기 위한 조사가 실시된 사실과 함께 그 결과를 순위 별로 소개하는 것으로 지문이 전개되고 있다. 따라서 이와 같은 국가 별 여행 정도의 다양함을 언급한 (c)가 정답이다.

어휘 recent 최근의 study 조사, 연구 conduct ~을 실시하다, 수행하다 determine ~을 알아 보다, 밝혀 내다 well-traveled 여행 경험이 풍부한 take into account ~을 고려하다 utilize ~을 활용하다 obtain ~을 얻다, 획득하다 surprisingly 놀랍게도 despite ~에도 불구하고 among ~ 사이에 있는 the least 가장 덜 ~한 less than ~가 채 되지 않는, ~ 미만의 passport 여권 take a trip 여행을 떠나다 an average of 평균 ~의 annual 연례적인, 해마다의 per person 1인당 be noted as ~인 것으로 잘 알려져 있다 spender 돈을 소비하는 사람 while ~하면서, ~하는 동안 in the third place comes A: A가 3위를 차지하다 faced by ~가 마주하는, 직면하는 various 다양한 continuing 지속되는 increase in ~의 증가 varying 다양한, 가지각색의 extent 정도, 범위 choose (not) to do ~하기로(하지 않기로) 결정하다 abroad 해외로

정답 (c)

7.

매튜 홉킨스는 잉글랜드의 마녀 사냥꾼으로 1644년과 1647년 사이에 그 이전의 100년보다 더 많은 사람들이 주술이라는 명목 하에 교수형에 처해지게 된 원인 제공자였다. 그는 '마녀수색대장'이라는 칭호를 보유하고 있다고 주장했지만, 당시에 그와 같은 직위는 의회로부터 공식적으로 인정받지 못했다. 홉킨스의 수사 방법은 흔히 잔혹한 것으로 알려졌는데, 고문이 잉글랜드에서 불법으로 여겨졌음에도 불구하고 수면 박탈과 칼을 이용한 절단 행위가 포함되어 있었다. 그는 이와 같은 방법을 활용하지 말도록 경고를 받았지만, 역사 기록에 따르면, 그와 같은 경고는 대체로 무시되었다.

Q: 지문을 통해 매튜 홉킨스에 관해 추론할 수 있는 것은?
(a) 잉글랜드 의회에 의해 명예 작위를 수여 받았다.
(b) 시민들을 마법사로 잘못 고발하여 문책을 당했다.
(c) 그의 방법은 정부에 의해 대단히 효과적인 것으로 여겨졌다.
(d) 고문 행위를 금지하는 공식적인 법률을 무시했다.

해설 매튜 홉킨스의 행위와 관련된 내용이 제시된 지문 후반부에, 고문이 불법이었다(torture was considered unlawful)는 사실과 함께 그에게 주어진 경고가 무시되었다(He was warned ~ such warnings went largely unheeded)는 내용이 제시되어 있으므로, 이와 같은 무시 행위를 언급한 (d)가 정답이다.

어휘 witch-hunter 마녀 사냥꾼 be responsible for ~에 대한 원인이다 hang ~을 교수형에 처하다 witchcraft 주술, 마술 previous 이전의, 과거의 claim to do ~하다고 주장하다 hold ~을 보유하다, 지니다 title 칭호, 작위 although (비록) ~이기는 하지만 position 직업, 일자리 officially 공식적으로 recognize ~을 인정하다 Parliament 의회 at that time 당시에 method 방법 investigation 수사, 조사 be known to be A: A한 것으로 알려지다 brutal 잔혹한, 악랄한 including ~을 포함해 sleep deprivation 수면 박탈 even though (비록) ~이기는 하지만 torture 고문 be considered 형용사: ~한 것으로 여겨지다 unlawful 불법인 be warned against ~하지 말도록 경고받다 warning 경고, 주의 go unheeded 무시되다 largely 대체로, 주로 be awarded A: A를 수여받다 honorary 명예의 be reprimanded for ~에 대해 문책당하다 falsely 잘못하여, 거짓으로 accuse A of B: B에 혐의로 A를 고발하다 be regarded as ~로 여겨지다 highly 매우, 대단히 effective 효과적인 ignore ~을 무시하다 prohibit ~을 금지하다 act 행위, 행동

정답 (d)

8.

한때 세계 최대의 호수 네 곳 중 하나였던 아랄해가 소련이 관개 수로 프로젝트의 목적으로 강물의 물길을 바꾸면서 1960년대 이후로 그 규모가 계속 줄어들어 왔다. 2014년에 촬영된 위성 사진을 보면 아랄해의 동쪽 분지는 완전히 메말랐으며, 이로 인해 이 지역이 아랄쿰 사막으로 명칭이 변경되는 결과를 낳았다. 아랄해의 규모 축소는 파멸적인 환경 재해로 여겨지며, 한때 번성했던 그 지역의 수산업과 경제를 파괴하고 있다. 더욱이, 물이 점점 줄어들면서, 수십 년 동안의 무기 실험과 공업용 폐기물 처리에 따른 결과로, 평원 지대가 독성 화학물질로 뒤덮이게 되었다.

Q: 지문에 따르면, 다음 중 아랄해에 관해 옳은 것은?
(a) 산업 공해에 따른 결과로 메말랐다.
(b) 인근의 아랄쿰 사막으로 확대되었다.
(c) 한때 지역 수산업에 없어서는 안될 존재였다.
(d) 과거에 식수원으로 이용되었다.

해설 지문 후반부에, 크기가 줄어드는 아랄해가 한때 이 지역에서 번창했던 수산업을 파괴한다(destroying the region's once-prosperous fishing industry)고 나오므로, 과거에 아랄해 지역에서 수산업이 번창했음을 알 수 있다. 따라서 (c)가 정답이다.

어휘 once (과거의) 한때 shrink 축소되다, 줄어들다 since ~ 이후로 due to ~로 인해 diverting (방향) 전환 purpose 목적 irrigation 관개 (수로) satellite 위성 basin 분지 completely 완전히, 전적으로 dry up 메마르다 lead to ~로 이어지다 region 지역 rename ~의 명칭을 변경하다 be regarded as ~로 여겨지다 catastrophic 파멸적인, 대재앙의 disaster 재해 destroy ~을 파괴하다 prosperous 번성하는 fishing industry 수산업계 furthermore 더욱이, 게다가 receding 뒤로 물러나는, 감

소하는 leave A p.p.: A를 ~된 상태로 만들다 covered with ~로 덮인 toxic chemical 독성 화학물질 as a result of ~의 결과로 several 여럿의, 몇몇의 decade 10년 weapons 무기 industrial waste disposal 공업용 폐기물 처리 pollution 공해, 오염 expand into ~로 확대되다, 확장되다 adjacent 인근의 integral 필수적인 previously 이전에, 과거에 source of drinking water 식수원

정답 (c)

9.

제2차 세계대전이 종료될 때 미군이 필리핀에서 떠나기는 했지만, 미국이 끼친 영향은 현재까지도 여전히 분명하게 남아있다. (a) 가장 명백한 변화들 중의 하나는 전통적인 타갈로그어에 영어 어휘가 통합된 것이다. **(b) 미국은 필리핀의 아이들이 무상 교육을 받을 수 있도록 필리핀으로 교사들을 파견했다.** (c) '컴퓨터' 와 '케이크', 그리고 '인터뷰'와 같은 단어들이 대다수의 필리핀 사람들에 의해 일상 언어로 채택되었다. (d) 언어뿐만 아니라, 현재 필리핀에서 인기있는 다양한 패스트푸드와 의류도 틀림없이 미국에서 유래된 것이다.

해설 첫 문장에 미국이 필리핀에 끼친 영향이 아직도 뚜렷하다고 말하는 주제와 관련해, (a)와 (c)는 언어상의 영향을 예시로 들고 있고, (d)는 필리핀의 패스트푸드 및 의류에 끼친 영향이 언급되고 있다. 하지만, 아이들의 교육을 위해 미국이 필리핀으로 교사들을 보낸 사실을 나타내는 (b)는 영향이라고 볼 수 없으므로 지문의 주제 및 흐름에 맞지 않는다. 따라서 (b)가 정답이다.

어휘 although (비록) ~이기는 하지만 troops 군대, 부대 depart from ~에서 떠나다 influence 영향 apparent 분명한, 명확한 to this day 현재까지도 obvious 명백한 integration 통합 vocabulary 어휘 traditional 전통적인 so that (목적) ~할 수 있도록 Filipino 필리핀 사람 have access to ~을 이용하다, ~에 접근하다 be adopted into ~에 채택되다 the vast majority of 대다수의, 대부분의 in addition to ~뿐만 아니라, ~ 외에도 unmistakably 명백하게, 틀림없이 origin 유래, 기원

정답 (b)

10.

심리학에 쾌락원칙이라는 것이 있는데, 기본적인 의미는 사람들이 자신을 가장 행복하게 하는 것이라면 무엇이든지 한다는 것이다. (a) 비록 우리가 자본주의 사회에 살고는 있지만, 사람들은 금전적인 이익보다도 개인적 만족을 성취하는 데 더 의욕적이다. **(b) 비영리 기관에서 일하는 사람들은 인정을 받기보다는 타인의 향상을 위해 노력한다.** (c) 연구에 따르면, 아이들은 물질적 보상이 따르는 일을 하는 것보다, 자신을 행복하게 만드는 일을 완료하는 데 가능한 모든 열정을 쏟아 붓는다. (d) 학생들은 부모가 자신들이 우등생이 될 때마다 용돈을 주겠다고 하는 경우보다는, 스스로에게 만족을 느끼는 경우에 아마도 더 좋은 성적을 얻을 것이다.

해설 첫 문장에서 글의 주제어인 pleasure principle를 '자기 행복을 위해 최선을 다하는 것'이라고 설명하고 있다. 이것이 글 전체의 내용 흐름이므로, 이것과 어긋나는 문장을 고르면 된다. 다른 문장들이 모두 개인의 만족, 자신의 행복, 스스로 만족 등 '자신'에 관한 것인데, (b)에서는 '타인의 향상'을 언급하고 있으므로 전체 흐름과 다르다. 따라서 (b)가 정답이다.

어휘 pleasure 기쁨, 즐거움 principle 원칙 psychology 심리학 basically 근본적으로 mean 의미하다 one 사람 do whatever will ~할 것은 무엇이든 하다 even though ~이기는 하지만 capitalist society 자본주의 사회 motivated 의욕적인 achieve 성취하다 satisfaction 만족 rather than ~보다는 monetary 금전적인 gain 이득 nonprofit 비영리 strive for ~을 얻으려 애쓰다 betterment 향상, 발전 recognition 인정 more likely to do ~하는 경향이 더 높은 put as much energy as possible into 가능한 모든 열정을 ~에 쏟다 complete ~을 완료하다 task 일, 업무 physical reward 물리적 보상 get good grades 좋은 성적을 받다 offer to do ~하겠다고 제안하다 pay 지불하다 make the honor roll 우등생 명단에 들다

정답 (b)

11-12.

11 반전은 뜻밖의 방향 전환이나 예기치 못한 결과를 도입할 때 사용하는 글쓰기의 한 방법이다. 이 변화는 앞서 제시된 이야기에 대한 인식을 바꾸거나, 등장인물의 진정한 동기와 의도를 노출시킬 수 있다.

문학 및 영화 각본 전문가들은 몇 가지 일반적인 범주의 반전들을 밝혀냈는데, 각각은 서로 다른 방법으로 행해진다. 예를 들어, **11** 신뢰할 수 없는 서술자는 그 서술자가 앞서 제시된 이야기를 조작했거나 날조한 것으로 밝혀지는 반전을 통해 독자들로 하여금 어쩔 수 없이 이전의 추측에 대해 의문을 갖게 만드는 반전을 가리킨다. 이에 해당되는 가장 잘 알려진 예시를 영화 '유주얼 서스펙트'에서 찾아볼 수 있다. **11** 아나그노리시스는 '식스 센스'의 주인공이 자신이 사실은 죽은 사람임을 인식하는 순간과 같이 한 등장인물이 자기 자신의 또는 다른 인물의 진정한 본성과 관련해 갑작스럽고 중대한 발견을 하는 경우를 일컫는다. **11** 플래시백, 즉 후술법은 지금까지 풀리지 않던 이야기의 요소를 새롭게 조명할 수 있는 과거 사건의 생생한 묘사를 제시한다.

척 팔라닉의 소설을 영화로 각색한 **12** 데이빗 핀처의 영화 '파이트 클럽'은 이 세 가지 방법 모두를 활용해, 엔딩 크레딧이 올라갈 무렵에 많은 관람객들을 충격에 빠트리고 당혹스럽게 만든다는 점에 주목할 만한 작품이다.

11. Q: 지문은 주로 무엇에 관한 것인가?
(a) 영화 각본에서 줄거리의 중요성
(b) 오랜 시간에 걸친 이야기 주인공들의 본성 변화
(c) 영화 및 도서의 인기 있는 다양한 장르들
(d) 다양한 종류의 서술 기법들

12. Q: 지문에 따르면 영화 '파이트 클럽'에 관해 무엇이 옳은가?
(a) 여러 종류의 반전들이 통합되어 있다.
(b) 개봉 직후에 줄거리에 대해 비난을 받았다.
(c) 인기 있는 소설의 속편이었다.
(d) 새로운 반전의 사용을 개척한 작품이었다.

어휘 plot twist 반전 method 방법, 방식 surprising 뜻밖의, 놀라운 direction 방향 unexpected 예기치 못한 outcome 결과 alter ~을 바꾸다, 변경하다 perception 인식, 자각 preceding 앞선, 선행하는 narrative 서사, 이야기 expose ~을 노출하다 motivation 동기, 계기 intention 의도 analyst 분석가, 전문가 film screenplay 영화 각본 identify ~을 밝혀내다, 알아내다 several 여럿의, 몇몇의 common 흔한, 일반적인 category 범주, 항목 execute ~을 실행하다 manner 방식 for instance 예를 들면 unreliable 신뢰할 수 없는 narrator 서술자 refer to ~을 가리키다, 일컫다 be revealed to do ~하는 것으로 드러나다 manipulate ~을 조작하다 fabricate ~을 날조하다 force A to do: A가 어쩔 수 없이 ~하게 만들다 question v. ~에 의문을 갖다 prior 이전의 assumption 추측, 추정 well-known 잘 알려진 anagnorisis 인지, 각성, 깨달음 make a discovery 발견하다 sudden 갑작스러운 critical 중대한 related to ~와 관련된 nature 본질, 특성 protagonist 주인공 recognize that ~임을 인식하다 in fact 사실은, 실제로 analepsis 후술법 vivid 생생한 depiction 묘사 shed light on ~을 조명하다, 비추다 previously 이전에, 과거에 inexplicable 설명할 수 없는 element 요소 film adaptation 영화로 각색한 작품 noteworthy 주목할 만한 leave A 형용사: A를 ~한 상태로 만들다 bewildered 당혹스러운 by the time ~할 때쯤 credit 엔딩 크레딧 over the years 수년 동안에 걸쳐 genre 장르 variation 변형(된 것), 버전 incorporate ~을 통합하다 be criticized for ~로 비난받다 upon ~하자마자 release n. 개봉, 출시, 공개 sequel 속편 pioneer v. ~을 개척하다

Q11 해설 반전(plot twist)의 정의를 언급한 첫 단락 이후로, 신뢰할 수 없는 서술자(an unreliable narrator)와 아나그노리시스(Anagnorisis), 그리고 플래시백(Flashback)이라는 여러 반전 유형을 상세히 설명하고 있으므로, 다양한 서술 기법이라는 뜻의 (d)가 정답이다.

정답 (d)

Q12 해설 '파이트 클럽'이 언급된 마지막 단락에, 그 영화가 앞선 단락에 언급된 세 가지 반전 유형들을 모두 활용한 작품(it uses all three methods)이라고 하므로, 다양한 반전 유형이 통합된 점을 말하는 (a)가 정답이다.

정답 (a)

UNIT 13 사회학

기출 Check-up Test
본서 p.189

1. (a)   **2.** (d)   **3.** (c)   **4.** (c)   **5.** (d)   **6.** (d)

7. (c)   **8.** (c)   **9.** (a)   **10.** (d)   **11.** (d)   **12.** (c)

13. (a)   **14.** (a)   **15.** (c)

1.

불안 장애에 시달리고 있는 사람들은 보통 치료제를 구하는 것을 꺼리고 있는데, 본인의 질환에 대한 특성을 알아낼 수 없거나, 그 것에 부여되는 사회적인 낙인으로 인해 곤란을 느끼기 때문이다. 하지만, 최근 인터넷상에서 불안 장애에 대한 논의가 늘어나면서, 이 질환에 대한 이해의 폭을 더 넓혀주었으며, 환자들로 하여금 문제를 인식하고 대처할 수 있도록 고무해 주었다. 많은 심리학자 들은 소셜 미디어가 두 가지 뚜렷이 구별되면서도 서로 연관되는 방식으로 동시에 불안 장애에 영향을 미치고 있다는 점에 주목했 다. 이 질환에 대한 대중의 인식이 높아짐에 따라, 이 질환을 겪는 사람이 **전문적인 도움을 찾을 가능성이 더 커졌다.**

(a) 전문적인 도움을 찾을 가능성이 더 커졌다
(b) 다른 이들과 그 문제를 덜 논의하려 한다.
(c) 일상 생활에서 사회적 장애에 직면할 가능성이 더 크다
(d) 다양한 질환에 대해 덜 취약하다

해설 빈칸의 앞쪽에서는 불안 장애에 시달리는 사람들이 치료를 꺼 리다가 인터넷의 영향으로 병에 대한 이해의 폭이 넓어지면서 문제에 대처하기 시작한다는 내용이 나온다. 또한 결정적으로 빈칸의 앞에서 대중의 인식이 높아진 것을 이유로 들고 있으 므로 긍정적인 내용이 나오는 것이 알맞으므로 전문적인 도움 을 찾을 가능성을 언급한 (a)가 정답이다.

어휘 individual 사람, 개인 suffer from ~에 시달리다, ~로 고 통받다 anxiety 불안, 불량 장애 reluctant to do ~하기 를 꺼리는 seek ~을 구하다, 찾다 treatment 치료(제) either A or B: A 또는 B 둘 중의 하나 identify ~을 알 아내다, 식별하다 nature 특성, 본질 condition 질환, 상 태 embarrassed 곤란해지는, 창피해 하는 due to ~로 인 해 social stigma 사회적 낙인 attached to ~에 부여된, ~ 에 딸린 increase in ~의 증가 discussion 논의 bring ~ 을 제공하다, 가져오다 a greater understanding of ~에 대한 더 폭넓은 이해 encourage A to do: A가 ~하도록 권 하다, 격려하다 sufferer 환자, 병자 deal with ~에 대처하 다, ~을 처리하다 psychologist 심리학자 note that ~라 는 점에 주목하다 affect ~에 영향을 미치다 issue 문제, 사 안 simultaneously 동시에 yet 하지만, 그러나 distinct 뚜렷이 구별되는 related 연관된 way 방식, 방법 public awareness 대중의 인식 more likely to do ~할 가능성이 더 큰 less willing to do ~할 의향이 덜한 discuss ~을 논 의하다 face v. ~에 직면하다 hurdle 장애물 vulnerable to ~에 취약한 a variety of 다양한

정답 (a)

2.

분명 소셜 미디어가 식당업계를 망치고 있는 것처럼 보입니다. 요 즘 셀 수 없이 많은 식당이 고객들에게 사진을 찍도록 부추기는 메 뉴 항목을 만들어내는 데 집중하고 있습니다. 안타깝게도, 이 상 품 중 다수가 그야말로 맛보다는 눈으로 보기에 더 좋아 보입니 다. 반면에, 식당들은 전골 같은 특정 음식 제공을 꺼리고 있습니 다. 이러한 음식이 맛은 좋지만, 특별히 먹음직스럽게 보이지는 않 기 때문에, 온라인상에서 많은 주목을 받지 못하고 있습니다. 개 인적으로, 저는 이러한 상황이 진절머리가 납니다. 저는 식당들이 **풍미보다 미적인 요소를 우선시하는 것을** 멈추면 좋겠습니다.

(a) 소셜 미디어를 마케팅 수단으로 이용하는 것을
(b) 음식 블로거들에게 독점적인 서비스를 제공하는 것을
(c) 오해의 소지가 있는 요리 사진을 공유하는 것을
(d) 풍미보다 미적인 요소를 우선시하는 것을

해설 빈칸은 식당들이 멈추기를 바라는 일을 나타내야 한다. 즉 유감의 의견을 이끄는 표현을 찾아야 하는데 지문에 Unfortunately가 있다. 그 뒤에 many of these offerings simply look better than they taste(맛보다는 눈으로 보 기가 더 좋아 보인다)라고 불만을 얘기하므로 하므로 look better를 aesthetics로, 그리고 taste를 flavor로 바꾸어 표 현한 (d)가 정답이다.

어휘 It seems as though 마치 ~하는 것처럼 보이다 ruin ~을 망치다 industry 업계, 산업 countless 셀 수 없이 많은 concentrate on ~에 집중하다 create ~을 만들어내다 inspire A to do: A에게 ~하도록 부추기다, 영감을 주다 take a photo 사진을 찍다 unfortunately 안타깝게도, 아쉽게도 offering 제공(되는 것), 상품 simply (강조) 그야말로, 정말로, 아주 look + 형용사: ~하게 보이다 look better than they taste 맛보다 외관에 더 신경을 쓰다 meanwhile 반면에, 한편 hesitate to do ~하기를 꺼리다, 주저하다 offer ~을 제공하다 such as 예를 들면 casserole 전골, 찌개 delicious 맛있는 particularly 특 히, 특별히 appetizing 먹음직스러운, 식욕을 돋구는 garner ~을 얻다 publicity 주목, 관심 be sick of ~에 진절머리가 나다, ~이 지긋지긋하다 tool 수단, 도구 exclusive 독점적인, 전용의 deal 거래 서비스, 거래 조건 share ~을 공유하다 misleading 오해의 소지가 있는, 호도하는 prioritize A over B: B보다 A를 우선시하다 aesthetics 미적인 것, 미학 flavor 풍미, 맛과 향

정답 (d)

3.

1996년과 2003년에, 호주는 총기 폭력 문제를 줄이기 위한 시도 로 의무적 총기 역구매 프로그램을 도입했다. (a) 이 프로그램을 통해 정부에 총기를 넘긴 사람들은 재정적 보상을 받았다. (b) 이 총기들은 그 후에 더 이상 사용될 수 없도록 정부에 의해 폐기되었 다. **(c) 총기 폭력과 관련된 사고는 흔히 비디오 게임과 텔레비 전 프로그램, 그리고 영화의 폭력적인 내용에 기인한다.** (d) 연 구에 따르면, 이 총기 역구매 프로그램은 호주 전역에서 총기 난 사 사건과 무장 범죄를 줄이는 데 대단히 효과적이었다.

첫 문장에 호주에서 총기 역구매 프로그램을 시행한 사실이 주제로 제시된 것과 관련해, (a)와 (b), 그리고 (d)는 해당 프로그램의 방식 및 영향과 관련된 상세 정보를 언급하고 있지만, (c)는 일반적인 총기 폭력 사건의 원인을 언급하는 문장이므로 흐름상 적절하지 않다. 따라서 (c)가 정답이다.

어휘 institute ~을 도입하다, 제도화하다 mandatory 의무적인 firearm 총기, 화기 buyback 역구매, 매입 in an attempt to do ~하기 위한 시도로 decrease ~을 줄이다, 감소시키다 gun violence 총기 폭력 surrender ~을 넘기다, 투항하다 as part of ~의 일환으로 receive ~을 받다 financial 재정적인 compensation 보상 destroy ~을 파괴하다, 훼손하다 so that (목적) ~할 수 있도록 no longer 더 이상 ~ 않다 incident 사건 involving ~와 관련된, ~을 수반하는 be attributed to A: A에 기인하다, A가 원인이다 content 내용(물) extremely 대단히, 크게 effective 효과적인 reduce ~을 줄이다 mass shooting 총기 난사 armed crime 무장 범죄 throughout ~ 전역에 걸쳐

정답 (c)

4.

폴란드의 심리학자 솔로몬 애쉬는 아마도 동조 행동과 동료 집단의 압력에 관한 실험으로 가장 유명한 사람일 것이다. (a) 애쉬는 123명의 남성 참가자들을 모집해 그 사람들에게 시각적 판단력에 관한 연구에 참여하게 될 것이라고 거짓으로 알려주었다. (b) 각 참가자는 애쉬의 공동 연구자 5~7명과 함께 한 조에 배정되었는데, 이 공동 연구자들은 시각 기반의 질문에 대해 의도적으로 잘못된 답변을 하도록 지시를 받았다. **(c) 그는 참가자들이 정확하게 답변하는 데 겪는 어려움을 여러 요인들로 설명할 수 있다고 결론 내렸다.** (d) 애쉬는 실험 대상자들의 거의 4분의 3이 공동 연구자들과 마찬가지로 동일하게 부정확한 답변을 제공함으로써, 동료 집단의 압력에 동조했음을 밝혀냈다.

해설 심리학자 솔로몬 애쉬가 동조 행동과 동료 집단의 압력에 관한 실험으로 유명한 사람이라는 주제 문장과 관련해, (a)와 (b), 그리고 (d)는 각각 해당 실험의 진행 과정 및 결과물과 관련된 내용이기는 하지만, (c)에는 (d)에 제시된 실험 결과와 맞지 않는 결론 내용이 제시되어 있으므로 흐름상 맞지 않는다. 따라서 (c)가 정답이다.

어휘 psychologist 심리학자 be best known for ~로 가장 잘 알려져 있다 experiment 실험 conformity 동조, 순응 peer pressure 동료 집단의 압력 assemble ~을 모으다 participant 참가자 falsely 거짓으로 inform A that: A에게 ~라고 알리다 be to do ~하게 되다, ~할 예정이다 take part in ~에 참여하다 study 연구, 조사 visual judgement 시각적 판단(력) be placed in ~에 배정되다, 배치되다 along with ~와 함께 collaborator 공동 연구자 be instructed to do ~하도록 지시 받다, 안내 받다 purposefully 의도적으로, 고의로 give the wrong answer to ~에 잘못된 답변을 하다 vision-based 시각 기반의 conclude that ~라고 결론 내리다 a number of 많은 (수의) factor 요소, 요인 account for ~을 설명하다, 해명하다 difficulty in -ing ~하면서 겪는 어려움 correctly

정확히 three-quarters 4분의 3 test subject 실험 대상(자) conform to ~에 동조하다, 순응하다 offer ~을 제공하다 incorrect 부정확한

정답 (c)

5.

중국은 일반적으로 표준화된 화폐 시스템을 이용한 첫 번째 국가로 인정받고 있다. (a) 실제로, 역사 기록을 보면 이와 같은 시스템이 11세기의 송나라 시대에 만들어졌다는 사실이 나타나 있다. (b) 하지만, 화폐의 역사는 중국을 벗어난 다른 곳에도 존재하며, 서아시아와 중앙 유럽의 사회들도 금속 물체를 동반한 교환 시스템을 이용하고 있었다. (c) 이 시스템들은 물물교환을 대체했는데, 그런 관습과 관련된 비현실성의 결과로 발생한 것으로 여겨졌다. **(d) 결과적으로, 중국의 경제는 기하급수적으로 성장할 수 있었고, 세계에서 가장 강대한 국가 중의 하나가 되었다.**

해설 중국이 표준화된 화폐 시스템을 이용한 첫 번째 국가로 인정받고 있다는 내용의 첫 문장과 관련해, (a)와 (b), 그리고 (c)는 과거 중국의 화폐 시스템 관련 기록과 당시 다른 국가들의 화폐 시스템을 설명하고 있다. 하지만 (d)는 단순히 중국 경제의 급속한 발전과 그에 따른 결과를 언급하고 있으므로 과거의 화폐 시스템을 주제로 하는 전체적인 흐름에 맞지 않는다. 따라서 (d)가 정답이다.

어휘 generally 일반적으로 be credited as ~로 인정받다 standardized 표준화된 monetary system 화폐 시스템 indeed 실제로, 사실 create ~을 만들어 내다 Song dynasty 송나라 currency 화폐, 통화 extend beyond ~ 너머에까지 미치다 exchange 교환 involving ~을 동반한, 수반한 object 물체 replace ~을 대체하다 exchange of goods 물물교환 come about 발생하다, 생겨나다 as a result of ~의 결과로 impracticality (등가 교환이 어려운) 비현실성, 실행 불가능성 associated with ~와 관련된 custom 관습 consequently 결과적으로 be able to do ~할 수 있다 exponentially 기하 급수적으로

정답 (d)

6.

최근의 한 위약 대조 연구에서, 연구가들은 카페인이 교정 업무에 미치는 영향을 조사했다. 이 연구에 따르면, 카페인이 투여된 참가자들은 복잡한 전체적 오류, 즉 글의 이해를 방해하는 오류를 발견하는 데 있어서는 위약에 의존한 사람들보다 더 나았던 것으로 밝혀졌지만, 철자 오류 같은 부분적 오류를 찾는 일에 대해서는 이득이 없었다. 하지만, 그 영향은 참가자들의 습관적인 카페인 섭취로 인해 완화되었다. 습관적이지 않은 카페인 섭취자들은 단 200mg의 카페인만 필요로 했던 반면, 습관적인 카페인 섭취자들은 동일한 효과를 위해 최소 400mg이 필요했다. 이 연구가 동일한 조건 하에 다시 진행되었을 때, 그 결과는 같았다.

Q: 지문에 따르면, 다음 중 어느 것이 옳은가?
(a) 모든 연구 참가자들에게 카페인이 투여되었다.
(b) 카페인이 전체적 오류와 부분적 오류를 모두 발견하는 데 참가자들에게 도움이 되었다.
(c) 카페인이 참가자들의 평소 섭취량과 상관없이 동일한 효과를 냈다.
(d) 해당 연구가 동일하게 유지된 환경에서 반복되었다.

해설 텝스의 사실확인(correct) 유형은 모든 선택지가 그럴듯하기 때문에 감으로 풀기보다는 각 선택지의 대표 키워드를 지문 내용과 빠르게 대조해야 한다. 이 연구가 대상자들을 약과 카페인 그룹으로 나누었으므로 All 때문에 (a)는 오답이다. 카페인이 had no advantage인 경우도 있었으므로 (b)의 helped ~ both도 사실이 아니다. 그리고 두 그룹이 200mg과 400mg 등 다른 양이 필요했으므로 had the same effect라고 한 (c)도 오답이다. 마지막 문장의 the study was run again under identical conditions에서 (d)의 내용을 확인할 수 있으므로 (d)가 정답이다.

어휘 recent 최근의 placebo-controlled study 위약 대조 연구 (위약이 투여된 대상과 대조하여 효과를 밝히는 연구) investigate ~을 조사하다 effect 영향, 효과 proofreading 교정 task 업무, 일 find that ~임을 밝혀내다, 알아내다 participant 참가자 administer A B: A에게 B를 투여하다 those on ~을 먹은 사람들 identify ~을 발견하다, 확인하다 complex 복잡한 global errors 전체적 오류 interfere with ~에 방해가 되다 comprehension 이해 text 글, 문자 have no advantage 이득이 없다 when it comes to ~와 관련해서는, ~의 측면에 있어 local errors 부분적 오류 misspelling 철자 오류 moderate ~을 완화시키다 habitual 습관적인 intake 섭취 consumer 소비자 require ~을 필요로 하다 while ~인 반면 at least 최소한, 적어도 run ~을 진행하다, 운영하다 under ~ 하에서 identical 동일한 condition 조건, 상태 result 결과(물) help A do: A가 ~하는 것을 돕다 detect ~을 발견하다 both A and B: A와 B 모두 regardless of ~와 상관없이 usual 일상적인, 평소의 repeat ~을 반복하다 with A p.p.: A가 ~된 채로 hold A 형용사: A를 ~한 상태로 유지하다 constant 변함없는, 일정한

정답 (d)

7.

깃발 모독 행위는 가장 흔히 공공장소에서 의도적으로 깃발을 훼손하거나 손상하는 행위를 말한다. 이의 사례는 일반적으로 국기의 경우에서 볼 수 있는데, 그와 같은 행위를 하는 사람은 정치적인 주장을 내세우고자 하거나, 한 국가와 그 정책의 반대편에 서기를 원한다. 모독 행위에는 깃발 태우기와 짓밟기, 슬로건을 써서 훼손하기, 찢기, 또는 심지어 말로 모욕하기까지 포함된다. 이와 같은 행위들은 일부 국가에서는 불법으로 여겨지고 있으며, 일반적으로 벌금이나 징역 등의 중한 처벌을 받는다. 한편, 미국에서는 1990년에 대법원이 정부가 국기 모독 행위를 금지하는 것이 위헌이라고 판결한 바 있다.

Q: 이 지문에 따르면 다음 중 옳은 것은?
(a) 깃발 모독 행위는 흔히 반전 시위를 하기 위해 수행된다.
(b) 국기를 불태우는 일은 미국에서 불법으로 간주된다.
(c) 깃발을 모독하는 사람들이 징역형에 처해지기도 한다.
(d) 1990년의 한 법원 판결은 깃발 모독에 대해 더 가혹한 처벌을 부과했다.

해설 지문 후반부에 깃발 모독 행위에 대한 처벌 정보가 언급되는데, 일반적으로 벌금이나 징역 등의 중한 처벌을 받는다 (typically carry harsh penalties such as fines or imprisonment)고 하므로, 이 중의 하나를 언급한 (c)가 정답이다.

어휘 desecration 모독 flag 기, 깃발 refer to ~을 일컫다, 가리키다 act 행위, 행동 intentionally 의도적으로 destroy ~을 훼손하다 damage ~을 손상시키다 in public 공공 장소에서, 사람들이 보는 데서 commonly 일반적으로, 흔히 case 경우, 사례 individual 사람, 개인 carry out ~을 수행하다 make a political point 정치적인 주장을 하다 take a stand against ~의 반대편에 서다 policy 정책 include ~을 포함하다 step on ~을 밟고 올라서다 deface (뭔가를 쓰거나 해서) 훼손하다 rip ~을 찢다 even 심지어 verbally 말로 insult ~을 모욕하다 be considered 형용사: ~한 것으로 여겨지다 unlawful 불법인 typically 일반적으로, 보통 carry (결과 등) ~을 수반하다 harsh 가혹한 penalty 처벌 fine 벌금 imprisonment 징역, 구금 on the other hand 한편 Supreme Court 대법원 rule that ~라고 판결하다 unconstitutional 위헌인 prohibit ~을 금지하다 protest ~을 항의하다 illegal 불법의 jail term 징역형 ruling 판결 impose ~을 부과하다

정답 (c)

8.

많은 아시아 문화에서는, 회사 직원들이 규칙적인 식사나 파티를 위해 모임을 갖는 것이 일반적이며, 흔히 많은 양의 맥주나 주류의 소비를 포함한다. 일본에서는 이와 같은 관행이 '노미카이'라고 알려져 있으며, 참석이 강제되지는 않지만, 직원들은 참석하리라 기대된다. 참석자들은 '노미카이'에 참가하는 동안 여러 가지 규칙을 따라야 한다. 일반적으로, 절대 자신의 술잔은 가득 채우지 않는 대신, 다른 사람들, 특히 상사의 술잔은 가득 채워주겠다고 제안한다. 서양의 기업 문화와 비교해 볼 때 주목할 만한 차이점은, '노미카이' 중에 술에 취하는 것이 용인된다. 마찬가지로, 이와 같은 상황에서 나온 말이나 행동들은 종종 직장으로 돌아가는 즉시 무시된다.

Q: 이 지문은 주로 무엇에 관한 것인가?
(a) 서양과 아시아 기업 사이의 차이
(b) 일본 기업들의 위계 구조
(c) 일본에서의 사교 모임 예절
(d) 일본에서 인기 있는 다양한 종류의 술

해설 아시아에서는 흔히 직장 모임에 술이 동반된다고 한 첫 문

장 이후에, 노미카이라는 일본의 직장 회식(In Japan, this practice is known as nomikai ~) 문화에 대해 설명하고 있다. 음주 문화의 특징과 관련 원칙들을 설명하고 있으므로 이와 같은 모임의 관례를 의미하는 (c)가 정답이다.

typical 일반적인, 전형적인 **gather** 모이다 **regular** 규칙적인, 주기적인 **including** ~을 포함해 **consumption** 소비, 마심, 먹음 **large volumes of** 많은 양의 **liquor** 주류 **practice** 관행, 관례 **be known as** ~로 알려져 있다 **although** (비록) ~이기는 하지만 **expressly** 명백하게 **required** 필수적인, 필요한 **be expected to do** (기대되는 것으로서) ~해야 하다 **participate (in)** (~에) 참가하다 **follow** ~을 따르다, 준수하다 **several** 여럿의, 몇몇의 **while** ~하는 동안 **in general** 일반적으로 **fill** ~을 채우다 **instead** 대신 **offer to do** ~하겠다고 제안하다 **especially** 특히 **superior** 상사, 윗사람 **notable** 주목할 만한 **compared with** ~와 비교해 볼 때 **acceptable** 수용되는 **likewise** 마찬가지로 **comment** 말, 의견 **under** (영향) ~ 하에서 **circumstance** 상황, 환경 **ignore** ~을 무시하다 **upon** -ing ~하자마자 **return to** ~로 돌아 가다 **difference** 차이, 다른 점 **hierarchal structure** 위계 구조 **etiquette** 관례, 예의 **various** 다양한

정답 (c)

9.

내가 대학교를 다녔던 당시를 돌이켜 보면, 학교 친구들과 내가 관심이 있었던 유일한 일은 좋은 학점을 따고 파티에서 즐겁게 노는 것이었다. 대부분의 학생들이 학교 생활을 즐겼으며, 우리는 무언가에 의해 크게 불쾌했던 경험이 거의 없었다. 하지만, 요즘 대학생들은 아주 사소한 일에 대해서도 화를 내는 것 같다. 지난 몇 년 사이에, 전국의 대학에서 학생들이 할로윈 의상이나 노래 가사와 같은 문제로 불만을 제기하거나 항의해 왔으며, 심지어 일부는 크리스마스가 폐지되어 '겨울 축제'로 대체되어야 한다고 주장하기도 했다. 내 생각을 묻는다면, 이 학생들은 좀 더 무덤덤해지거나 우선순위를 분명히 해야 한다.

Q: 글쓴이는 어느 내용에 동의할 것 같은가?
(a) 오늘날의 대학생들이 너무 쉽게 불쾌감을 느낀다.
(b) 대학 생활이 과거에 그랬던 것보다 지금이 더 포괄적이다.
(c) 학생들을 화나게 만드는 문제가 더 심각하게 여겨져야 한다.
(d) 시위에 참여하는 학생들이 그에 따라 기소되어야 한다.

지문 중반부 이후로, 자신의 과거 경험과 달리 요즘 대학생들이 아주 사소한 일에도 쉽게 화를 낸다(it seems as though college students get upset over the most trivial things) 말과 함께 그 예시들을 언급하는 것으로 지문이 전개되고 있다. 따라서 이와 같은 요즘 대학생들의 성향을 말한 (a)가 정답이다.

attend ~에 다니다, 참석하다 **be concerned about** ~에 관심을 갖다, ~을 우려하다 **grade** 학점, 점수 **rarely** 좀처럼 ~ 않다 **find oneself in** 자신이 ~에 처해 있음을 알게 되다 **situation** 상황 **individual** 사람, 개인 **deeply** 크게, 대단히 **offend** ~을 불쾌하게 만들다 **it seems as**

---

though 마치 ~하는 것 같다 **get+형용사:** ~한 상태가 되다 **upset** 화가 난 **over** (대상) ~을 두고, ~에 대해 **trivial** 사소한 **throughout** ~ 전역에서 **lodge** v. ~을 제기하다, 제출하다 n. 숙박업소 **complaint** 불만, 불평 **protest** v. ~에 항의하다 n. 시위, 항의 **lyric** 가사 **call for A to do:** A가 ~하도록 요청하다 **abolish** ~을 폐지하다 **replace A with B:** A를 B로 대체하다 **celebration** 축하 행사, 기념 행사 **If you ask me** 내 개인적인 생각으로는 **grow some thicker skin** 좀 더 무덤덤해지다 **get A straight:** A를 분명히 해 두다 **priority** 우선순위 **inclusive** 포괄적인 **upset** v. ~을 화나게 하다 **take A seriously:** A를 심각하게 받아 들이다 **join** ~에 참여하다, 함께 하다 **prosecute** ~을 고발하다, 기소하다 **accordingly** 그에 따라, 적절하게

정답 (a)

10.

문두루쿠는 아마존 유역의 토착 부족으로서, 수천 년 전으로 거슬러 올라갈 수 있는 고대의 혈통을 지니고 있다. 오랫동안 그들은 자연 속에서 집을 짓고 토착 야생 동물과 조화롭게 생활하면서 평화롭게 존재해 왔다. 하지만, 그들의 미래가 위협받고 있다. 새로운 정부 안에 그들이 주로 거주하는 지역에 아주 대용량의 수력 발전용 댐을 건설하는 계획이 포함되어 있다. 이는 현대화 건설 프로젝트를 진행하려면 수천 에이커의 우림지역이 제거되어야만 함을 의미한다. 자신들의 주변 환경이 외부인들에 의해 파괴될 위기에 처한 문두루쿠 사람들은 이제 오갈 데 없는 처지에 직면하게 되었다.

Q: 문두루쿠에 관한 글쓴이의 요점은 무엇인가?
(a) 대단히 능숙하게 집을 짓는 사람들이다.
(b) 한 가지 계획에 대해 정부와 협업하고 있다.
(c) 조상이 남미에 가장 처음 거주했던 사람들이다.
(d) 거주 구역에서 추방당할 수도 있다.

지문 중반부에 문두루쿠 부족이 사는 곳에 댐을 짓기 위해 수천 에이커의 우림지역이 제거되어야 한다(thousands of acres of rainforest must be removed)는 말이 있고, 그 영향으로 이 부족이 오갈 데 없는 처지가 될 수 있다(~ are left facing the possibility of having nowhere to go)고 한다. 따라서 거주하던 곳에서 내쫓길 수 있다는 것을 알 수 있으므로 이를 언급한 (d)가 정답이다.

indigenous 토착의 **tribe** 부족 **basin** 유역, 분지 **ancient** 고대의 **lineage** 혈통 **able to do** ~할 수 있는 **be traced back** (역사, 기원 등) 거슬러 올라 가다 **exist** 존재하다 **peacefully** 평화롭게 **amongst** ~ 속에서, ~ 사이에서 **harmoniously** 조화롭게 **native** 토종의 **under threat** 위협받고 있는 **initiative** n. (사회적) 계획, 운동 **include** ~을 포함하다 **high-powered** 아주 영향력이 큰 **hydrodam** 수력 발전용 댐 **primarily** 주로 **inhabit** ~에 거주하다 **acre** 에이커(면적 단위) **rainforest** 우림 **remove** ~을 제거하다 **make way for** ~에 길을 내주다 **potentially** 잠재적으로 **decimate** ~을 몰살시키다 **outsider** 외부인 **be left** -ing ~하는 상태로 남겨지다

face v. ~에 직면하다, ~와 마주하다 **possibility** 가능성 **extremely** 대단히, 매우 **proficient** 능숙한 **collaborate with** ~와 협업하다 **ancestor** 조상 **be displaced from** ~에서 쫓겨나다

(d)

11.

영국에서 실시된 최근의 한 연구에서, 13세부터 16세에 이르는 청소년의 단 73퍼센트만이 학위를 따려고 대학에 진학할 것이라고 응답했다. 이 수치는 다년간 나타난 응답 중에 최저치로서, 많은 젊은이들에게서 대학 교육 추구의 매력이 감소했음을 보여주고 있다. 대학에 다닐 욕구가 없는 27퍼센트 중에서 3분의 2는 그 이유로 등록금과 같은 경제적 이유와, 가급적 빨리 직업 전선에 뛰어들고 싶은 욕구를 들었다. 거의 절반이 자신들이 필수 학점을 이수할 가망이 없다고 생각했으며, 비슷한 비율의 응답자가 자신들이 선호하는 직종에서 학위가 필요치 않을 것이라고 응답했다. 이 연구 수치들은 대학 지원율이 하락한 것으로 입증되고 있다.

Q: 이 지문의 핵심 주제는?
(a) 영국에서 대학 지원율을 높일 수 있는 방법
(b) 영국 고등학교의 학업 성취도를 향상시키는 방법
(c) 대학 등록금 인상이 실업률 상승으로 이어진 과정
(d) 영국에서 고등교육을 추구하려는 학생 수가 줄어드는 이유

해설 첫 문장에서 대학 진학을 희망하는 비율이 근래 보기 드문 73퍼센트라고 한다. 그 다음 대학에 진학할 생각이 없는 나머지 27%가 밝힌(cited) 이유를 설명하고 있으므로, attend university(대학진학)를 pursue higher education(고등교육 추구)으로 바꾸어 표현한 (d)가 정답이다. (a)의 대학 지원율 향상 방안은 언급되지 않았고, (b)의 학업 성취도 언급도 없었으며, (c)의 실업률 이야기도 사실무근이다.

어휘 **recent** 최근의 **conduct** 수행하다 **attend university** 대학에 다니다 **degree** 학위 **low** 낮은 **proportion** 비율 **it shows that** ~라는 점을 시사하다 **pursue** ~을 추구하다 **desirable** 바람직한, 매력적인 **have no desire to do** ~할 욕구가 없다 **approximately** 대략 **two-thirds** 3분의 2 **cite** 인용하다, 언급하다 **financial reason** 재정적 이유 **including** ~을 포함하여 **concern** 걱정, 우려 **tuition fee** 학비, 등록금 **enter into** ~에 들어가다, 뛰어들다 **paid employment** 직업 전선 **as quickly as possible** 가급적 빨리 **almost half** 거의 절반 **have no chance of** ~할 가망이 없다. **achieve** 성취하다, 달성하다 **required grades** 필수 학점 **while** ~한 반면에 **similar** 비슷한 **proportion** 비율 **state** 말하다, 진술하다 **chosen** 선호하는, 선택한 **profession** 직업 **figure** 수치 **be mirrored by** ~에 반영되다, ~에 나타나다 **a decline in** ~의 하락, 감소 **university application rate** 대학 지원률 **boost** ~을 높이다 **improve** 향상시키다 **performance level** 성취도 **lead to** ~에 이르다, ~의 결과를 낳다 **unemployment** 실업률 **higher education** (대학 이상) 고등교육

정답 (d)

12-13.

언어에 관한 초기 이론은 부모가 제공하는 정보를 아이들이 기억하는 것이라는 생각과 관련되어 있었다. 비록 그 이후로 아동 발달 이론이 발전되기는 했지만, 이 개념에는 아주 작은 진실이 존재한다. 🄬 아이의 환경이 언어 발달의 열쇠라고 현재 널리 알려져 있는데, 그것을 이루는 데 부모가 큰 역할을 한다. 이는 특히 초기 형성 시기에 대해 맞는 말이다. 연구 내용에 따르면, '언어가 풍성한' 환경에서 자란 아이들은 그와 같은 경험을 하지 못한 또래들에 비해 더 높은 수준의 표현 언어를 지니고 학교 생활을 시작하는 것으로 지속적으로 나타났다.

🄭 이를 위해, 아이들은 자극이 되는 경험을 통해 혜택을 누릴 수 있는데, 그 범위는 조기에 책과 교육 자료를 접하는 것뿐만 아니라, 매력적인 장난감을 갖고 노는 것에서부터 상호 작용하는 놀이를 즐기고 부모와 함께 하는 사회적 경험까지 이를 수 있다. 연구에 따르면, 이와 같은 경험을 해 보지 못한 아이들이 비록 불리한 상황에 처해 있기는 하지만, 결국 학교 생활을 시작하자마자 따라잡을 수 있는 것으로 나타난다. 하지만, 교육 전문가들의 개입이 때때로 이 '언어' 간극을 잇는 가교 역할을 해야 한다. 이렇게 함으로써, 부모는 아이가 초기의 학업 및 사회적인 성공을 이루도록 돕는 데 중추적 역할을 할 수 있다.

12. Q: 기사는 주로 무엇에 관한 것인가?
(a) 아이들이 선호하는 교육적인 장난감의 유형
(b) 아이들과 효과적으로 의사소통할 수 있는 언어의 사용
(c) 아이의 언어 발달에 도움이 되는 요소들
(d) 대학생들이 택할 수 있는 학업 진로

13. Q: 이 지문에 따르면, 다음 중 옳은 것은?
(a) 아이들에게 문학 자료를 이용할 수 있게 해 주는 것이 좋다.
(b) 아이의 기억력이 어른보다 더 뛰어나다.
(c) 능숙한 언어 능력을 보이는 아이들은 학교 생활을 일찍 시작해야 한다.
(d) 불우한 환경에서 자란 아이들은 항상 학업 성취도가 더 낮다

어휘 **theory** 이론 **involve** ~와 관련되다, ~을 수반하다 **memorize** ~을 기억하다, 암기하다 **provide** ~을 제공하다 **development** 발달, 개발 **since then** 그때 이후로 **a grain of** 일면의, 소량의 **notion** 개념 **It is widely believed that** ~라는 것이 널리 알려져 있다 **play a large role in** ~에 있어 큰 역할을 하다 **shape** v. ~을 이루다, 형성하다 **This is particularly true in ~** 이는 특히 ~에 해당된다 **formative years** 형성 시기 **consistently** 지속적으로 **raise** (아이 등) ~을 기르다, 키우다 **rich** 풍성한, 풍요로운 **a higher degree of** 더 높은 수준의 **expressive** 표현력이 있는 **peer** 또래, 동료 **deprived of** ~을 박탈당한 **to this end** (앞서 언급된 것에 대해) 이를 위해 **end** 목적 **benefit from** ~로부터 혜택을 누리다, 이득을 보다 **stimulating** 자극이 되는 **range from A (to B):** A에서 (B의) 범위에 이르다 **have access to** ~을 이용하다, ~에 접근하다 **engaging** 매력적인 **interactive** 상호 작용하는 **as well as** ~뿐만 아니라 **educational materials** 교육 자료 **disadvantaged** 불리한 **eventually** 결국, 마침

내 catch up (진도 등을) 따라 잡다 upon -ing ~하자마자 intervention 개입, 간섭 specialist 전문가 be required to do ~해야 하다 bridge v. ~을 잇다, 연결하다 gap 간격, 차이, 공백 in this way 이렇게 함으로써 be key in -ing ~하는 데 있어 핵심 역할을 하다 help do ~하는 데 도움이 되다 academic 학업의 success 성공 type 유형, 종류 preferred by ~가 선호하는 communicate with ~와 의사 소통하다 effectively 효과적으로 factor 요소 contribute to ~에 도움이 되다 pathway 진로 available to ~가 이용할 수 있는 It is recommended that ~하는 것이 좋다, ~하도록 권고되다 be given access to ~을 이용할 수 있게 되다 literary resources 문학 자료 memory capacity 기억력 display ~을 내보이다 proficient 능숙한 ability 능력 deprived backgrounds 불우한 환경 achieve ~을 이루다, 성취하다 less 더 적은 것

Q12 해설 지문 초반부에 아이의 환경이 언어 발달의 열쇠라는(a child's environment is key to their language development) 주제가 언급된 이후로, 지문 전체적으로 가정과 학교에서 그 환경적 요소에 해당되는 여러 상황들을 제시하는 것으로 지문이 구성되어 있다. 따라서 아이의 언어 발달에 도움이 되는 요소들을 의미하는 (c)가 정답이다.

정답 (c)

Q13 해설 지문 중반부에 아이의 언어 발달에 도움이 되는 방법의 하나로 조기에 책과 교육적인 자료를 접하는 일(having access to early books and educational materials)이라고 언급되어 있으므로 이에 해당되는 (a)가 정답이다.

정답 (a)

14-15.

 자메이카에서의 새 삶을 위해 영국을 떠날까 하는 생각을 처음 했을 때, 저는 얼마나 많은 서류 작업이 제 앞에 놓여 있는지, 그리고 집에서 얼마나 많은 문제들을 매듭지어야 하는지 상상하지 못했습니다. 삶에서 이와 유사한 변화를 계획하고 계시는 분들이라면, 잠시 시간을 내어 다음 사항들을 고려해 보시기 바랍니다.

먼저, 목적지로 삼은 국가에 대한 비자 취득 요건을 다시 한 번 확인해 보십시오. 계획을 한참 추진 중이다가 가장 듣고 싶지 않은 말이 바로 비자 필요 요건들 중의 하나를 충족하지 못했다는 말일 것입니다. 그런 다음, 새로운 나라에서 지낼 첫 몇 달 동안의 예비 계획을 세워 두십시오. 건물을 임대 또는 구입할 것인지 결정하신 후, 금융 서비스, 휴대전화 약정, 그리고 교통편에 대한 선택들에 대해 조사해 보십시오. 어떤 물품들을 함께 가져 갈 것인지에 관해 신중하게 생각하십시오. 부피가 크고 무거운 물건이나 도착하면 쉽게 대체할 수 있는 물건들을 가져가는 건 말이 안됩니다.

마지막으로, 떠나기 전에 필수 서류, 예방 주사, 그리고 반려동물 운반용 가방을 잊지 말고 챙기십시오. 저는 실수로 푹신한 면으로 된 것을 구입했다가 마지막 순간에 단단한 면으로 된 것을 급히 구하러 가야 했습니다.

---

14. Q: 이 지문은 주로 무엇에 관한 것인가?
(a) 해외로 이주할 때 요긴한 검토사항
(b) 여행객들이 외국에서 직면하게 되는 문제점
(c) 휴가 일정을 계획하는 것의 중요성
(d) 자메이카에서 경험한 문화적 차이점

15. Q: 글쓴이에 관해 다음 중 어느 것이 옳은 것은?
(a) 영국에 있는 집을 떠난 것을 후회하고 있다.
(b) 자메이카에서 건물을 임대하기로 결정했다.
(c) 반려동물과 함께 자메이카로 떠났다.
(d) 여행에 앞서 백신 주사를 맞았다.

어휘 leave A behind: A를 뒤로 하고 떠나다 fail to do ~하지 못하다 paperwork 서류 (작업) lie ahead of ~ 앞에 놓여 있다 tie up loose ends 미해결 문제들을 매듭짓다 take a moment to do 잠시 시간을 내어 ~하다 following 다음의, 아래의 double-check ~을 다시 한 번 확인하다 requirement 자격 요건 destination 목적지 The last thing you want to do 가장 ~하기 싫은 것 get deep into ~로 깊이 들어가다 process 과정 meet ~을 충족하다 preliminary 예비의 whether A or B: A인지 B인지 rent ~을 임대하다 purchase ~을 구입하다 property 건물, 부동산 transportation 교통편 belongings 개인 물품, 소지품 make sense 이치에 맞다, 앞뒤가 맞다 bulky 부피가 큰 replace ~을 대체하다 once ~하는 대로, ~하자마자 forget to do ~하는 것을 잊다 necessary 필수의, 필요한 vaccination 예방 주사 carrier 운반용 가방 arrange ~을 마련하다, 준비하다 make a mistake of -ing ~하는 실수를 하다 soft-sided 측면이 푹신한 rush out to do 급히 ~하러 가다 at the last minute 마지막 순간에 practical 실용적인 consideration 고려, 검토 relocate 이주하다, 이전하다 overseas 해외로 faced by ~가 직면한 itinerary 일정 (표) regret -ing ~한 것을 후회하다 prior to ~에 앞서, ~ 전에

Q14 해설 첫 단락에 새 삶을 찾아 영국을 떠나 자메이카로 갔던(leaving the UK behind for a new life in Jamaica) 자신의 경험을 본보기로 미리 고려해야 할 사항들을 상세히 소개하는 글이다. 해외로 이주할 때 꼭 알아 두어야 하는 사항들을 알리는 것이라고 할 수 있으므로 (a)가 정답이다.

정답 (a)

Q15 해설 두 번째 단락 끝부분에 반려동물을 위한 운반용 가방(carrier arranged for your pet before traveling)을 챙기도록 권하면서, 자신은 부드러운 것을 샀다가 부랴부랴 단단한 것으로 샀다(buy a hard-sided one)고 말한다. 그런데 첫 단락 시작 부분에 자메이카로 떠났다고 했으므로 반려동물을 그곳에 데려 갔음을 알 수 있다. 따라서 이 사실에 해당하는 (c)가 정답이다.

정답 (c)

UNIT 14 자연과학

기출 Check-up Test 본서 p.204

1. (a) **2.** (d) **3.** (b) **4.** (d) **5.** (c) **6.** (d)
7. (a) **8.** (c) **9.** (b) **10.** (c) **11.** (d) **12.** (d)
13. (b) **14.** (c) **15.** (c) **16.** (a)

1.

다양한 연구가 통증 관리의 복잡성을 보여주고 있습니다. 만성 요통에 관한 한 연구에서, 환자들은 평소에 먹는 약과 함께 위약을 제공받았습니다. 위약을 복용한다는 사실을 알고 있었음에도 불구하고, 이 환자들은 평소에 먹는 약만 복용한 환자들보다 고통이 더 줄어들었다고 보고했습니다. 연구자들은 위약을 받은 것이 회복에 대한 환자의 감정에 긍정적으로 영향을 미치면서, 회복을 촉진하는 신체 활동을 하도록 자극한 것이라는 가설을 제시했습니다. 이 연구는 만성 통증을 지닌 환자들에게 **심리적 요인들이 회복에 영향을 미칠 수 있다**는 것을 보여주고 있습니다.

(a) 심리적 요인들이 회복에 영향을 미칠 수 있다
(b) 신체 활동의 감소가 통증 약화의 비결이다
(c) 환자들이 지닌 증상의 심각성이 과장되어 있다
(d) 약물이 생각보다 영향이 덜 하다

해설 연구의 결론이 연구자들의 가설과 일치하므로 빈칸 바로 앞 문장에 단서가 있다. 가설의 키워드들을 살펴보면 placebo가 feelings → physical activity → accelerated recovery 의 순으로 긍정적 영향을 준다는 것이다. 그러므로 feelings 가 recovery에 영향을 줄 수 있다고 한 (a)가 정답이다.

어휘 various 다양한 illustrate ~을 보여 주다, 설명하다 complexity 복잡성 pain management 통증 관리 chronic 만성의 back pain 요통 patient 환자 placebo 위약, 가짜 약 along with ~와 함께 regular 평소의, 일반적인 despite ~에도 불구하고 take ~을 먹다, 섭취하다 decrease in ~의 감소(= reduction in) discomfort 통증, 불편함 medication 약물 theorize that ~라는 가설을 제시하다 positively 긍정적으로 influence ~에 영향을 미치다 recovery 회복 encourage A to do: A에게 ~하도록 부추기다, 장려하다 engage in ~에 관여하다, 참여하다 physical 신체적인, 물리적인 accelerate ~을 가속하다, 촉진하다 demonstrate that ~임을 보여주다, 입증하다 psychological 심리적인 factor 요인 affect ~에 영향을 미치다 key to ~의 비결, 요소 relief 경감, 안도 severity 심각성 condition 증상, 상태 exaggerate ~을 과장하다 have less of an impact 영향력이 덜 하다 than believed 생각보다

정답 (a)

2.

건강한 식사에 포함되는 다량 영양소들의 적절한 비율을 둘러싸고 건강 및 체력단련 분야에서 많은 논의가 진행되고 있다. 최근 고단백 저탄수화물 접근법이 체중을 빠르게 감량하기를 원하는 많은 사람들에 의해 채택되어 왔다. 하지만, 지난 달에 발표된 연구 조사를 보면, 이 접근법은 심혈관 건강에 해로울 수 있다. 마찬가지로, 저단백 고탄수화물 접근법도 비슷한 정도로 유해한 영향을 미치는 것으로 관찰되었다. 따라서, 우리의 식사 내용물과 관련해서는 **아마도 균형 잡힌 방식이 가장 좋을 것이다.**

(a) 단백질 공급원은 피해야 한다
(b) 달리기가 더 효과적인 방법이다
(c) 항상 용기에 쓰여 있는 영양 정보를 읽어야 한다
(d) 아마도 균형 잡힌 방식이 가장 좋을 것이다

해설 지문 마지막에 위치한 빈칸은 결론과 관련된 내용이 되어야 알맞다. 앞서 식사의 영양소 구성과 관련해, 고단백 저탄수화물 방식과 그 반대인 저단백 고탄수화물 방식이 모두 건강에 해로운 면이 있다고 지적한 후에는 어느 한쪽에 치우치지 않고 균형 잡힌 식사를 하는 것이 좋다는 내용이 타당하므로 (d)가 정답이다.

어휘 discussion 논의 take place (일, 행사 등이) 일어나다, 발생되다 community 업계, ~계 surrounding ~을 둘러싼 appropriate 적절한 ratio 비율 macronutrient 다량 영양소 protein 단백질 carbohydrate 탄수화물 approach 접근법, 접근 방식 adopt ~을 채택하다 seek to do ~하려 시도하다, 추구하다 shed weight 체중을 줄이다 research study 연구 조사(서) publish ~을 출간하다, 발간하다 indicate that ~임을 나타내다, 가리키다 detrimental to ~에 해로운 cardiovascular 심혈관의 likewise 마찬가지로 observe ~을 관찰하다 engender ~을 불러 일으키다 similarly 유사하게 harmful 유해한 effect 영향, 효과 therefore 따라서, 그러므로 with regards to ~에 관해서 content 내용(물) individual 사람, 개인 source 공급원 avoid ~을 피하다 effective 효과적인 nutritional 영양상의 packet 용기, 통, 곽 balanced 균형 잡힌

정답 (d)

3.

일단의 컴퓨터 프로그래머들이 현재 **드론이 독립적으로 작동될 수 있도록 하는** 코드를 다듬고 있다. 일단 완성되면, 인간의 개입이나 통제 없이도 드론이 전국적으로 하루종일 소포와 편지를 배달할 수 있을 것이다. 이는 특히 화물 운송 및 배송 회사들의 운영에 적합한 것인데, 대량의 상품을 고객들에게 곧장 날려보낼 수 있기 때문이다. 그 대신, 창고 시설에 연쇄 효과를 일으킬 수 있는데, 배송에 앞서 보관되는 물품이 줄어들 것이기 때문이다. 더욱이, 이와 같은 기술의 발전은 노동 인구 내에서 다수의 정리 해고로 이어질 가능성이 있으며, 이에 따라 현재의 배송 직원들에 대한 재교육의 필요성이 강조된다.

(a) 직원 교육 필요성을 해결하는 데 도움이 될 수 있는
(b) 드론이 독립적으로 작동할 수 있도록 하는
(c) 고객들의 이름과 주소를 안전하게 보관할 수 있는
(d) 창고 공간을 짓는 데 도움이 될 수 있는

해설 첫 문장은 주제와 관련될 가능성이 크며, code를 수식하는 that절이 빈칸이므로 어떤 컴퓨터 코드인지를 나타낼 수 있는 것을 찾아야 한다. 다음 문장에서 드론이 인간의 개입이나 통제 없이 배송을 하는 방식으로 설명하고 있으므로 이를 operate independently(독립적으로 작동하다)로 표현한 (b)가 정답이다.

어휘 currently 현재 refine ~을 다듬다, 정제하다 once 일단 ~하면, ~하는 대로 complete 완료된, 완성된 be able to do ~할 수 있다 intervention 간섭, 개입 control 제어, 통제 particularly 특히 pertinent for ~에 대해 적절한 operation 운영, 가동, 작동 haulage 화물 운송 be flown to ~로 날려 보내지다(flown은 fly의 과거 분사) directly 곧장 in turn 결과적으로 knock-on effect 파급 효과, 연쇄 반응 storage 보관, 창고 시설 facility 시설(물) store v. ~을 보관하다 prior to ~에 앞서, ~ 전에 furthermore 더욱이, 게다가 advance 발전, 진보 be likely to do ~할 가능성이 있다 lead to ~로 이어지다 several 여럿의, 몇몇의 redundancies 정리 해고 workforce 노동 인구, 노동력 highlight ~을 강조하다 retaining 재교육 address v. ~을 해결하다, 처리하다 enable A to do: A가 ~할 수 있게 해 주다 independently 독립적으로 securely 안전하게 aid 도움이 되다 warehouse 창고

정답 (b)

4.

잠복 포식자들은 동물들과 곰팡이류, 그리고 식물들을 포함하는 육식성 생물체이며, 이들은 속도나 힘보다는 잠행 또는 속임수를 이용해 먹이를 포획하거나 덫에 빠트린다. 아마도 이 생물들 중 일부가 한때 먹이를 뒤쫓거나 싸우려 했다가 성공하지 못했을 수도 있지만, 결국, 대부분의 경우에 실패했다. 시간이 지나면서, 이들은 먹이를 잡을 수 있는 가장 좋은 방법이 **꼼짝 않고 대기하는 것**임을 알게 되었다. 일부는 위장술을 사용해 자신들을 의심하지 않는 생물체로부터 스스로를 숨김으로써 이를 달성하는 반면, 다른 생물들은 먹이를 무력화시키는 복잡한 덫을 놓아서 무력화시킨다. 이 방식들이 시간이 오래 걸릴 수도 있지만, 거의 언제나 성공을 거둔다.

(a) 다른 서식지들 사이를 이동하는 것
(b) 무더기로 공격하는 것
(c) 다른 생물체의 행동을 흉내 내는 것
(d) 꼼짝 않고 대기하는 것

해설 이 지문의 소재가 잠복 포식자(Ambush predators)라는 것에서 이미 답이 정해진 셈이다. 잠복 포식자들이 위장술이나 덫을 놓는 것과 같이 잠행이나 속임수와 관련된 먹이 포획 방식을 사용해 성공을 거두고 있다는 말이 쓰여 있다. 따라서 이들에게 가장 좋은 방법으로 잠행이나 속임수와 관련된 선택지를

고른다면, 꼼짝하지 않고 대기한다는 (d)가 정답이다.

어휘 ambush predator 잠복 포식자 carnivorous 육식성의 organism 생물(체) including ~을 포함해 fungi 곰팡이류, 균류 plant 식물 capture ~을 포획하다 trap v. ~을 덫에 빠트리다 n. 덫 prey 먹이 stealth 잠행 cunning 속임(수), 교활함 rather than ~ 대신에, ~하지 않고 strength 힘, 강력함 once (과거에) 한때 unsuccessfully 성공하지 못하여 try to do ~하려 하다 chase ~을 뒤쫓다, 추적하다 ultimately 결국 fail 실패하다 on most occasions 대부분의 경우에 over time 시간이 지날 수록 realize that ~임을 알게 되다, 깨닫다 the best way to do ~하는 가장 좋은 방법 catch ~을 붙잡다 achieve ~을 이루다, 달성하다 camouflage technique 위장술 conceal ~을 숨기다 unsuspecting 의심하지 않는 creature 생물 while ~인 반면 construct ~을 짓다, 세우다 intricate 복잡한 incapacitate ~을 무력화하다 leave A 형용사: A를 ~한 상태로 만들다, 남기다 vulnerable 취약한 approach (접근) 방식 take several hours 몇 시간이 걸리다 habitat 서식지 in large numbers 무더기로, 무리로 mimic ~을 흉내 내다 behavior 행동 remain 형용사: ~한 상태로 유지되다, 남아 있다 motionless 꼼짝 않는

정답 (d)

5.

중력이 작용하는 원리의 발견은 여러 단계를 거쳐 진행되었으며, 아주 다양한 과학자들과 이론들이 관여되었다. (a) 중력 이론에 대한 가장 초기의 주창자들 중 한 명인 데모크리토스는, 기원전 4세기에 원자들이 나중에 중력으로 알려진 힘에 의해 충돌한다는 가설을 제안했다. (b) 이 이론은 아리스토텔레스와 프톨레마이오스 같은 부류의 사람들에 의해 더 상세히 설명되었지만, 그들의 연구 대부분은 결국 갈릴레오에 의해 정확하지 않은 것으로 드러났다. (c) 심지어 오늘날에도, 누가 그 발견에 대한 공을 누구에게 돌아가야 하는지를 두고 학자들 사이에서 의견이 엇갈리고 있다. (d) 나중에 17세기에 이르러, 아이작 뉴턴 경이 갈릴레오의 생각을 더욱 발전시켰고, 우주의 모든 물체는 질량에 비례해 다른 물체들을 끌어당긴다는 이론을 제시했다.

해설 중력이 작용하는 방식에 대한 발견 과정이 주제로 언급된 첫 문장 이후로, (a)와 (b), 그리고 (d)는 그 발전의 각 단계를 시대별로 언급하고 있다. 하지만 (c)는 발명(invention)에 대한 공을 인정받아야 하는 사람과 관련 내용이어서 전체적인 흐름에 어울리지 않는다. 따라서 (c)가 정답이다.

어휘 discovery 발견 gravity 중력 work 작용하다 progress 진행되다, 진척되다 several 여럿의, 몇몇의 involve ~을 관여시키다, ~을 수반하다 a wide variety of 아주 다양한 theory 이론 proponent 지지자 gravitational 중력의 propose that ~임을 제안하다 atom 원자 collide 충돌하다 due to ~로 인해 force 작용력, 힘 understood to be A: A라고 알려진 expand upon ~에 대해 추가 설명하다 the likes of ~와 같은 부류 eventually 결국, 마침내 be proven 형용사: ~한 것으로 드러나다 incorrect 부정확한 scholar 학자 disagree 의견이 엇갈리다 over

72 시원스쿨 텝스 독해

(주제, 대상) ~을 두고, ~에 대해 **be credited for** ~에 대한 공을 인정받다 **invention** 발명 **take A further**: A를 더 발전시키다 **theorize that** ~라는 이론을 제시하다 **object** 물체 **universe** 우주 **attract** ~을 끌어들이다 **in proportion to** ~에 비례해 **mass** 질량

정답 (c)

6.

과학 대중화의 위대한 선구자 칼 세이건은 외계 문명의 존재에 대한 생각을 공개적으로 밝히기를 좋아했다. 이는 박사 과정의 학생으로서 그리고 학자로서 세이건이 이룬 여러 과학적 업적들에 더 익숙한 사람들에게는 놀라움으로 다가올 수도 있다. 그가 이룩한 발견에는 온실 효과가 금성 표면을 극한의 온도까지 가열했음을 보여주는 증거가 포함되었다. 세이건은 또한 화성 표면의 변화가 바뀌는 초목의 양식에 의해서가 아니라 비자연적 행성의 변천과정에 의해서 발생했음을 보여주는 데 도움을 주었다. 이 모든 과학적 발견은 생명이 살기 힘든 우주의 특성을 강조하는 것이었다.

Q: 글쓴이는 칼 세이건에 관해 주로 무슨 말을 하는가?
(a) 외계 생명의 존재에 대해 반론하려 했다.
(b) 외계 생명에 대한 그의 믿음이 박사 과정 후에 희미해졌다.
(c) 외계 생명과 관련된 과학계의 합의에 이의를 제기했다.
(d) 그의 과학적 연구 결과는 외계 생명체의 존재 가능성이 없음을 보여주었다.

해설 글쓴이는 과학을 대중화한 칼 세이건의 외계 문명 옹호를 이야기한 후, This might come as a surprise(이것에 놀랄 것)이라는 표현을 통해 학자로서 칼 세이건의 업적을 연결하고 있다. surprise라는 단어를 통해 후자가 전자와 상반된 결과일 것으로 예상할 수 있는데, 마지막 문장에 highlighted the universe's inhospitable nature를 showed the unlikeliness of alien life로 바꾸어 표현한 (d)가 정답이다.

어휘 **popularizer** 대중화에 앞선 사람, 보급에 힘쓰는 사람 **be fond of** ~을 좋아하다 **publicly** 공개적으로, 공공연히 **muse about** ~에 대해 생각하다 **existence** 존재 **alien** 외계의 **civilization** 문명 **come as a surprise** 놀라움으로 다가오다 **those + 수식어구**: ~하는 사람들 **familiar with** ~에 익숙한, ~을 잘 아는 **accomplishment** 업적, 성취, 달성 **doctoral student** 박사 과정의 학생 **academic** 학자, 교수 **discovery** 발견 (칼 세이건의 업적을 가리킴) **include** ~을 포함하다 **evidence** 증거 **greenhouse effect** 온실 효과 **surface** 표면, 지면 **extreme** 극한의, 극도의 **temperature** 온도 **cause** ~을 초래하다, 야기하다 **not A but B**: A가 아니라 B **shifting** 변화하는, 이동하는 **vegetation** 초목, 식생 **nonorganic** 비유기적인 **planetary** 행성의 **process** 변천과정 **highlight** ~을 강조하다, 집중 조명하다 **inhospitable** (기후 조건이) 살기 힘든 **nature** 특성 **seek to do** ~하려 하다 **disprove** ~에 반론하다, ~이 틀렸음을 증명하다 **fade** 희미해지다, 사라지다 **dispute** ~에 이의를 제기하다, ~을 반박하다 **consensus** 합의 **regarding** ~에 관한 **findings** 결과물, 조사 결과, 결론 **unlikeliness** 불가능함, 있을 법하지 않음

정답 (d)

7.

토네이도는 자연적인 현상으로 주기적으로 발생하고 있으며, 흔히 미국의 일부 지역에 대단히 파국적인 피해를 초래하고 있다. 토네이도는 멕시코만의 수분이 많은 따뜻한 공기가 캐나다와 북미 지역에서 내려오는 더 차갑고 건조한 공기와 충돌할 때 형성된다. 이는 결과적으로 지구의 대기 내에 불안정한 상태를 만들어 낸다. 그 후에 바람이 방향과 속도를 변화시킬 때, 상승 기류가 형성되어 따뜻한 공기가 위로 올라가고 아래 부분은 더 차가운 공기로 대체된다. 이런 움직임은 이 기상 상태를 통해 흔히 관찰되고 연관지어지는 '회전 효과'를 생성한다.

Q: 이 지문의 주제는 무엇인가?
(a) 토네이도의 생성 방식
(b) 주민들이 토네이도에 대비해 취해야 하는 예방 조치
(c) 토네이도에 의해 초래되는 재산 피해액
(d) 토네이도가 형성되는 주요 지리학적 지점들

해설 지문 초반부에 멕시코만의 수분이 많은 따뜻한 공기가 캐나다와 북미 지역에서 내려 오는 더 차갑고 건조한 공기와 충돌할 때 형성된다(They are formed when moist, warm air from the Gulf of Mexico collides with ~)고 생성 원인을 밝히고 있다. 이후에 토네이도가 생성되는 과정을 상세히 설명하고 있으므로 (a)가 정답이다.

어휘 **phenomenon** 현상 **regularly** 주기적으로 **occur** 발생되다 **cause** ~을 초래하다, 야기하다 **devastating** 대단히 파괴적인, 초토화하는 **damage** 피해, 손해, 손상 **form** ~을 형성하다, 형성되다 **moist** 수분이 많은 **collide with** ~와 충돌하다 **in turn** 결과적으로 **create** ~을 만들어 내다 **instability** 불안정 상태 **within** ~ 내에 **atmosphere** 대기 **direction** 방향 **updraft** 상승 기류 **with A -ing**: A가 ~하면서, A가 ~한 채로 **rise** 올라가다, 상승하다 **be replaced by** ~로 대체되다 **at the bottom** 아래에, 하단에 **movement** 움직임 **give rise to** ~을 일으키다 **spinning effect** 회전 효과 **commonly** 흔히, 일반적으로 **observe** ~을 관찰하다 **associated with** ~와 관련된 **mechanism** 방식, 방법 **formation** 형성 **take precautionary measures** 예방 조치를 취하다 **resident** 주민 **against** ~에 대비해 **value** 가치 **geographical** 지리학적인, 지리적인 **hotspot** 주요 지점, 빈발 지점

정답 (a)

8.

20세기 초반 이후부터 염소는 물을 정화하는 데 일반적으로 사용되어 왔다. 기체 형태로 자연적으로 발생하는 염소는 물과 섞일 때 살균제로 작용하는데, 물속에 있는 박테리아를 죽이고, 또한 물속에 계속 남아 새로 침입하는 어떠한 세균도 죽임으로써 예방하는 두 가지 역할을 한다. 정화 과정을 거치면서, 트리할로메탄(THMs)이라고 알려진 부산물이 형성된다. 일부 비판자들은 트리할로메탄이 발암성 물질이어서 인체에 암을 유발한다고 주장해 왔지만, 이와 같은 주장을 살펴보는 연구는 현재 초기 단계에 불과하다.

Q: 지문에 따르면, 다음 중 옳은 것은?
(a) 과학자들이 트리할로메탄이 암을 유발한다는 점을 입증했다.
(b) 염소는 19세기에 단일 물질로 존재하지 않았다.
(c) 물과 섞인 염소는 두 가지 긍정적인 효과를 만들어 낸다.
(d) 염소는 다른 액체와 섞인 상태로 자연적으로 발견된다.

해설 지문 초반부에 염소가 하는 두 가지 역할(serving the dual role)을 언급하면서, 물속의 박테리아를 죽이고 물속에 남아 외부의 세균 침입을 막는다고 설명하고 있다. 따라서, 이 두 가지 역할을 '긍정적인 효과'라고 언급한 (c)가 정답이다.

어휘 chlorine 염소 commonly 통상적으로, 일반적으로 purify ~을 정화하다 since ~ 이후로 occur 발생하다 gaseous 기체의 form 형태, 유형 act as ~의 역할을 하다 disinfectant 살균제 add ~을 추가하다 liquid 액체 dual role 두 가지 역할 within ad. 내부에서 remain 남아있다 preventatively 예방하여 germ 세균 through ~을 통해 purification 정화 process 과정 byproduct 부산물 trihalomethane 트리할로메탄(메탄의 4개 수소 원자 중 3개가 할로겐으로 치환된 화합물) known as ~라고 알려진 form ~을 형성하다 critic 비판론자 argue that ~라고 주장하다 carcinogenic 발암성의 cause ~을 유발하다, 초래하다 although (비록) ~이기는 하지만 look into ~을 살펴보다, 조사하다 claim 주장 infancy 초기 단계 prove (that) ~임을 입증하다 exist 존재하다 substance 물질 positive 긍정적인 effect 효과 naturally 자연적으로 mixed with ~와 섞인

정답 (c)

9.

토마스 에디슨은 어쩌면 역사상 가장 위대한 발명가이며, 전구를 발명한 것으로 가장 잘 알려져 있다. 하지만, 그는 또한 다른 많은 발명품들에 대한 공적을 인정받고 있으며, 사망 당시에 1천 개가 넘는 고유의 특허를 보유하고 있었다. 변변치 않은 집안 출신으로, 에디슨의 어머니는 수입이 아주 적었기 때문에 집에서 아들을 직접 가르쳤다. 토마스 에디슨은 젊었을 때 신문사와 전신 서비스 회사를 설립했으며, 그 과정에서 자신의 기업가 자질을 발견했다. 그는 곧 뉴저지에 있는 작은 지하 방으로 이사했는데, 그곳에서 자신의 첫 발명품인 전기식 자동표결기로 특허를 받았다.

Q: 지문을 통해 추론할 수 있는 것은 무엇인가?
(a) 토마스 에디슨은 투표로 선출되는 공직에 출마했다.
(b) 토마스 에디슨은 학교를 다니지 않았다.
(c) 전구가 토마스 에디슨의 첫 발명품이었다.
(d) 에디슨의 부모님은 재계의 거물이었다.

해설 지문 중반부에 나오는, 돈이 없어서 어머니가 집에서 교육시켰다(Edison's mother provided his education at home due to their modest income ~)라는 부분에서, 학교를 다니지 않은 것으로 판단할 수 있으므로 (b)가 정답이다.

어휘 arguably 어쩌면, 논란은 있지만 inventor 발명가 be known for ~로 가장 잘 알려져 있다 creation 발명품, 창작품 lightbulb 전구 be credited with ~에 대한 업적을 인정 받다 invention 발명(품) hold ~을 보유하다, 소

지하다 over ~가 넘는 unique 독특한 patent n. 특허 v. ~로 특허를 받다 humble 초라한, 비천한 provide ~을 제공하다 due to ~로 인해 modest 많지 않은, 적당한 income 수입, 소득 found ~을 설립하다 telegram 전신 discover ~을 발견하다 entrepreneurial 기업가의 talent 자질, 재능 basement 지하 vote recorder 표결 기록기 run for ~에 출마하다 elected office 선출직 attend ~에 다니다, 참석하다 tycoon 거물

정답 (b)

10.

매년 7백만 톤이 넘는 플라스틱이 결국 우리의 바다로 흘러 들어가고 있다. 이 플라스틱은 물속에서 분해되어 결국 생태계의 먹이 사슬로 유입된다. 이는 해양 생물 및 조류에게 파국적인 영향을 미친다. 그런데, 인도네시아의 한 회사가 매우 친환경적이어서 심지어 어떠한 유해한 영향도 없이 소비될 수 있는 비닐봉지를 만드는 방법으로 이 문제를 해결할 수 있기를 바란다. 이 봉지는 채소 뿌리인 카사바로 만들어지는데, 이는 아프리카와 중남미, 그리고 아시아 지역에서 사람들이 흔히 먹거나 제조업에 사용되는 것이다. 이 획기적인 비닐봉지의 제조사에 따르면, 비록 비닐처럼 보이고 느껴지기는 하지만, 이것은 물속에서 완전히 용해되며, 생물에 전혀 위협이 되지 않는다.

Q: 이 지문은 주로 무엇에 관한 것인가?
(a) 플라스틱 오염이 가장 큰 문제인 국가들
(b) 플라스틱 처분에 있어 효과적인 전략들
(c) 해양 생물 종을 보호하는 혁신적인 접근법
(d) 플라스틱 소비가 다양한 생물 종에 미치는 생리학적 영향

해설 지문 초반에 플라스틱의 해양 오염 실태를 제시하고, 내용 흐름의 전환을 나타내는 However 이후로 해양 오염 문제를 해결하기 위해 한 회사가 친환경에 비닐봉지를 만드는(~ is hoping to solve this problem by creating a plastic bag so eco-friendly ~) 일을 설명하고 있다. 따라서 생물 보호를 위한 혁신적인 접근법을 의미하는 (c)가 정답이다.

어휘 more than ~가 넘는 discard ~을 버리다, 처분하다 end up in 결국 ~로 들어가다 break down ~을 분해하다 eventually 결국, 종래에는 food chain 먹이 사슬 ecosystem 생태계 have an effect on ~에 영향을 미치다 catastrophic 파멸적인 marine life 해양 생물 solve ~을 해결하다 by (방법) ~함으로써 create ~을 만들어 내다 plastic bag 비닐봉지 so A that B: 너무 A해서 B하다 eco-friendly 친환경적인 consume ~을 소비하다, 소모하다 harmful 유해한 be made from ~로 만들어지다 commonly 흔히 manufacturing 제조(업) according to ~에 따르면 firm 회사 behind ~의 배후인 revolutionary 획기적인 completely 완전히 dissolve 용해되다 pose a threat to ~에 위협을 가하다 living organism 생물체 pollution 공해, 오염 problematic 문제가 되는 effective 효과적인 strategy 전략 disposal of ~의 처분, 처리 innovative 혁신적인 approach 접근법 species (동식물의) 종 physiological 생리학의 consumption 소비, 소모

정답 (c)

11.

많은 사람들은 인간의 아기가 수영을 할 수 있는 선천적인 능력을 갖고 태어나는 것으로 잘못 알고 있지만, 이는 완전히 틀린 생각이다. 대부분의 유아들이, 예외가 있기는 하지만, 물속에 빠졌을 때 숨을 참고 반사적으로 수영 동작을 닮은 방식으로 팔다리를 움직인다. 사실, 유아는 신체적으로 수영할 수 있는 능력이 없으며, 그들이 실제로 보여주는 모습은 잠수 반사라고 불린다. 이 동작이 발생할 때, 유아는 본능적으로 기도를 닫고, 심박수가 20퍼센트 감소되며, 숨쉬기를 멈춘다. 이 반사 행위는 산소 보존 효과를 내는데, 이를 통해 폐와 심장에 필요한 산소를 아껴 산소 부족에 따른 영향을 늦추게 된다.

Q: 지문에 따르면, 다음 중 어느 옳은 것은?
(a) 모든 유아는 태어날 때부터 잠수 반사 능력을 보인다.
(b) 대부분의 유아들은 물속에 잠길 때 수영할 수 있다.
(c) 유아들은 잠수 반사 중에 더욱 빠른 심박수를 경험한다.
(d) 잠수 반사는 산소 소모율을 줄여준다.

해설 잠수 반사의 특징이 설명되는 후반부에서, 잠수 반사 과정에서 산소 보존 효과가 생겨 산소 부족의 영향을 늦춘다(This reflex has an oxygen-conserving effect ~ slowing the effects of oxygen deprivation)는 말이 있으므로, 산소 소모율을 줄여준다는 의미로 쓰인 (d)가 정답이다.

어휘 mistakenly 잘못하여, 실수로 innate 선천적인 ability to do ~할 수 있는 능력 entirely 완전히, 전적으로 accurate 정확한 infant 유아 exception 예외 hold one's breath 숨을 참다 immersed in ~에 잠긴, 빠진 reflexively 반사적으로 limbs 팔다리, 사지 in a manner that ~하는 방식으로 imitate ~을 흉내내다, 모방하다 physically 신체적으로 be capable of ~할 수 있다 actually 실제로, 사실은 exhibit (능력 등) ~을 내보이다, 발휘하다 diving reflex 잠수 반사 occur 발생되다, 일어나다 instinctively 본능적으로 airway 기도 heart rate 심박수 reduce ~을 감소시키다, 줄이다 by (차이) ~만큼 cease 멈추다, 중단되다 oxygen-conserving 산소를 보존하는 effect 효과, 영향 lung 폐 deprivation 부족, 박탈 submerged in ~에 잠긴 consumption 소모, 소비

정답 (d)

12.

선인장은 광합성을 통해 자신에게 필요한 탄수화물을 만드는 것 외에, 물과 공기를 저장하는 키가 크고 두꺼운 줄기들이 특징이다. 다른 식물들의 상징인 잎은 바늘과 가시들로 대체된다. 선인장은 크기, 색깔, 모양, 그리고 개화 습성에 따라 아주 다양하고, 대부분의 환경에서 잘 자란다. 관리가 거의 필요 없지만, 잘 관리 받으면 무성하게 자란다. 사막이 원산지인 이 식물들은 집안의 어떤 건조한 환경에서도 쉽게 번성한다. 봄에서 초가을까지의 성장 기간에 선인장은 급속도로 자랄 것이다.

Q: 다음 중 선인장에 대한 설명으로 맞는 것은?
(a) 물을 줄 필요가 전혀 없다.
(b) 몇몇 선인장들은 바늘 대신에 잎이 자란다.
(c) 대부분의 선인장은 야외에서 더 번성한다.
(d) 선인장은 돌볼 필요가 거의 없는 강한 식물이다.

해설 지문 중간에서 관리할 필요가 거의 없다(require minimal care)라고 나오므로, minimal care가 little care로 패러프레이징된 (d)가 정답이다. 건조한 환경에서 잘 자란다(easily survive in the dry conditions)를 보고 적당히 (a)를 고르기 쉬운데, 몸통이 수분을 저장한다(store water)고 나와 있으므로 선인장은 분명히 물을 필요로 한다. 사막이 원산지라고 나오지만, 집안에서도 번성한다(easily thrive)고 했으므로 (c)도 오답이다.

어휘 cacti 선인장(단수형 cactus) be recognizable by ~로 구분되다, ~이 특징이다 thick 두꺼운 stem 줄기, 대, 몸통 store 저장하다 as well as ~뿐만 아니라 carbohydrate 탄수화물 plant 식물 through ~을 통해서 photosynthesis 광합성 be replaced by ~로 대체되다 leaves 잎(leaf의 복수형) typical of ~의 상징인 needle 바늘 spine 가시 a variety of 다양한 shape 모양 flowering habit 개화 습성 grow 자라다 environment 환경 require ~을 필요로 하다 minimal 최소한의 care 관리 flourish 번성하다 when well-tended 잘 돌보면 native to ~의 토박이인 desert 사막 thrive 번성하다 condition 상태, 조건 quickly 빠르게 water ~에 물을 주다 in the outdoors 야외에서 grow leaves 잎을 내다 instead of ~대신에 hearty 강력한, 원기 왕성한 need little care 돌볼 필요가 거의 없다

정답 (d)

13.

갈고리 발톱은 고양이가 행하는 거의 모든 행동에서 핵심 역할을 한다. 고양이는 표면을 긁음으로써 다른 고양이들과 의사소통을 한다. 발바닥에 있는 냄새 분비선을 후각적인 흔적 위에 묻히는 동안, 고양이의 갈고리 발톱은 시각적인 영역 표시를 만든다. 사냥 놀이를 하는 동안, 고양이는 먹잇감을 발톱으로 움켜쥐고 뒷발로 펀치를 날린다. 높은 곳으로 기어올라가는 고양이에게 갈고리 발톱은 몸통을 수직으로 세우고 이동하는 데 유용하다. 발톱은 또한 고양이가 높은 곳에서 뛰어내릴 때 중심을 잘 잡고 안전하게 착지하기 위해 체중을 이동시키는 데 도움이 된다.

Q: 고양이는 어떻게 다른 고양이에게 메시지를 전달하는가?
(a) 자신의 체중을 이동한다.
(b) 표면을 긁어 놓는다.
(c) 서로 냄새를 맡는다.
(d) 서로 문지른다.

해설 방법을 묻는 How 의문문으로, 질문의 핵심 단어와 의미가 같은 단서를 지문에서 찾아 선택지와 비교해야 한다. 질문의 deliver massages는 의사소통의 한 방식이다. 따라서 같

은 의미인 지문 둘째 문장의 communicate 뒤에 오는 by scratching surfaces가 그 방법임을 알 수 있다. scratch와 같은 뜻의 단어를 선택지에서 찾아보면, (b)의 engrave가 표면에 긁어서 새겨 넣는다는 뜻이므로 (b)가 정답이다. 지문의 단서 단어나 표현이 선택지에 그대로 사용되지 않고 동의어로 바뀌어 출제될 수 있다는 것을 명심해야 한다.

어휘 claw 갈고리 발톱 vital 필수적인 nearly 거의 play a role 역할을 하다 communicate 의사소통을 하다 with each other 서로 scratch 긁다 surface 표면 visual 시각적인 territorial mark 영역 표시 while ~인 반면에, ~하는 동시에 scent gland 냄새 분비선 paw pad 발바닥 apply 바르다, 묻히다 olfactory 냄새의 trace 흔적 hunting 사냥 grip 움켜쥐다 prey 먹잇감 punch 가격하다 climbing 기어오르는 maneuver 움직이다, 조작하다 upwards 위로 shift 이동시키다 body weight 체중 while -ing ~하면서 jump down 뛰어내리다 attain 얻다 proper 올바른 balance 밸런스, 균형 secure 안전한 footing 발놀림, 착지 deliver 전달하다 sniff 냄새를 맡다

정답 (b)

구 thin 가는 glass tube 유리관 attach A to B: A를 B에 부착하다 invert 뒤집어 놓다 trough 용기 contain 담고 있다 in such a way ~처럼 suck up 빨아 올리다 heat 가열하다 expand 팽창하다 drive A down B: A를 B 아래로 밀다 height 높이 therefore 따라서, 그러므로 provide a measure of ~의 측정값을 제공하다 accurate 정확한 almost 거의 century 100년 physicist 물리학자 instrument 기구 experiment 실험하다 mercury 수은 produce 제작하다 version 판 in order for A to do: A가 ~하기 위해 of any use 유용한 scale 눈금자 marked on ~에 표시된 choose to do ~하기로 결정하다 division 눈금 freezing point 결빙점 set A at+수치: A를 ~에 맞추다 boiling point 끓는점 commonly 보통, 보편적으로 Fahrenheit temperature scale 화씨 온도 widely 널리 accept 받아들이다, 통용하다 gain ~을 얻다 popularity 인기 be focused on ~에 중점을 주어지다 expansion 팽창 advance 발전시키다 thermometry 온도학

정답 (c)

14.

갈릴레오는 1592년 최초의 온도계를 발명하였다. 그것은 길고 얇은 유리관이 달려 있는 유리구가 물이 담긴 용기 위에 뒤집혀 있어서, 물의 일부가 튜브 안에서 위로 빨려 올라가는 방식이었다. 유리구 안의 공기가 가열되면, 공기가 팽창하면서 물을 튜브 아래쪽으로 보낸다. 따라서 물의 높이가 유리구의 온도를 가리키게 되는 것이다. 하지만 이 공기 온도계는 정확도가 아주 떨어졌으며, 갈릴레오는 자신의 발명품을 더 개선하지 않았다.

갈릴레오 이후 거의 백 년 만에, 독일의 물리학자이자 기구 제작자 다니엘 가브리엘 파렌하이트가 보다 정확한 온도계를 만들기 위해 수은으로 실험했다. 수은 온도계를 누구나 사용하게 하기 위해, 그는 온도계에 눈금을 달아야 했다. 그는 물의 결빙점을 32도로, 그리고 끓는점을 212도 맞추고, 그 사이를 180개의 눈금으로 나누었다. 그의 온도계가 아주 훌륭해서 일반적으로 사용되었기 때문에, 화씨 온도가 널리 통용되게 되었다.

Q: 다음 중 이 지문에서 추론할 수 있는 것은?
(a) 최초의 온도계는 인기를 얻었다.
(b) 갈릴레오의 온도계는 물의 팽창에 중점을 두었다.
(c) 파렌하이트는 온도 측정학을 발전시켰다.
(d) 갈릴레오와 파렌하이트는 한 팀으로 일했다.

해설 선택지의 핵심 어휘들만 살짝 확인한 후 지문을 읽으면서 하나씩 추론 가능성을 확인한다. 첫째 단락의 요지는 갈릴레오가 만든 최초의 온도계가 아주 부정확했다는 것이며, 둘째 지문은 파렌하이트가 더 정확한 온도계를 만들려고 수은을 사용했다는 것이다. 더 정확한 온도계를 만들려고 했는데, 결국 널리 사용되었으므로 파렌하이트가 온도학을 발전시켰다고 추론할 수 있으므로 (c)가 정답이다. (b)로 속기 쉬운데, 갈릴레오의 온도계는 물이 아니라 공기의 팽창 성질을 이용했다.

어휘 invent 발명하다 thermometer 온도계 glass bulb 유리

15-16.

15 주기율표에는 우주상의 알려진 모든 원소들이 하나의 간단한 표로 통합되어 나타난다. 많은 사람들에게 있어, 이것은 가장 쉽게 알아볼 수 있는 화학 도식들 중의 하나이다. 이 표의 시초는 15 헨니히 브란트가 자신이 나중에 인으로 명명한 완전히 새로운 원소를 최초로 발견한 1649년에 만들어졌다. 브란트는 쇠를 금으로 변환할 수 있는 물질을 찾던 연금술사였다. 계몽주의 시대를 거치면서 15 수천 명의 연금술사와 과학자들이 다른 새 원소들을 발견하기 위해 꾸준히 노력했으며, 1869년경에는 63가지 새로운 원소들이 발견되었다.

과학자들은 특정 원소들이 명확히 드러나는 특징들을 공유한다는 점과 표의 형태로 함께 모아 정리할 수 있다는 점을 깨닫기 시작했다. 15 알렉산드르-에밀리 베귀예 드 샹쿠르투아와 존 뉴랜즈 모두 자신들만의 주기율표들을 만들었다. 현대 버전의 주기율표는 그 후에 러시아 태생의 화학자 15 드미트리 멘델레예프에 의해 공표되었다. 그가 만든 표는 훨씬 더 쉽게 읽을 수 있었는데, 원자량에 따라 원소들을 순서대로 배열한 방법이 일부 주효한 덕분이었다. 상당한 시간이 흘러, 15 윌리엄 램지 경이 이 표에 비활성 기체들을 추가했으며, 15 헨리 모즐리는 원자량보다는 원자번호로 원소들을 정리하는 유용한 방법을 생각해 냈다.

1945년 맨하탄 프로젝트의 결과로 아메리슘이나 퀴륨과 같은 여러 새로운 방사성 원소들이 발견되었을 때, 15 글렌 T. 시보그는 주기율표 하단에 악티니드 계열 원소들과 란탄 계열 원소들의 추가를 제안했다. 16 이 변화는 처음에는 수용되지 않았지만, 현재 오늘날의 모든 주기율표에 포함되어 있다.

15. Q: 기사는 주로 무엇에 관한 것인가?
(a) 주기율표에서 탈락한 원소들
(b) 세계적으로 서로 다른 주기율표 해석
(c) 주기율표에 기여한 인물들
(d) 주기율표에 포함되기 위해 원소들이 갖춰야 할 특징들

16. Q: 다음 중 이 글에서 추론할 수 있는 것은?
(a) 일부 과학자들이 악티니드 계열 원소들의 포함에 반대했다.
(b) 존 뉴랜즈가 멘델레예프의 주기율표에 의미 있는 수정 작업을 했다.
(c) 비활성 기체들은 주기율표에 처음으로 추가된 원소에 속한다.
(d) 헤니히 브란트는 주기율표에 가장 많은 원소를 추가한 공을 인정받았다.

어휘 periodic table (화학 원소의) 주기율표 contain ~을 포함하다 element 원소, 요소 universe 우주 combined into ~로 통합된, 결합된 recognizable 쉽게 알아볼 수 있는 chemistry 화학 take place (일 등이) 발생되다, 일어나다 discover ~을 발견하다 brand-new 완전히 새로운 name A B: A를 B로 이름 짓다 phosphorous 인 alchemist 연금술사 in search of ~을 찾아 object 물체, 물질 turn A into B: A를 B로 변화시키다 diligently 부지런히 enlightenment period 계몽주의 시대 realize that ~임을 깨닫다, 알게 되다 certain 특정한, 일정한 well-defined 명확히 나타나는 characteristic 특징 group A together: A를 함께 모아 놓다 in the form of ~의 형태로 create ~을 만들어 내다 chemist 화학자 partly 일부분, 부분적으로 sequence ~을 차례로 배열하다 according to ~에 따라 atomic 원자의 add A to B: A를 B에 추가하다 come up with ~을 생각해 내다 method 방법 organize ~을 정리하다 rather than ~가 아니라, ~ 대신 radioactive 방사성의 as a result of ~의 결과로 propose ~을 제안하다 addition 추가 actinide series 악티니드 계열 lanthanide series 란탄 계열 at the foot of ~의 하단에 accept ~을 수용하다 at first 처음에는 remove ~을 없애다, 제거하다 interpretation 이해, 해석 individual 사람, 개인 contribute to ~에 기여하다 require ~을 필요로 하다 in order to do ~하기 위해 include ~을 포함하다 oppose ~에 반대하다 inclusion 포함 make a modification to ~을 수정하다, 변경하다 valuable 가치 있는, 소중한 among ~ 사이에, ~ 중에 be credited with ~에 대한 공을 인정받다

Q15 해설 사람 이름이 많이 등장하므로 주기율표와 관련된 인물들을 소개하는 것이 글의 요지임을 알 수 있다. 첫 단락에서 헤니히 브란트와 르네상스 과학자들, 둘째 단락에서 알렉산드레-에밀리 베귀예 드 상쿠르투아와 존 뉴랜즈, 드리트리 멘델레예프, 윌리엄 램지 경, 헨리 모즐리, 그리고 셋째 단락에서 글렌 T. 시보그까지 주기율표가 만들어지는 데 기여한 인물과 그 업적들이 주된 내용임을 알 수 있으므로 (c)가 정답이다.

정답 (c)

Q16 해설 셋째 단락 끝 부분에서, 글렌 T. 시보그가 악티니드 계열 원소들과 란탄 계열 원소들의 추가를 제안했다고 하면서, 처음에는 수용되지 않았지만 나중에는 포함되었다(Although the change was not accepted at first, it is now included ~)라고 나온다. 처음에 받아들여지지 않았다는 것에서 반대한 사람들이 있었음을 추론할 수 있으므로 이를 언급한 (a)가 정답이다.

정답 (a)